法學的知識．民主的基石

Law
法律叢書

圖表說明

刑法概論 I
——刑法總則

Nullum crimen sine lege.
法律沒有規定就不犯罪
Soll er strafen, soll er schonen,
Muß er Menschen menschlich sehen.
—Goethe
刑罰乎，寬恕乎，須將人以人道待之。
—哥德

By Dr. Zui-Chi Hsieh
謝瑞智 著
維也納大學法政學博士

臺灣商務印書館

序

　　刑法是維護國家安全與社會秩序,以及保障個人生命、身體、自由、財產最重要法律之一。自古以來,任何國家建立法制,無不以刑法為主要重心,所謂「有社會就有法律,有法律就有刑法」之至理名言,誠足以說明,刑法在維護人與人間正常社會關係之重要性,及其與人民日常生活關係之密切。基於此,凡從事公務或有關法制之工作者,固須注意刑法之規定,並深入研究其內容;就是一般國民,為確保自身最基本之權益,亦有必要加以了解,以免因欠缺認識,致遭受無謂侵害,而不知如何自保。

　　刑法者,蓋以犯罪與刑罰為規範對象,如何達到有罪必罰,其基本原理原則之複雜,亦非僅賴一般常識可窺其奧旨。筆者有鑑於此,經四十餘年來在大專院校之授課經驗,乃以最通俗之文字,並加圖解,以從理論與實際分析解說。

　　迨 2005 年刑法大幅修正,將近有三分之一的修改,其後每年均有更動,本書乃不厭其煩地,追蹤至 2010 年新公布條文將本書全面翻修,並增訂歷年高普特考命題之重點,全書已依新公布之刑法條文及考試方向增修完成。

　　蓋為幫助讀者進一步了解刑法理論趨勢,便於準備考試,並蒐集歷居高普特考有關試題,其中選擇題只蒐集到民國 94 年,其他問答題均附在各章節之後,讀者若能依照命題方向深入學習,必可掌握刑法理論之重點,而達事半功倍之效。

謝 瑞 智 謹識

2010 年 12 月

凡 例

刑法概論 I　　目錄大綱　　謝瑞智博士著

刑法概論 I　　目　錄　　謝瑞智博士著

序

第二編　犯罪論

第三編　刑罰論

第四編　保安處分論

第一編　刑法之基礎理論

第一章　刑法之概念

第一節　刑法之意義與構造

一、刑法之意義

所謂刑法（criminal law, strafrecht）者，即規定何種行為為犯罪，而對於犯罪行為，應科以何種刑罰之強制執行的規範。茲分述之：

㈠刑法是規定犯罪與刑罰之法律：蓋人類是一種社會性之動物，有營集體生活的習性，因各人行為之不同，在爭取各種利益時，難免發生利害之衝突，為避免這種衝突之發生，乃規定什麼是犯罪行為，其有違反者，則藉刑罰之制裁以阻止其為所欲為。

㈡刑法是附隨國家權力之強制執行的規範：在民主憲政基礎下，所有犯罪行為都是由人民間接追訴者，由此推論，所有的犯罪行為都是危害國家之行為（All crimes are crimes against the state）。因此除了少數告訴乃論之罪，可由個人決定起訴與否外，大部分的犯罪案件都由國家以公訴提起，經審判後，如確定有違反刑法法規，即施以國家權力之強制力的刑罰，使其就範。因此，在性質上刑法又與宗教或道德規範有所不同。

1.刑法與宗教之不同：譬如在宗教上有「信仰上帝」之教義，

所有犯罪行為都是危害國家之行為。
All crimes are crimes against the state.
引自 George t. Payton 著：Criminal Law, P.4

但這種宗教教義純係個人內心之問題，縱有違反，國家亦無法科處刑罰，以強制其履行。

　　2.刑法與道德之不同：刑法上有「不可殺人」（刑271）、「不可竊盜」（刑320）等行為規範之規定，這些雖與「不殺生戒、不偷盜戒」等道德規範相當，但所謂「法律是道德之最小限度」，因此，刑法上列為犯罪行為之大部分都是道德上所禁止之行為；但是道德訴諸於人之良心作用，雖與刑法有密切之關聯，但仍與刑法不同！

　　⑴道德與刑法雖同為社會規範，但道德並非經國家權力所認定之規範。

　　⑵道德因係以人之良心為判斷之基礎，因此道德上之正邪、孝親、仁慈等均依各人**內心之態度而決定**；但刑法係對正當不正當或適法不適法均以行為人之**外表行為為決定之準據**。

　　⑶道德上如有違反，雖亦受社會之譴責，輿論之制裁，但此不過是心理上的威脅與強制力而已；非如刑罰是由國家權力強制實行者不同。

　　㈢**刑法是藉「刑罰」之執行，以國家權力強制人民遵守之規範**：所謂刑法，是規定何種行為屬於犯罪行為，犯罪時應科以何種刑罰之法律的總稱，其內容有刑法典特別刑法與行政刑法。而刑法上對某種行為之禁止或對一定行為之命令，均附隨著一定之刑罰效果，以由國家強制執行。此當與其他法規或委之於個人良心之判斷，或如民事法規可隨意由個人

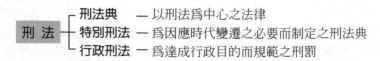

私下和解，或以損害賠償或恢復原狀之方式，以爲解決者，有所不同。

習題：刑法之意義為何？試分析說明之。（77 普）

二、刑法規範之構造

　　簡言之，刑法也可以說是犯罪與刑罰有關之法律體系。即在刑法規定中，一定有禁止與命令規定，及其違反者，如符合一定構成要件之行爲，應如何制裁等之規定。因此，法學家乃將刑法之結構分爲行爲規範與裁判規範等兩種。

　　㈠**行爲規範**（Aktnorm, rule of conduct）：是指規定一般人的行爲，所應遵守之行爲準則之謂。而刑法之行爲規範與其他道德或宗教等社會規範之不同處在於，刑法對特定行爲之構成要件，均附以特定之法律效果。如道德上之「不殺生戒」，在刑法上之規定則爲「殺人者，處死刑、無期徒刑或十年以上有期徒刑」（刑 271）。這一規定是以不可殺人之行爲規範爲前提，萬一發生殺人案件時（構成要件），殺人者則將被處死刑等刑罰之處分（法律效果）。因此，法律規範不僅是對一定的行爲加以禁止或命令而已，並對違反禁止或命令者，給予一定之制裁，以與其他社會規範相區分。對這種制裁之規範也有學者稱爲「**可罰規範**」。

　　㈡**裁判規範**（Entscheidungsnorm）：刑法規範除了行爲規範之外，另一特徵則爲裁判規範。刑法之裁判規範，是對於違反行爲規範者，科以制裁之際，所適用之裁判基準之謂。在裁判規範上，如有人違反刑法之行爲規範時，就須訴諸檢察官與法官，由法院適用刑法之規定對違法者施以強制或制裁。此際如無裁判之基準，行爲規範亦將無由發揮作用。而規定這裁判手續就是刑事訴訟法。

習題：刑法規範之構造為何試說明之。

三、刑事政策之原則

　　刑事政策（Kriminalpolitik）**者，爲使刑法能發揮功能達成保護社會之**

目的，所應採取之相應措施之謂。因此刑事政策應以研究犯罪原因爲其首要任務，其次是犯罪構成要件與實際的犯罪情形應如何適用，犯罪構成要件應如何正確的解釋，刑罰對犯罪的懲罰作用應如何才能發揮一般及特別預防之效力，對於人民之自由及人權，應如何保護，有那些行爲不必列入刑法處罰之領域，實體刑法如何透過刑事訴訟法具體實現等均爲刑事政策之研究及探討之對象。因此刑事政策的正當性基準，應該爲科學主義、法治主義、責任主義及人道主義。

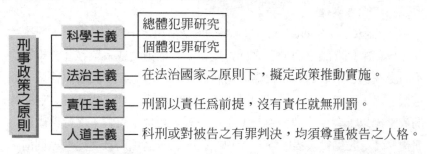

㈠**科學主義**：建構近代刑事政策之基礎理論是始於犯罪理論，即以科學方法研究犯罪現象及犯罪原因，針對刑罰之一般預防及特別預防，有總體犯罪與個體犯罪之研究兩種：

　　1.總體犯罪之研究：即對全國犯罪之趨勢及行爲科學的成果，用社會及統計學的方法，以研究犯罪的環境及犯罪的社會層面，由此預測犯罪的動向，從總體性的行爲科學觀點，擬定一般的犯罪預防對策爲其目的。

　　2.個體犯罪之研究：依生物學、心理學、社會心理學、社會學、精神醫學等經驗科學的方法，以研究犯罪者之人格與素質，從掌握人之所以會走向犯罪之犯罪原因，再擬定犯罪之處置方法，以決定個別性的犯罪及再犯預防爲其目的。諸如緩刑或假釋的再犯率是如何？累犯與刑法的寬嚴有無關係？隨著社會環境的發展，刑法的若干條文譬如通姦等條文，有無除罪化之可能，凡此都是刑事政策所應探討，並加以分析研究之範圍。

㈡**法治主義**：刑事政策之基準，乃是在國家憲法之規範下，統合所有

國家活動有關犯罪與刑罰方面，因此基本上不可脫離法治國家之原則（Grundsatz der Rechtsstaatlichkeit）。

在法治國家之基本原則下，刑事政策必須在法律之支配下，擬定政策推動實施。在憲法之規定而爲一般法治國家所重視者，即爲手段之比例原則、正當法律程序原則及執行刑罰之平等原則。

1.手段之比例原則：即禁止公權力對人民基本人權不得超越憲法之限度加以侵害。

2.正當法律程序原則：指不僅法律程序須依法而適切，有關刑法之實體規定亦須合理妥當。

3.執行刑法之平等原則（Gleichheitssatz）：即指刑法應公平對待任何個人，不僅罰金刑之執行應顧及貧富之不同，受刑人刑滿釋放後亦應享受公平的待遇，不得有任何歧視之情事。

㈢**責任主義之原則**：所謂責任主義（Schuldgrundsatz），即國家刑罰，只對個人之行爲有可能加以譴責或責難，並有據以處罰之主觀條件存在，才稱爲責任。故沒有責任而行爲者，將無法處罰（此即結果責任之否定）。此外刑罰之處罰亦以不得逾越責任之量刑爲原則（即在責任上限之範圍內量刑），此係行爲責任之本質。

㈣**人道主義之原則**：所謂人道主義（Humanität），即科刑或對被告之有罪判決，均須尊重被告之人格，此外爲使被告能改過遷善復歸社會，在服刑期間應給予適當之人格及職能教育，執行期滿即藉保護更生給予輔導就業。

此外刑法之規定應儘量避免有嚴酷刑罰之存在，譬如死刑應予檢討如何減少或尋找代替之法。依「世界人權宣言」第 5 條之規定：「任何人不得加以酷刑，或施以殘忍的，不人道的或侮辱性的待遇或刑罰。」我國在這數年之間普通刑法之死刑，已大幅給予改良或刪除，至於軍事刑法於 2001 年間對軍刑法之修改已刪除不少。今後仍須依社會之變遷，對刑法之若干規定予以除罪化，以經濟刑法之原則貫徹人道主義之精神。

第二節　刑法之本質

一、刑法之機能

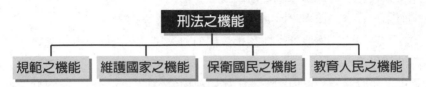

刑法是規定犯罪與刑罰之強制執行的社會生活規範，如有違反此一規範之行為，刑法就藉刑罰之作用，以強制其就範，因此刑法之機能是由多種機能綜合而成[1]：

(一) 規範之機能	刑法之本質機能，係對一定之犯罪行為科以一定刑罰之預告，以明示國家對於該犯罪行為之評價。因此，在司法關係上，又成為犯罪之認定與刑罰之適用的裁判規範，此即刑法之規範性機能。
(二) 維護國家之機能	即防制犯罪的機能與維持秩序的機能；原來國家的目的在調整與保護國民之利益，因此如有危害或侵害國民利益之犯罪行為，當由國家藉刑法規範之強制力予以制止，以維護一定之社會秩序。
(三) 保衛國民之機能	即保護法益之機能與保障人權之機能；國家之利益雖偶而與國民之利益相牴觸。但其絕大部分均為國民之利益而為。因此國家公布刑法，並予適用，乃是為保護與保障國民之利益而為。
(四) 教育人民之機能	即教育一般人民與受刑人之雙重機能：國家制定刑法，執行刑罰權，對於一般社會，本有一般預防之作用，而對於犯罪者，施以適當之刑罰，又可喚起犯人之道德感與責任感，使其自我覺悟，改善其惡性，決意從新做人，而成為健全之守法公民，以復歸社會生活為目的。

習題：刑法有何機能（功能）？試說明之。

---

[1] 參閱西原春夫著，《刑法の意義と役割》，載於「現代刑法講座」，第 1 卷，《刑法の基礎理論》，昭和 55 年版，成文堂，第 10 頁以下。

二、刑法之性質

(一) 刑法為 公法	依法律關係之主體，則法律分為公法與私法。而刑法係規定國家或社會與個人間權利義務關係之法律；則規定個人對於國家或社會負有不犯罪之義務。一旦犯了罪，就有忍受刑罰制裁之義務，而國家對於犯罪者則有藉刑罰之強制力，予以制裁之權利，故為公法。
(二) 刑法為 實體法	依法律規定之內容，則法律分為實體法與程序法。而刑法係規定權利義務關係之實質的法律：即刑法係在實體上規定如何構成犯罪，及如何科以刑罰，故為實體法。
(三) 刑法為 強行法	依法律效力之強弱，則法律分為強行法與任意法。而刑法以強制力貫徹實施；則係規定犯罪行為及刑罰之適用，均與國家社會有極密切之關係，除告訴乃論與請求乃論之罪，其告訴或請求與否，可由被害人任意決定外，苟有犯罪行為即應科以刑罰，而不許當事人以自由意思所得左右其適用，故為強行法，而非任意法。
(四) 刑法為 國內法	依法律制定之主體與適用之範圍，則法律分為國際法與國內法。而刑法適用於一國之領域內；係由一國人民之公意所制定之法律，其效力原則上僅能及於一國領域之內，故為國內法。
(五) 刑法為 成文法	依法律是否具備法典之形式，則法律分為成文法與不成文法。而刑法係以法典形式公布實施；其內容，關係人民之基本自由權利至為密切，在罪刑法定主義下，必須經立法程序制成法典，公布實施，故刑法為成文法。
(六) 刑法為 普通法	依法律效力所及之範圍，則法律分為普通法與特別法。而刑法普遍實行於全國；因此現行刑法係適用於全國領域內，其效力及於一般的人、時、地、事，故刑法為普通法。
(七) 刑法為 司法法	依法律在國法中之地位，則法律可分為行政、立法、司法、考試及監察法。而刑法係規範裁判上所適用之法；無論刑法或民法等法律均為司法裁判上所依據之法律，故刑法在國法之地位上，屬於司法法。

習題：試說明刑法具有何種性質？

第三節　刑法之分類

一、 本質上	就刑法之本質言，有形式刑法與實質刑法之分。	
	實質刑法	即在外形上雖未具刑法之形式，而其實質內容定有犯罪

		與刑罰之法規者屬之。如著作權法中之刑罰規定。
	形式刑法	即有成文法典之外形,顯示其爲規定犯罪與刑罰之法律,如現行中華民國刑法,以及陸海空刑法與懲治走私條例等是。
二、 意義上		就刑法之意義上又有狹義刑法與廣義刑法之分。
	狹義刑法	狹義之刑法者,乃指冠有刑法名稱之法律而言,如現行中華民國刑法,則屬狹義刑法。
	廣義刑法	凡法律中規定犯罪與刑罰之所有法規,均可稱爲刑法,此即廣義之刑法。泛指刑法法典及其他一切刑罰法規而言。
三、 適用對象		就刑法適用之對象言,又有普通刑法與特別刑法之分:
	普通刑法	係適用於一般人與一般事項之刑法,其所規定之內容適用範圍最廣,即無論何人、何時、何地,均有其適用,如中華民國刑法是。
	特別刑法	係適用於特定人、特定時、特定地、或特定事項之刑法。如:陸海空軍刑法,僅適用於特定之軍人,懲治走私條例僅適用於特定事等是。

總之,特別刑法因適應國家特殊情形而制定,或係補充普通刑法之不足而制定,依中央法規標準法第 16 條規定:「法規對其他法規所規定之同一事項而爲特別之規定者,應優先適用之,其他法規修正後,仍應優先適用」,此即「特別法優於普通法」適用之原則。如公務員犯貪污罪,刑法及貪污治罪條例均有處刑規定,但貪污治罪條例在量刑及假釋之規定與刑法之規定不同,自應優先適用貪污治罪條例。

四、 體例上		就立法之體例上言,又有單一刑法與附屬刑法之分。
	單一刑法	即單純規定犯罪與刑罰之法律,如中華民國刑法及陸海空軍刑法,或懲治走私條例等均是。
	附屬刑法	即以規定某種行政事項,或其他法律關係爲主體,而將違反該法之構成要件及刑罰,附帶規定於該法之中者,謂之附屬刑法。如在著作權法中,爲保護著作權,對於盜印他人著作物之處罰規定;又如專利法中,對於僞造、仿造有專利權之發明品所規定之處罰,其他如工廠法、引水法、戶籍法等均是。
五、 內容上		就刑法規定之內容言,又有實體刑法與程序刑法之分:
	實體刑法	即實體上規定構成犯罪之要件,與刑罰之種類及其範圍之法律,稱爲實體刑法。如中華民國刑法,及其他特別

		刑法，如槍砲彈藥刀械管制條例，肅清煙毒條例等均是。
	程序刑法	即由程序上規定，國家依何種程序追訴審判犯罪者，並如何行使其刑罰權者，稱爲程序刑法。如刑事訴訟法，及其他特別刑事程序法之少年事件處理法，軍事審判法，羈押法等均是。
六 內容完備 否	就刑法規定之內容，是否完備與明確，又有完備刑法與空白刑法之分：	
	完備刑法	即對於犯罪構成要件與刑罰刑度有直接完整之規定者，稱爲完備刑法，如刑法分則各條之規定是。
	空白刑法	又稱空白刑罰法規（Blankettstrafgesetz）即祇對刑爲直接之規定，而將犯罪構成要件之一部或全部，委之於其他法律或行政命令爲之補充者，稱爲空白刑法，舉例如下： 1.刑法第 192 條規定：「違背關於預防傳染病所公布之檢查或進口之法令者，處二年以下有期徒刑、拘役或一千元以下罰金。」上述「關於預防傳染病所公布之檢查或進口之法令」只是籠統的，以其他法律或命令爲之補充規定，使其成爲完整之法律。 2.懲治走私條例第 2 條第 1 項規定：「私運管制物品進口、出口逾公告數額者，處七年以下有期徒刑，得併科七千元以下罰金」其第 4 項規定：「第一項所稱管制物品及其數額，由行政院公告之」。法條中對於管制物品及其數額，並未明白規定，而授權行政院以命令補充之，亦即以犯罪構成要件之一部，委之行政命令，亦屬空白刑法之適例。 3.補充空白刑法之法律或命令，稱爲「補充規範」，如「補充規範」有變更時，並非刑法第 2 條法律之變更。區別完備刑法與空白刑法之實益，即在於此。
七 犯罪之性 質	就刑法規定犯罪之性質，其是否爲自然犯或非自然犯之不同，又有刑事刑法與行政刑法之分：	
	刑事刑法	又稱爲自然刑法，即以刑事犯或自然犯爲處罰對象之刑法，如狹義之刑法，即中華民國刑法爲刑事刑法。
	行政刑法	即以行政犯或法定犯爲處罰對象之刑法。行政刑法之種類繁多，其以經濟刑法數目最多，且經常隨社會之變遷而修改，如各種租稅法則爲適例。

習題：刑法可分為幾類？試就不同標準加以分類。（74特）

第四節　刑法之內容

一、第一編總則

　　刑法總則者，係規定適用刑罰法規之一般法則，除有特別規定外，對於其他法令有刑罰之規定者，亦適用之。可分述如下：

　㈠**規定刑罰法規適用之範圍**（第一章法例）：

　　1.罪刑法定主義。

　　2.刑法之效力：

　　　(1)關於時之效力。

　　　(2)關於人之效力。

　　　(3)關於地之效力。

　　3.刑法之解釋。

　㈡**規定適用犯罪構成要件，以認定具體之犯罪是否成立之法則：**

　　1.第二章：刑事責任。

　　2.第三章：未遂犯。

　　3.第四章：共犯。

　㈢**規定以法定刑為基準，宣告具體之刑罰，以為刑之執行的依據：**

　　1.第五章：刑之規定。

　　2.第六章：累犯。

　　3.第七章：數罪併罰。

　　4.第八章：刑之酌科及加減。

　　5.第九章：緩刑。

　　6.第十章：假釋。

　　7.第十一章：時效。

　　8.第十二章：保安處分。

二、第二編分則

　㈠**侵害國家法益之罪：**

犯罪類別	具 體 犯 罪
1. 侵害國家安全之罪	第一章：內亂罪（刑 100、102）；第二章：外患罪（刑 103-115）；第三章：妨害國交罪（刑 116-119）。
2. 侵害國家作用之罪	第四章：瀆職罪（刑 120-134）；第五章：妨害公務罪（刑 135-141）；第六章：妨害投票罪（刑 142-148）；第七章：妨害秩序罪（刑 149-160）；第八章：脫逃罪（刑 160-163）。第九章：藏匿人犯及湮滅證據罪（刑 164-167）；第十章：偽證及誣告罪（刑 168-172）。

(二)侵害社會法益之罪：

犯罪類別	具 體 犯 罪
1. 侵害公共平穩之罪	第十一章：公共危險罪（刑 173-194）。
2. 侵害公眾信用之罪	各種偽造罪（第十二章：貨幣（刑 195-200）；第十三章：有價證券（刑 201-205）；第十四章：度量衡（刑 206-209）；第十五章：文書印文（刑 210-220））。
3. 侵害風俗及宗教之罪	第十六章：妨害性自主罪（刑 221-229 之 1）；第十六章之一：妨害風化罪（刑 230-236）；第十七章：妨害婚姻及家庭罪（刑 237-245）；第十八章：褻瀆祀典及侵害墳墓屍體罪（刑 246-250）。
4. 侵害國民經濟機能及健康之罪	第十九章：妨害農工商罪（刑 251-255）；第二十章：鴉片罪（刑 256-265）；第二十一章：賭博罪（刑 266-270）。

(三)侵害個人法益之罪：

犯罪類別	具 體 犯 罪
1. 侵害生命身體之罪	第二十二章：殺人罪（刑 271-276）；第二十三章：傷害罪（刑 277-287）；第二十四章：墮胎罪（刑 288-292）；第二十五章：遺棄罪（刑 293-295）。
2. 侵害自由及名譽之罪	第二十六章：妨害自由罪（刑 296-308）；第二十七章：妨害名譽及信用罪（刑 309-314）；第二十八章：妨害秘密罪（刑 315-319）。
3. 侵害財產之罪	(1)第二十九章：竊盜（刑 320-324）；第三十章：搶奪、強盜及海盜罪（刑 325-334）。 (2)第三十一章：侵占（刑 335-338）；第三十二章：詐

　欺、背信及重利罪（刑 339-345）。
(3)第三十三章：恐嚇及擄人勒贖罪（刑 346-348）。
(4)第三十四章：贓物罪（刑 349-351）。
(5)第三十五章：毀棄損壞罪（刑 352-357）。
(6)第三十六章：妨害電腦使用罪（刑 358-363）。

第二章　刑法之學派

第一節　客觀主義與主觀主義及其趨勢

一、意義	(一) 客觀主義	（Objektivismus）：較重視犯罪行為的結果，究竟產生多少實害，即完全以客觀所發生之結果為標準，再決定刑罰之質與量稱為客觀主義。
	(二) 主觀主義	（Subjektivismus）：較重視犯罪者本身，究竟是那一類的人，即完全以犯人之性格，及其他附在犯罪者身上之各種條件為科刑之基準者，稱為主觀主義。
二、舉例		瑞士之兒童心理學家皮亞傑（Piaget）曾經對幼兒問過兩個題目：「在母親外出時，為偷取櫥櫃上的糖果，而將放置旁邊的一個咖啡杯打破」，與「在母親外出時，為走出自己的房間，在打開房門時，將放置於門邊的半打咖啡杯打破」，就這兩個結果中，那一種行為較為惡劣。結果發現年齡較小者會認為後者的行為較為惡劣，而年長者則偏重於前者的行為。 也就是在幼兒的心裏，因無法分析行為人本身的心情而偏向於結果主義與客觀主義，因此會直覺的認為打破半打咖啡杯應該比打破一個咖啡杯在行為上較為惡劣。然而由於年齡之增長，乃逐漸重視行為人本身之心理狀況；因此，從幼年至成年之過程中，其對刑罰之觀念也會由客觀主義逐漸朝向主觀主義而成長。
三、刑法理論之趨勢		由客觀主義朝向主觀主義：從刑法理論的發展上言，人類最先對犯罪者科處刑罰，都視犯罪行為之結果（客觀主義），以為依據；其後因人類智慧之成長，逐漸將重點朝向於犯人本身之各種因素上，以為論罪科刑之標準，因此乃有對幼小兒童之行為不罰、或過失之責任應較故意為輕等思想之產生。這些雖然是實證學派之功績，但事實上也是人類文明發展之自然趨勢。

第二節　刑法學派之論爭

　　十九世紀以後德國刑法學派古典學派（客觀主義）與近代學派（主

觀主義）之論爭，大致可從三方面歸納其理論之對立情形：

一.刑法之本質	有應報刑論與特別預防論。
二.責任論	道義責任論與社會責任論。
三.犯罪之本質	客觀主義與主觀主義。

一、刑法之本質與責任論

㈠**古典學派**：從刑法是為實現正義之觀點出發，站在應報刑論之觀點，認為刑罰是對犯罪的反應，並要求罪刑之均衡。其理論基礎認為犯罪是擁有自由意志的人類所選擇之行為，因此具有應受非難譴責之道義責任論，因要求罪刑之均衡所以反對不定期刑，而責任能力解為有責行為能力，所以應與保安處分相區分。

㈡**近代學派**：從社會防衛的觀點出發，站在特別預防主義，認為刑罰是為防止犯罪人之再犯為目的而課予刑罰。其理論基礎認為人之所以會犯罪，是由個人原因（責任）與社會原因（環境）之綜合所決定，並非有自由意思之存在，因此刑罰應以除去犯人之犯罪的危險性格為目的之社會責任論。所以為了改善犯人主張不定期刑，刑罰與保安處分在本質上並無差異，責任能力以犯人可否藉刑罰之手段予以改善之適格性及適應性為準，此即刑罰之適應性。

㈢**通說**：認為在古典學派之基礎上，在責任範圍內主張特別預防之相對應報刑論，並對新社會防衛論也有與興。

習題：從犯罪與刑罰之本質上論刑法學派之對立，並從古典學派（客觀主義）與近代學派（主觀主義）之對立申述之。

二、犯罪的本質論

㈠**古典學派**：重視犯罪行為及其結果之客觀主義與犯罪現實說，認為未遂處罰是一種例外情形，而教唆之未遂是不可罰的行為。

㈡**近代學派**：重視行為人性格的主觀主義與犯罪徵表說，認為未遂與既遂是同等，而教唆之未遂也應處罰。

㈢**通說**：以採前者為多。

第三節　新舊兩派之主要理論對照表

學派\對立點	舊派、客觀主義	新派、主觀主義
犯罪行為之原因	(一)自由意思論(即能控制自己行為之能力)：即人到了一定年齡，除非精神障礙，均有辨別是非善惡之自由意思；犯罪是基於自由意思，所選擇之結果。 (二)心理強制說：人類可由犯罪所得之快樂與刑罰所得之痛苦權衡比較，而決定是否犯罪。	意思決定論，亦即自由意之否定論：即人之所以會有犯罪行為，是由個人原因(責任)與社會原因(環境)之綜合所決定，並非有自由意思之存在。(具體的宿命論)
刑罰之對象	強調行為主義(客觀主義)：即詳察行為之結果，究竟發生多少實害，亦即完全以客觀所發生之結果為標準，而定刑罰之質與量之謂。	強調行為者主義(主觀主義)：即認為對於犯罪最重要者，並非犯罪行為，而是犯人所具有的社會危險性(惡性)，犯罪行為只不過是犯人惡性之表徵而已(犯罪徵表說)。因此刑罰之輕重亦不應以犯罪行為之大小、輕重為衡量基準，而應依據犯人惡性之輕重而決定之。
刑罰之根據	道義責任論：即犯罪既由於人之自由意思而產生之行為，因此得為道義上責難之對象，由此發生刑事責任。	社會責任論：如對犯人追究道義上責任，不但過於嚴酷，而且毫無意義。犯人是社會構成員之一，因此應使其接受矯正其危險性之社會防衛處分，以改正其犯罪之傾向，使其復歸於社會。
刑罰之本質	應報行主義：即犯罪之所以科刑，係對過去之惡害所發生之當然的惡報，刑罰之本質係基於正義之要求的一種報復性的惡害。	教育刑主義、目的刑主義：即刑罰並非對犯罪行為之一種惡報，而是為教育、改善犯人之惡性所採取之手段將犯人予以教育，使其復歸社會，才是刑罰之目的。

刑罰之分量	罪刑均衡主義：犯罪與刑罰兩者應求其均衡，刑罰應止於社會所必要之最少限度，因此反對不定期刑。	性格責任論：所謂「受罰者並非行爲，而係行爲者」，即以行爲者之「反社會性格」及「行爲之危險性」以決定犯人處遇之期間。
刑法之目的	強調一般預防主義：即對於犯罪行爲所施加之刑罰，不但對於犯人，且對於社會一般人民亦有威嚇、警告之效，以防制一些想要犯罪之人，不敢去犯罪。	強調特別預防主義：具體的掌握人之變數，以防止已受刑罰處罰者之再犯的發生。
法律解釋之基本態度	有偏向於形式的、論理的解釋之傾向。	較重視實質之解釋。
違法性	以違反規範性或法益侵害性爲基本。	較重視反社會性與偏離社會性之常規爲基本（尤其對建立實質的違法性論有貢獻）。
責任之本質	在於構成違法行爲之意思刑成的非難可能性。	傾向於犯罪性格的危險性。
責任能力	對於其意思形成有無非難之可能爲前提（即犯人是否有是非辨別能力及依照其辨別而行爲之能力。	刑罰適應性（即以犯人可否藉刑罰之手段予以改善之適格性及適應性爲準）。
故意之成立範圍	意思主義：以行爲人對於犯罪事實之發生除了有認識外，尚須希望其發生爲準。	認識主義：以行爲人對犯罪事實之發生是否具有認識爲準。
對錯誤之立場	主張具體符合說或法定符合說。	主張抽象符合說。
違法性之意識	在道義性非難之前提下，須有違法性之意識。	對於自然犯不須有違法性之意識。對於法定犯則須有違法性之意識。
期待可能性	多數說認爲應以行爲者爲標準而定之。	客觀的基準（認爲期待可能性之存在係在行爲者之危險性上）。
過失注意之標準	多數認爲應採主觀說：即以行爲人本人之注意能力爲決定之標準。	採客觀說：即以一般人或平均人之注意能力爲標準。

著手之時點	採客觀說：即注重於外部動作方面，如已接近於犯罪實行行為，或著手於犯罪構成要件一部分之行為，或開始實施與犯罪之完成有必要關係或不可缺少之行為等，均為著手，否則為預備。	採主觀說：即以犯罪為犯意之表現，如其犯罪行為可以辨識犯意時，始為著手，否則為預備。
未遂犯之處罰	對於未遂犯之處罰，原則上比既遂犯減輕之。	未遂與既遂之處罰均相同（無論發生結果與否，犯人之惡性均無不同）。
不能犯	注重絕對不能說或具體危險說。基本上肯定不能犯之存在，而否認未遂犯之成立。	注重主觀之危險說：即從行為人之意思或行為性質之危險性以為決定之標準。基本上否認不能犯之存在，因此可成立未遂犯，但例外的不處罰迷信犯（見不能未遂節）。
共犯	主張犯罪共同說：即共犯者，乃二人以上，基於共同加功，而實現一個犯罪事實者，即為共犯。	主張行為共同說：即將共犯視為二人以上，因共同之行為，各自完成其犯罪，即各自表現其惡性與社會危險性，至於行為人之間，有無犯意之聯絡，在所不問。
共犯獨立性	採共犯之從屬性說：即教唆犯與從犯之成立，以有正犯行為之存在為條件，亦即必正犯行為先成立其可罰性，而後共犯行為始從屬正犯行為，而成立其可罰性。	採共犯獨立性說：即認為犯罪乃行為人惡性之表現，教唆或幫助行為本身即為犯罪行為之實行，只不過利用他人之行為以實現其惡性，其行為既構成法定之犯罪要件，對正犯之犯罪結果，又有直接之因果關係，故不應認為有從屬於他人犯罪之情形，應認為獨立之犯罪，並依據自己之行為而受處罰。
教唆之故意（教唆未遂之情形）	在未遂犯之限度內承認教唆行為。	不為罪。即教唆之故意必須是所教唆之罪達到既遂為要件。

承繼的共犯	即行為人於實行犯罪行為之一部分後，在尚未達於既遂階段之前，他人在其實行行為之中途，與之發生意思聯絡，繼續參與，共同完成犯罪行為時，後參加者，對其介入前之前行為，亦應負共同責任。	上述承繼的共犯，其後參加者，僅對參加後之行為負責。

第四節　學派論爭之緩和

一、學派論爭之開始

㈠**古典學派**：係基於形上學之自由意思的前提下，以應報主義為中心，行應報性之刑罰，以維持法律秩序，並達成刑罰之一般預防功能。而在犯罪理論上，則重視各個犯罪行為及其結果之客觀主義。

㈡**近代學派**：係基於否定形上學之自由意思的前提下，以目的主張為中心，以改善犯人，使其復歸社會為目的，並達成刑罰之特別預防之功能。而在犯罪理論上，則重視行為人之危險性及反社會性格之主觀主義。

對於近代學派之主張，古典學派乃進行反駁，以致從 1890 年代至 1910 年代之間一場「學派之論爭」於焉展開。其中最著名者為二十世紀初期之德國法學家李斯特與米勒克梅耶之間的論爭。

二、學派論爭之緩和

迨進入 1920 年代，學派之論爭已有緩和跡象，其理由為：

㈠兩學派之代表人物均自覺到，在論爭過程中，自己有誇大其辭，而將自己之論點單純化之傾向。

㈡近代學派所主張之刑事政策觀點，已有部分被當時各國之刑事立法採納，以致在立法政策上兩派有趨於妥協之勢。譬如：

1.在刑罰與保安處分之關係上，對於古典學派所主張：「責任」就以「刑罰」對應之。而對近代學派所主張之「行為之危險性」就以「保安處分」以為對應，由此形成刑罰與保安處分兩者並存之立法方向（二

元主義）。

2.近代學派所提案之短期自由刑之限制、緩刑與假釋之擴大採用，罰金刑之擴大實施等，均已爲當時所採納運用。

3.在學派對立最爲激烈之德國也有前述之傾向，此以 1909 年草案以來歷次提出之刑法草案，均已顯示出兩派緩和之傾向。

三、折衷學派

㈠**綜合說**（Vereinigungstheorie）：一方面堅持報應主義，另一方面在報應主義之外尚須顧慮刑罰之目的。並認爲報應主義與預防主義兩者之關係並非相互對立的，刑罰之任務固在促成一般之預防，同時亦在利用威嚇、改善以及淘汰除害等方式以達成鎮壓犯罪維護社會秩序之目的。此以希伯爾（Hippel）爲代表。

㈡**分配說**（Verteilungstheorie）：即將刑罰之法定、量刑與執行之三階級分別以應報、法律之確證與目的刑之指導理念，以爲對應。此以梅耶爲代表。

第三章　法　例

第一節　罪刑法定主義

一、罪刑法定主義之意義及思想背景

㈠**意義**：犯罪與刑罰以成文法律預先規定，如法律未予規定，無論任何行為均不受處罰，稱為罪刑法定主義。費爾巴哈（Paul Johann Anselm von Feuerbach, 1775-1833）以「無法律即無刑罰，無法律規定之犯罪就無刑罰，無法定刑罰就無犯罪」（nulla poena sine lege, nulla poena sine crimine, nullum crimen sine poena legali）表示之。此係罪刑擅斷主義之對照語。

費爾巴哈

㈡**思想背景**：

　　1. 1776 年美國獨立宣言第 8 條：「任何人非依國家之法律或裁判，不得剝奪其自由」，此外美國憲法修正第 5 條及第 14 條第 1 項均規定：「……未經正當法律手續（due process of law）不得使任何人喪失生命、自由或財產」。

　　2. 1789 年法國大革命之人權宣言第 8 條規定：「法律只應規定確實而明顯需要之各項懲罰，任何人非依犯罪之前制定公布之法律，並合法適用，不應處罰」，此即罪刑法定主義之原則。1810 年拿破崙刑法第 4 條規定：「無論違警罪、輕罪或重罪，不得使用行為前法律所未規定之刑罰予以科處」。

　　3.心理強制說：受到古典學派刑法學家費爾巴哈之心理強制說的影響。即將犯罪所得之利益與刑罰所加

之不利益，互為比較，如後者大於前者，即可由心理上強制一般人不至於犯罪。刑罰必須在心理強制之必要限度內，以法律明文規定之。其逾必要限度之刑罰仍應避免，由此乃奠定罪刑法定主義之理論基礎。

4.權力分立論：依孟德斯鳩（Ch. L. Montesquieu, 1689-1755）之三權分立論，何種行為是犯罪，應由國民代表之立法機關，以法律明文規定之。而法官只能依據立法機關預先制定之法律，獨立審判不得任意擅斷，藉以保障人民之基本權利。

孟德斯鳩

二、罪刑法定主義之機能

(一)規範的機能	人的行為有合法行為與違法行為；合法行為是人應該有的行為，如對他人會造成困擾的行為，則事先以法律規定，即用命令方式或用禁止方式，規定如有觸犯就以刑罰制裁，這就是罪刑法定主義的規範機能。
(二)法益保護機能	刑法所保護的對象有三種，則侵害國家法益、侵害社會法益與侵害個人之生命與財產法益。所以事先以法律規定，以為保護。
(三)保障基本人權機能	國家一方面以刑法保障人民之法益，另一方面擁有強大之國家權力，藉警察、司法與監獄等設施執行刑罰權，如沒有適切的使用，會造成國家之大災難；極權統治之恐怖政治，濫捕、濫殺無辜，不經正當法律程序之處刑等，都是這類獨裁統治的產物，因此事先以明確規定犯罪行為，依法執行，當可保障人民之基本權利。

習題：試說明罪刑法定主義之機能。

三、罪刑法定主義之內容

何謂犯罪？

中世 —— 國王或政治統治者認為邪惡就是犯罪

近代 —— 罪刑法定主義

　　自由主義的涵意
　　重點在一般預防，何謂犯罪預先法律規定。

　　民主主義的涵意
　　主權者的國民代表在國會決定犯罪的內容與範圍。

㈠**現行法之根據**：

　　1.國際法：「世界人權宣言」(1948年)第11條第2項：「任何人在刑事上之行爲或不行爲，於其發生時依國家或國際法律均不構成罪行者，應不爲罪。刑罰不得重於犯罪時法律之規定。」

　　2.國內法：

　　　　⑴憲法第8條：「除現行犯之逮捕由法律另定外，非經司法或警察機關依法定程序，不得逮捕拘禁。非由法院依法定程序，不得審問處罰。非依法定程序之逮捕、拘禁、審問、處罰，得拒絕之。」

　　　　⑵刑法第1條：「行爲之處罰，以行爲時之法律有明文規定者爲限。拘束人身自由之保安處分，亦同。」

　　　　⑶刑事訴訟法第1條：「犯罪，非依本法或其他法律所定之訴訟程序，不得追訴、處罰。」

習題：試述罪刑法定主義之意義(45、65高、63、73高檢、70特、71普)。我國刑法對此有何規定？(77基乙、77司特、92交升、93升)

㈡**罪刑法定主義之派生原則**：

　　1.法律主義之原則：從民主主義之觀點言，犯罪與刑罰須依據國會所通過之法律始可處罰，因此排除習慣適用之原則。亦即刑法必須爲成文法，此即「如無成文之法律，即不犯罪」(nullum crimen sine lege scripta)。如以習慣爲論罪科刑之準據，則習慣之運用，操於法官之手，無異承認其有擅斷之權，故須排斥「習慣刑法」。

　　但有例外：

> ⑴行政刑法之例外：自然犯固嚴守法律主義之原則，但若干行政刑法，因其犯罪構成要件之全部或一部係授權行政機關以命令為之補充。如懲治走私條例第2條第4項：「所稱管制物品及其數額，由行政院公告之。」係空白刑法法規，一般認為蓋為達到因時制宜之行政上目的，應允許為空白刑法之立法。此又為法律主義之例外。
>
> ⑵為行為人利益之習慣法的適用：一般認為如為行為人之利益應允許習慣法之適用。如教師之懲戒權常委之於習慣法。而刑法總則有關故意與過失之界限、原因自由之行為、不純正不作為犯，往往係依據判例與學說而確定。此際依習慣法而作成之解釋乃成問題。

2.刑法不溯及既往（Prinzip der Nichtrückwirkung）：即刑法的效力只及於刑法公布實施後的犯罪行為，而不能溯及既往追溯到法律生效前所發生的行為。即「無預先發布之法律規定，即無犯罪」（nullum crimen sine lege praevia）。因此，如行為時屬於合法行為，其後法律雖已變更成為違法行為，仍不得溯及既往，加以處罰。

3.類推解釋之禁止（Analogieverbot）：類推解釋者，對於法律無明文規定之事項，援引與行為性質最相類似之條文，比附適用。因類推解釋會創設新的刑法規定，並擴大刑法之範圍，致成為加重刑罰及保安處分之手段，故為罪刑法定主義所禁止。所謂「無嚴密之法律規定，即無犯罪」（nullum crimen sine lege stricta）即是此意。

4.明確性原則：從實證性之觀點發揮刑法之保障功能，即為明確性原則。罪刑法定主義係指必須將犯罪之構成要件，預先以成文的法律規定之。惟如法律上雖有罪刑之規定，但其內容不明確時，當無法防止法官對刑罰權之恣意濫用，人民之自由權亦將不能受到法律的保障。所以在美國得因不明確之刑罰法規而認為無效（void for vagueness）。此即「無明確之法律規定，即不犯罪」（nullum crimen sine lege certa）。

5.實體的正當程序原則：刑罰法規之實質內容欠缺正當性時，即違反憲法第 8 條之法定程序而無效。所謂正當性，不僅指程序，亦包括實體方面。此即美國所謂「實體的正當法律程序」（substantive due process of law）之要求。

6.絕對不定期刑之禁止：刑罰者，係對犯人法益之剝奪，如對被告僅下達徒刑判決，而未明確定其刑期者，即屬絕對不定期刑，為罪刑法定主義所禁止。惟為達到教育刑之效，宣告自由刑時，不宣告其一定之刑期，僅宣告其長期與短期時，即屬相對不定期刑，一般咸認在保安處分與少年法上應可適用。

習題：

一、試述罪刑法定主義之基本原則。（答案為派生原則）這些原則最近有何修正？（77基乙、79高、92交升）

二、論刑法效力不溯及既往之原則。（30高）

三、在罪刑法定主義之下，是否不得有不定期刑之規定？試說明之。（80 高一）

四、何謂罪刑法定主義？我國 94 年 2 月新修正之刑法規定如何？試申述之。（94 心障三）

四、罪刑法定主義與保安處分

㈠**保安處分亦有「罪刑法定原則」之適用**：

1.保安處分（德：sichernde Maßnahme）：係為防止社會之危險性，以補充刑罰或代替刑法所為之感化教育、監護、禁戒、治療、強制工作及其他之強制處分之謂。關於保安處分，刑法依其內容分為「拘束人身自由之保安處分」與「非拘束人身自由之保安處分」。

2.拘束人身自由之保安處分：此如強制工作，既須剝奪受處分之人身自由，在性質上，帶有濃厚自由刑之色彩，亦有罪刑法定主義衍生之不溯及既往原則之適用，乃於後段增列拘束人身自由之保安處分，亦以行為時之法律有明文規定者為限，以求允當。

㈡**保安處分遇有法律變更時**：就保安處分而言，行為時及裁判時之法律有變更時，其法律適用可分二方面說明：

1.拘束人身自由之保安處分：

⑴行為時法律有變更：應適用行為終了時，即裁判時之法律。

⑵裁判時法律有變更：這時應適用行為後法律有變更，即有罪刑法定主義不溯及既往之適用，須依刑法第 1 條及第 2 條第 1 項之規定，適用「從舊從新原則」。

2.非拘束人身自由之保安處分：不論在行為時或裁判時發生法律變更應一律適用裁判時之法律，即採「從新原則」（刑 2II）。

㈢**強制治療處分與罪刑法定主義**：刑法第 91 條之 1 第 2 項之立法意旨為：「加害人之強制治療是以矯正行為人異常人格及行為，使其習得自我控制以達到再犯預防為目的，與尋常之疾病治療有異，學者及醫界咸認無治癒之概念，應以強制治療目的是否達到而定，故其強制治療『處分期間至再犯危險顯著降低為止』為妥。惟應每年鑑定、評估，以避免流於長期監禁，影響加害人之權益。」此一規定似有不定期刑之性質在內，與罪刑法定主義之立法意旨似有未符，故宜嚴格管制監督，以防產生濫

權之弊端。

習題：2005 年 1 月 7 日立法院通過刑法修正案，將自 2006 年 7 月 1 日起施，
　　　其修正幅度之大為歷年所僅見，請問修正刑法之中：
　　　㈠保安處分是否亦有「罪刑法定原則」之適用？並說明法律修正之意旨。
　　　㈡就保安處分而言，行為時及裁判時之法律有變更時，應如何適用？
　　　㈢就妨害性自主等罪之強制處分，新修正刑法第 91 條之 1 第 2 項規定：
　　　　「前項處分期間至其再犯危險顯著降低為止，執行期間應每年鑑
　　　　定、評估有無停止治療之必要。」請問該項修正之意旨為何？是否
　　　　符合上述㈠修正之精神？（95 中正法研）

五、罪刑法定主義之利弊分析

　㈠**肯定說**：在罪刑法定主義之下，犯罪與刑罰皆由法律明文規定，非
有法律明文之依據，不得對任何人定罪科刑，一方面可防止法官之任意
擅斷，以保障人權；另一方面可藉犯罪與刑罰之預為規定，使一般人感
於刑罰之森嚴，以威嚇其不敢輕易犯罪，對遏止犯罪有積極之效果。

　㈡**否定說**：罪刑法定主義因具有上述之優點，因此，自法國大革命以
後，罪刑法定主義乃成為近代刑法之共通原則。但蘇俄刑法與德國納粹
刑法，卻完全採否定之態度，即在追求國家目的，以公益優先於私益之
考慮下，個人之自由權利往往被無謂的犧牲，因此蘇俄 1926 年刑法第
16 條則允許類推解釋，而規定「本法無直接規定之社會的危險行為，應
依本法中類似規定之犯罪處斷。」這一規定曾為共產集團國家之刑法所
仿效。但近年以來，蘇俄已有重新強調罪刑法定主義之勢[1]。此外，在
納粹德國刑法第 2 條亦規定：「法律宣告應予處罰之行為，或依刑罰法規
之根本思想或健全之國民感情應予處罰之行為，則由刑罰處罰之。對於
這些行為，如無直接可資適用之刑罰法規，則依據本正義認為最適合之
法律予以處罰之。」依此規定則已全盤否定法治國家之立法原則，而由
全體主義之國家取而代之。但這一規定隨著納粹的敗亡，由西德 1946 年
1 月 30 日之管理委員會法第 11 號第 1 條宣布為無效。其後於 1953 年第
三次刑法修正法中已重新採行罪刑法定主義之原則。

---

[1]　參照木村龜二編，《體系刑法事典》（青林書院新社，1974 年版），頁 62。

㈢**現代意義**：罪刑法定主義之原則，係法治國思想在刑法上的具體表現。由此原則在市民社會中，確立法律支配之原理，俾在刑事裁判之過程中，藉法律之明文規定，以確保個人之自由權利免受法官之罪刑擅斷所侵害。因此罪刑法定主義乃是現代民主法治國家保障人民自由權利之防波堤。

習題：

一、關於罪刑法定主義之利弊，學者不一其說，在此期間，採行此種主義是否適宜？試各抒所見以對。（39 高、77 基乙）

二、何謂罪刑法定主義？其優點何在？（78 司書、78 薦升）

第二節　罪疑惟輕之原則

一、懷疑時依被告利益之適用

　　即當法院從審理至裁判，縱使盡全力蒐證分析犯罪事實，在自由心證下，在證據評價到終結時，如仍未有具體明確之判斷，則可運用德國學界所謂「懷疑時，應依被告利益」（in dubio pro reo）之原則，以為判斷之基準。蓋法院在宣判被告之有罪判決，或其刑罰之結論，必須是事實及證據，均明確齊備為前提。如果這些事實或證據，在法院縱依其心證仍處於「不明確」（non liquet）之狀態時，則不應有具體之判決，而應依被告有利之情況，施以最終之決定。如任麥爾（Georg Simmel）所言：「就是對於被告，如果有懷疑時（in dubio），常須朝較好的動機來推論①。」此在我國古代《尚書·大禹謨》載皋陶之言曰：「**罪疑惟輕，功疑惟重，與其殺不辜，寧失不經**」（即罪可疑時就從輕，功可疑時就從重，與其殺掉無罪之人，寧肯自己陷於不常的罪），此則是從法律安定性之理由，不能拖放著使法律永遠處於不安定狀態，而應於期限內有所決定之維護人權的最佳解決方式。此種懷疑

晚年之 Simmel

---

① Gustav Radbruch：Rechtsphilosophie,1950,S.214.

時依被告利益之原則，在德國之習慣法上亦已承認其適用性。

> **譬如**：對某位少女欲以暴力為猥褻行為（德刑 178 條、22 條）時，被告是否有意圖為強制性交（177 條、22 條）並不清楚之情形下，於刑事訴訟時如尚不明確，即被告只有強制性交之未遂而處罰（BGH11,100）。

二、罪疑惟輕與擇一選擇的關係

如依前述被告既未行使值得譴責或非難之行為，如此是否依「懷疑時依被告利益」之原則，處以無罪之判決，但事實上被告似有從事上述以外之特定行為，這時法官的心理可能就有擇一選擇的情形存在。其關鍵之問題，乃在當行為之事實有擇一選擇之情形時，可否選擇其中一項處以有罪判決？

譬如，所有人被盜之財物，在嫌疑犯家中搜獲。被列為竊盜犯之被告，辯稱此係購自一不知名之男子，而此買賣行為則應涉及贓物罪。但究竟被告係犯竊盜罪（刑 320）或贓物罪（刑 349）不明顯時，處以任何一種罪刑都有可能。

此時，如果適用「懷疑時依被告利益之原則，則被告究竟是犯竊盜罪或贓物罪，因兩者之事實均不明顯，亦不清楚，故只有作無罪之判決。關於本案如果能證明被告確實有從事上述兩種行為之其中一項，法官為避免作不當之「無罪」判決，乃在一定之條件下，基於擇一性的事實基礎，允許法官擇一的選擇較輕的法律，為有罪之判決，此即擇一認定（Wahlfeststellung）的原則。

第三節 刑法之解釋

一、刑法解釋之意義與推理方式

㈠**意義**：刑法解釋者，指就刑法規定之法律條文，依立法精神及意旨，析言其文義及事理，加以適切之說明之謂。

㈡**三段論法之運用**：

1.三段論法的論理結構：刑法法律之適用，是法院對發生刑事案件

之事實，對照法律之規定，宣告刑罰之一連串措施。亦即犯罪之構成要件，與事實之對照，而產生法律效果之刑罰，以為對犯人之威嚇為其手段。如以傳統之論理等的三段論法之形式，即：

大前提（犯罪構成要件）：如面對殺人者處死刑，無期徒刑或 10 年以上有期徒刑之刑法規定（刑 271）。

小前提（事實）：再對某甲有殺人之事實的認定。

結　論：自動的將會導引出「某甲應處刑罰」之法律效果。

2.運用三段論法的要件：

(1)須有明確之法律規範：如大前提之犯罪構成要件與小前提之事實，兩者都明確，論理之必然性一定可以獲得結論。

(2)須有明確之事實的認定：在三段論法之推理過程中，如對小前提之事實認定不明確，也將影響結論之下達。如某人無故將他人之汽車開走，俟利用完畢之後，將之放置於原處，事後行為人辯解因其誤信以為該車為自己之所有，因此按竊盜罪，須意圖為自己或第三人不法之所有，而取他人之所有物，為其成立要件，若行為人因誤信該物為自己所有，而取得之，即欠缺意思要件，縱其結果不免有民事上之侵權責任，要難認為構成刑法上之竊盜罪（23 上 1892）。

二、刑法解釋之種類

傳統之解釋方法共有四種，即**文理解釋、系統解釋、歷史解釋**及**目的論的解釋**。一般的解釋都是從文理解釋出發，然後從法律的體系上探究法律之原意，再經法律成立之歷史，再針對目的之認識上以了解法律之意義，此為解釋之方法上順序。以上的分類不僅適用於法規之解釋，有關先例之解釋當亦可適用之。

㈠**文理解釋**（grammatikalische Auslegung）：依據條文結構及字義，逐字逐句推敲適用上有關的法條，而闡明其意義，此為刑法解釋之基礎。因為刑法之規定無論如何明確，也免不了有難以理解的字彙在內，譬如刑法第 349 條贓物罪中，寄藏（收寄窩藏）與牙保（介紹買賣之行為）兩字，對於初

學者也不易瞭解，這些雖可透過字典了解其意義，但也有一些字彙具有雙重意義或晦澀不明者，如刑法第 136 條之聚眾妨害公務罪的「聚眾」是什麼意思，也不很清楚，一般的解釋認為是「由首謀者集合不特定之多數人，有隨時可以增加之情況」。因此文理解釋是絕對有其必要。

㈡**系統解釋**（systematische Auslegung）：即參照法令之整體構造，與其他法令之關係，即注意法律全文及與其他法令之關聯性，即就其全部法條作系統性之分析，進而闡釋其中一部分之涵義之謂。

㈢**歷史解釋**（historische Auslegung）：即探求字義之演進、立法的原意與沿革，即法律制定時之一般歷史關係及其有關之資料，謂之歷史解釋，又稱為沿革解釋。通常都以參照原法案，及其提案總說明、立法院之見解、行政院之說明及會議記錄等資料而為解釋。歷史解釋通常會質問法律所欲制定之目的為何？而引導至目的論之解釋。

㈣**目的論的解釋**（teleologische Auslegung）：為發掘法律之內在意義，當須明確法律所指導之目的思想及價值思想。此際，不僅應以立法者所保護之法益為考慮之對象，決定刑罰規定之重要社會倫理的行為價值亦應列為解釋之資材。

㈤**擴張解釋與限制解釋**：所謂擴張解釋（extensive interpretation），即將法律之文義參照法律之目的，予以擴大解釋的幅度，使法律的意義，更為完備。所謂限制解釋（restrictive intepretation），即如將法文之字句依通常之文理方法解釋，將會使法律之意義擴大，而使法律之原意無法確定時，即予縮小其意義而為解釋。

㈥**論理解釋中反面與當然解釋**：此兩種解釋係邏輯推理而形成之解釋。這屬於解釋之方法技術問題，其內容為：

1.反面解釋（contrary interpretation）：即從法律所規定之反面的意義來加以解釋之謂。如刑法第 18 條第 1 項規定，未滿 14 歲人之行為不罰；自反面言之，已滿 14 歲人之行為即應受罰。

2.當然解釋：即法文所規定的事項，其字面雖未明示，但依論理之法則，認為某些事項當然包括在內之一種解釋。如刑法規定滿 80 歲人之行為，得減輕其刑（刑 18 II）。從其法意言，當然適用於 80 歲以上之任

何年齡之人。又如傷害他人豬隻是違反刑法行為（刑 354），則殺害當然也是犯罪。

㈦**類推解釋**（anlogical interpretaion）：即就法律所未規定之事項，援引其類似事項之規定，比附適用之謂，故亦稱類推適用。類推在我國古代就是「決事比」，在漢武帝時（即西元前 141 年），就有死罪決事比 1 萬 3,472 事。即獄吏斷獄時，如案情特殊，沒有舊例可援，可以比附他例以為決斷，經過朝廷批准之後，則成為「比」，若再有類似案件，比「比」則成為先例，適用於類似案件①。

　　1.罪刑法定主義禁止類推解釋：刑法之解釋，應以從嚴為原則（penalia sunt restringenda），通說認為類推解釋，因逾越刑法明文規定之範圍，而適用於未有成文規定之事實，故為罪刑法定主義所禁止，以防法官濫入人罪。惟學者間有主張禁止不利於行為人之類推解釋，至於對行為人有利，可否類推之，不無爭議。

　　2.對行為人有利之類推解釋：以現行刑法論，其中亦不乏容許類推解釋之規定；如刑法第 177 條：「漏逸或間隔蒸氣、電氣、煤氣或其他氣體，致生公共危險者……」及第 182 條：「於火災、水災之際，隱匿或損壞防禦之器械或以他法妨害救火、防水者……」等規定中，「其他氣體」與「他法」只有從條文中例示之事項類推以為解釋，因此有謂對被告有利之類推解釋，因不受罪刑法定主義之拘束，可依一般法律之解釋適用之，故如類推不致危及人權，即其類推適用，對行為人有利之時，當可類推解釋之。依此對違法性阻卻事由或責任阻卻事由抑處罰減輕規定之類推解釋，雖為法律所未規定，只要有合理性之依據，亦得以超法規之事由予以認定②。

　　3.擴張解釋與類推解釋之區別：擴張解釋係將法律之文義參照法律之目的，予以擴大解釋的幅度，使法律的意義更為完備。如過分擴張，將成為類推解釋，因此擴張解釋與類推解釋兩者之區分在邏輯上雖有可能，但在實質上是相當困難的，因此有謂區分擴張與類推解釋，一面允

---

① 參照謝瑞智、謝俐瑩注釋，《中國歷代刑法志㈠》，2002 年版，頁 67、158、162。
② 參照大谷實著，《刑法講義（總論）》，第四版，平成 6 年，頁 74。

許擴張解釋，另一面禁止類推解釋，乃是無意義之事。

　　惟兩者須加區分時，其重點在於擴張解釋，乃係將法律所規定之文字含義，予以擴大適用，但不超逾文字上所具有的可能意義（mögliches Wortsinn）之界限之謂。如超逾文字上所具有之可能意義，就屬於類推解釋之範疇。譬如將「醫師」之文字無論如何擴大解釋，也不應將護士包括在內，即為擴大解釋；如將護士之行為視為醫師之行為，即屬類推解釋。又如刑法第 353 條損毀他人建築物礦坑船艦罪，其所謂他人建築物者，在擴張解釋即包括與他人共有房屋或自己出典之房屋（25.6.3 決議）在內。如將帳篷亦解釋在內，則屬類推解釋。

　(八)**反面解釋與類推解釋**：在上述的解釋方法中，在何種場合應適用何種解釋並無一定之準則，對此德國法學家**拉特布魯福**（Gustav Radbruch）舉了一個適例可為參考。

拉特布魯福

　　在某一處等候室之門口掛有「禁止攜狗入內」之牌子，有一天有位攜帶小熊之馴熊師，帶著小熊在其門口是否進入猶疑不決，彼認為禁止狗的進入，應該小熊也適用，所以沒有進入。假如這位馴熊師是法律家，他一定會認為他是運用類推解釋所得到的結論。即小熊與狗都是動物所以不可進入室內。但是他為何不用反面解釋以適用此例？如果用反面解釋，則熊並不是狗，所以應該可以進入。他之所以選擇類推解釋而不採反面解釋，乃是因採反面解釋會造成不合理結果的緣故。所以拉氏認為所謂解釋，乃是其結果的結果，總是結論已經確定之後，才選擇解釋的方法。所謂解釋的方法，實際上是在法律文句上將心中早有定案之結論，加以創造性的填捕，然後再賦予法律上之依據。這種創造性的填捕不論會導引出怎樣的結論，總是事後再隨意利用類推或反面解釋以為說明之依據。所以一般的解釋總是先有自認為合理的結論，再尋找解釋的方法，就如彫刻家內心裏先有欲彫刻的影像，再尋找彫刻的素材相同①。因此刑法之所以重視解釋的方法論，刑法之所以排斥類推解釋，其理在此。

---

① G.Radbruch,a.a.O.

㈨**行政解釋、司法解釋與立法解釋：**

　　1.行政解釋：行政機關執行法令時，所為關於法令的解釋之謂。由於社會之需要，各種專業法規日益增多，其中不乏行政刑罰者，如專利法、水利法、漁業法、選罷法、工廠法等，對違法者皆定有處罰規定。因此，行政機關所為之行政解釋，其深及刑法者，亦日益密切。

　　2.司法解釋：即司法機關於法規所為之解釋之謂。司法解釋有兩種：

　　⑴解釋憲法及統一解釋法令：即憲法第 78 條所定司法院有解釋憲法及統一解釋法令之權，法律經此解釋，具有一般適用之效力。

　　⑵審判解釋：乃法院就訴訟案件適用法律加以闡明的解釋，此種解釋可以形成判例，依照判例拘束的原理，最高法院的判例，有拘束下級法院的效力，因此依判例法所為的解釋，亦屬有權解釋之一。

　　3.立法解釋：即由立法機關所為之法律解釋之謂，其解釋有兩種：

　　⑴直接解釋：即以法律規定直接對某用語解釋者，稱為直接解釋。如刑法第 10 條：「稱以上以下以內者，俱連本數或本刑計算」。

　　⑵間接解釋：即雖未以法律條文直接解釋，但規定某事件的意義時，以間接解釋其他事件的意義者，稱為間接解釋。如刑法對「故意犯」一詞，並未明白直接規定，但依刑法第 13 條：「行為人對於構成犯罪之事實，明知並有意使其發生者，為故意；行為人對於構成犯罪之事實，預見其發生，而其發生並不違背其本意，以故意論」。即規定「故意」的意義，以間接解釋「故意犯」之意義。

習題：

一、刑法解釋之方法為何？有何限制？（73 高檢）（提示：刑法解釋之限制在於禁止類推解釋）

二、禁止類推解釋之意義內涵為何？刑法有無禁止類推適用？其原因為何？（89 國軍轉任、91 基三）

三、刑法用語之解釋

　　㈠**以上、以下、以內**：稱以上、以下、以內者，俱連本數或本刑計算

（刑 10 I）。用以計數者，即應包括本數在內；如第 18 條所規定之「十四歲以上」及第 47 條之「五年以內」，即連 14 歲與 5 年之本數均計算在內。用以計刑者，連本刑計算：如第 271 條「十年以上有期徒刑」，即連 10 年本刑計算。

　　此外稱「滿」稱「內」者，亦連本數計算，如第 18 條第 3 項：「滿八十歲人」，第 42 條第 1 項：「兩個月內」，第 162 條第 5 項：「五親等內之血親或三親等內之姻親」等，均包括此「八十歲」、「兩個月」、「五親等」及「三親等」之本數。至於稱「以外」、「未滿」、「超過」者，則不連本數計算。

　㈡**公務員**：

　　1.公務員之定義：關於公務員之定義：我刑法第 10 條採列舉主義，即稱公務員者，謂下列人員：

　　一、依法令服務於國家、地方自治團體所屬機關而具有法定職務權限，以及其他法令從事於公共事務，而具有法定職務權限者（刑 10 II ①）。

　　二、受國家、地方自治團體所屬機關依法委託，從事與委託機關權限有關之公共事務者（刑 10 II ②）。

　　　⑴依法令服務於國家、地方自治團體所屬機關（刑 10 II ①前段）：係指國家或地方自治團體所屬機關中依法令任用之成員。故其依法代表、代理國家或地方自治團體處理公共事務者，即應負有特別保護義務及服從義務。至於無法令執掌權限者，縱服務於國家或地方自治團體所屬機關，例如僱用之保全或清潔人員，並未負有前開特別保護義務及服從義務，即不應認其為刑法上公務員。

　　　⑵如非服務於國家或地方自治團體所屬機關，而具有依「其他依法令從事於公共事務而具有法定權限者」（刑 10 II ①後段），因其從事法定之公共事項，應視為刑法上的公務員，故於第一款後段併規定之。此類之公務員，例如依水利法及農田水利會組織通則相關規定而設置之農田水利會會長及其專任職員屬之。其他尚有依政府採購法規定之各公立學校、公營事業之承辦、監

辦採購等人員，均屬本款後段之其他依法令從事於公共事務而具有法定職務權限之人員。

(3)依法令從事於公務：即公務員所從事之公務，須有法令之依據。所謂「法令」，包括法律及含有法規性之單行命令在內，又公務員指現依法令從事於公務之人員，並不包括已休職或退職在內；但有特別規定者，依其規定，如：

①爲公務員前之預期賄賂罪（刑 123）。

②任公務員洩密罪（刑 318）。

(4)關受委託執行公務或公權力之人員：因受託人得於其受任範圍內行使委託機關公務上之權力，故其承辦人員應屬刑法上公務員。依貪污治罪條例第 2 條後段、國家賠償法第 4 條及釋字第 462 號解釋意旨，認此等人員應屬公務員。

2.因公務員身分而成立之罪：其行爲之侵害性，每因身分而不同，故有限於特定職務之公務員，始得犯之。即一般公務員與普通人民同，均不得爲其犯罪之主體者，刑法上不乏其例，如：

(1)有審判職務之公務員或仲裁員（刑 124）。

(2)有追訴或處罰職務之公務員（刑 125）。

(3)有管收、解送或拘禁人犯職務之公務員（刑 126）。

(4)有執行刑罰職務之公務員（刑 127）。

(5)在郵務或電報機關執行職務之公務員（刑 133）。

(6)直屬主管長官（貪 13）。

(7)辦理會計審計人員（貪 14）。

(8)鐵公路、航空、水運或其他供公衆運輸之交通工具人員，或稽徵關員（懲私 7）。

㈢**公文書**：公文書者，謂公務員職務上製作之文書（刑 10Ⅲ）。故刑法上所稱之公文書，必須具備三要件：

1.製作者爲公務員：此兼指實質製作與形式製作而言，前者如公務員自以文字代表國家所爲之意思表示，後者即利用其他之文書，由公務員本其職務而加以編訂製作：如訴訟當事人之訴狀，原爲私文書，一經

法院公務員編入案卷，即屬公文書。

　　2.須基於職務上之權力而製作：故公務員所作之私人函件或文章，或於其職務範圍外所作之文書，皆非公文書。又公文書除非公務員基於職務而作成外，尤須其內容爲公法上之關係，若爲私人事務所作之文書，如請假單、私函等，則非公文書，又如公務員代表國家機關與私人間所訂立之私法上之契約，不應爲公文書（最高法院 28.7.22 民刑總會決議）。

　　3.須爲文書：此文書不僅指用文字書寫於紙上者而言，即符號或其他特約，足爲表意之證明者，亦屬之（60 上 3966）。

　　㈣**重傷**：

　　1.重傷之種類：傷害因其結果之不同，可分爲普通傷害、重傷害及傷害致死三種。傷害致死，較易區別，惟重傷害與普通傷害之界限，則較難分辨，故刑法第 10 條第 4 項乃規定重傷指下列傷害，除此以外之傷害則屬普通傷害：

　　　　⑴毀敗或嚴重減損一目或二目之視能。

　　　　⑵毀敗或嚴重減損一耳或二耳之聽能。

　　　　⑶毀敗或嚴重減損語能、味能或嗅能。

　　　　⑷毀敗或嚴重減損一肢以上之機能。

　　　　⑸毀敗或嚴重減損生殖之機能。

　　　　⑹其他於身體或健康，有重大不治或難治之傷害①。

　　2.重傷之情形：

　　　　⑴毀敗機能之意義：依通說指視能、聽能或手足器官之生理機能完全喪失機能，且永無恢復之可能而言，若僅效用衰減，或一時喪失其效用，尚不得謂爲毀敗②，如割斷腳筋使其行動不能

---

① 25 上 4680：刑法第 10 條第 4 項第 6 款之重傷，係指除去同項第 1 款至第 5 款之傷害而於身體或健康有重大不治或難治之傷害者而言，如毀敗一目或二目之視能，按照該項第 1 款之規定，固屬重傷，假使所傷之目，僅祇視能減衰，並未完全毀敗，縱令此種減衰具有不治或難治之情形，仍與第 6 款所定之內容並不相當，即祇應成立普通傷害，不能遽依重傷論科。

② 毀敗之實例爲：

　1. 8 上 690：被告人所受腿傷是否已臻於毀敗，即是否已至篤疾，不能以驗傷時骨之斷折爲標準，須就醫治後之實在狀況斷定。

　2. 20 上 547：刑法上所謂毀敗機能及於身體健康有重大不治之傷害，乃指傷害之結果確係機

自由，或咬斷食指使伸縮不能自如，或打落牙齒、擊傷口鼻，並未能失去語能味能或嗅能之效，即屬於普通傷害而非重傷。至於毀敗機能，不以損害其外形為必要，既損害其外形，復喪失其效力，固屬毀敗；即祇喪失其效用，並未損害其外形者，亦不失為毀敗。但損害生殖器之外形，如割去男子之生殖器，雖未損及內部機能，仍成毀敗。至其是否毀敗，應就其結果言之，不能僅以行為當時之狀態認定之，亦不以檢驗時之狀態為準，故經過相當之診治而能回復原狀，或雖不能回復原狀，而僅減衰其效用者，仍不得謂為重傷。如骨碎或肢折，經醫治後仍能行動者，尚非毀敗。

(2)嚴重減損：原刑法規定只有毀敗，於 2005 年修改時加入嚴重減損，蓋依實務上見解，關於視能、聽能等機能，須完全喪失機能始符合該毀損之條件，如僅減損甚或嚴重減損效能並未完全喪失機能者，縱有不治或難治情形，亦不能適用，仍屬普通傷害之範圍（參照最高法院 25 上字第 4680 號、30 台上 445 號、40 台上 73）既與一般社會觀念有所出入，而機能以外身體或健康倘有重大不治或難治情形之傷害，則又認係重傷（第 6 款），兩者寬嚴不一，已欠合理，且普通傷害法定最高刑度為 3 年有期徒刑（參見第 277 條第 1 項），而重傷罪法定刑最低刑度為 5 年有期徒刑（參見第 278 條第 1 項），兩罪法定刑度輕重甚為懸殊，故嚴重減損機能仍屬普通傷害，實嫌寬縱，不論就刑法對人體之保護機能而言，抑依法律之平衡合理之精神而論，均宜將嚴重減損生理機能納入重傷定義。

能毀敗或身體健康確有終身不治之傷害者而言，若僅一時不能動作，不過受傷後之狀態，能否認為已達重傷程度，自非專門學識之人詳予鑑定，不足以資斷。

3.22上142：所稱毀敗一肢以上之機能，係指其機能全部喪失效用者而言。本案被害人所受之傷，據最後覆驗結果，既僅左手第二指將來伸舒不能如常，及右濂胊胭後行動不能復原，則其手足機能僅有減衰情形，並非已達全部喪失效用之程度，顯與該款所定重傷之條件不合。

4. 29 上 135：手之作用全在於指，上訴人將被害人左手大指、食指、中指砍傷斷落，其殘餘之無名指、小指即失其效用，自不能謂非達於毀敗一肢機能之程度。

⑶重大不治或難治：重大不治指終身無法治療回復而言。所謂難治，即難於治療，指一時無痊癒之望，與重大不治相差無幾，祇須裁判時傷害之程度，係屬難治為已足，至其將來能否治癒，即其最終結果是否不治或已治，則非所計。至法條稱其他於身體或健康有重大不治或難治之解釋，指既不屬於第 10 條第 4 項第 1 款至第 6 款所列舉之情形，且其不治或難治之解釋，於人之身體或健康有重大影響者而言（29 上 685）。如鼻樑被割已成缺形（決議 25.2.22）或鼻準被割後，既不能回復原有之容貌（19 上 2052）、變更容貌至重大不治（25 院 1459）、右耳被剃落一半（23 上 4573）、頭部受傷，深已抵骨，腦漿流出（25 上 3063）等，不包括解釋四肢之情形在內。

習題：

一、刑法上稱以上、以下、以內者，立法上如何解釋？（73 高）

二、刑法上公務員之意義如何？（43、44 普、45 高檢、62 特）

三、何種犯罪以具有公務員之身分為其特別要件？試舉例以對。（45 高檢、62 特）

四、試根據現行刑法之規定，分析刑法中「公務員」名詞之意義。（98 公、關升）

五、公文書之意義若何？（43 普）

六、何謂重傷？（66 高、74、78 普）重傷與普通傷害有何區別？試詳言之。（54 高）

七、刑法第十條第四項第四款毀敗一肢以上之機能之所謂毀敗是否須屬於不治之傷害？試說明之。（82 司）

八、刑法上所稱重傷害之定義為何？下列各行為是否成立重傷害罪？試論試之。（92 軍官轉任）

　　㈠甲某日持硫酸壹瓶潑向乙之臉部，致乙之臉部皮膚多處灼傷，容貌難以回復原狀。

　　㈡甲某日持利刃故意割斷乙右手之拇指及食指，以致該二手指無法接回。

　　㈢甲某日毆打乙，致乙之左眼睛受傷，該眼睛之視力僅有正常人之三分之一。

答：㈠乙之臉部多處灼傷，應屬其他於身體有重大不治之傷害，故成立重傷罪。

　　㈡乙之拇指及食指被割斷，係嚴重減損肢體機能，故成立重傷罪。

　　㈢乙之眼睛受傷其視力嚴重減損，應成立重傷罪。

㈤**性交**：

1.性交之種類（刑 10V）：

(1)以性器進入他人之性器、肛門或口腔，或使之結合之行爲。

(2)以性器以外之其他身體部位或器物進入他人之性器、肛門，或使之結合之行爲。

2.姦淫既遂與未遂之標準學說：依刑法 221 條之強制性交罪原對強姦之既遂與未遂標準有：射精說、性器接觸說、深入說及性器接合說等四說，現法律實務均採**性器接合說**①。

㈥**強制性交罪**：與強制猥褻罪、乘機姦淫罪、乘機猥褻罪之不同：

刑法第 221 條第 1 項強制性交罪、第 224 條第 1 項強制猥褻罪，與第 225 條第 1 項乘機姦淫罪、同條第 2 項乘機猥褻罪，其主要區別在於犯人是否施用強制力及被害人不能抗拒之原因如何造成，爲其判別之標準。如被害人不能抗拒之原因，爲犯人所故意造成者，應成立強姦罪或強制猥褻罪。如被害人不能抗拒之原因，非出於犯人所爲，且無共犯關係之情形，僅於被害人心神喪失或其他相類之情形不能抗拒時，犯人乘此時機以行姦淫或猥褻行爲者，則應依乘機姦淫或乘機猥褻罪論處（71台上 1562）。

㈦**電磁紀錄**：即以電子、磁性、光學或其他相類之方式所製成，而供電腦處理之紀錄（刑 10Ⅵ）。有關電磁紀錄，不僅規定於第十五章之僞造文書外，亦適用於該章以外之僞造有價證卷罪（參考刑 201 之 1、202、205），第二十八章妨害秘密罪（參考刑 315），刑訴法（參考刑訴 122、128），陸海空軍刑法（參考 20、31、63、78），軍事審判法（參考 111 條）等均可適用。

---

① 22 上 2986：姦淫罪之成立，以男女生殖器官接觸爲既遂，至陰莖已否伸入膣內及處女膜已否破裂皆非所問。

第四章　刑法之適用範圍

第一節　刑法之時間的適用範圍

一、時間的適用範圍之意義

㈠**刑法之時的效力**：此即**刑法之時間的適用範圍，是指刑法效力開始時起至失去效力為止其間究以何時為適用之標準之意**。刑罰法規是適用於施行以後之犯罪行為，對施行以前，所發生之行為，不得加以援引適用為原則，此稱為「**刑罰法規不溯及既往之原則**」（ Prinzip der Nichtrückwirkung ）。如前所述，此為罪刑法定主義內容之一。其理由在於如新法之效力能溯及既往，則一切權利皆無保障，有妨害法律之安定性，且將動搖人民遵守法律之心理，使法律失其威信，故由公平正義及實利之觀點言，刑罰當應嚴守不溯既往之原則①。

㈡**刑法效力之發生與終止**：刑法與其他法令相同地，自施行時起，至廢止時止有其效力。施行後法律有變更時，均依中央法規標準法第 14 條之規定：「法規特定有施行日期，或以命令特定施行日期者，自該特定日起發生效力。」但法規無特定施行日期者，則依同法第 13 條規定：「法規明定自公布或發布日施行者，自公布或發布之日起算，至第三日起發

---

① 關於法律不溯及既往之實例：

　1.31 上 2019：上訴人犯罪在舊刑法有效時代，舊刑法關於從事業務之人，對於業務上作成之文書為虛偽之登載，並未定有處罰明文，依照刑法第 1 條，自不能援用新法論罪。

　2.69 台上 413：懲治走私條例於 67 年 1 月 23 日修正公布，新增第 2 條之 1，對運送銷售或藏匿逾公告數額之走私物品者及其常業犯，為科罰之規定，並罰其未遂犯，在此項修正以前法律並無類似規定，上訴人犯罪在 64 年 10 月間，依法律不溯既往之原則，自不能適用該新增條文予以科罰。原判決竟引用該條文科處上訴人罪刑，自屬適用法則不當。

　3.72 台上 6306：槍炮彈藥刀械管制條例係於 72 年 6 月 27 日公布施行，上訴人等攜帶武士刀、扁鑽等刀械行為當時之法律，並無處罰之規定，依刑法第 1 條之規定，自不得因其後施行之法律有處罰規定而予處罰。法律不溯既往及罪刑法定主義為刑法時之效力之兩大原則，行為之應否處罰，應以行為時之法律有無規定處罰為斷，若行為時與行為後之法律皆有處罰規定，始有刑法第 2 條比較新舊法之適用。原判決竟謂上訴人等未經許可無故持有刀械，觸犯公布施行在後之槍砲彈藥刀械管制條例，並適用刑法第 2 條第 1 項但書，自屬適用法則不當。

生效力。」如於民國 88 年 9 月 1 日公布，應算至 9 月 3 日方發生效力。

習題：試申論刑法不溯既往的意義內涵。（89 交升、90 高檢）

二、法律之變更致刑之變更學說

犯罪時之法律與裁判時之法律，遇有變更者，究應適用裁判時之新法，或仍沿用行為時之舊法，或適用新法與舊法之間所施行之中間法，其學說有四：

㈠**從舊主義（適用行為時法）**：即堅持罪刑法定主義原則，認為犯罪既完成於舊法時期，自應適用行為時之舊法處斷。亦即不問新舊法之輕重，概依舊法裁判。

㈡**從新主義（適用裁判時法）**：該主義以溯及既往為原則，認為行為後法律有變更者，應一律依現在有效之法律論罪科刑，更簡而易行。

我國非拘束人身自由之保安處分，如強制治療處分，仍以裁判時之規定為準，以維持保安處分之功能與目的。

㈢**從輕主義（適用有利於行為人法）**：此主義認因法律變更致刑罰或拘束人身自由之保安處分有輕重者，宜從輕法，以符刑罰經濟之原則。因此行為人於行為後，法律有變更者，應從輕適用有利於行為人法。此又分為以刑罰為比較標準與以法律為比較標準兩種適用方法。

㈣**折衷主義**：以上三說均有缺失，乃有折衷主義之主張，此又分三種：

1.從舊從輕主義：以從舊主義為原則，從輕主義為例外。如遇新舊法無輕重之分時，一律依舊法處斷。**我刑法第 2 條規定**：「行為後法律有變更者，適用行為時之法律，但行為後之法律有利於行為人者，適用最有利於行為人之法律①」。

2.從新從輕主義：以從新主義為原則，從輕主義為例外。如遇新舊法無輕重之分時，概從新法。我刑法原採此主義，但於 93 年修正時改採

---

① 新舊之重輕應多方面比較之。如 24 上 4634：新舊刑法關於刑之規定，雖同採從輕主義，而舊刑法第 2 條但書，係適用較輕之刑，刑法第 2 條第 1 項但書，係適用最有利於行為人之法律，既曰法律，自較刑之範圍為廣，比較時應就罪刑有關之共犯、未遂犯、連續犯、牽連犯、結合犯以及累犯加重、自首減輕、暨其他法定加減原因、與加減例等一切情形，綜其全部之結果，而為比較，再適用有利於行為人之法律處斷。

從舊從輕主義。

　　3.裁判時主義：以裁判時之法律之規定為準。我**刑法第 2 條第 2 項**：「非拘束人身自由之保安處分適用裁判時之法律」。

　　㈤**從舊從新與從新從輕之結果相同**：原來刑法係採「從新從輕主義」，然此原則難以與第 1 條罪刑法定主義契合，而有悖於法律禁止溯及既往之疑慮，為貫徹上開原則之精神，現行之從新從輕觀念應導正，配合第 1 條修正為「適用行為時之法律」之必要，並兼採有利行為人之立場，爰將現行條文第 1 項「從新從輕」原則改採「從舊從輕」原則。第 1 項雖將「從新從輕」原則改採「從舊從輕」，然在法律變更後新舊法之適用，依此二原則之結果並無不同（即改採從舊從輕原則之結果，與現行之從新從輕原則相同），併予敘明。

	刑法之變更			法律之適用	依　　據
甲	行為(舊法)　　法律變更　　裁判(新法)　　無處罰規定　　　　　五年以下徒刑			無罪	禁止溯及處罰
乙	行為　　　法律變更　　　　裁判　　五年以下徒刑　　　十年以下徒刑			五年以下徒刑	行為時法律有利於行為人，故適用行為時之法律。
丙	行為　　　法律變更　　　　裁判　　五年以下　　　　　拘役或罰金			拘役或罰金	行為後法律有利於行為人者，適用最有利於行為人之法律(刑2後段)。

三、刑之變更的刑法規定

　　㈠**從舊從輕主義之例外**：此為刑罰法規不溯既往原則之例外規定，即刑法第 2 條第 1 項規定：「行為後法律有變更者，適用行為時之法律[1]。但行為後法律有利於行為人者，適用最有利於行為人之法律。」其最大

---

[1] 20 上 172：按刑法第 2 條規定犯罪時之法律，與裁判時之法律遇有變更者，依裁判時之法律處斷，其所謂處斷者，乃論罪科刑一依新法之意。故除有該條但書應涉及舊法之情形外，自不許再牽及舊法。

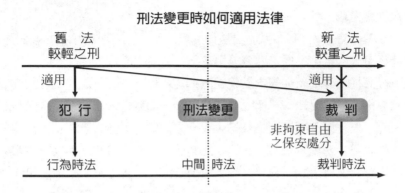

理由，是在超越於「秩序與人權之調和及社會利益與個人利益之調和」等界限，並在考慮被告之利益下，基於立法者的溫情主義所為之措施。從實質上言，應該是符合罪刑法定主義之精神。可分二點：

1.行為後之法律：所謂行為後，係指犯罪行為完成後之時起，即實行行為終了以後之謂。惟犯罪行為跨越法律改廢前後之時，有下列情形：

(1)在結果犯：其行為在舊法時代發生，結果在新法時代發生，其犯罪行為是指實行行為終了之後。

(2)在累犯：前科有期徒刑之執行完畢，或徒刑一部之執行而赦免後 5 年以內，再犯有期徒刑以上之罪，而犯罪結果發生在 5 年以外者，因犯罪時係以行為時為準，應認為 5 年以內再犯，成立累犯。

(3)追訴權之時效：關於一般之犯罪，應自犯罪成立之日起算。即成犯固應自犯罪成立之日起算；如加重結果犯，則應自結果發生之日起算。至於犯罪行為有繼續之狀態者，自行為終了之日起算（刑 80 II）。

(4)單純一罪、包括一罪與科刑上一罪：

①單純一罪：為單一之犯意，實現一個構成要件而成立之犯罪，此只要比較新舊刑法則可。

②包括一罪（實質一罪），即以一個犯意，實施一個或數個行為，侵害一個或數個法益，而包括於同一構成要件中之犯罪，

如常業犯、結合犯、繼續犯等是。在其行為完成前刑罰法規有變更時，因無法分割，只能對其全部行為適用新法。如為繼續犯，在其行為之繼續中刑罰法規有變更時，則不問新舊法有何規定，一律適用新法①。

③科刑上一罪：在形式上本得獨立構成個別處罰之數罪，依刑法規定，僅處罰其中較重之行為罪名者，謂之科刑上一罪，或裁判上一罪。此科刑上一罪本是可獨立構成個別處罰之數個行為合而為一罪，依刑法之規定準於單純一罪而處罰之情形者，因此應將其個別的罪分離之，其在新法時期所為之行為則適用新法，在舊法時期所為之行為，則依本條之規定定其適用法律，再依刑法第 55 條處斷。

(5)共犯之犯罪時：則以共犯行為所為之時點為標準。可分為：

①共同正犯：共同正犯必須有 2 人以上之行為者，基於共同意思，並互相利用各自行為共同完成同一犯罪目的，因此，在共同正犯之數人中，其中 1 人之犯罪行為，即為其他共犯之犯罪行為，故其中 1 人之犯罪行為的時點，即為其他共犯之犯罪時點。同謀共同正犯之同謀犯，仍以其參與謀議時起，至正犯實施犯罪行為完成時止，為犯罪行為之時點。

②教唆犯：教唆犯之犯罪時點有從屬性說與獨立性說之不同，我國刑法原是採獨立性說，於 2005 年修正時**改為從屬性說**：

　A 從屬性說：認為教唆犯之犯罪時點，應以被教唆人實行犯罪之時點為準。

　B 獨立性說：認為教唆行為一旦完成，犯罪即為成立，因教唆犯是獨立犯罪，故以其教唆他人犯罪之時點為犯罪行為之時點。

③幫助犯：蓋我國刑法對幫助犯之處罰採從屬性說，故其犯罪

---

① 28 上 733：略誘罪為繼續犯，當被誘人未回復自由以前，仍在其犯罪行為繼續實施之中，其間法律縱有變更，但其行為既繼續實施至新法施行以後，自無行為後法律變更之可言。

之時點，應以正犯之犯罪時點爲準。

2.刑法變更時有利或不利之比較：包括行爲時法與行爲後之法，是否有利於行爲人①，依下列情形定之：

(1)行爲後之法爲無罪者：因有利於行爲人，故應無罪。

(2)行爲後之法律應諭知免訴或不受理者：以行爲後之法律爲有利。

(3)行爲後之法律應免除其刑者：以行爲後之法律爲有利。

(4)行爲時法不利，行爲後法最有利時，依刑法第 2 條第 1 項後段，適用行爲後法。

(5)行爲時法有利，行爲後法不利時，依刑法第 2 條第 1 項前段，適用行爲時法。

(6)如無前項情形者：應就一切處罰條件、追訴條件，以及法定加減原因與加減例等，詳爲比較，定其最有利之法律。

(7)行爲時之法律其處刑輕者：以行爲時之法律爲有利。刑之重輕，依刑法第 35 條之規定比較之。

(8)原審判決後，刑罰有廢止、變更或免除者，得爲上訴之理由（刑訴 381）。

⒟**限時法**（Zeitgesetz）**問題：**

1.意義：

(1)廣義之限時法：凡爲配合一時之特殊情況或某一期間之需要，而制定之刑罰法規，不問其是否限於一定期間內有效者，稱爲限時法。如戡亂時期貪污治罪條例之戡亂時期，即爲此意。

(2)狹義之限時法：凡只限定一定期間內有效之法律，謂之狹義之限時法。如民國 33 年公布施行之懲治盜匪條例規定，施行期間

---

① 有利或不利比較之實例：

1. 23 非 55：犯罪時法律之刑輕於裁判時法律之刑者，依刑法第 2 條但書，固應適用較輕之刑，但新舊法律之刑輕重相等，或依法令加重減輕後裁判時法律之刑並不重於犯罪時法律之刑者，即不適用該條但書之規定，仍應依裁判時之法律處斷。

2. 29 上 964：行爲後法律有變更者，應將行爲時之法律與中間法及裁判時之法律，一律比較適用最有利於行爲人之法律，刑法第 2 條第 1 項規定甚明。本件原判決，祇將行爲時之暫行新刑律與裁判時之刑法比較，而將中間之舊刑法置諸不問，殊屬違誤。

為 1 年是。

　(3)最狹義之限時法：即指限於一定期間，並在法律上規定，只在其期間屆滿後，其在屆滿前之有效期間內所為之行為亦有效力，才得予以追及處罰所稱之限時法。

2.限時法之追及效力：

　(1)如有明文規定於期間屆滿後，其在屆滿前之有效期間內所為之犯罪行為，仍予處罰，當然有追及的效力。此即最狹義的限時法。

　(2)如無明文規定，有無追及之效力、有三種學說：

　　①可以追及處罰：認為有效期間雖已屆滿，對其有效期間所為之犯罪行為，在期滿後仍得處罰之。此說認為如不追及處罰，將會增加犯罪。

　　②不可追及處罰：認為有效期間屆滿後，對其有效期間內所為之犯罪行為，除有明文特別規定有追及的效力外，不得再予處罰。

　　③以立法之動機為基準之動機說：此說認為廢止刑罰的立法動機有兩種：

　　　A 因規範法律所必要之事實關係的變更，已沒有規範刑罰之必要性時。此說認為得追及處罰。

　　　B 一向作為處罰對象之事實，因立法者法律思想的變更，致認為不必再作為處罰對象時。此說認為不得追及處罰。

　3.我國刑法第 2 條第 1 項但書之規定，對於限時法之適用，除有追及之效力的規定外，實務上係採無追及效力說。故行為時之法律雖處罰其行為，但行為後已廢止其刑罰者，在偵查中檢察官應依刑事訴訟法第 252 條第 4 款予以不起訴處分；審判中法院應依同法第 302 條第 4 款諭知免訴之判決。

　㈢**保安處分適用新法**：刑法第 2 條第 1 項但書所稱之法律，係指實體法而言，程序法不在內①，此亦包括拘束人身自由之保安處分。至於非

---

① 見 28 院 1854 號解釋。

拘束人身自由之保安處分，則**適用裁判時之法律**（刑2II）。蓋保安處分以防衛社會為目的，專為特定行為人而設，故對於非拘束人身自由之保安處分，仍以裁判時之規定為準，以維持保安處分之功能與目的。

　㈣**處罰之裁判已確定者**：依刑法第 2 條第 3 項之規定，如處罰或保安處分之裁判確定後，未執行或執行未完畢，而法律有變更，不處罰其行為或不施以保安處分者，免其刑或保安處分之執行。此稱「免其刑或保安處分之執行」，指所免除者，僅刑罰或保安處分之執行，與刑之宣告之效力無關，故執行未完畢，而免其刑或保安處分之執行者，仍有刑法第47 條累犯之適用。

四、刑法 94 年修正施行後法律之比較適用

　　最高法院於 95 年 5 月 23 日在 95 年度第八次刑事庭會議決議「中華民國刑法九十四年修正施行後之法律比較適用決議案」如下：

㈠ 法律變更之比較適用原則	1. 新法第 2 條第 1 項之規定，係規範行為後法律變更所生新舊法律比較適用之準據法，於新法施行後，應適用新法第 2 條第 1 項之規定，為「從舊從輕」之比較。 2. 基於罪刑法定原則及法律不溯及既往原則，行為之處罰，以行為時之法律有明文規定者為限，必行為時與行為後之法律均有處罰之規定，始有新法第 2 條第 1 項之適用。 3. 拘束人身自由之保安處分，亦有罪刑法定原則及法律不溯及既往原則之適用，其因法律變更而發生新舊法律之規定不同者，依新法第 1 條、第 2 條第 1 項規定，定其應適用之法律。至非拘束人身自由之保安處分，仍適用裁判時之法律。 4. 比較時應就罪刑有關之共犯、未遂犯、想像競合犯、牽連犯、連續犯、結合犯，以及累犯加重、自首減輕暨其他法定加減原因（如身分加減）與加減例等一切情形，綜其全部罪刑之結果而為比較。 5. 從刑附屬於主刑，除法律有特別規定者外，依主刑所適用之法律。
㈡ 刑法用語之立法定義	新法第 10 條第 2 項所稱公務員，包括同項第 1 款之職務公務員及第 2 款之受託公務員，因舊法之規定已有變更，新法施行後，涉及公務員定義之變更者，應依新法第 2 條第 1 項之規定，適用最有利於行為人之法律。

(三) 刑	主刑、罰金刑	新法第 33 條第 5 款規定罰金刑爲新台幣一千元以上，以百元計算之，新法施行後，應依新法第 2 條第 1 項之規定，適用最有利於行爲人之法律。
	刑之重輕	刑之重輕標準，依裁判時之規定。
	易刑處分	易科罰金之折算標準、易服勞役之折算標準及期限，新法施行後，應依新法第 2 條第 1 項之規定，適用最有利於行爲人之法律。
(四) 累犯	新法施行前，過失再犯有期徒刑以上之罪，新法施行後，應依新法第 2 條第 1 項之規定，適用最有利於行爲人之法律。	
(五) 數罪併罰	定應執行刑	新法第 51 條第 2 款增訂罰金與死刑併予執行；第 5 款提高多數有期徒刑合併應執行之刑不得逾 30 年，新法施行後，應依新法第 2 條第 1 項之規定，適用最有利於行爲人之法律。裁判確定前犯數罪，其中一罪在新法施行前者，亦同。
	想像競合犯	新法第 55 條但書係科刑之限制，爲法理之明文化，非屬法律之變更。
	牽連犯	犯一罪而其方法或結果之行爲，均在新法施行前者，新法施行後，應依新法第 2 條第 1 項之規定，適用最有利於行爲人之法律。若其中部分之行爲在新法施行後者，該部分不能論以牽連犯。
	連續犯	連續數行爲而犯同一之罪名，均在新法施行前者，新法施行後，應依新法第 2 條第 1 項之規定，適用最有利於行爲人之法律。部分之數行爲，發生在新法施行前者，新法施行後，該部分適用最有利於行爲人之法律。若其中部分之一行爲或數行爲，發生在新法施行後者，該部分不能論以連續犯。
	常業犯	常業犯之規定刪除後之法律比較適用，同前。
(六) 刑之酌科及加減	1.新法第 57 條、第 59 條之規定，爲法院就刑之裁量及酌減審認標準見解之明文化，非屬法律之變更。 2.新法施行前，犯新法第 61 條第 2 款至第 6 款增訂之罪名者，新法施行後，應依新法第 2 條第 1 項之規定，適用最有利於行爲人之法律。 3.犯罪及自首均在新法施行前者，新法施行後，應依新法第 2 條第 1 項之規定，適用最有利於行爲人之法律。 4.犯罪在新法施行前，自首在新法施行後者，應適用新法第 62 條	

	之規定。 5.未滿 18 歲之人在新法施行前，犯刑法第 272 條之罪者，新法施行後，應依新法第 2 條第 1 項之規定，適用最有利於行為人之法律。 6.新法施行前，犯法定本刑為死刑、無期徒刑之罪，有減輕其刑之原因者，新法施行後，應依新法第 2 條第 1 項之規定，適用最有利於行為人之法律。 7.新法施行前，法定罰金刑有加減之原因者，新法施行後，應依新法第 2 條第 1 項之規定，適用最有利於行為人之法律。
(七) 緩刑	犯罪在新法施行前，新法施行後，緩刑之宣告，應適用新法第 74 條之規定。
(八) 保安處分	1.監護處分或酗酒禁戒處分之事由，發生在新法施行前者，新法施行後，應依新法第 2 條第 1 項之規定，視其具體情形，適用最有利於行為人之法律。 2.強制工作或強制治療之事由，發生在新法施行前者，新法施行後，應依新法第 2 條第 1 項之規定，適用最有利於行為人之法律。 3.拘束人身自由保安處分之事由，發生在新法施行前者，新法施行後，其許可執行，應依新法第 2 條第 1 項之規定，適用最有利於行為人之法律。
(九) 告訴或請求乃論之罪	刑罰法律就犯罪是否規定須告訴（或請求）乃論，其內容及範圍，暨其告訴或請求權之行使、撤回與否，事涉國家刑罰權，非僅屬單純之程序問題，如有變更，亦係刑罰法律之變更，而有新法第 2 條第 1 項之適用。

五、法律變更涵義

所謂空白刑罰法規（空白刑法），即在刑罰條文中，將犯罪構成要件之一部或全部，委由其他法律或行政命令加以補充規定者之謂。如這種補充規定之法規有變更或廢止，究竟是屬於法律之變更或事實之變更？能否適用刑法第 2 條第 1 項之規定？不無爭議。其學說為：

㈠**法律變更說**：認為空白刑法法規既將犯罪構成要件之一部或全部委由其他法令加以補充，經其補充後，始成為完整之法律，才能發揮刑罰之作用，因此如這種補充之法規有變更，該空白刑法之犯罪構成要件也會隨之變更，當然會變更其可罰性，故補充之法規有變更，不能視為犯

罪事實之變更，自應有刑法第 2 條第 1 項之適用。

㈡**事實變更說**：即所謂法律之變更，是指刑法所規定之條文有變更而言，至於為填補空白刑法而規定之其他法令如有變更，因並非刑法條文本身之變更，故非法律之變更，而是事實變更，自無刑法第 2 條第 1 項規定之適用。

㈢**實務上採事實變更說**：

1.行政院於 49 年 1 月 21 日將管制物品重行公告，乃是行政上適應當時情形所為事實上之變更，並非刑罰法律有所變更，自不得據為廢止刑罰之認定，無論公告內容之如何變更其效力，皆僅及於以後之行為，殊無溯及既往而使公告以前之走私行為受何影響之理，即無刑法第 2 條第 1 項之適用（49 台上 1093）。

2.犯罪構成事實與犯罪構成要件不同，前者係事實問題，後者係法律問題，行政院關於公告管制物品之種類及數額雖時有變更，而新舊懲治走私條例之以私運管制物品進口為犯罪構成要件則同，原判決誤以事實變更為法律變更，其見解自有未洽（51 台上 159）。

3.刑法第 2 條所謂有**變更之法律，乃指刑罰法律而言**，並以依中央法規標準法第 2 條之規定制定公布者為限，此觀憲法第 170 條、第 8 條第 1 項、刑法第 1 條之規定甚明，行政法令縱可認為具有法律同等之效力，但因其並無刑罰之規定，究難解為刑罰法律，故如事實變更及刑罰法律外之法令變更，均不屬本條所謂法律變更範圍之內，自無本條之適用（51 台非 76）。

4.行政院依懲治走私條例第 2 條第 2 項專案指定管制物品及其數額之公告，其內容之變更，對於變更前走私行為之處罰，不能認為有刑法第 2 條之適用（司釋 103）。

習題：

一、刑法第二條前段規定：「行為後法律有變更者，適用裁判時之法律。」試說明：

　　㈠法律有變更所指為何？（93 特三、94 警大法研）

　　㈡裁判應指那些裁判？（88 升簡）

二、犯罪時之法律與裁判時之法律，遇有變更者，應如何適用法律？（20高、
　　53特）我國刑法，關於行為時法、中間時法、裁判時法之比較適用，有
　　何規定？試申述之。（43高、47、75高檢、74普）

三、何謂「限時法」？試舉例說明之；並討論其與刑法第二條「時之效力」
　　兩者間之關係。（89特三）

四、何謂限時法？依據我國之現行刑法，限時法失效後，對於限時法有效
　　適用期間之犯罪行為，將產生何種影響？試分別說明之。（99高二行）

五、最新修正之刑法，從所謂「從新從輕原則」修正為「從舊從新原則」，
　　其實質差異何在？（94警大法研）

六、刑法殺人罪之追訴權時效修正後，在修正前觸犯之殺人案件是否屬於
　　刑法第2條第1項之「法律變更」？

七、何以保安處分適用裁判時之法律？試述其理由。（89特司三）

八、行為後法律有變更時，保安處分與刑罰在適用法律上有何不同？理由
　　何在？（53特）

九、刑法之「時的效力」有何學說？我國刑法第二條如何規定？（89交升、
　　93特三）

十、刑法第二條第一項所謂「行為後法律有變更」之法律一語，其意如何？
　　是否兼指行政機關頒布之命令？行政命令如有變更，是否亦屬此之「法
　　律有變更」？（94原三）

第二節　刑法之場所的適用範圍

一、意義

　　所謂刑法之場所的適用範圍，係指刑法效力所及之領域；也就是刑
法之地域的適用範圍。規定場所適用範圍之法規，也有稱為國際刑法；
此係規範我國刑法發生效力之領域，因此仍屬國內法。原來一般所稱之
國際刑法係為防制海盜行為、販賣奴隸、鴉片毒品之走私、劫機等有關
之國際條約而言，至於犯罪之國際化，係因交通工具之發達，致刑事案
件有跨越國界，而必須依賴國際上之協調合作才能有效制止，因此，各
國在適用刑法之際，究應適用那一國家之刑法較為合理，就須建立有如
國際私法之準據法的制度，從國際之觀點加以適切之規範，此則為刑法
之場所的適用範圍。

二、立法主義

即刑法效力所及之領域範圍，對於在本國領域內犯罪者，是否全體均能適用，對於國外之犯罪，有無適用之餘地。依國際刑法之立法例可分為：

(一) **屬地主義**	（Territorialitätsprinzip）：即刑法之效力以本國領域為準。指凡在本國領域內犯罪者，不論其為本國人或外國人，亦不論其侵害之法益屬於外國人或本國人，均應依本國刑法處罰。依此主義，本國人在國外對本國有重大之犯罪行為，亦不得論罪科刑，為其缺點。
(二) **旗國主義**	（Flaggenprinzip）：此與屬地相類似，又稱為「活動領土」。依照旗國主義，凡是航行中的船舶，如懸掛某本國國旗，或在該國登錄之航空器，在飛行中，如在該船舶或航空器內有犯罪行為時，則不論該船舶或航空器是在外國領土或在公海或公空內行駛，均得適用該旗國的刑法。不論任何船舶均以懸掛一個國家之國旗為原則，而航空器則依 1944 年「芝加哥條約」，只能登錄一個為限。此旗國主義乃為國際上一般所承認之原則①。依此主義，外國人在本國犯罪者，亦不能適用本國刑法，而本國人在國外犯罪時，因在外國領域內，難以行使本國之審判權，為其缺點。
(三) **積極的屬人主義**	（aktives Personalitätsprinzip）：即刑法之效力以犯罪人之國籍為準。凡是本國人犯罪，就是其犯罪行為在國外實行時，仍可適用本國之刑罰權之主義。積極的屬人主義，從歷史上言，乃是國際刑法最初建立之原則，因為古人認為人類之法律狀態是受其出身所決定，並受其拘束，積極的屬人主義，是強調個人應受國家之拘束，從國際上言，也是受國家與國家間相互連帶關係之思想的影響。即犯人之母國不能放任一位國民在國外犯罪可不受處罰，而竟可逃回自己的國家。依此主義，本國人在國外犯罪時，因在外國領域內，難以行使本國之審判權，為其缺點。
(四) **保護主義**	（Schutzprinzip）：即刑法之效力以本國或本國人之法益為準。不問犯罪地在國內或國外，亦不問犯罪人為本國人或外國人，凡對本國或本國人之法益有侵害時，均可依本國刑法處罰。譬如內亂或外患罪，偽造貨幣罪，對國防或危害公共秩序之犯罪，是直接危害國家之法益，因此從保護國家之立場言，應受本國刑罰之處

---

① 參照西原春夫監譯，《ドイツ刑法總論》，1996，頁 117。

	罰,此爲國家保護主義。如在外國有侵害本國人之法益時,基於保護本國人之立場,亦應受本國刑罰之制裁,此爲個人保護主義或消極的屬人主義(Passives Personalitätsprinzip)依此主義,如採絕對之保護主義,因犯人在國外,而又不能請求引渡時,則刑法之效力,無由表彰,爲其缺點。
(五)**世界法主****義**	(Weltrechtsprinzip):又稱爲普通法主義,即不必考慮犯罪地及行爲人之國籍是如何,凡屬犯罪均可適用各該國的刑法加以處罰。但是這種毫無限制之世界法主義,不僅在學術上難以讚同,在實務上也很難做到。如採此主義,各國的刑罰將無限上綱,因此並不合理。世界法主義之所以爲各國國內法所採行,乃是因該犯罪涉及世界各國之共同利益,各國爲保護超越國界之文化法益,如嗎啡等毒物之交易、僞造貨幣、恐怖組織、劫機、擄人勒贖、環境犯罪、戰爭犯罪及對人道性的犯罪等均基於國際上一致對危害人類文化之危險犯罪的鬥爭,乃訂有多種條約,以爲保護。美國2001年的九一一世界貿易大樓被恐怖份子以民航客機撞毀,也引起全世界一致之討伐。
(六)**折衷主義**	以屬地主義爲原則,兼採其他主義之長。其情形有四: 1.凡在本國領域內之犯罪,不論該犯罪人爲何國人,均適用本國刑法處罰,此爲屬地主義。 2.凡本國人在領域外犯較重大之罪者,亦適用本國刑法處罰,即兼採屬人主義。 3.凡外國人在領域外,對本國或本國人民犯重大之罪者,亦適用本國刑法處罰,此兼採保護主義。 4.凡犯罪行爲危害世界共同利益者,如海盜,即不問其犯罪地何在,犯罪人之國籍如何,一律適用本國刑法處罰,此兼採世界主義。

三、刑法規定

我國刑法關於場所的適用範固,又稱為地之效力,係採折衷主義。即以屬地主義爲主,兼採屬人主義、保護主義及世界主義。

(一)**屬地主義**:本法於中華民國領域內犯罪者,適用之。在中華民國領域外之中華民國船艦或航空器內犯罪者,以在中華民國領域內犯罪論(刑3)。即以中華民國領域爲刑法效力所及之範圍,此即屬地主義。所謂領域,即國權所及之範圍,有實質領域與想像領域之別。

1.實質領域：包括領陸、領海、領空。

2.想像領域：

(1)本國船艦或航空器：中華民國船艦或航空器者可分為國有及私有二種：

①國有：如軍艦及軍用飛機，在國際慣例上，均應適用我國刑法。

②私有：如具有我國國籍之商船及民用航空機，如在無主公海或公空或合於我國刑法第 5 條至第 8 條之情形，則適用我國刑法，否則應適用所在國之法律。

(2)中華民國駐外使館：各國駐外大使館、公使館，依國際法上之慣例，享有治外法權，原則上與軍艦同，但在慣例上本國對於在本國駐外使館內犯罪者，能否實施其刑事管轄權，常以駐在國是否同意放棄其管轄權為斷，是以對在我國駐外使領館內犯罪者，若有明顯之事證，足認該駐在國已同意放棄其管轄權者，自得以在我國領域內犯罪論（最高法院 58.8.25 決議）。

(3)中華民國軍隊佔領地：因戰爭而佔領之外國領域，我國亦得行使審判權。如陸海空軍刑法第 4 條規定：「陸海空軍軍人，在中華民國軍隊佔領地域內，犯刑法或其他法令之罪者，以在中華民國內犯罪論。其在中華民國軍隊佔領地域內之本國人民，與從軍之外國人及俘虜犯罪者，亦同」。

(4)無主地：凡在不屬於任何國家領域內之土地犯罪者，任何國家對之均得適用其本國刑法，故此等地域，亦有我國刑法之適用。

(二)**屬人主義**：即刑法**除採屬地主義為原則外，又以屬人主義為例外**：

1.公務員國外犯罪之適用：即中華民國公務員在中華民國領域外犯第 121 條至第 123 條、第 125 條、第 126 條、第 129 條、第 131 條、第 132 條及第 134 條之瀆職罪。第 163 條之脫逃罪。第 213 條之偽造文書罪。第 336 條第 1 項之侵占罪（刑6）。

2.國民國外犯罪之適用：本法於中華民國人民在中華民國領域外犯刑法第 5 條及第 6 條以外之罪，而其最輕本刑為 3 年以上有期徒刑者，

適用之（刑7）①。

　㈢**保護主義**：我國刑法對於在中國領域外犯罪者，如其所侵害者爲我國之生存、信用、財經等重要法益或侵害我國人民法益情節較重者，則適用我國之法律，學說上稱爲保護主義：

　　1.保護國家法益：本法於凡在中華民國領域外犯下列各罪者，適用之（刑5）：

　　⑴內亂罪。

　　⑵外患罪。

　　⑶第 135 條、第 136 條及 138 條之妨害公務罪：公務員執行公務，不問在國土內外，均不容非法妨害，爲貫徹公權力之行使、維護國家之威信，除對在國內觸犯妨害公務罪之中華民國人民或外國人應予處罰外，對在國外妨害我國外交代表（包括大使、公使等駐外使領館人員及因特定任務所派遣之專使等使節）執行公務者，亦有加以刑事制裁之必要，即以第 135 條妨害執行職務罪、強制罪及其結果加重犯，第 136 條聚眾妨害公務罪及其結果加重犯，第 138 條侵害公務上掌管文書物器罪，縱在國外犯之者，亦宜予處罰，藉保國家尊嚴並利外交代表公務之推行。

　　⑷第 185 條之 1 及第 185 條之 2 之公共危險罪：本法分則第十一章「公共危險罪」，所增訂之第 185 條之 1 之劫持交通工具罪及第 185 條之 2 危害飛航安全罪，其犯罪縱在中華民國領域外，亦應嚴加遏阻，已爲國際上之共同要求。即不問犯罪行爲人國籍如何，被害法益何屬，均應適用本法予以制裁，以符世界主義之立法精神。

　　⑸僞造貨幣罪。

　　⑹第 201 條至第 202 條之僞造有價證券罪：刑法第 201 條之 1 有關信用卡犯罪之處罰，有鑑於信用卡、金融卡等已成爲世界性之支

---

① 實例上如 69 台上 156：被告所犯殺人罪犯罪地在英、法兩國共管屬地「三托」島，依刑法第 7 條前段規定，應適用刑法處罰。

付工具，在國外犯之，亦應適用本法制裁，以兼顧保護交易制度之安全及國人之財產權。

(7)第 211 條、第 214 條、第 218 條及第 216 條行使第 211 條、第 213 條、第 214 條文書之偽造文書罪。

(8)毒品罪。但施用毒品及持有毒品、種子、施用毒品器具罪，不在此限；所謂之「毒品」，除鴉片罪章規定之鴉片、嗎啡、高根、海洛因或其他化合質料、罌粟等外，並包括其相類製品，大麻、安非他命、配西汀、潘他唑新及其相類製品等，不但涵意較廣，且依毒品之成癮性、濫用性及對社會之危害性等分為四級，分級亦較明確。現行之「鴉片罪」一詞，宜修正為「毒品罪」，並改列為第八款，以資賅括。施用毒品之行為在部分國家認屬病態行為，並不課以刑罰，為避免適用上之困擾，爰將在中華民國領域外施用毒品之行為予以排除，不適用本法之規定。另單純持有毒品、種子、施用毒品器具者，情節較諸施用行為輕，其在中華民國領域外犯之，亦應排除本法之適用。

(9)第 296 條及第 296 條之 1 之妨害自由罪：第 296 條之 1 買賣質押人口為性交或猥褻罪之處罰，彰顯我國對少年、兒童、婦女人身自由之保護。而國際上關於此類犯罪之防止，不僅為各國間之共識，而且為跨國共同打擊犯罪之重要任務，故本罪之犯罪地縱發生在中華民國領域外，不問犯罪行為人之國籍如何，侵害法益種類，均應適用本法予以制裁。

(10)第 333 條及第 334 條之海盜罪。

2.保護國民法益：刑法第 8 條：「前條之規定，於在中華民國領域外對於中華民國人民犯罪之外國人，準用之。」

四**世界法主義**：依我國刑法第 5 條第 8 款至第 10 款，即毒品罪、第 296 條之妨害自由罪及第 333 條及第 334 條之海盜罪等，法律上均認為萬國之公罪，不論何國，皆得處罰之。

習題：甲在中國大陸廣東省深圳市偽造新台幣，是否可適用台灣的刑法處罰甲的行為？（90 特三）

四、隔地犯

隔地犯（Distanzdelikt）者，指犯罪行為地與犯罪結果不在同一處所之謂。如從日本郵寄有毒之餅乾，意圖毒死他人時，也是屬於隔地犯之性質，應視為在國內犯罪。因此如犯罪行為地與結果地均發生在中華民國領域內者，固應適用我國刑法，惟行為地與結果地有一在我國領域外時，應如何適用刑法，學說有四；**我國採折衷說**：

㈠**行為地說**：以行為地之法律為準據法。

㈡**結果地說**：以結果發生地之法律為準據法。

㈢**中間效力說**：以行為與結果間所發生之中間現象或中間結果地之法律為準據法。

㈣**折衷說**：即犯罪固須有行為，亦因有結果而完成，故行為地與結果地之法律，均可適用。我刑法採此說①。因此犯罪之行為或結果，有一在中華民國領域內者，為在中華民國領域內犯罪（刑4）。

五、外國刑事裁判之效力

同一行為同時觸犯二國以上之刑法，而其行為已經外國法院裁判確定者，能否再依本國刑法處罰，其學說有二：

㈠**承認外國法院之裁判力**：即依法律上「一事不再理」之原則，認為凡經外國法院裁判確定之案件，本國法院即不再予以處罰。

㈡**不承認外國法院裁判力**：此說依各國主權獨立之原則，否認外國法院之裁判力，且認為一事不再理之原則，並不適用於不同國家司法權之運用。故同一行為雖經外國法院確定之裁判，本國法院仍得予以審理。

㈢**我國刑法係採第二說**②：如刑法第9條：「同一行為雖經外國確定裁

---

① 70台上5753判例：上訴人辯稱其犯罪地點在美國，依刑法第6條、第7條規定，不適用刑法第241條第3項第1款規定處罰，經查上訴人違反監護權人即自訴人之意思，擅將陳某帶回台灣定居，所犯和誘罪為繼續犯，其侵害自訴人監護權之犯罪行為至提起自訴時仍在繼續中，依刑法第4條規定犯罪之行為或結果有一在中華民國領域內者，為在中華民國領域內犯罪，上訴人犯罪行為既在中華民國領域內，自得依刑法規定追訴處罰。

② 依9統1390解釋：華工在英國犯罪，經英國裁判所判處罪刑，執行未完，遞解回國，仍得依刑律處斷。但已受其刑之執行或經免除者，得免除或減輕本刑。

判，仍得依本法處斷。但在外國已受刑之全部或一部執行者，得免其刑之全部或一部之執行。」

　　㈣**在大陸地區之犯罪**：此之「外國」不包括大陸地區，故在大陸地區或在大陸船艦、航空器內犯罪，雖在大陸地區曾受處罰，仍得依法處斷。但得免其刑之全部或一部之執行（臺陸關75）。

習題：

一、我國刑法關於地之效力如何規定？試說明之。（在民國領域外，何種犯罪適用民國刑法？試列舉其罪名。）（20 高）

二、犯罪之行為與結果，一在民國領域內，一在民國領域外者，其犯罪地之決定，學說有幾？我刑法採何說？（22 高）

三、在中華民國領域外，何種犯罪適用中華民國刑法？試列舉其罪名及立法所採之主義。（78 司）

四、對下列之犯行刑法如何適用？（97 普）

　　㈠國人在華航班機上毆打外國人某甲致受傷。

　　㈡國人在美國偽造人民幣。

　答：㈠因在華航班機上打人受傷，即在中華民國航空器內犯罪，依刑法第 3 條，以在中華民國領域內犯罪論，故有我國刑法之適用。

　　　㈡國人雖在美國偽造人民幣，但人民幣依刑法第 201 條為有價證券，故依刑法第 5 條第 6 款偽造有價證券有我國刑法之適用。

五、我國人民甲（非公務員）於 95 年 8 月上旬在美國境內因違犯意圖販賣而持有罌粟種子、古柯種子之罪，回國後，為警查獲，試問：甲的行為是否仍應受罰？（95 特調三）

　答：甲雖犯毒品危害防制條例第 14 條第 1 項毒品罪之規定，但其犯罪地在美國，依刑法第 5 條第 8 款規定，凡在中華民國領域外犯毒品罪者，適用之。「但施用毒品及持有毒品、種子、施用毒品器具罪，不在此限。」不過某甲係為販賣而持有罌粟種子、古柯種子，仍犯該條例第 14 條第 1 項之毒品罪，並不能適用刑法第 5 條第 8 款但書之規定，故仍依刑法處罰。

六、臺北市單身市民甲在一家貿易公司任職，因景氣不好遭公司放無薪假；甲平日工作勤奮、節吃省用，藉此機會休息，到韓國首爾自助旅行一個月。某天甲與陌生的韓國人乙在首爾餐廳因故起衝突，甲當場毀壞桌椅，並隨手拿餐刀刺傷乙臉部多處並割落左耳，且乙因血友病而死亡。甲被韓國法院判刑，在韓國監獄服刑期滿後回臺北。試問：對甲在韓國的行為，回國後依我刑法應如何處斷？（98 司三）

答：甲之行為屬於刑法第 7 條國民之國外犯案件。

事實經過：

(一)甲毀壞桌椅係犯刑法第 354 條毀損器物罪係 2 年以下，非如第 7 條 3 年以上有期徒刑，故無刑法之適用。

(二)甲刺傷乙臉部，割落左耳屬於刑法第 10 條第 4 項第 6 款之重傷，依刑法第 278 條為 5 年以上，故依刑法第 7 條有我國刑法之適用。

(三)外國裁判：依刑法第 9 條處理之。

七、甲乙是同居關係，某日甲撞見乙與鄰居男子丙衣衫不整躺臥床上。甲怒火大起，手持棍棒追打乙丙。乙被打到一顆腎臟破裂，而致摘除。

試問：甲成立何罪？（98 律）

答：甲乙是同居關係，乙當有權利與他人發生任何關係，並無義務負貞操之責。本件導致乙摘除一顆腎臟，已觸犯刑法第 10 條第 4 項第 6 款，而甲對乙因係同居也不能用激於義憤而重傷罪，故甲應成立重傷罪。

第三節　刑法之人的適用範圍

一、對人適用範圍之原則

刑法對人之適用範圍，又稱為對人之效力，依第 3 條規定，以採屬地主義為原則，是以凡在中華民國領域內犯罪之任何人，無論其國籍如何，或有無國籍，一律適用我國刑法予以論罪科刑，此為刑法對人適用範圍之原則。

二、對人適用範圍之例外

前項刑法對人適用範圍之原則，並非絕對適用，在國內法及國際法慣例上，其效力亦有若干限制，茲分述之：

(一)**國內法上之例外**：依國內法之規定，具有下列特定身分之人，在刑法上享有免責特權或免訴特權：

1.國家元首：依憲法第 52 條：「總統除犯內亂外患罪外，非經罷免或解職，不受刑事上之訴究。」然亦僅止於不罰而已，並非謂其行為不違法。如犯內亂或外患之重大犯罪，仍應受訴究。又雖非重大犯罪，在其退任後，元首身分已消滅，自得依法處罰。

2.民意代表：

⑴免責特權（Indemnität）：立法委員在院內所為之言論及表決，對院外不負責任（憲73）。至於地方議會，依其組織法，亦有類似規定，蓋所以保障其獨立行使職權，以伸張民權。

惟此項免責特權，其言論必須與會議事項有關，始不負責，若超越執行職務之範圍，就無關會議事項所為顯然違法之言論，仍難免責（司釋165）。嗣司法院又以第435號解釋謂：立法委員「在院會或委員會之發言、質詢、提案、表決以及與此直接相關之附隨行為，如院內黨團協商、公聽會之發言等均屬應予保障之事項。越此範圍與行使職權無關之行為，諸如蓄意之肢體動作等，顯然不符意見表達之適當情節致侵害他人法益者，自不在憲法上開條文保障之列。」此段解釋當可作為各級民意代表言論表決的依據。

⑵逮捕拘禁之限制（Immunität）：立法委員除現行犯外，在會期中，非經立法院許可，不得逮捕或拘禁（憲修4Ⅷ）在解釋上當指立法委員只有在立法院開會期間，始享有免訴特權之保障。此雖不得逮捕拘禁，但刑事訴訟程序仍得開始偵查、審問，或依法為缺席之判決。但法院如為傳喚，其故意不到庭，法院仍不得逕予拘提到案。但如法院取得所屬院會之許可，自得加以逮捕或拘禁。

㈡**國際法上之例外**：國際法或國際慣例上，享有治外法權之人，不適用我國刑法之規定：

1.外國元首：外國元首及其家屬隨從，均享有治外法權，不受駐在國法律之支配，此為敦睦邦交及維持國際和平所必需。惟如已遜位或卸職，即難享有治外法權。至隨從人員以外國人為限。

2.外交使節：凡與本國有邦交之國家，其所派遣之大使、公使、特使及其家屬隨從，亦享有治外法權，故不受駐在國刑事追訴。惟隨從人員亦以外國人為限。惟外交官有違法行為者，駐在國可循外交途徑，通知其本國政府予以撤換，或通知其立即離境。

在國際上適用者為「維也納外交關係公約」（The Vienna Convention on

Diplomatic Relations）①，其第 22 條規定，使館不得侵犯、接受國應保護使館，使館館舍及設備及其交通工具免受搜查、徵用、扣押或強制執行。第 29 條規定，外交代表人身不得侵犯、不受任何方式之逮捕或拘禁。第 30 條規定，外交代表之私人寓所不得侵犯，外交代表之文書及信件同樣不得侵犯。第 31 條規定，外交代表對接受國之刑事管轄享有豁免，並不得強迫其作證，對民事及行政管轄，除特定案件外，亦享有豁免權。

　　3.外國軍隊、軍艦、軍用飛機：外國之軍艦、軍用飛機，如獲允准而屯駐領域內者，依國際法上原則，為尊重外國，視為該國主權之延長，享有外交豁免權，不受我國刑法之支配。

　　4.外國領事：領事為外國商務代表，並負有管理僑民之責，原非為代表國之使節，故其身分與外交官不同，不能享有治外法權之優遇。惟依「維也納領事關係公約」，為便於其獨立行使職務，仍許其享有治外法權。

　　5.聯合國人員：聯合國組織派駐各國之工作人員，依聯合國憲章，亦享有特權及豁免②。

第四節　刑法之事項的適用範圍

一、意義

　　即指刑法所得適用之事項的範圍之意。蓋刑法總則為刑事實體法之通則，其適用之範圍，非但及於分則，對其他刑罰法規，亦有其適用，但其他刑罰法規有特別規定者，則不能適用。如刑法第 11 條規定：「本法總則於其他法律有刑罰或保安處分之規定者，亦適用之。但其他法律

---

① 「維也納外交關係公約」係於 1961 年 4 月 18 日在維也納簽訂，「維也納領事關係公約」於 1963 年 4 月 24 日在維也納簽訂，關於外交人員當應適用該公約。

② 聯合國憲章第 105 條規定：「本組織於每一會員國之領土內，應享受於達成其宗旨所必需之特權及豁免。聯合國會員國之代表及本組織之職員，亦應同樣享受於其獨立行使關於本組織之職務所必需之特權及豁免。為明定本條第一項及第二項之施行細則起見，大會得作成建議，或為此目的向聯合國會員國提議協約。」

有特別規定者，不在此限。」茲分述之：

二、適用之原則與例外

㈠**其他法律有刑罰或保安處分之規定而無總則之規定者，應適用刑法總則**：所謂「其他法律」指刑法以外之刑罰法律而言。其中有規定適用刑法總則者，如懲治走私條例第 11 條。有未規定適用刑法總則者，但只要其刑罰之名稱，與刑法之規定相符，如死刑、無期徒刑、有期徒刑、拘役、罰金、沒收、褫奪公權等則可適用。

㈡**其他法律有獨立之總則者，得於不牴觸之範圍內，適用刑法總則**：如陸海空軍刑法第 13 條：「刑法總則之規定，與本法不相牴觸者，適用之。」故該法未規定之事項，仍許適用刑法總則之規定。如軍人犯罪，情可憫恕者，得依刑法第 59 條規定，酌減其刑。

㈢**其他法律有特別規定者**：其他刑罰法律就刑法總則所規定之事項，另設特別規定者，除該規定外，仍適用刑法總則。如貪污治罪條例第 17 條：「犯本條例之罪，宣告有期徒刑以上之刑者，並宣告褫奪公權。」此係對刑法第 37 條第 2 項所為之特別規定，除此之外，仍應適用刑法總則。

第五節　國際司法之互助

刑法既採折衷主義，其效力當然及於我國領域外之犯罪。但若有人在本國領域內犯罪後，逃往他國，或在他國領域內對本國或本國人民犯罪，而犯人滯留外國時，應如何適用刑法。又如犯罪証據存在於外國者，本國政府能否直接向外國調查？此均有窒礙難行之處，故須有因應之法。此即為國際司法互助：一為委託調查，一為引渡犯人。

一、委託調查

㈠**委託調查通則**：

1.兩國間須有條約之訂定始得為之，若無條約，委託法院之所屬國應聲明如遇有相同或類似事件須委託代辦時、亦當為同等之協助（外國法院委託事件協助法 1、4）。

　　2.不牴觸受託法院所屬國之法令（同法2）。

　　㈡**委託調查之程序：**

　　　1.委託事件之轉送，以書面經由外交機關為之（同法3）。

　　　2.委託調查證據，應在委託書內詳載訴訟當事人之姓名、証據方法之種類、應受調查人之姓名、國籍、住所居所或事務所、營業所及應加調查之事項，併附案件摘要（同法6II）。

　　　3.償還按實際支出之費用（同法8）。

二、引渡犯人

　　所謂引渡（Extradition），**乃請求外國在其領域內逮捕犯人，並將該犯人交付於本國政府追訴之制度。**

　　㈠**引渡犯人之理由**：在國內犯罪後逃亡國外，或在國外犯罪而犯人仍滯留國外時，因刑罰權不能實行於外國，遂使違法者逍遙法外。且因不良分子之滯留，對滯留國之治安亦構成威脅。加上國際間司法互助之觀念，對於犯罪者乃有引渡之設。至於法律上之理由，不外：

　　　1.基於兩國間共同利益。

　　　2.符合法律正義。

　　　3.收預防犯罪之效。

　　㈡**引渡犯人之通則**：國際間引渡犯人多以條約或特約辦理之。我國目前尚無交付罪犯之專約，惟現行引渡法（43年公布施行、69年修正）規定，犯人之引渡，有下列原則：

　　　1.須根據引渡條約，無條約或條約無規定者，依據引渡法之規定（引1）。

　　　2.本國與請求國之法律，均以之為犯罪者（引2 I,II）。

　　　3.引渡犯人，以比較重大之犯罪為限，輕微之犯罪，得拒絕引渡（引2 I,II，法定本刑為一年以下有期徒刑者，不許引渡）。

　　　4.追訴或處罰，須限於引渡請求書所載之犯罪（引7 I）。

　　　5.除經本國同意外，不得將引渡之人犯再引渡與第三國（引8）。

　　　6.引渡之請求，請求國應循外交途徑向本國外交部為之（引9）。

7.請求國應附具犯罪之証據，及有關處罰該罪之現行法規（引 11 I ）。

8.引渡人犯，應否准許？應由本國法院先予審查，並製作決定書，然後將案件送由檢察處報請法務部移送外交部陳請行政院核請總統核定之（引 21、22）。

㈢**引渡犯人之限制**：依據國際慣例及引渡法其限制為：

1.本國人不得引渡（引 4）。

2.犯罪行為具有軍事、政治、宗教性時，得拒絕引渡，但故意殺害國家元首或政府要員之行為，與共產黨之叛亂活動不在此限（引 3）。

3.請求引渡之犯罪，業經本國法院不起訴，或判決無罪、免刑、免訴、不受理，或已判處罪刑，或在審理之中，或已赦免者，應拒絕引渡（引 5）。

第二編　犯罪論

第一章　犯罪之概念

第一節　犯罪概說

一、犯罪之意義

犯罪在實質上原是指侵害人類群居生活上的利益，社會必須藉強制手段，以消除此對社會有害之行為之謂。在此意義下兒童之不法行為，或精神障礙者之行為，當應列為犯罪行為；此在犯罪學或刑事政策之研究上雖有意義，但在刑法上被列為處罰的對象者，只是將高度有害行為之中，其值得刑罰制裁者，才列為刑法規範之範疇而加以處罰。這種行為稱為當罰之行為。

㈠**當罰之行為**：行為之所以為刑法處罰之對象，必須其行為在客觀上違反法令、命令之禁止行為始可。這種違反法律、命令禁止之行為，稱為違法性。但刑法上並非所有違法行為都可為處罰之對象。如精神障礙者因精神的發作而有犯罪行為時，仍不能處罰，只有從社會的一般常識，或社會共識的應報觀念，認為該行為應值得社會的譴責，必須追究責任，此種值得非難與追究責任，稱為**有責性**。

㈡**可罰之行為**：違法而有責之行為，雖為當罰之行為，但並非所有當罰之行為都可以處罰，國家依刑罰的謙抑主義，只對部分有必要處罰者加以處罰。此外依罪刑法定主義為保障基本人權，避免法官專權擅斷，必須刑法上預先將當罰之行為以犯罪構成要件明確規定，始得認定為犯罪行為。否則，頂多是反道德行為，或為民事賠償問題，均非犯罪之不法行為。因此犯罪行為得為刑罰之對象者，是刑罰法規所規定違法且有責之行為類型，稱為**犯罪構成要件**。因此，**刑法上之犯罪，就是將此行**

為依據法律，將當罰之行為列為可罰之對象之謂。

二、犯罪之成立要件

即為某種行為在刑法上成立犯罪之必要要件之謂。因此所謂犯罪從法律上言，必須是有責任能力人之行為，符合刑法之構成要件該當性及違法性，而為刑罰制裁之對象之謂也。其要件為：

㈠**有行為**：行為者，指基於人類自由意思之身體活動。單純而未表現於外之意思狀態，與無意識之動作則非刑法所過問。因此犯罪之成立必須有表現於外之客觀事實，亦即人之身體活動之行為存在，所謂無行為即無犯罪之原則，稱為**行為主義**，是故行為乃為犯罪成立之基礎。

㈡**主觀要件**：**為有責性**，犯罪為有刑事責任能力人之行為，所謂有刑事責任能力，即行為人有負擔刑事責任之資格與能力，如 14 歲以上之精神正常人。如行為人之知識未達一定之程度，如未滿 14 歲，或精神狀態異於常人者，如精神障礙或其他心智缺陷，依法不負刑事責任（刑 18、19）。無責任則無刑罰之原則，稱為**責任主義**。

㈢**客觀要件**：

1. 構成要件合致性：犯罪行為須有構成要件合致性，犯罪必須是刑罰法規所規定該當於構成要件之行為。即具體之行為須與刑法各本條所規定之犯罪構成要件相符合，始得推定其為犯罪行為。譬如以殺人罪（刑 271）為例，該條所規定之構成要件，是指故意剝奪人之生命，乃是違法且有責之行為，故值得依刑法加以處罰，因此該當於犯罪構成要件之行為，原則上應為有責且違法的行為。

2. 違法性：犯罪行為須有違法性，所謂違法性，乃實質的違反法律秩序之意。因法律秩序是在保護法益，因此如無侵害法益或其行為無危險性者，則不具違法性。既無法益侵害，當無違法性與犯罪，稱為**法益侵害不可缺之原則**（或法益保護之原則）。如其外表雖似侵害法益之行為，而並不違背法令，或有阻卻違法事由時，仍非具有違法性。所謂**違法阻卻**者，乃指其行為雖違反刑罰法規，但因其具有法定之原因，法律上不認其為犯罪行為也。如依法令之行為（刑 21），業務上之正當行為（刑

22），正當防衛行為（刑 23）與緊急避難行為（刑 24）等，法律上對於此等行為，不認其為犯罪。

㈣**應罰性**：犯罪成立之各要件，即具備構成要件合致性的行為、違法性及責任性等條件後，即可發生刑罰權，但例外的，如無處罰條件即不能發生刑罰權之效力，這種處罰條件又稱為客觀之處罰條件①。如破產法第 154 條之規定詐欺破產罪，縱無破產宣告之要件雖得成立犯罪，但如無破產宣告之確定，則不得據以處罰。如破產法第 154 條：「破產人在破產宣告前一年內，或在破產程序中，以損害債權人為目的而有左列行為之一者，為詐欺破產罪，處五年以下有期徒刑：

　　1.隱匿或毀棄其財產或為其他不利於債權人之處分者。

　　2.捏造債務或承認不真實之債務者。

　　3.毀棄或捏造帳簿或其他會計文件之全部或一部，致其財產之狀況不真確者。」

實例為：破產法第 154 條規定，破產人在破產宣告前 1 年內，或在破產程序中，以損害債權人為目的，而有下列行為之一者，為詐欺破產罪云云，其破產宣告前 1 年之時期，非行為後已有破產之宣告，無從定之，故債務人雖有同條所列之行為，而在行為後 1 年內未受破產宣告者，

犯罪成立之五要件

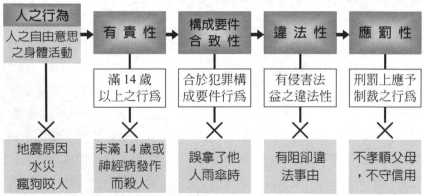

---

① 參照下村康正編，《條解刑法 I》，（三省堂，1980 年版），頁 153。

不得謂已備處罰條件。又同條所謂破產宣告前，既已包含聲請宣告而未宣告之時期在內，則其所謂破產程序，自係指破產宣告後之程序而言，從而債務人雖在聲請宣告破產之前後爲同條所列之行爲，而在未受破產宣告前，仍不備處罰條件（26 渝上 1175）。

習題：試略述犯罪行爲成立之要件。（33、35 普、32 高、77 司法特）

三、犯罪與侵權行爲之區別

（一）**行爲範圍之不同**	侵權行爲，只限於侵害他人之權利；而犯罪行爲，則不僅侵害私人之法益，即凡危害國家及社會公共安寧秩序者，均在科罰之列。
（二）**行爲程序之不同**	侵權行爲，以發生損害爲必要構成要件；而犯罪行爲，縱無損害，亦多處罰。
（三）**行爲性質之不同**	侵權行爲，是私人對私人之關係，屬民法；犯罪行爲，是國家對私人之關係，屬刑法。
（四）**行爲效力之不同**	侵權行爲，概以金錢塡補被害人之損害；而犯罪行爲，則不限科以財產刑，尚有生命刑，自由刑及附加刑等。

習題：試說明犯罪之意義。（45 普）並述其與民事上侵權行爲之區別。（45 高）

第二節　行爲與行爲人

一、行爲的概念

　　犯罪的最後結果，就是對行爲人課以刑罰的處分，因此行爲主體的行爲，即爲刑法處分之對象。如李斯特所言：「處罰者，是行爲而非行爲者」，作爲犯罪論之對象的事實，當然是人之外部態度的「行爲」，所以行爲乃是犯罪概念基礎的事實或基本要素。在理論上，犯罪就是「該當構成要件之違法且有責之行爲」。

二、行爲的學說

　　行爲既爲犯罪成立之不可缺的要素，行爲概念在學說上有四①：

---

① 參照大谷實著，《刑法講義（總論）》第四版，平成 6 年版，頁 109。

㈠**自然的行為論**：即行爲乃基於意思而引起之身體動靜之學說。此亦稱爲**傳統的行為論**，爲一般之通說。因人之客觀的身體活動而產生外界之變動，從自然的、物理的過程加以把握，即爲自然行爲論之重點。因爲有某種意思結合身體的活動與外界的變動之因果關係以認定行爲，故又稱爲**因果行為概念**（Kausaler Handlungsbegriff）。依此之行爲概念，

1.行爲之要素有二：

⑴有意性：即行爲係基於意思之內心要素。

⑵身體性：即外表行爲之身體動靜的外部要素。

2.非刑法上行爲：下列二種即不能認爲是刑法上的行爲：

⑴反射運動，睡眠中的身體動靜：因係無意識的身體動靜，因欠缺「有意性」，故此所指之行爲。

⑵人的思想及人格：因欠缺身體的動靜，亦非行爲。

自然行爲論認爲「作爲」是身體的動態，而「不作爲」是身體的靜態，因此不作爲只有內心的意思作用而欠缺身體的外表活動，因只有思想並不受處罰，以致於被排除在刑法的行爲概念之外，故如貫徹自然的行爲論，不作爲因欠缺行爲外表的有形性，將不認爲是行爲，尤其對於過失之不作爲，此即忘卻犯，既無明顯之有形的外表，且無有意性，即不能認爲是行爲。此爲其缺點。

㈡**目的行為論**：所謂行爲，乃行爲人設定一定之目的，並選擇一定的手段，有計劃性的操縱支配因果流程，以達成一定目的之謂。因此操縱行爲之目的可分爲三階段。首先是要有**目的思考**，其次爲達成該目的而選擇**必要的行為手段**，最後即在現實世界中以**實現其行為意思**。

譬如：槍殺致死之案例，即行爲必須先確認被害人，選擇使用之武器，瞄準被害人，最後扣板機以實現其殺害之意思。

在目的行爲論如欠缺目的性（Finalität）之主觀要素與身體活動之客觀要素，即不認爲是行爲。故此說仍有其理論上的界限。

1.目的行爲論有無法自圓其說的行爲存在，如自動化的行爲，情動行爲等均是。

2.目的行爲概念不能達成所有刑法上重要行爲態樣的上位概念。首

先即不能認同不作爲的目的操縱，而對過失犯亦無法說明目的操縱的因果流程。尤其在過失犯，其違反注意義務，係欠缺此說所謂之目的性，其所應迴避之結果，是在目的性的關聯之外。

㈢**人格行爲論：所謂行爲，乃所有「人類所屬之精神活動之中心」的人格表現**。即行爲乃行爲者之人格主體的現實化活動，在生物學與社會學之基礎下，行爲者之人格在一定場所主體性的對外表現之謂。亦即一方面受到素質與環境的影響，在具體的行爲環境之下，基於行爲者本身之自由意思，所表現之身體態度，才認定爲人格主體的現實化行爲。依此即反射動作及絕對強制性的動作即非行爲，而無意識的動作有時也會成爲行爲。在此意義下「人格主體的現實化」係指自由意思而言，故與「有責性」之意義雷同。理論上既已談及有責任，再論行爲將成爲畫蛇添足，因此人格行爲論亦未完全貫徹其論點。

㈣**社會行爲論**：乃對社會有意義的人之身體動靜謂之行爲。此說尚可分爲三派：

1.行爲乃社會上有意義之某個人的態度：此說會將意思的要素排除在行爲概念之外，即將刑法上不具意義之無意識行爲，夢遊行爲等包括在內，顯然會超越刑法上之行爲概念。

2.基於人類的意思有可能支配之某種具有社會意義的運動或靜止。此說將行爲限定在刑法評價對象的客觀事實，並強調依據意思而支配之可能性，俾與自然現象之行爲相區別，並將單純的反射動作或絕對性強制下而產生之動作排除在刑法上行爲之外，故較爲妥適。

3.乃**葉雪克**（H.H. Jeschek）所主張：即所謂行爲，乃社會上重要之人類的態度（sozialerhebliches menschliches Verhalten）。此時，這個態度應是有認識，至少也是在有可能認識之狀況下，對當事人下命有實現反應之可能性之謂。這個態度是存在於目的活動的實行。葉氏認爲「人之態度」，在刑法意義上的行爲，是只指個個人之行爲態樣才爲問題之對象，因此團體之行爲乃排除在外。亦即某種態度之所以成爲「社會上重要」，因該個人對環境之關係，及

葉雪克

環境對該個人之影響作用而產生，因此，態度必須向外面有所表現，在不作為之情形為只要有被期待、或已賦予操縱可能之作為，因行為人怠於行使即為已足；此如發生事故後有可能救助，而怠於救助即為適例①。

習題：試論述刑法上「行為理論」之不同見解。（90 升荐）

第三節　犯罪之分類

基　準	分　類	內　　　　容
法律規定之旨趣	自然犯	行為違反社會倫理道德之犯罪。
	法定犯	行為違反行政取締之目的之犯罪。
法益侵害之有無	實質犯	**侵害犯** 以法益之侵害為必要之犯罪。
		危險犯 法法益侵害之危險為必要之犯罪。
	形式犯	不以對法益有無構成侵害或危險為必要之犯罪。
犯罪是否立即發覺	現行犯	犯罪在實施中或實施後被發覺或身上露有犯罪痕跡。
	非現行犯	現行犯與準現行犯以外之犯人。
法益侵害與結果	即成犯	犯罪行為終了，犯罪即同時完成既遂者。
	繼續犯	構成要件之行為，須繼續相當時間之法益侵害而成立之犯罪。
	接續犯	事實上是由數個獨立行為所構成之犯罪，而侵害同一法益在時間上、場所上相互接續，在刑法上認定為包括一罪者。
	狀態犯	基於構成要件行為，侵害一定法益時，就已完成犯罪，其後其侵害法益之狀態雖繼續存在，但已不再認為是犯罪事實。
法律所規定之罪而分類	結合犯	兩個獨立之犯罪，由於法律規定，結合成為另一新的獨立犯罪。
	加重結果犯	指原犯某一犯罪之意思，因其行為之結果，發生行為人能預見，而超原犯之罪，致構成另一加重其刑之罪名者。

---

① 參照 Jescheck-Wiigend 著，川口浩一譯，Lehrbuch des Stafrechts, Allgemeiner Teil.5Auf.

犯意以外之企圖為準	目的犯	以一定目的為其特別構成要件之犯罪。
	傾向犯	行為足以表示行為人之主觀傾向時，所成立之犯罪。
	表現犯	表現行為者一定之內心狀態而成立之犯罪。
犯罪主體之適格	身分犯	以一定身分為要件之犯罪。
	非身分犯	身分犯以外之一切犯罪。
犯罪之追訴條件	親告罪	法律規定以被害者之告訴為起訴要件之罪。
	非親告罪	親告罪以外之罪。

一、自然犯與法定犯

此以法律規定之旨趣為準，可分為自然犯與法定犯：

㈠**自然犯**：又稱為刑事犯，係其行為違反社會倫理道德之意。譬如殺人罪、竊盜罪等刑法典列為犯罪之大部分都是自然犯。

㈡**法定犯**：又稱行政犯，係其行為未違反倫理道德，在道德上本無可非議，甚至在道德上亦認為良善，由於行政取締之目的而認為犯罪者，稱為法定犯。譬如道路交通法上之犯罪，則為法定犯。

二、實質犯與形式犯

此乃犯罪依法益侵害之有無而為分類，可分為實質犯與形式犯：

㈠**實質犯**：其犯罪構成以發生一定結果為要件，故又稱結果犯。刑法上大部分犯罪，多屬實質犯。此實質犯又依犯罪對於法益侵害之程度為準。而分為侵害犯（Verletzungsdelik）與危險犯（Gefährdungsdelikt）兩種：

1.侵害犯：其構成要件為侵害到被保護的行為客體為前提，如殺人、傷害、竊盜等犯罪，係侵害人之生命、身體、財產是。

2.危險犯：則指法益有受不法侵害之危險，而不以法益受到實際侵害為必要，換言之，即其犯罪僅以發生一定之危險為已足。如公共危險罪，偽造貨幣罪、公然侮辱罪等是。危險又可分為：

⑴抽象的危險犯（abstraktes Gefährdungsdelikt）：在社會之一般觀念上，認為有侵害法益的可能性而予以類型化的犯罪。即以犯罪之成立，不必現實有侵害法益危險之發生，只要有侵害之危險性即為成立，故法律上不必明文將危險性規定於犯罪構成要件

之中，此類行為一旦發生，即認為當然有侵害法益之危險性，
法官對其有無發生危險無審查之義務。譬如在道路交通管理處
罰條例第 40 條規定對違反限速之處罰，這是在交通理論上所謂
交通三惡，即**無照駕駛、酒醉駕駛、超速駕駛**，所以違反速限
行為在經驗法則上有發生危險之可能，因此如有違反，不論有
無具體的危險，只要有違反行為就成立該當構成要件；不過行
為人雖違反該行為，如例外因特殊情事不認為有發生抽象危險
時，則阻卻抽象危險性之構成要件。譬如在畢直、寬大而車輛
稀少的道路上，有些**地方政府為罰款的需要**，或為提升績效，
故意將標誌設於不明顯處，或速度限定在標準以下，如應速限
70 公里，卻速限為 60 公里，此種不合理規定，極易陷人入罪；
因政府欠缺行政執行的正當性，則有可能阻卻抽象危險犯之構
成要件該當性。刑法上有不少的抽象危險的規定，如偽證罪（刑
168），現住建築物放火罪（刑 173）、誹謗罪（刑 310）等均是①。

依葉雪克所舉適例為誹謗罪，必須其事實之主張有降低被侮辱者之輿
評，或降低之信用之危險性；又如虛偽陳述只要使司法陷於危險性；而對
犯人之庇護只要確保其因犯罪所得之利益而給予幫助即可；至於放火，只
要使人的生命一般受到危險的可能性；而道路交通之酒醉駕駛即對其他交
通關係人有造成危險，這些都屬於抽象的危險犯②。

至於危險犯與形式犯是否相同雖有爭議，但一般認為直接有
造成危險行為之犯罪，如違反速度限制之駕駛，為抽象危險犯；
對保護法益有間接造成危險行為之犯罪，如無照駕駛（道交 32）
即為形式犯。

(2)具體的危險犯（konkretes Gefährdungsdelikt）：即以必須發生法益
侵害之具體危險為構成要件內容之犯罪，亦即超越抽象危險犯
之危險的程度，而具體的侵害法益稱為具體的危險犯。法官應
具體的審查有無現實的危險發生，以確定有無犯罪。譬如刑法

---

① 參照大谷實著，《刑法講義（總論）》，第四版，平成 6 年，頁 141。
② 參照西原春夫監譯，《ドイツ刑法總論》，頁 194。

第 174 條第 2 項：「放火燒燬……致生公共危險」。其他如第
3 項之失火罪、第 175 條之放火、失火罪、第 180 條之決水罪
等。即具體的危險犯通常都在法條中規定以發生危險爲要件是
爲重點。

　　二者之區別，在抽象危險犯，不以危險故意爲必要，法官不必審查
判斷其有無危險，只要完成構成要件之實施，則認定有一般之危險。在
具體危險犯以有危險故意爲必要，對危險之有無，法官應確實審查判斷。

　　㈡**形式犯**：以犯罪之實行與刑法規定之構成要件合致，即成立既遂罪，
其行爲對法益有無構成侵害或危險，並不重要，即此類犯罪，一經著手，
即爲成立，不問有無結果。故又稱舉動犯。如刑法第 159 條公然冒用公
務員之服飾徽章或官銜罪，第 148 條於無記名投票刺探票載之內容罪，
第 168 條之僞證罪，刑法第 306 條侵入住宅罪，又如妨害軍機治罪條例
第 5 條關於隱匿非職務上所應持有之軍機，未必構成侵害或危險，亦應
加以處罰是。

三、現行犯與非現行犯

　　此以犯罪是否立即被發覺爲準，可分爲現行犯與非現行犯：

　　㈠**現行犯**：指犯罪在實施中或實施後即時被發覺者而言。又因持有兇
器、贓物或其他物件，或於身體衣服等處，露有犯罪痕跡，顯可疑爲犯
罪人，或被追呼爲犯罪人時，均以現行犯論，稱爲「準現行犯」（刑訴 88
II,III）。

　　㈡**非現行犯**：現行犯與準現行犯以外之犯罪人，皆爲非現行犯。

四、即成犯、繼續犯、接續犯與狀態犯

　　此以犯罪行爲超過一定時間是否仍持續其效果的結果犯爲準，可分
爲即成犯、繼續犯與狀態犯：

　　㈠**即成犯**：凡犯罪行爲終了時，犯罪即同時完成既遂者，爲即成犯。
一般之犯罪皆是。如殺人罪，死亡結果發生後，其殺害行爲即無繼續之
必要，故殺人犯爲即成犯。

　　㈡**繼續犯**（Dauerverbrechen）：即構成要件之行爲，就是已一度達成，但

其侵害法益之狀態仍繼續進行爲必要之犯罪。指一個犯罪行爲無間斷的侵害一個法益，在時間上無一定的終點而言。如私行拘禁罪（刑302），將被害人拘禁後，仍繼續其拘禁之情形是。

㈢**接續犯**：事實上是由數個獨立行爲所構成之犯罪，而這些行爲向同一之法益侵害，且時間上、場所上相互接續，在刑法上認定爲包括一罪者，亦即一個犯罪行爲接續進行，而侵害同一法益之情形。如同一時間與場所，從事數個賭博行爲是。

㈣**狀態犯**（Zustandsverbrechen）：即基於構成要件行爲，侵害一定法益時，就已完成犯罪，其後其侵害法益之狀態雖繼續存在，但已不再認爲是犯罪事實者，稱爲狀態犯。如竊盜罪（刑320）、侵占罪（刑335），於竊盜、侵占當時，其犯罪即已完畢，但其後該被竊、被占物品，卻仍在繼續不法占有中。前述的即成犯，常有此種「狀態繼續」之情形，但此種狀態繼續，不另成立犯罪，仍屬即成犯；就是犯人將所竊取或侵占之物加以

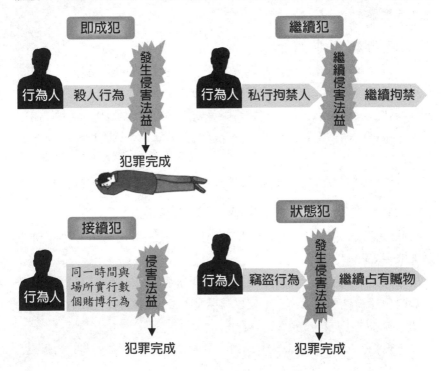

破壞，亦不另受罰（此即不可罰性之事後行為）。又如重婚罪，在結婚時犯罪行為已經終了，故為即成犯，結婚以後之一夫二妻係狀態繼續，不能認為犯罪行為之繼續（25 上 1679）。

五、結合犯與加重結果犯

此以法律所規定之罪，而為分類，可分為結合犯與加重結果犯：

㈠**結合犯**：係指兩個獨立之犯罪，由於法律之規定，結合成為另一新的獨立犯罪之謂。蓋結合犯係一犯意，數行為，而構成法律所規定之一罪，故為實質上之一罪，而非數罪。如侵入住宅竊盜罪（刑 321 I ①）是。但結合犯之兩個犯罪行為須在同一處所實施為要件，倘分在兩地實施即應成立兩個罪名。

㈡**加重結果犯**：係指原犯某一犯罪之意思，因其行為之結果，發生行為人能預見，而超越原犯之罪，致構成另一加重其刑之罪名而言。蓋加重結果犯是由一犯意及一行為，而造成另一加重之結果，故在本質上屬單純一罪。如強姦致死罪（刑 226），傷害致死罪或重傷罪（刑 277 II）等是。

六、目的犯、傾向犯與表現犯

此以犯意以外之企圖為準，可分為目的犯、傾向犯與表現犯：

㈠**目的犯**：謂以具有一定之目的為其特別構成要件之犯罪。如各種偽造罪中，超過其外部「偽造行為」之外，更具有「行使目的」者是。如妨害風化罪（刑 231），除引誘之行為外，更具有「營利目的」，即為適例。

㈡**傾向犯**：謂行為足以表示行為人之主觀傾向時，所成立之犯罪。如公然侮辱罪（刑 309），須其內心有侮辱之意思；而強制猥褻罪（刑 224），須其行為出於主觀之肉慾目的，始能成立犯罪，倘以診察或醫療之目的，而為此行為時，即無猥褻性，自難成立本罪。

㈢**表現犯**：謂該行為係表現行為者一定之內心狀態而成立之犯罪。如偽証罪（刑 168），其虛偽陳述之行為，必係「確信」其非真實而予陳述，始屬相當。亦即須以「明知」為不實之事項，而故為虛偽之陳述，始能成立（21 上 1368）。又公文書登載不實罪（刑 213），均為適例。

七、身分犯與非身分犯

此以犯罪主體之適格為準,可分為身分犯與非身分犯:

㈠**身分犯**:謂以一定身分為要件,或因身分關係或其他特定關係而刑罰有加減、免刑之事由之犯罪。例如有公務員身分,始能成立瀆職罪。

㈡**非身分犯**:身分犯以外之一切犯罪,即為「非身分犯」,故又稱「普通犯」。

八、親告罪與非親告罪

此以犯罪之追訴條件為準,可分為親告罪與非親告罪:

㈠**親告罪**:即法律規定以被害者之告訴為起訴要件之罪,謂之親告罪。亦稱**告訴乃論之罪**,或**請求乃論之罪**。蓋有些犯罪被害人為保全名譽,不願其被害事實與經過讓外界知悉,法律為保全家庭間和平,及關係人之名譽,乃規定必須由受害提出告訴,否則檢察官不得直接起訴。刑法所定之親告罪為:

妨害國交罪 (刑 119)	侵害友邦元首或外國代表罪(刑 116)、侮辱外國旗章罪(刑 118),須外國請求乃論。
妨害性自主罪 (刑 229 之 1)	1.對配偶為強制性交(刑 221)、強制猥褻罪(刑 224)。 2.未滿 18 歲之人對未成年人為性交猥褻罪(刑 227)。
妨害風化罪 (刑 236)	血親為性交罪(刑 230)。
妨害婚姻及家庭罪(刑 245)	詐術結婚罪(刑 238)、通姦罪(刑 239)、和誘罪(刑 240 II),但第 239 條之通姦,其配偶縱容或宥恕者,不得告訴。
傷害罪 (刑 287)	普通傷害罪(刑 277 I)、加暴行於直系血親尊親屬罪(刑 281)、過失傷害罪(刑 284)、傳染花柳病、麻瘋病(刑 285)。但公務員於執行職務時,犯普通傷害罪(刑 277 I)者,不在此限。
妨害自由罪 (刑 308)	略誘婦女結婚罪(刑 298)、侵入住居罪(刑 306)。 但略誘婦女結婚罪(刑 298 I),其告訴以不違反被略誘人之意思為限(刑 308 II)。
妨害名譽及信用罪(刑 314)	本章之罪,須告訴乃論。
妨害秘密罪 (刑 319)	妨害書信秘密罪(刑 315)、妨害秘密罪(刑 315 之 1)、洩漏業務上知悉他人秘密罪(刑 316)、洩漏業務上知悉工商秘密罪(刑

	317）、洩漏職務上工商秘密罪（刑318）、洩漏利用電腦等知悉之秘密罪（刑318之1）、利用電腦等妨害秘密罪（刑318之2）。
親屬相盜罪（刑324）	親屬或其他五親等內之血親，或三親等內姻親之間，犯第二十九章之竊盜罪者。
侵占罪（刑338）	侵占罪之告訴乃論，準用竊盜罪之規定。
詐欺背信及重利罪（刑343）	詐欺背信及重利罪之告訴乃論，準用竊盜罪之規定。
毀棄損害罪（刑357）	毀棄文書罪（刑352）、毀損器物罪（刑354）、間接毀損罪（刑355）、損害債權罪（刑356）。
妨害電腦使用罪（刑363）	入侵他人電腦或相關設備罪（刑358）、變更他人電腦或其相關設備之電磁紀錄罪（刑359）、干擾他人電腦或其相關設備罪（刑360）。

過失傷害罪

因過失不注意而傷害人者（刑284）。

汽車駕駛過
失撞傷人

毀損器物罪

故意毀損他人之物致令不堪用，足以生損害於公眾或他人者（刑354）。

甲用石頭擊斃踐食菜園之他人豬隻

通　姦　罪

有配偶而與人通姦者（刑239）。

㈡**非親告罪**：親告罪以外之罪，即爲非親告罪，此種犯罪，不待被害人提起告訴，檢察官知有犯罪之嫌疑，即主動予以論究起訴，科處犯罪人以應得之刑罰。

㈢**親告罪須於六個月內告訴**：告訴乃論之罪，其告訴應自得爲告訴之人知悉犯人之時起，於 6 個月內爲之。得爲告訴之人有數人，其 1 人遲誤期間者，其效力不及於他人（刑訴 237）。

習題：
一、犯罪可作如何之分類？並試說明其意義。（70 高）
二、危險犯得分為抽象危險犯與具體危險犯，其內容有何不同？（92 高三）
　　舉其規定為例，此項危險犯已否發生，是否尚待證明？並釋明之。（71 律、90 中升）
三、如何區分抽象危險犯和具體危險犯？試舉例說明之。（89 交升）
四、現行犯與非現行犯之區別如何？（51 特）
五、何謂結合犯？（72 特）
六、何謂繼續犯？試舉例說明之。（56 高）
七、何謂犯罪行為之繼續？何謂犯罪狀態之繼續？（74 司特）
八、依現行刑法規定，有關妨害性自主罪及妨害風化罪章中，何種犯罪係屬於告訴乃論？並請敍述該等犯罪之構成要件為何？（94 簡升）

第二章　構成要件論

第一節　構成要件合致性（該當性）之意義

所謂犯罪，是由法律規定科以刑罰制裁之不法行為之謂，因此在刑法規定上什麼行為才是犯罪，非有法律加以規定不可。如以「殺人者處死刑、無期徒刑，或十年以上有期徒刑」（刑271）的刑法上規定而言，在這裏的「殺人」行為，就是殺人罪的構成要件，如「意圖為自己或第三人不法之所有而竊取他人之動產者」則為竊盜罪之構成要件，這些都明文規定在刑法分則各本條之犯罪類型上，如果有符合上述構成要件之具體事實發生，譬如甲於某時在某地，意圖為自己不法之所有而竊取他人之財物時，是為犯罪之具體事實，假如這具體事實符合刑法第 320 條第 1 項竊盜罪之規定時，就是犯罪，而稱為構成要件之合致性（該當性）。

刑法第 271 條

殺人者，處死刑、無期徒刑或十年以上有期徒刑。

由此得知犯罪事實是人的具體事實之行為，這個具體事實之行為是否合於犯罪構成要件，要視刑法分則如何規定，如符合刑法分則之規定時，就是構成要件合致性（該當性）；因此，構成要件是判斷構成要件合致性（該當性）之基本要件，均規定於刑法分則中，至於犯罪事實，係符合構成要件之具體行為，兩者相對照如有一致之結果，則為構成要件之合致性。

如無生育之本妻於聞悉丈夫之姘婦懷孕之後，以殺嬰兒之故意於該姘婦生產前棒擊姘婦之腹部，致殺死其胎兒時，是否構成刑法第 271 條之殺人罪，因刑法係採獨立呼吸說，須胎兒離母體後，能獨立呼吸時，

始成立殺人罪，否則不成立。

習題：何謂構成要件該當性？與構成要件及犯罪事實有何不同？（75 高檢）

<h2 align="center">第二節　犯罪主體</h2>

　　犯罪主體者，即在刑法上具有犯罪之資格之謂。犯罪乃人之行爲，故犯罪之主體應爲人。刑法第 2 條第 1 項、第 14 條、第 17 條等規定之行爲人，第 28 條規定人之行爲，便是此意。法律上所謂「人」，有自然人與法人之分，自然人可爲犯罪主體，固無疑問，惟法人是否可爲犯罪主體，則有爭論。茲分述之：

一、自然人

　㈠**一般自然人**：犯罪行爲乃係人類之意思所發動，基此，必須有意思能力之自然人，方得爲犯罪之主體。自然人之人格，始於出生，終於死亡（民 6）。未出生前，稱爲胎兒，死亡之後，則爲屍體。自然人之出生，雖有各種學說，但以自胎兒脫離母體後，而能獨立呼吸時，爲出生時期，爲通說。人之死亡，則以心臟鼓動停止說爲通說。惟衛生署爲適用人體器官移植，於 1987 年 9 月 17 日公告腦死判定程序，用以取代心臟鼓動停止等傳統死亡認定標準。

　㈡**特定身分之自然人**：在刑法中亦有以一定身分或特定關係爲犯罪之要素者，如偽證罪、受賄罪、背信罪等，非具有一定身分不能構成犯罪是。

二、法人

　　法人乃非自然人，依法律之規定，得爲權利義務之主體者。法人有無犯罪能力，與法人之本質有關，茲分述之：

　㈠**法人之本質學說**：

1. 犯罪能力否定說	(1) 法人擬制說	法人爲法律所擬制之人格，非實際之存在，其本無意思，不可能有犯罪能力，故不得爲犯罪主體。
	(2) 法人否認說	法人無人格，僅爲一定目的而存在之無主體財產，或多數受益人權利義務之集合，故無犯罪能力，遂

		不能爲犯罪主體。
	(3) **法人抽象實在說（組織體說）**	認爲法人雖實質存在，但究係抽象而無形的，與自然人不同。故法人之意思，非自然人之意思，法人之行爲，與一般人之行爲不同。故難認法人有犯罪能力。
2. 犯罪能力肯定說		法人實在說（有機體說）：認法人爲社會有機體，與自然人均屬實質存在。法人之代表乃法人之機關，故法人與自然人同，亦可實施犯罪，得爲犯罪主體，故有犯罪能力。

(二)**我國刑法規定**：法人非有明文規定，不能有犯罪能力：

1. **法人無犯罪能力**	(1) **理論上**	蓋意思爲犯罪之要素，法人本身並無意思，自不生故意或過失之問題，法人亦無固有之行爲，蓋行爲以意思活動爲要件，法人本身既無意思，故無行爲能力。 法人非自然人，其人格爲法律所擬制，法人之代表者若不循法人之章程，而觸犯刑法，應由法人之代表自行負責，何況刑罰性質如死刑、徒刑、拘役，不能對法人本體加以執行，故法人不能成爲犯罪主體。
	(2) **解釋或判例上**	①前北京大理院解釋：「查法人非有明文規定不能有犯罪能力，故普通刑律罪刑不能對之適用。如關於特種犯罪有處罰法人之規章，自應以該種法人爲該種犯罪之被告，否則法人不能爲被告。至實施普通刑律上犯罪行爲之人，無論係爲自己或謀法人之利益，仍應依刑律處罰。」(統184) ②司法院解釋：「商號無刑事訴訟當事人能力及刑事訴訟行爲能力，第一審誤以商號爲刑事被告，判處罪刑，其判決爲無效。無刑事訴訟行爲能力之商號，對於無效判決而上訴，其程序顯不合法，自應駁回。」(民25院字1453) ③最高法院判例：「法人爲刑事被告，除有明文規定外，在實體法上不認其有犯罪能力，在程序法上不認其有當事人能力。故以法人爲被告而起訴，其程序即屬違背規定，應依刑事訴訟法（舊）第二九五條第一款爲不受理之判決，與案件不得提起自訴而提起之情形迴異，不容相混。」(民54台上1894)
2. 行政刑法		在行政刑法有處罰法人之規定者，則爲法人得爲犯罪主體之例外。其情形有三：

有肯定說 傾向	(1) 轉嫁責任	如法人有違反法律上規定者，僅處罰法人之負責人。如公司法第 9 條規定，公司為不實之登記，其情節重大者，公司負責人各處一年以下有期徒刑，拘役或科四千元以下罰金。又如證券交易法第 179 條規定，法人違反證券交易法之規定，即處罰其行為之負責人是。
	(2) 兩罰責任	即行為人與法人同負其責。法人違反刑罰法規時，除處罰法人外，並處罰法人之負責人。如礦場安全法第 45 條規定，礦業權者或礦場負責人如係法人，其犯該法第 40 條至第 42 條之罪者，除依各該條之規定，處罰其負責人外，該法人亦科各該條之罰金是。
	(3) 法人責任	即僅處罰法人，凡法人違反刑罰法規時，法律明定處罰法人。如礦業法第 100 條規定，礦業權者不依第 82 條之規定者，處二千元以下罰鍰。

習題：

一、法人能否為犯罪之主體？試略述之。（32 高）

二、法人有無犯罪能力？試申論之。對法人之處罰有所謂「兩罰原則」及「轉嫁責任」之區分，試說明並評述之。（80 升）

三、法人是否可作為刑罰制裁的對象？理由為何？（89 警升、91 基三）

第三節　犯罪客體

即犯罪行為所直接侵害之對象。犯罪之客體有二種意義，一為被害者，一為被害法益。茲分述之：

| 一、
被害者 | 即指其法益被侵害之人，此可為自然人與法人，自然人固得為犯罪之客體，而法人無論為公法人或私法人，亦均得為犯罪之客體。原則上任何人均得為犯罪之被害人，但特定犯罪，有一定身分或特定關係為其犯罪構成要件，則非有一定身分或特定關係者，不得為其被害人。如刑法第 228 條及第 232 條妨害風化罪之被害人，必為服從犯罪者監督之人。第 239 條通姦罪之被害人，必為配偶。刑法第 170、250、272、280、281、295、303、324 I、338 及 343 條之被害人，均以直系血親尊親屬為限。 |
| 二、
被害法益 | 被害法益係指法律所保護之利益，因犯罪直接受侵害之謂。刑法上所保護之法益，因犯罪類型之不同，可分為三種： |

(一)**侵害國家****法益**	凡關於國家之統治權、司法權、搜索權等，均得爲犯罪之客體。如內亂罪中之國體，妨害國交罪中之邦交，均爲國家法益。	
(二)**侵害社會****法益**	如善良風俗與道德秩序等，比如放火罪中之公共危險，公然猥褻行爲之妨害社會風化，均爲社會法益。	
(三)**侵害個人****法益**	個人法益又分爲專屬法益與一般法益兩種。此種法益被侵害時，在個人方面爲直接被害人，國家則爲間接被害人。 1.專屬法益：指特定人所固有之法益，不能與其人格分離者而言。如生命、身體、自由、名譽等。 2.一般法益：指一般人皆得享有之法益。如財產等是。	

第四節　犯罪行爲

一、犯罪行爲之意義

　　刑法上之行爲係由三部分所構成：一爲意思之發動而決定，二爲身體之動靜（運動或靜止），三爲引起外界變化而發生結果。所有的犯罪都是刑法分則各條所定，須有結果之發生爲必要。從而未遂犯須以刑法上有特別規定，始得據以處罰（刑 25 II）。因此刑法上之行爲，則必須包含結果之要素，始有處罰之依據。茲分述之：

　　(一)**行爲係基於人類意思之啓動**：行爲係自然人將其意思表現於外部者，因此動物之動作或自然力之現象，皆非行爲。若人類只有內心之意思活動，而無身體之動作，尚不能認其爲行爲，如內心之意思一旦向外表現，雖係言語，仍不失爲行爲。至利用他人使其爲某種行爲者，則爲間接行爲。

　　(二)**行爲係表現於身體之動靜**：人類因意思之活動而產生身體之動靜。此種動靜不限於手足，即如眼球之轉動，可以教唆人；兇惡之態度，可以脅迫人者，亦不失爲行爲。刑法上所稱之行爲，有單一動作者，如一刀殺死 1 人，亦有由數個動作聯合成一行爲者。如數刀殺死 1 人等是。

　　(三)**因行爲引起外界之變化而發生一定之結果**：行爲除了意思與動作

外，尚須包括外界一定之結果。如不引起外界一定之變化而發生結果，即法益未遭受損害或危險時，則非刑法上之犯罪行為。

二、犯罪行為之分類

基於意思之決定，而為身體之動作者，為積極行為；基於意思之決定，而為身體之靜止者，為消極行為。兩者皆可達犯罪之目的，前者為作為犯，後者為不作為犯：

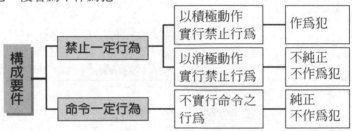

（一） 作為犯	即某行為原為法令所明文禁止之行為，但行為人卻違反禁止規範，基於意思之決定，而為身體積極的動作實現其構成要件之行為，稱為作為犯。如開槍殺人、竊取他人動產等是。由於積極行為違反刑法上禁止之規定，故予刑罰制裁。
（二） 不作為犯	即法律條款原規定某特定之當事人，應有積極作為之義務，但該當事人卻消極不履行此義務，即違反命令規範，而致實現構成要件者，稱為不作為犯。即法律命令行為人以作為之義務，行為人違背該作為義務，而消極的不為一定行為之謂。其由於不作為而觸犯刑法上強制規範，故予刑罰制裁。如乳母不給嬰兒餵乳，致嬰兒餓死。

習題：何謂「作為犯」？何謂「不作為犯」？各舉一例說明。（77升、91基三）

三、不作為犯之犯罪型態

不作為犯有下列兩種犯罪型態：

（一） 不作為之 原因力	不作為犯因促成不作為之原因力的不同，分為：	
	1. **故意不** **作為犯**	（Vorsätzliche Unterlassungsdelikte）：又稱為**消極的故意**犯。即法律原規定當事人須有積極之作為義務，但因該義務人以消極不履行其特定作為義務，以致實現犯罪構成要件者，謂之故意不作為犯。例如母親不予嬰兒哺乳，致其

		餓斃是。
	2. 過失不作為犯	（Fahrlässige Unterlassungsdelikte）：又稱為**消極的過失犯**。即法律原規定當事人須有積極作為之義務，但因該義務人疏於注意或怠於注意，致未履行其特定之作為義務，終於在消極不作為之情況下，發生非該義務人所想像之犯罪結果者，謂之過失不作為犯。如刑法第 108 條第 2 項之規定：「在外國開戰或將開戰期內，因過失不履行供給軍需之契約或不照契約履行之罪」者，即為此稱之過失不作為犯。
(二) 不作為之犯罪行為態樣		不作為因犯罪行為之態樣的不同，分為：
	1. 純正不作為犯	（Echte Unterlassungsdelikte）：即違反法律上應該有所作為之命令規定而純粹以消極不作為，為犯罪之內容者，即為純正不作為犯。換言之，純正不作為乃對於期待或命令之行為，有意不為而成立之犯罪。此通常多以「違反命令規範」來說明。其情形如下： (1)聚眾不遵解散罪：公然聚眾，意圖為強暴脅迫，已受該管公務員解散命令三次以上，而不解散者，成立妨害秩序罪（刑 149）。 (2)不履行賑災契約罪：於災害之際，關於與公務員或慈善團體締結供給糧食或其他必需品之契約，而不履行或不照契約履行，致生公共危險者，成立公共危險罪（刑 194）。 (3)消極遺棄罪：對於無自救力之人，依法令或契約應扶助、養育或保護，而遺棄之，或不為其生存上必要之扶助養育或保護者，成立遺棄罪（刑 294 I）。 (4)不退去罪：無故隱匿於他人住宅建築物，或附連圍繞之土地或船艦以內，或受退去之要求而仍留滯者，成立妨害自由罪（刑 306 II）。
	2. 不純正不作為犯	（Unechte Unterlassungsdelikte）：即以不作為之手段，實現通常用作為的手段所能達成之犯罪構成要件者，謂之不純正不作為犯。換言之，對於法律上所期待或命令之行為，因有意不為，以達到作為之結果，致實現某作為犯之構成要件是。故不純正不作為又稱為「由於不作為之作為」。也就是對作為之形式所規定之構成要件，用不作為的方式實現之意。如殺人罪，一般以為須積極行為，始能達殺害之目的，而實際上依消極的不作為亦得犯之。在此「殺人罪」之情形下，係違反「不可殺人」之禁止規定，以不

作為的方式實現構成要件，故稱為「**違反禁止規範**」。因不純正不作為犯，所要求之行為，並未規定在構成要件之中，因此其實行行為之認識常成問題。蓋由於刑法上無直接規定，如對其加以處罰，有謂係違反罪刑法定主義，尤其從形式上觀察，確實令人置疑。原來刑法第 274 條規定：「母於生產時或甫生產後殺其子女者」，係指以積極行為殺害其子女，母親欲殺其嬰兒，故意不予哺乳，致其餓死。又**發生交通事故之肇事者**，未救助受傷之被害人而逃逸，則構成刑法第 293 條：「遺棄無自救力之人者」之遺棄罪。此均為不純正不作為犯。因此母親這種不作為之行為，在社會觀念上，顯然是對嬰兒之殺害行為，自應令其負刑法第 274 條之母殺嬰兒罪。依此，則不純正不作為犯，並非刑法上無處罰規定，而是將其實質內容已涵蓋在作為犯之形式規定之中。

習題：

一、試舉例說明「純正作為犯」與「純正不作為犯」概念之區分。（89 特司四、94 薦升）

二、何謂純正不作為犯與不純正不作為犯？試舉一例以明之。（73、74 特、75 普、73、79 高、89 專）

三、刑法之「故意純正不作為犯」與「故意不純正不作為犯」，二者有何不同？試各舉一例說明之。（89 特三）

四、不純正不作為犯之實行行為性

㈠**作為義務與實行行為性**：作為犯之構成要件雖可以不作為而實現，但此並不能因當事人的不作為，而此不作為與構成要件之結果間有因果關係，就可認定此不作為具有實行行為性。譬如某甲路過小河目睹幼兒溺水時，並未伸出援手將其救助，致幼兒溺斃時，則某甲能否成立殺人罪之問題。此從道德上言，該某甲雖有救助之義務，但如可據此課以刑法上之殺人罪，則等於肯定所有結果與因果關係有關之不作為，將均可認為可構成不作犯的結果，如此將無限的擴張不純正不作為犯之處罰範圍。因此不作為與死亡之間縱有因果關係存在，不可因此而認定該某甲因對溺水之幼兒未加救助，致與不作為之殺人罪的構成要件該當。

因此如欲對不純正不作為犯之成立適切的限定在一個範圍內，以便

篩選出刑法上重要之不作為時，應如何著手？蓋不純正不作為犯原是以作為犯之實行行為為前提，此並非認為與結果有因果關係之所有不作為均可得認為是不作為犯之實行行為，而是與作為犯之實行行為具有同等程度之不作為，才能認為具有實行行為性。又實行行為係指具有構成要件所預定之侵害法益的現實危險之行為，因此必須此不作為與作為犯之實行行為具有同等程度之侵害法益的危險行為，才可認定為實行行為。可知如欲肯定不純正不作為具有與作為犯相同之實行行為時，當須該不作為與作為犯之實行行為具有同等程度之實質，易言之，則需具有急迫之侵害法益的危險性，並且如其有所作為就有可能防止危險之發生，亦即不作為所具有的侵害法益的危險性，與原來作為犯之構成要件所預定之侵害法益的危險性具有相同程度者，始可認為不作為犯具有實行行為性，此稱為同等價值的原則。

　㈡**保證人說**：在不純正不作為犯，行為人之不作為是否具有實行行為性，是繫於行為人之不作為的行為方法，是否與作為犯之構成要件的行為方法等價？蓋不純正不作為犯係結果犯之一種，必須是因不作為而有侵害法益之結果，而此違反作為義務（即不作為），必須是對構成要件之結果的發生，在法律上負有防止之義務，因其不作為，以致實現法定構成要件之該當性者，若只為單純之行為義務，就是有違反，亦不能認為係價值相等，此在學說上稱為**保證人說**。就是為了使構成要件之結果不致發生，以具有法律上義務之人為保證人，只以保證人違反作為義務而維持在不作為時，才認定符合不作為犯之構成要件該當性，此稱為保證人說。即認為除非行為人在法律上負有作為義務，否則就是有不作為行為，亦不構成法定構成要件該當性。譬如善於游泳之父親，目睹其幼兒溺水時，則該父親為本案之保證人。因此刑法第 15 條規定：「對於犯罪結果之發生，法律上有防止之義務，能防止而不防止者，與因積極行為發生結果者同。」「因自己行為致有發生犯罪結果之危險者，負防止其發生之義務。」

　何種情形，始具有防止一定結果發生之法律上作為義務：

　　1.依法令而生之作為義務：

　　　(1)私法上義務：如民法之親權者對子女有保護及教養之義務（民
　　　　　1084），直系相互間互負扶養之義務（民 1114）。

　　　(2)公法上義務：警察行使職權致人受傷者，應予必要之救助或送
　　　　　醫救護（警職 5）。

　　2.依契約或無因管理而生之義務：

　　　(1)依契約：如醫師對於危急之病人，應即依其專業能力予以救治
　　　　　或採取必要措施，不得無故拖延（醫 21），除違反醫師法第 29
　　　　　條外，對於病情之惡化，應負傷害罪責（刑 277 I）。又如護理之
　　　　　特別護士，受雇為乳母者，有哺育嬰兒之義務，及僱用之技術
　　　　　員等類似人員。

　　　(2)依無因管理：即未受委任，並無義務，而為他人管理事者（民
　　　　　172），如同意病患在自宅同居時，就有繼續保護病患之義務。

　　3.依條理：即依事物之道理，法律之精神所生之義務，如誠實信用
　　之原則或公序良俗之原則而發生之作為義務，如：

　　　(1)因自己之先行行為而生之義務：因自己之行為，有發生一定結
　　　　　果之危險者，負有防止其結果發生之義務。如駕車撞人時，駕
　　　　　駛者有防止傷亡之義務（刑 15II）。

　　　(2)所有人或管理人之情形：如自己飼養之動物等對他人之法益有
　　　　　侵害之危險時。

　　　(3)財產上交易之情形：從誠信原則言，在商品交易時有找多餘的
　　　　　錢，當事人有認識時應有告知之作為義務。

　　　(4)習慣上：指一般習慣為基礎所發生之特別關係：如以相互保護
　　　　　或援助之信賴而構成之共同體的構成員，譬如探險隊之隊員，
　　　　　對於其他隊員，就有此種特別關係之義務。

習題：

一、「不作為」得為法益侵害結果發生之原因，其理由安在？在如何情形
　　下，可認為「作為」等價為構成犯罪？試闡述之。（62 司）

二、對於特定法益負有保護義務者，足以構成保證人地位，請問何種人具
　　有保證人地位？試舉例說明之。（94 公升）

三、甲之兩歲幼童乙落入河中，即將滅頂，甲雖目睹，但置之不理，乙終
告溺斃。

　　㈠如果甲將該幼童誤認為係別人之小孩時，甲有無罪責？

　　㈡如果甲明知該幼童為自己之小孩，但確信自己並無救助義務時，甲
有無罪責？（94律）

　答：如甲認為該落水幼童是他人的幼童，道德雖有缺失，但無法律責任。
如甲明知為自己之小孩，而自己未救助，則違背保證人義務，應負不
純正不作為之殺人罪責。

五、不純正不作為犯之成立要件

　　具體言之，是在何種情形下，才能與作為同等的價值而確定其違法
性？此即不純正不作犯之成立要件的問題。依刑法第 15 條第 1 項規定：
「對於犯罪結果之發生，法律上有防止之義務，能防而不防止者，與因
積極行為發生結果者同。」因此，不純正不作為犯應具備法律上作為義
務與作為之可能性與容易性等要件，始足構成。此所謂法律上有防止之
義務者，又有下列數種情形：

　　㈠**須有法律上作為義務**：不純正不作為犯之成立，必須是行為人對於
作為犯之構成要件之犯罪結果的發生（如在殺人罪之死亡結果，放火罪
之燒毀的結果），在法律上有防止之作為義務而言。此與單純之道德義務
不同。因此，在下列情形下，行為人應負有作為之義務：

　　1.基於法令規定者：此項義務是由於法律明文規定者。如醫師法第
21 條規定：「醫師對於危急之病症，不得無故不應招請或無故延遲。」
如有違反，致病患病情惡化或死亡時，醫師如有過失當應負刑責。又如
父母對未成年子女之養育義務（民 1084），直系血親相互間互負扶養義務
（民 1114）。又如動物之占有人，有注意管束之義務，倘因疏於管束，致
有傷人時，應負傷害之責（民 190）。

　　2.基於契約或其他法律行為者：基於契約其他法律行為者，而有作
為之義務，因其不作為而發生之後果。如依僱傭關係，乳母有哺育嬰兒
之義務，救生員對溺水者，醫院對於住院重病之病患，疏於療治，致其
病情惡化而死。

　　3.基於自己之前行行為而生者：因自己之行為，致有發生一定結果

之危險者，負有對其前行行為而生之防止義務。如因自己開車不慎而發生傷人之結果者，對於被害人之受傷，有救護義務，我刑法第15條第2項之規定，即屬依前行行為而生之防止義務。如其將傷者棄置原地逃逸，導致其死亡之結果，則行為人應成立刑法第294條有義務者遺棄他人致死罪。

　　4.基於習慣或法理而生者：此即由於誠實信用或公序良俗而生之義務。例如房屋之占有人或所有人，於知悉該房屋起火時，就有滅火之義務，如其放任其燃燒，應就其不作為負放火之罪責。

　　㈡**須有作為之可能性與容易性**：即行為人對於結果之發生，可得防止之謂。因法律不能強人之所不能，故如非行為人可得防止，即不得認係不作為犯。此外，不純正不作為犯之所以成立，不僅行為須有作為之可能性，同時必須是行為人可容易實行作為始可，譬如前該適例，如父親目睹自己的幼兒溺水，因自己不諳水性，如下水救助，自己亦有可能遭遇溺斃時，法律當無法強制該父親下水救助其幼兒。

　　㈢**須不作為致發生結果**：行為人因其不作為，即不防止，致發生犯罪之結果之謂。如判例謂：「被害人某甲雖係自己躍入塘內溺水身死，如果某甲確因被告追至塘邊迫不得已，始躍入水中，則依刑法第15條第2項規定，被告對於某甲之溺水，負有救護之義務。倘當時並無不能救護之情形，而竟坐視不救，致某甲終於被溺身死，無論其消極行為之出於故意或過失，其對某甲之死亡，要不得不負相當之罪責。」（29 上 3039）即負不作為之殺人或過失殺人罪責。

　　㈣**作為與不作為等價**：即必須違反作為義務所生之侵害在法定構成要件上與以作為手段所引起者，具有同等之價值，始負相同責任。亦即凡以不作為之手段而犯罪者，其價值與以作為之手段而犯罪者相同之謂。

習題：
一、刑法第十五條關於不作為犯的規定，其所謂「有防止結果發生之義務」的情形有那些？試說明之。（90交升）
二、開車不慎撞傷人，棄置逃逸者，與刑法第十五條之規定是否相符？應成立何罪？試敘述之。（70律）
　答：應將第十五條作分析解釋，再針對行為人之作為義務分析說明。

三、甲某日駕船載其二個兒子出海釣魚，惟因操作不慎，致船隻誤撞礁石沈沒，甲於倉皇間，僅救起一子，另一子來不及搭救，致被海吞噬。
試問：甲有何刑事責任。（92 法制修改）

答：父母原對未成年子女有保護及教養義務（民 1084 II），甲對於兒子應予救助，故甲具有保證人地位，惟兩位要救，屬於義務之衝突，此時因甲的能力只能救一位，另一位力有未逮，在責任性上欠缺期待可能性，當不成立殺人罪之不純正不作為犯。不過甲應注意而不注意，致駕船不慎，應成立過失致死罪。

六、作為犯、不作為犯與故意

不作為犯與作為犯相同，並不限於故意。例如鐵路平交道之管理員，因不注意而沉睡，遇有來車不打開交通標識或不放下護欄，致火車與汽車相撞而傾覆時，則可構成過失妨害火車行駛安全罪（刑 184 III）。此又稱為**忘卻犯**。因此不純正不作為犯亦不以故意犯為限，在實務以 52 台上521 號：「上訴人既以經營電氣及包裝電線為業，乃於命工裝置電線當時，及事後並未前往督察，迨被害人被該電線刮碰跌斃，始悉裝置不合規定，自難辭其於防止危險發生之義務有所懈怠，而應負業務上過失致人於死之罪責。」

習題：作為犯可否以不作為實現之？如何始其因積極行為發生結果者同？其適用範圍是否以故意犯為限？試依我國現行刑法規定以對。（65 律）

七、純正不作為犯與不純正不作為犯之比較

項目＼主題	純正不作為犯	不純正不作為犯
意義	以不作為之方式實現法定構成要件之行為。如不解散罪（刑 149）或不退去罪（刑 306 II）。	以不作為之方式犯通常作為犯所能犯之構成要件之行為。
作為意義	1.違反法律所定命令規範之作為義務。 2.其作為義務係由法律直接加以明定。	1.違反法律所定禁止規範之作為義務。 2.其作為義務並不以成文法為唯一依據：如基於法令規定者，基於契約或其他法律行為者，基於自己之前行行為者；基於習慣或法理而生者。

判斷之難易	因以一定不作爲之實行行爲爲構成要件，故較易判斷。	其所要求之行爲並未規定在構成要件之中，故對實行行爲，較難判斷。
防止義務	只要不作爲即可構成犯罪。	行爲者對於結果之發生有防止之義務（作爲義務）。
未遂之處罰	係處罰行爲人違反命令規範而由於其應作爲，而不作爲時，即成立犯罪，其不作爲之未遂，自無處罰之可言。	係以不作爲之方式犯通常作爲犯所能犯之罪，故與作爲同其處罰。
加重結果犯問題	其犯罪是由於不作爲而成立，即應作爲而不作爲時，即構成犯罪，不以犯罪結果之發生爲必要，故無結果加重犯之問題。	其犯罪須其不作爲與結果相結合，始能構成犯罪。故與作爲犯同。

習題：

一、不作爲犯有純正與不純正之分，試舉例說明兩者之區別。（79 高）

二、不作爲犯不問其爲純正不作爲犯，抑爲不純正不作爲犯，均以違反作爲義務爲其處罰根據，此兩者之作爲義務其性質及內容有何不同？有無處罰未遂及加重結果之可能？並舉其規定以明之。（71 律）

	舉　　　例	法律依據
作爲犯	拿刀刺傷他人。	傷害罪（刑 277）
純正不作爲犯	這健康食品您不買我不走。　請妳出去！	不退去罪（刑 306 II）
不純正不作爲犯	汽車撞到行人未救助受傷者而逃逸。	遺棄罪（刑 293）遺棄無自救力之人

習題：甲在暗夜裡遇上持刀的搶匪乙，乙脅令甲交出身上的錢財，甲不從，奪刀反擊。甲手腕受傷，但乙在搶奪中也受到刀傷，流血倒地。甲知道乙流血受傷，但不予理會，也沒有報警處理，逕行離去。翌日，乙失血過多死亡。問甲成立何罪？（98 司四書記）

答：甲對乙之持刀搶劫，奪刀反擊應屬正當防衛行為，在格鬥中乙受傷，甲逕行離去，因甲不負有防止其結果發生之義務，故不構成殺人罪之不純正不作為犯（刑 15、271 I）。

八、實害行為與危險行為

以法益受侵之程度為準，可分為實害行為與危險行為：

㈠**實害行為**：乃行為人對於法益直接有侵害之行為，亦即法益受現實侵害為構成要件之犯罪行為，此種犯罪行為，通常稱之為**結果犯**。如殺人、傷害等是。

㈡**危險行為**：乃行為人對於法益間接將有侵害之行為，稱為危險行為。即法益有受侵害之危險性，而不以受有現實侵害為必要之犯罪行為。如投放毒物或混入妨害衛生物品於供公眾所飲之水源、水道或自來水池者，不待其致人於死傷，即可成立犯罪（刑 190 I）。蓋其行為，雖非直接侵害他人法益，但有發生實害之可能性，故稱**危險犯**。

九、主要行為與附屬行為

㈠**主要行為**：凡構成犯罪必要條件之行為，稱為主要行為。如竊取財物為竊盜罪之主要行為。

㈡**附屬行為**：對於構成犯罪非必要條件之行為，稱為附屬行為。如為達成竊盜之目的而察看地形地物，侵入住宅等，則為附屬行為。附屬行為有時亦能單獨成立犯罪，如侵入他人住宅之無故侵入罪（刑 306 I）。

第五節　犯罪行為與因果關係

一、意義

因果關係（Kausalität）者，指實行行為與構成要件之結果間，具有一定的原因與結果之關係也。譬如以手槍射殺人時，即以開槍射擊之實行

行為為原因，發生死亡為結果，這時就完成殺人罪的構成要件。換言之，有前事實，始有後事實（結果），前後兩事實間，必有一定原因與結果之關係。

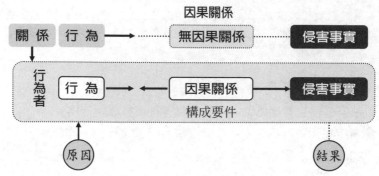

又如犯罪的行為與結果間假如沒有因果關係，就不能認為具有構成要件該當性。在刑法上要視行為與結果間有何因果關係，才能論其責任。譬如甲意圖殺害乙開槍射傷乙，乙被送往醫院急救，經醫師施以急救成功，結果護士丙在輸血時，因輸錯血，導致乙死亡。

這時甲對乙之死亡，雖有關係，但因中間介入輸血錯誤才導致死亡。那麼這個責任，應如何釐清。

近代刑法的責任主義，即一個人應在其所為之範圍內負其責任。依上例，甲雖然射傷乙，但真正的死亡是因護士丙輸血錯誤的關係，所以乙之死亡有因果關係者是護士丙而非甲。因此甲因有殺人之故意，故應犯殺人未遂罪。

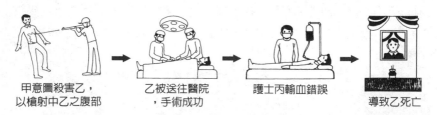

甲意圖殺害乙，以槍射中乙之腹部　　乙被送往醫院，手術成功　　護士丙輸血錯誤　　導致乙死亡

二、因果關係之學說

單純的一行為發生一結果，其因果關係，自然清楚；但如有數行為

或數事實，同時或先後存在，究應如何確定其因果關係，以確定行為所負之刑事責任？其學說有三：

㈠**條件說**（Bedingungstheorie）：

1.即在一定行為與一定結果之間，有所謂「如無前者，則無後者」之必然的條件關係（conditio sine qua non）存在，也就是說假如沒有前者的行為，就不會發生那樣的結果，亦即該兩者之間，有因果關係存在，其間縱有其他偶然事實相競合，亦不妨害因果關係之成立。因為該說對產生結果的所有條件都平等看待，因此又稱為**等價說**（Äquivalenztheorie）或平等條件說。例如甲踢傷乙之左眼，依醫生的診斷，約需十天的治療，但因乙患有腦梅毒病，因外傷致部分腦組織發生病變而死亡。依條件說，如甲不傷乙，乙則不負傷，乙的腦部就不致病變而死亡，因此甲之行為與乙之死亡結果間，有因果關係存在，故主張甲應負殺人之責。

2.條件說，以論理上只要有條件關係，即可廣泛承認刑法上因果關係，以致往往有許多犯罪之結果，非行為人始料所及，若以因果推廣以為認定，未免失之過苛，為我國實務所不採。

㈡**原因說或個別化說**（Individualisierende Theorie）：

1.又稱**差別原因說**。此說謂，發生結果有多數條件時，選擇其中最重要、最有決定性或有必然性之條件（ausschlaggebende Bedingung）以為本來之原因（Ursache），以別其他條件，此時其他條件均為單純條件，不認為發生結果之原因，以認定行為與結果間的因果關係。蓋此說將原因與條件加以區別，故又稱原因說。在前例如依此說，即甲之行為不構成乙之死亡之原因，因此甲僅負傷害乙之罪責。惟以什麼標準決定原因與條件之區別？其學說有五：

原因與條件之區別	(1) 必要條件說	又稱直接原因說。即在多數條件中，對結果之發生有必然效力或直接關係者，為結果之原因。其他則均為條件。
	(2) 最終條件說	在多數條件中，以最後之條件為結果之原因，其以前之條件，僅為單純之條件。

標準學說	(3) 優勢條件說	又稱決定原因說。在多數條件中，可引起結果之發生的條件與妨害其發生之條件保持均衡時，其中對於結果之發生具有優勢之力量者，為結果之原因，其餘則為條件。
	(4) 最有力條件說	在多數條件中，以最有力之條件，為其原因。
	(5) 動力條件說	在多數條件中，以結果發生之動力的條件，為結果之原因，其他有可能使其發生者，均為單純之條件。

2.此說乃為限制條件說無限的擴張因果關係之範圍而生者。但究以何種原因較為重要或具決定性或有必然性，缺乏適當標準，故為近代學者所不採。

㈢**相當因果關係說**（Theorie der adäquaten Verursachung）：**此說謂，依社會生活之智識經驗，為客觀之觀察，認為在通常情形下，相同之條件，均可發生相同之結果者，則此條件與結果之間，有相當之因果關係**。反之，若認為某一條件，不可能產生某一結果者，該條件不過為偶然事實而已，就無相當因果關係。

1.相當因果關係說判斷之基準：如何認定條件與結果間，有相當之因果關係？其學說有三：

⑴主觀的相當因果關係說：以行為人行為當時**主觀所認識或可能認識**之事實為決定因果關係之基礎。即行為人在行為時主觀所認識之情況，通常均可發生相同之結果者，行為與結果間始有因果關係存在。此為克利斯（v. Kries）所主張。

⑵客觀的相當因果關係說：此說不以行為人主觀認識，而以法官事後之審查判定因果關係之有無。即將行為時之一切情況，與行為後所發生之事情，依通常人之知識與經驗，有預見可能之事實，客觀的判斷，認定有此行為，均能發生相同之結果者，其行為與結果間，始有因果關係。此為劉美稜（M. Rümelin）所主張。

⑶折衷的相當因果關係說：此說以客觀說為基礎，參加主觀說之精神，亦即行為可能發生之結果，依行為當時一般人所可能認識之情況，以及行為人主觀所認識之情況為基礎，認為在通常

之情形下，有此情況，有此行爲，均可發生此結果者，因果關
係，始能成立。此爲杜列格（L. Träger）所主張。

2.主觀說、客觀說與折衷說之解決方法：如某甲刀傷某乙，某乙因
患有血友病，致出血不止，終於死亡。此時依下列判斷之①：

判斷基準	行爲當時之事	行爲後之事	說　　明
條件說	成立因果關係	成立因果關係	
主觀說	本人之認識：行爲人行爲當時之認識或可能認識。		應視行爲人之某甲，是否知道某乙患有血友病而定。如某甲知悉，則應成立因果關係，而不必探究一般人是否知悉某乙之患病事實。
客觀說	客觀的事實：客觀所有存在之事實，依通常人之知識與經驗判斷。	行爲當時依一般人所可能預見之行爲後事實。	因某乙之血友病在裁判當時是客觀上存在之事實，對血友病雖加以輕傷，因出血不止而導致死亡之結果，乃是經驗上所知之事實，因此，不論行爲人有無認識，仍可肯定因果關係之成立。
折衷說	一般人及本人之認識：則行爲當時一般人所認識及行爲人主觀所認識爲準。		有三種情形： ①某乙之血友病，在行爲當時一般人與行爲人既無法知悉，有無血友病當應排除於判斷之外，某甲之行爲雖與某乙之死亡間有條件關係，但不能認定具有刑法上之因果關係。 ②行爲人某甲不知某乙患有血友病，但一般人可以預見時，則某乙之患病事實將列入判斷之基礎。易言之，就是行爲人某甲不知患病之事實，但因週遭的人可預見時，某甲就不能免除致死之責任。這種偶然事實的介入，將責任歸屬於某甲之實行行爲，是否妥適不無問題。

① 參照大谷實著，《刑法講義》總論，第四版，平成 6 年，成文堂，頁 175。

		③如行爲人某甲知道某乙患有血友病時，就是一般人不知，這一事實仍應列爲本案判斷之基準，而可認定兩者應有因果關係之存在。

3.相當因果關係之評論：蓋主觀相當因果關係說完全以行爲人行爲當時主觀的認識爲基礎，將社會上通常之人所能認識之部分，悉予排除，其結論失之過狹，爲學者所不採。客觀說係以通常人能認識之事實爲基礎而判定，將因果關係與行爲者的認識分離，純粹由客觀的立場來把握因果關係，以致在審判時，係以行爲當時所存在之所有客觀之事實，以及行爲後所發生之事實中，在行爲當時一般人有可能預見之事實爲基礎，以爲相當性判斷之基準（事後判斷），因此，只要是以行爲當時爲判斷基準，將一般人無法知悉，行爲人也不可能知悉之特殊事項也列入考慮，以致將社會觀念上偶然的結果也廣泛認爲是有因果關係，乃是基本上違反相當因果關係之旨趣①。折衷的相當因果關係說，則以行爲當時之一般人及行爲人在主觀上所認識之範圍，以認定因果關係，不免與

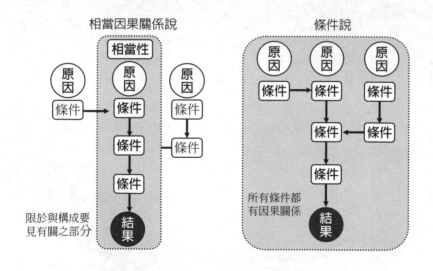

---

① 參照大谷實，前揭書，頁 176。

因果關係爲客觀要素之本質相矛盾，亦有未妥。此外，將行爲人主觀上是否認識，以決定客觀的責任歸屬問題，致影響因果關係之結論，是因果關係與責任性混淆在一起，蓋因果關係乃是客觀的責任歸屬問題，並非主觀上的歸責問題①。

　　㈣**實例見解**：我實務上近年來有採客觀的與折衷的因果關係說：

1. 早期採 條件說	(1)致死原因既係受毒而病，因病而死，如有下毒之人，自難逃殺人既遂責任（前北京大理院 4 上 73）。 (2)刑法上傷害致人於死罪，指傷害行爲，與死亡之發生，有因果關係之聯絡而言，不惟以傷害行爲直接致人於死亡爲限，即因傷害而生死亡之原因，如因自然力之參加以助成傷害應生之結果，亦不得不認爲因果關係之存在（19 上 1438）。 (3)刑法上傷害致人於死罪，祇須傷害行爲與死亡之發生，具有因果聯絡之關係，即屬成立，並非以被害人因傷直接致死爲限。即如傷害後，因被追毆情急落水致生死亡之結果，其追毆行爲，即實施傷害之一種暴行，被害人之情急落水，既爲該項暴行所促成，自不得不認爲因果關係之存在（22 上 7674）。	
2. 後採相 當因果 關係說	(1) 客觀說 之實例	①某甲既因受傷後營養不佳，以致傷口不收，反而潰爛，又因受傷不能工作，以致乏食營養更形不佳，兩者之間具有連鎖之關係，即其身體瘦弱，及傷口不收，均為致死之原因，則受傷與死亡，不能謂無相當因果關係之存在（28 上 3268）。 ②刑法第第 277 條之傷害罪，既兼具傷害身體或健康兩者而言，故對於他人實施暴行或脅迫，使其精神上受重大打擊，即屬傷害人之健康，如被害人因而不能自主，至跌磕成傷身死，則其傷害之原因與死亡之結果，即不能謂無相當因果關係，自應負傷害致人於死之罪責（32 上 2548）。 ③被害人顳部被瓶毆傷，割斷動脈，流血過多，乃至逃入山間，因休克跌落崖下溪中身死，不得謂非與上訴人等之行毆有（相當）因果關係，其結果亦非不能預見之事，自應同負正犯責任（即共同傷害因而致人於死罪責）（48 台上 860）。 ④刑法上之過失犯，必其過失行爲與結果間，在客觀上有相當因果關係始得成立。所謂相當因果關係，係指依一般經

---

① 松村格等著，《刑法總論》，1998，ミネルウア，頁 57。

驗法則，綜合行爲當時所存在之一切事實，爲客觀之事後審查，認爲在一般情形下，有此環境，有此行爲之同一條件，均可發生同一之結果者，則該條件即爲發生結果之相當條件，行爲與結果即有相當因果關係。反之，若在一般情形下，有此同一條件存在，而依客觀之審查，認爲不必皆發生此結果者，則該條件與結果並不相當，不過爲偶然之事實（偶然之原因介入）而已，其行爲與結果間即無相當因果關係（76 台上 192）。

(2) **折衷說** **之實例**	①被告因其妻某氏拒絕同宿，於某日晚，乘該氏熟睡之際，用竹杆木板打其臀部，該氏奪斷杆，被告復拾木板打其後腰，後經被告之嫡母勸散，該氏負痛氣憤服毒身死。是被告僅有毆傷其妻某氏之行爲，至於該氏之死，係由其本人服毒之偶然原因介入所致，與其傷害行爲並無因果關係之聯絡，則被告對此死亡結果，自不應負責（29 非 48）。 ②某甲於行兇後正欲跳海自殺，上訴人爲防止其發生意外，命人將其綑縛於船員寢室之木櫃上，始知不能動彈達四天之久，致其自己刺傷之左手掌流血不止，既經鑑定因此造成四肢血液循環障礙，左前膊且已呈現缺血性壞死之變化，終於引起休克而死亡，具見上訴人未盡注意之能事，其過失行爲與某甲之死亡，有相當之因果關係，自應負過失致人於死之刑責（64 台上 1306）。 ③夜間在照明不清之道路，將車輛停放於路邊，應顯示停車燈光或其他標誌，爲道路交通安全規則第 112 條第 1 項第 12 款所明定，上訴人執業司機，對此不能諉稱不知，且按諸當時情形又非不能注意，乃竟怠於注意，遽將大貨車停於右側慢車道上，既不顯示停車燈光，亦未作其他之標誌，即在車內睡覺，以致被害人駕駛機車，途經該處，不能即時發現大貨車之存在，而自後撞上，不治死亡，則其過失行爲與被害人之死亡，顯有相當之因果關係（65 台上 3696）。 ④上訴人爲從事汽車駕駛業務之人，既見對面有來車交會，而仍超車，於超車時，又未保持半公尺以上之安全間隔，竟緊靠右側路邊駛車，迫使在其右邊之林女駕駛之機車無路行駛，一時慌急，操作不穩，緊急煞車，機車右前方裝置之後視鏡碰到路邊之電桿而傾倒，致其機車後座林女之母摔倒地上，因傷斃命。是上訴人之違規行車，與林母之

| | 死亡，顯有相當因果關係，應負業務過失致人於死之罪責（69 台上 3119）。 |

習題：

一、犯罪原因與結果所構成之因果關係，學說上有幾？應採何說？試詳述之。（40 高檢、42 高）

二、犯罪行為是否成立，須具有因果關係，請就「因果關係」之意義說明之；並就條件說，依何種方法來判斷因果關係之有無，請舉例說明之。（89 特三）

三、消極行為與因果關係

　　積極行為因積極的作為，而引起外界之變化，自得謂為有因果關係。但消極行為的不作為，因無積極的作為，其與結果之間，有無因果關係？在學說上有爭論，有消極與積極二說：

(一) 消極說	不作為由自然上，或物理上言，均為「無」，既無任何積極之動作，即不如作為犯之可以引起外界之變化，此即「無中不能生有」（EX nihilo nihil fit）之意。因此不能謂由於其他原因所生之結果，與不作為間有因果關係也。
(二) 積極說	積極說又有他行為說、先行行為說與準因果關係說： 1.他行為說：認為行為人在其不作為之同時，因有其他之作為，行為人因其他之作為，致未履行義務，因此必須承認此其他之作為與結果間有因果關係之存在。如乳母應哺育嬰兒，竟從事裁縫工作，致嬰兒餓死，因有裁縫之積極行為，成為發生結果之原因。 2.先行行為說：認為行為人在不作為之前，原有積極之作為，此積極作為與不作為相結合，即為發生結果之原因。如受僱看守平交道之工人，因事前飲酒，致未能定時將火車平交之欄柵放下，而發生事故是。此事前飲酒即為先行行為之積極作為。 3.準因果關係說：即認為不作為所產生之結果，雖不像作為所產生之結果，有自然的（物理性的）因果關係之存在，但如有違反作為義務時，即有防止結果發生之義務，而不為防止者，在法理上，應與以積極行為所發生之結果同等看待，亦即準用作為之因果關係來處理。此即準因果關係說。

(三)刑法規定與實例見解：

　　1.我國刑法規定係採積極說之準因果關係說：亦即對於一定結果之發生，有防止其發生之義務，如有不盡其防止之義務時，始負法律上之

責任。此種義務，在刑法第 15 條第 1 項規定：「對於一定結果之發生，法律上有防止之義務，能防止而不防止者，與因積極行爲發生結果者同。」第 2 項規定：「因自己行爲致有發生一定結果之危險者，負防止其發生之義務。」

　　2.實例見解：

　　　　⑴上訴人將紅信水銀投入飯鍋內，如其犯意僅在毒殺其夫某甲 1 人，於乙，丙先後喫食此飯時，雖在場知悉因恐被人發覺不敢加以防止，即係另一犯意以消極行爲構成連續殺人罪，應與毒殺某甲之行爲併合處罰（29 上 1689）。

　　　　⑵被害人某甲，雖係自己躍入塘內溺水身死，如果某甲確因被告追至塘邊，迫不得已，始躍入水中，則依刑法第 15 條第 2 項規定，被告對於某甲之溺水，負有救護之義務，倘當時並無不能救護之情形，而竟坐視不救，致某甲終於被溺身死，無論其消極行爲之出於故意或過失，而對某甲之死亡，要不得不負相當罪責（29 上 3039）。

　　　　⑶對民法第 795 條規定，建築物或其他工作物之全部或一部，有傾倒之危險，致鄰地有損害人之虞者，鄰地所有人得請求爲必要之預防，此項規定依同法第 914 條爲典權人與土地所有人間所準用，上訴人典受某處之房屋，其右邊墙垛高聳，向外傾斜，致鄰地某甲之牙刷合作社有損害之虞，經某甲催促上訴人修整，並經該管縣政府早於一個月前派巡官勒令修整，是上訴人對於此項危險之發生，在法律上不能謂無防止之義務，且非不能防止者，上訴人雖購辦木料召泥水匠承包條造，因圖藉此終止某乙租賃契約，發生交涉迄未興工，致該墙倒塌將合作社舖房倒毀，壓斃工人某丙，自不得以其僅爲典主，而主張對此危險必須商諸所有人始得爲必要之預防，至某乙久未遷移，及某甲之未另行覓屋避免危險，亦均不能阻卻上訴人犯罪之成立（30 上 494）。

㈣不作為之因果關係與故意過失：

　　1.按刑法第 15 條第 2 項規定：「因自己行爲致有發生犯罪結果之之危險者，負防止其發生之義務」，但在何種情形下成立故意犯？在何種情形下爲過失犯？蓋本條所謂「防止義務，其範圍係以法律明文或其精神有防止之義務者爲標準。能防止而不防止者，採主觀說，以本人能力

為標準（24.7）。如何為人對於有發生犯罪結果之危險，明知並有意使其發生者，則應負故意責任。反之，如係應注意並能注意而注意，或係預見其能發生而確信其不發生者，則應負過失責任。

　　2.實例：

　　　　⑴原審判以被告前往某甲家擬邀其外出同看電影，某甲見被告衣袋內有土造小手槍，取出弄看，失機槍響斃命，認某甲之死，非由被告之行為所致，諭知被告無罪，惟被告所帶手槍，如果裝有子彈，則取而弄看，不免失機誤傷人命之危險，按之刑法第 15 條第 2 項規定，被告即有阻止某甲弄看，或囑其注意之義務，倘當時情形，被告儘有阻止或囑其注意之時間，因不注意而不為之，以致某甲因失機彈發斃命，依同條第 1 項規定，即不得不負過失致人於死之責（29 上 2975）。

　　　　⑵因自己行為致有發生一定結果之危險者，應負防止其發生之義務，刑法第 15 條第 2 項定有明文。設置電網既足使人發生觸電之危險，不能謂非與該項法條所載之情形相當，上訴人為綜理某廠事務之人，就該廠設置之電網，本應隨時注意防止其危險之發生，乃於其電門之損壞，漫不注意修理，以致發生觸電致死情形，顯係於防止危險之義務有所懈怠，自難辭過失致人於死之罪責（30 上 1148）。

習題：

一、消極行為在若何條件下，始與因積極行為發生結果者，負同一責任？試申述之。（44 高、62 特）（答案見消極行為與因果關係）（40 高檢、42、75 高、76 普）

二、由於自己行為引發一定結果之危險者，在何種情形下成立故意犯？在何種情形下為過失犯？舉例說明之。（75 高）

四、疫學之因果關係

　　㈠**概念**：一般認定因果關係之前提為：「如果沒有那個行為，就不會發生其結果」，即行為與結果間，具有必要之連絡關係等條件關係之存在。但如公害等新發生之現象，其原因與結果間之詳細因果關係，依現代醫學水準，尚無法完全了解，因此，在民事訴訟之領域內乃藉統計方式，使用大量觀察之方法，將其結果發生之蓋然性加以證明，以認定其因果

關係，此稱為「疫學上證明」：依此而證明之因果關係，稱為「疫學之因果關係」。惟所謂疫學者，係為公共衛生與疾病之預防，對疾病之病源以大量觀察之統計方式，對發病之原因加以分析解明之學問也。

㈡**刑法上作為因果關係之要件**：問題是在刑法上可否利用此疫學之因果關係來加以證明？當然在現代科學之水準下，並不能要求檢察官將所有因果關係之過程，完整的證明出來，而疫學之證明也是一種情況證據之證明方式，與其他情況證據相同：應該也可以認定其因果關係，但刑事裁判與民事裁判不同，係採「罪疑惟輕」之原則，不僅要求檢察官有舉證責任，同時也要求法官如認定有罪，必須有「超越合理懷疑之程度」或「具有確實之蓋然性」的證明始可。因此，如僅是證明具有「蓋然性」之疫學上因果關係，而欲將其導入刑事裁判之領域，似宜慎重。具體而言，應嚴密的檢討疫學上證明之信用性與精度，使疫學上之證明能與病理學上之證明及其他情況證據相輔相成，達到「超越於合理懷疑之程度」之情形下，始可肯定此一條件關係與相當因果關係。

五、因果關係之中斷與責任之更新

㈠**意義**：即在因果關係序列進行中，如有未曾預期之自然事實或他人行為之介入，致前因與後果不相聯絡，此際原有已進行之因果關係，即被後因行為之介入而中斷，此謂之因果關係之中斷。現此說已為學者所不採。

㈡**關係中斷之成立，須有下列三條件**：

1.須前行為對結果，依條件說認為有因果關係。

2.須其間介入之事實，對於結果，獨立發生因果關係。如在因果序列中，如前行為與介入之事實，共同發生結果時，則為競合而非介入。

3.須有其他原因之介入：

　⑴他人行為之介入：如甲傷乙之後，乙倒臥路旁，丙乃趨前予以殺死，則因果關係中斷，甲僅成立傷害之罪，至於乙之死亡則由丙負責。

　⑵被害人行為之介入：如欲毒殺某甲，對某甲下毒，某甲回家後

毒發，因不堪痛苦而自縊死亡。此際依判例只認爲加害人應負殺人未遂罪①。惟如被火燒，被害人因跳入水中，由於心臟麻痺致死亡時，日本判例認爲可認定具有因果關係②。

(3)行爲人行爲之介入：在實行行爲與結果間介入行爲人之行爲時，譬如甲欲殺乙，以繩子索頸（第一行爲），乙一時昏迷，而甲誤以爲乙已死亡，爲掩蔽罪行，將乙拖棄海岸邊（第二行爲），乙因吸入海邊細砂致窒息死亡之案例，日本的判例認爲是有相當因果關係，而判定成立殺人罪③。

(4)自然事實之介入：如甲以拳擊傷乙之後，乙爲飛落之斷瓦擊斃等是④。不過通常認爲他人之故意行爲，自然災害等，當行爲人在行爲時有不可預測之事實介入時，當無法肯定因果關係之存在。

(三)**責任之更新**：即認爲前行行爲與結果間，如有他人有責行爲之介入，則前行爲與結果間之因果關係，雖不因之而中斷，但僅由後介入之行爲，獨立負責而已，此謂之責任之更新。例如甲毆乙成傷，送往醫院後，醫生手術

乙死亡之責任分析

丙之責任	甲之責任
甲對乙之死亡雖有關係，但與乙死亡有直接關係者爲丙。	如甲不射擊，乙不致被送到醫院急救，因此甲對乙之死亡有責任。
甲爲殺人未遂罪 丙爲業務過失致死罪	甲爲殺人既遂罪 丙爲無罪

結　論

甲爲殺人未遂罪
丙爲責任之更新，應負業務上過失致死罪

（參照本章第 94 頁之圖解）

---

① 29 上 2705：原審認定上訴人以毒杷粒給予某甲服食，某甲回家毒發，肚痛難忍，自縊身死。是上訴人雖用毒謀殺甲，而某甲之身死，究係由於自縊所致。其毒殺行爲，既介入偶然之獨立原因而發生死亡結果，即不能謂有相當因果關係之聯絡，只能成立殺人未遂之罪。

② 最判 25.11.9，刑集 4.11.2239。

③ 大判大 12.4.30，刑集 2.378。

④ 48 台上 860：被害人顱部被瓶毆傷，割斷動脈，流血過多，乃至逃入山間，因休克跌落崖下溪中身死，不得謂非與上訴人等之行毆，有因果關係，其結果亦非不能預見之事，至被害人所受致命之傷，雖僅一處爲上訴人之其他共犯所爲，然其傷害既在犯罪共同意思範圍內，自應同負正犯責任。

雖成功，但因護士丙輸血錯誤，致乙死亡，此際甲之行為因護士行為之介入而更新責任，甲不負殺人既遂之責，由該護士獨負此責。

習題：何謂因果關係之中斷？（40 高檢）何謂責任之更新？

第六節　故　意

一、意義

故意（Vorsatz）又稱犯意（dolus），**即行為人對於構成犯罪之事實，具有認識，且進而有意使其發生或容許其發生之決意之謂**。刑法第 13 條第 1 項規定：「行為人對於構成犯罪之事實，明知並有意使其發生者，為故意」。又同條第 2 項規定：「行為人對於構成犯罪之事實，預見其發生而其發生並不違背其本意者，以故意論」。基此，故意之成立要件有二：

二、故意之成立要件

㈠**對於構成犯罪之事實，具有認識**：故意責任之本質要素就是對於該當構成要件之客觀事實有認識，此所稱該當構成要件之客觀事實，係指刑法分則各條或其他刑罰法規所列舉之犯罪構成事實而言。所謂認識，指「明知」並有「預見」而言。「明知」者，乃對現在事實明確之認識；「預見」者，乃對將來發生結果之認識，此即「知」之要件。

㈡**有意使其發生或容許其發生之決意**：即從認識，進而決意使其實現，然後犯罪行為與結果間，始有因果關係之存在，此為「意」之要件，與構成犯罪事實之「認識」，即「知」之要件，合成為「故意」之整體觀念，缺一不可。

三、故意之學說

㈠**認識說**（Vorstellungstheorie）：又稱表象說或預見說。此說謂行為人對於犯罪事實之發生，預先具有認識，而仍決意為之，即為故意。

㈡**希望說**（Willenstheorie）：又稱意欲說或意思說。此說謂行為人除對於犯罪事實之發生具有認識外，尚須希望其發生，方為故意。

㈢**容認說**（Einwillgungstheorie）：即行為人對於犯罪事實之發生，雖不一

定要有意圖或希望，但至少認識其犯罪事實，並容認其結果之發生。就是以發生結果也無妨的心理，而從事犯罪行為之意。

㈣**蓋然性說**（Wahrscheinlichkeitstheorie）：即行為人對法律所禁止之結果的發生或其決定之行為狀況，具有蓋然性之認識時，即可認為成立故意。因蓋然性認識的存在，必須對故意做成判斷，由此，在直接之故意，則可直接認定行為人之目標與其所指向之意思。行為人之行為如以實現被禁止之結果為目的，即可清楚的認定行為人之所以射殺被害人之意圖。又在認識行為人所欲實現之目的，與被禁止之結果有必然性之結合時，也須認定意思之所以引發行為之結果。但如不基於直接故意時，意思之支配行為的程度將相對的降低，在此只要對實現犯罪具有蓋然性之認識則可。此所稱之蓋然性，只要超過可能性即可，但不必具有絕對之蓋然性，只要有相當高度之蓋然性即可。

我國是採希望主義，依刑法第 13 條第 1 項所謂：「明知並有意使其發生」，很明顯的係表示「希望」實現之意。同條第 2 項，所謂：「預見其發生，而其發生並不違背其本意」，亦含有希望犯罪事實發生之意欲，故本法採希望主義。

習題：何謂故意？（39 高、69 升）故意之學說為何？

四、故意之種類

　　㈠**單純故意與預謀故意**：

　　1.一時故意（dolus repentinus）：又稱單純故意或偶然故意。**即行為人對於犯罪之方法、結果等，均未詳加考慮，因受刺激而突然起意實施犯罪之謂**。故又稱為不熟慮之故意。如甲、乙突因細故發生爭執，甲受刺激突持桌上水果刀刺傷乙是。

　　2.預謀故意（dolus praemeditatus）：又稱熟慮故意。**即行為人對於如何實施犯罪，於行為之前曾經深思熟慮，然後決意實施犯罪之謂**。如甲意欲殺人，先研究被害人生活起居及外出之習慣，如何下手，殺人後如何湮滅罪證等，然後再採取行動是。外國立法例，有對預謀故意加重刑罰之規定，為我國刑法僅供審酌量刑之參考而已。

㈡**確定故意（直接故意）與不確定故意（間接故意）：**

1.確定故意（dolus determinatus），又稱**直接故意：即行為人對於構成犯罪之事實，明知並有意使其發生者**（刑 13 I），**為確定故意**。此往往由於行為人之行為而直接引起，如甲明知開槍可將人擊斃，而仍決意開槍，是為具有殺人之確定故意。確定故意之現象形態有二：一為有結果之「意圖」時，另一是認為結果之發生是「確實」時。只要有結果之意圖，就是發生之可能性甚小，仍認為具有故意；如持槍在遠地發射，即便中槍之可能性極小，也應認為有殺人之故意。

在刑法分則中以「明知」為構成犯罪之要件者，如第 125 條第 1 項第 3 款、第 128 條、第 129 條、第 213 條、第 214 條、第 215 條、第 254 條、第 255 條第 2 項、第 285 條等。

其實例如下：

　⑴上訴人持槍猛扎，至於貫脅，則逞念一時，使人必死，應成立殺人罪（18 上 367）。

　⑵行為人對於構成犯罪之事實，明知並有意使其發生為故意，刑法第 13 條第 1 項定有明文，上訴人既與某甲等於夜間分執手槍侵入他人之住宅，劫得財物，其於強盜之事實，即係明知並有意使其發生，無論其所組織之團體內容如何？目的如何？及其劫得之財物用途如何？要不得因其加入該團體，係出於思想錯誤之過失，而阻卻其故意犯強盜罪之責（20 滬上 60）。

　⑶明知甲乙離婚無效，惟持有他人擔當將來男婚女嫁，決不致發生糾葛，而與之相婚，揆諸刑法第 13 條，仍不能謂無犯重婚罪之故意（27 上 2771）。

2.不確定故意（dolus indeterminatus），又稱**間接故意：行為人對於構成犯罪之事實預見其發生，而其發生並不違背其本意者**（刑 13 II），**則為不確定故意**。不確定故意之情形有二：

　⑴客體不確定：即行為人對於犯罪事實之發生，雖有確定之認識，但對於發生何一客體，則無確定之認識。又分為二種：

　　①概括故意（dolus generalis）：行為人對於犯罪事實之發生，僅

有概括的認識，但不能確定被害之客體之謂；如投炸彈於公眾集會之場所，明知必發生傷亡之結果，但不能確定何人被殺傷是。

②擇一故意（dolus alternativus）：行為人對於犯罪事實之發生，雖無確定之認識，但不論何者發生一定之結果，均不違背其本意，謂之擇一故意。如向車中之甲、乙兩人開槍，不殺甲，則殺乙是。

(2)結果不確定：結果不確定故意，又稱未必故意（即偶然的故意）（dolus eventualis）；行為人對於構成犯罪事實之發生與否雖無確定之認識，但其發生並不違背其本意者，謂之未必故意。如甲持槍打獵，預見有農夫在林中行走，仍置之不顧，竟開槍射擊，擊中農夫時，應負未必故意殺人之刑責。

其實例如下：

(1)明知院外有人，始行開槍射擊，其具有不確定故意，甚為明瞭（7上926）。

(2)上訴人既對巡捕開槍，則該巡捕有中彈身死之可能，當然為上訴人所預見，上訴人縱非有意致該巡捕於死地，而該巡捕設竟中彈身死，究與上訴人之本意不相違背，依刑法第13條第2項

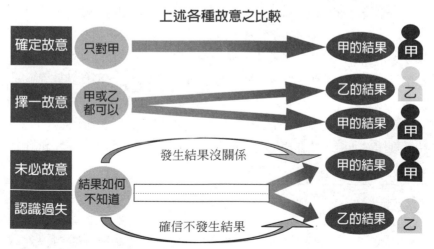

上述各種故意之比較

規定，仍應認爲有殺人之故意（26滬上64）。

　(3)上訴人某甲，充任某糖廠警察，於某日夜間在廠內巡邏，發覺宿舍被竊，向前追查，黑暗中聞籬笆處有聲響，對之開槍，致廠工某乙中彈身死，此項事實之發生，既爲上訴人所預見，且不違背其本意，依刑法第13條第2項之規定，仍應認有殺人故意（38上29）。

(三)事前故意與事後故意：

　1.事前故意（dolus antecedens）：即預先對犯罪事實之整體具有認識而採取行爲之情形之謂。易言之，即行爲人預定實現之犯罪行爲，誤認已經發生一定結果，而接續的實施下一個行爲，以致完成前所預定之犯罪結果者，如從預見與最後實現犯罪結果之整個過程觀察，因其預見之事實最後終於實現，因此對其實現之事實，應有故意，稱爲事前故意。如某甲以殺人之意思，持刀將乙殺傷倒地不起（尚未死亡），誤認乙已經死亡，爲圖棄屍滅跡，遂將乙棄置河中，以致溺死，此時就甲之前意欲謀殺乙所認識之死亡結果，與最後實際發生之死亡結果，均已實現乙之死亡事實，從整體觀察自應視爲一個殺人行爲，某甲有殺害乙之殺人故意，而乙之死亡又與某甲之殺人行爲具有相當因果關係，某甲即應負殺人既遂責任①。

　2.事後故意（dolus subsequens）：即行爲人原無犯罪之故意，於發生一定之法益侵害結果後始生犯意，乃利用已生之事實，讓其自然發生，以達其事後萌生犯意之結果者，稱爲事後故意。例如醫師某甲爲病患某乙施行手術後，始萌生殺害之意，乃不爲其繼續縫合，而任其放置不聞不問，以致死亡。惟學者認爲犯意之決定爲行爲之原動力，先有犯意始有行爲，故如對於既成之事實再生犯意，應於其萌生犯意後所生之行爲，始受刑法之非難。故在理論上，犯意並不能溯及於尚無犯罪事實認識之

---

① 28上2831：如果某甲並不因被告之殺傷而死亡，實因被告將其棄置河內，始行淹斃，縱令當時被告誤爲已死而棄屍滅跡之舉，但其殺害某甲，原有致死之故意，某甲之死亡又與其殺人行爲有相當因果關係，即仍應負殺人既遂責任。至某甲在未溺死以前尚有生命之存在，該被告將其棄置於河內，已包括於殺人行爲中，並無所謂棄屍之行爲，自不應更論以遺棄屍體罪名。

行為而適用，無所謂事後故意。上例，醫師之消極不作為致引起死亡結果，應負間接故意殺人之刑責①。

㈣**實害故意與危險故意**：

1.實害故意：即對侵害法益有認識，而仍實現其結果之意思之謂。如強盜、殺人、詐欺是。

2.危險故意：即對侵害法益之危險的存在有認識，而仍惹起其危險之意思之謂。如公共危險罪、公然侮辱罪等是。在此具體的危險犯與抽象的危險犯則因其危險認識之程度而有不同。亦即在具體的危險犯，應對危險性有明確之認識始可，而抽象的危險犯，即對危險性不一定要有認識。

㈤**積極故意與消極故意**：

1.積極故意：即行為人明知行為必發生一定之犯罪結果，而仍決定以積極的動作實行之謂。通常之犯罪，均屬積極之故意。如舉刀殺人是。

2.消極故意：即行為人對於犯罪結果之發生，雖有預見，但仍不加防止，聽任其發生之故意。如刑法第 15 條第 1 項所定：「對於犯罪結果之發生，法律上有防止之義務，能防止而不防止者，與因積極行為發生結果者同。」此如防水人員預見堤防有潰決之虞，而決定不加修治，任其潰決者，係有防止義務而不防止，即不能免除刑法上廢弛職務釀成災害罪（刑 130）②。

習題：

一、故意可概分為幾種？試說明之。（70 特、76 高）

二、刑法上之確定故意與不確定故意有何不同？試各舉一例說明。（76 高、94 特三）

三、刑法分則中何種犯罪，必須為直接故意方能成立？試舉例說明之。（52 高、54 特）

---

① 參照褚劍鴻著，《刑法總則論》，第四版，頁 173。柯慶賢著，《刑法專題研究》，87 年 6 月增訂版，頁 59。

② 參照高仰止著，《刑法總論》，64 年版，頁 254。

五、故意與動機

㈠**動機之意義：所謂犯罪之動機，即決定犯罪意思之間接的原動力。**亦稱犯罪之遠因或原因。如饑寒而行竊，激於義憤而殺人，饑寒與義憤，皆爲犯罪之動機。故犯罪之發生，大都有其動機或遠因。

㈡**故意與動機之區別：**

1.動機是故意之原動力，因動機生故意，因故意而生行爲，其順序有先後。

2.故意之內容，在刑法法規所規定之各類犯罪，均有一定之目的，如殺人罪之故意，在絕人之生命；竊盜罪之故意，在竊取他人之財物。然動機則人各不同，如同樣是竊取他人之財物，在動機上則各人必不一致也。

3.故意爲法律上構成犯罪之主觀要件，爲責任條件之一，但動機原則上與犯罪之成立無關，得爲裁判上量刑之標準，蓋在科刑之標準上最重視犯人之惡性，此不外在瞭解動機之良否也。

4.認定犯罪事實所憑之證據及其認定之理由，自應於有罪之判決書內，明白記載（刑訴 310）。所謂犯罪事實之證據，當然包括故意在內，而動機則除刑法分則中特定條文認爲犯罪要素者外，無須於判決書內明白記載。但有免刑、加重、減輕、緩刑或易以訓誡之情形，則其動機如何，乃裁判中之重要理由。

習題：何謂動機？故意與動機有何不同？（52、70 高、70、71 特丙、76 普）

六、動機與犯罪要件

㈠**有以動機為犯罪特別構成要件者：**即刑法分則各罪中，條文標明有「意圖」字樣者，如：

1.挑唆或包攬訴訟罪之意圖漁利（刑 157）。

2.聚衆不解散罪之意圖強暴脅迫（刑 149）。

3.引誘良家婦女姦淫或猥褻罪之意圖營利（刑 235）。

4.竊盜搶奪、強盜、侵占、詐欺、恐嚇等罪之意圖爲自己或第三人不法之所有（刑 320、325、328、335、339、346）。

㈡**有以動機為加重刑罰之要件者**，如：

　　1.誣告直系血親尊親屬罪之意圖陷害直系血親尊親屬而犯誣告罪，加重其刑至二分之一（刑 170）。

　　2.加重和誘罪之意圖營利，或意圖使被誘人為猥褻之行為或姦淫（刑240Ⅲ）。

㈢**有以動機為減輕其刑之要件者**，如：激於義憤殺人罪之義憤（刑 273）。

㈣**有以動機為免責之要件者**，如：誹謗罪之免責事由，係以善意發表之言論（刑 311）。

七、故意與意圖

㈠**意圖之意義**：刑法分則之構成要件中，故意與意圖兩種概念是否相同，不無疑義？依一般之解釋，所謂故意是指行為人對於構成犯罪之事實，明知並有意使其發生之謂。而「意圖」是指行為人主觀上有此目的與動機，亦即對於行為所引起之事實，明知並希望使其發生之意。因此，兩者看似相同，實仍有區分。

㈡**故意與意圖之區別**：

　　1.故意為犯罪之一般構成要件，學說上稱為責任要素；意圖為犯罪之特別構成要件，則為目的與動機，學說上稱為主觀違法要素。

　　2.故意所認識之對象為犯罪構成要件之外部事實，如存心殺人、傷害、侵占等；意圖所認識之對象為超越犯罪構成要件之外部事實之內心所期望之目的。

　　3.故意為犯罪之責任要件；意圖為犯罪之違法要件。

　　4.刑法以處罰故意犯為原則；但意圖則為犯罪之特別的期望與目的。如以意圖為犯罪特別構成要件時，如無此意圖，而只有故意仍不成立犯罪。如竊盜罪之意圖為自己或第三人不法之所有是（刑 320）。

習題：試區別刑法中故意、意圖及動機之相異性。（84 委升）

第七節　過　失

一、意義

㈠**一般的意義**：犯罪行為之處罰，原則上以故意為限，至於因過失而觸犯刑章，以有特別規定者，始受處罰。**所謂過失**（Fahrlaessigkeit），**乃行為人對於構成犯罪之事實，原有應盡相當注意之義務，且在主觀上亦有注意之能力，竟不加注意，而為一定之作為或不作為之謂**。其因過失而有構成要件要素之犯罪，稱為過失犯。刑法第 14 條規定：「行為人雖非故意，但按其情節應注意，並能注意而不注意者，為過失。行為人對於構成犯罪之事實，雖預見其能發生而確信其不發生者，以過失論。」依此則過失情形有二：

1.不認識之過失：「行為人雖非故意，但按其情節應注意，並能注意，而不注意者，為過失」。

2.認識之過失：「行為人對於構成犯罪之事實，雖預見其能發生而確信其不發生者，以過失論」。

惟不論是認識過失或不認識過失，要皆由於不注意。應注意且能注意而不注意，是不為也，非不能也，應令其負一定之刑事責任乃理所當然。

㈡**傳統的過失論**：即將故意與過失並列，認為係責任條件或責任形式，故意犯與過失犯，在構成要件該當性及違法性之階段，本質上並無區分。則過失在實質上，只要加以注意則可預見犯罪之結果，且可避免結果之發生，只因不注意，而欠缺預見，以致發生不幸之結果。因此，將過失認為係責任條件或責任形式之思考方式，基本上是認為行為人應該可以預見其結果，並予迴避，因不注意致缺乏預見，而發生結果之情形下，始對其責任加以非難，並將行為人與結果之心理因素加以結合，以應責任主義之要求。但如據此理論，對犯罪之結果追究其刑事責任，如縱使行為人已依法律上客觀之要求，盡其注意之義務，而仍無法避免結果之發生時，將對其所發生之法益侵害，無法給予違法之評價。尤其依上述傳統之過失論，對於偶然或不可抗力而產生之法益侵害結果，在行為人

之行為與因果關係之範圍內，也不得不肯定其構成要件該當性與違法性。在現代社會，如癌症手術，甚至有危及生命之安全，或汽車、甚至飛機之駕駛，就是結果的發生雖有某種程度之預見，仍不得不執意為之，乃是文明社會之進步特徵。在此情形下，並非結果之發生有無預見，而應該要問有無採取適切之行為，以迴避結果的發生為基準，來考慮過失犯是否成立才是妥適，因此乃有新過失論之誕生。

　　㈢**新過失論**：即將過失從行為方面來探討，即將其當作責任問題之前，將過失犯從實行行為之違法性之層面來加以探討之理論體系，稱為新過失論。此一理論是二次大戰前德國學界之發現，戰後乃逐漸普及化。並認為過失犯並非從心理狀態來把握，而是從行為上來探討，此不僅應將重點放在注意義務，也應從客觀來分析，行為人是否採取適切的迴避措施。當吾人將焦點放在客觀的行為態樣時，過失當應在構成要件該當性之階段來探討才是適當。因此，新過失論之過失，不僅是責任要素，也是構成要件要素或違法性要素；在注意義務上應該重視結果迴避義務。即只有脫離社會相當性之法益侵害，才認為是違法。在此意義下，如將違法要素之過失加以分類，則應屬於構成要件之客觀的要素，故又稱為構成要件之過失。

　　1.新過失論的特色，有三點：

　　　⑴過失犯在違法性之層次上與故意犯不同。

　　　⑵傳統之過失概念是在注意義務，即為結果預見可能性上，而新過失論則變更為結果迴避義務。則將結果迴避義務設定為客觀之一定的行為基準，因此適用客觀的注意義務。

　　　2.處罰之限定：新過失論之特點是對於醫療行為或駕駛行為，蓋其為當前社會之需要，乃發展此一理論，從緩和結果迴避義務，以限定過失之處罰範圍。從社會發展之觀點言，若干冒險乃必然之趨勢，因此重點只在要求行為人應盡其結果迴避義務即即可。

習題：何謂過失？（39高、69升、73高檢）過失行為之處罰，其立法理由安在？試詳論之。（42、74高、70、71特丙、73特）

二、過失之本質

過失之本質，也是過失的具體要素，一般認爲過失是指不注意之行爲。因此其要素可分爲不注意，與基於不注意而實施之行爲（過失行爲）。

㈠ **不注意**	過失最重要的要素就是不注意，也就是欠缺精神之緊張之意，而此不注意就是因違反注意義務而實施犯罪行爲之情形。所謂違反注意義務就是，「如集中意識就可預見其結果，由此當可避免結果之發生，而由於欠缺意識之集中，而未盡到結果預見義務，以致無法迴避結果之發生」之意。因此過失之注意義務，就是由結果預見義務與結果迴避義務兩個要素所形成。如欲盡結果預見義務，必須對同一情形一般人都有預見之可能爲前提，至於結果迴避義務，亦復如此；因此結果之預見與迴避義務是與預見之可能性與結果迴避可能性互爲表裏。 結果預見可能性 → 結果預見義務 ┐ 　　　　　　　　　　　　　　　　 } 義務的懈怠 結果迴避可能性 → 結果迴避義務 ┘
㈡ **過失行爲**	不注意雖爲過失之重心，但是過失並非只有不注意之主觀要素就可解釋一切。蓋過失犯既以行爲爲前提，過失之構成要件要素尙包含有行爲之客觀要素在內。因此必須是怠於履行注意義務，而爲一定之作爲或不作爲，始稱過失行爲。由此可知過失犯的實行行爲，也就是能認定過失犯具有侵害法益之現實危險性之存在，僅僅只有不注意的要素仍嫌不足，仍須有過失行爲始可認定。譬如醫師在施行手術之前，未澈底消毒開刀用器械，致細菌侵入體內而化膿之情形。照理說醫師如在事前對手術之器械充分消毒自可迴避其化膿的結果，因其未履行其結果之預見可能性，依此成立過失犯，乃是相當明顯之事。但是本案例，如醫師僅僅未完全消毒手術用器械，並非可立即對人之生命、身體之侵害構成現實的危險性，而是醫師將未經消毒之刀械用在對病患之手術時，始認定是有法益侵害之現實的危險性。因此所謂過失者，必須是行爲人怠於注意，而採一定之行爲（施行手術），才可認爲具有過失犯之實行行爲。過去之學說僅認定只具有不注意之要素，而此不注意之要素與結果間具有因果關係，則可成立過失犯，但近代刑法理論，則對過失犯之實行行爲亦認爲係成立過失犯之重要要素之一。

三、過失之成立要件

㈠**欠缺犯罪事實之認識或動機**：過失之成立，必須是沒有故意始可。

如認識犯罪之事實，據此認識而產生動機採取行為時，就已逾過失犯之範圍，因此，過失必須是行為人欠缺犯罪事實之認識，或雖有認識但欠缺「動機」，始得成立。前者稱為無認識之過失，後者稱為有認識之過失。

㈡**違背注意義務**：過失之成立必須具有不注意之要素。不注意者，指違背法律上所規定之必要之注意義務。此可分為違背外部的注意義務與內部的注意義務。

　　1.違背外部之注意義務：所謂外部注意義務，指為迴避犯罪事實之發生，行為人有義務注意採取社會生活上所必要之適切態度（作為或不作為）之謂，此又稱為結果迴避義務。

　　　⑴結果迴避義務之依據：此係以法令、契約、習慣或法理及日常生活經驗等為依據，尤其在各種行政規章中，已規定有各種注意義務；此如道路交通法規，規定駕駛人對交通安全之注意義務，如有違背結果迴避義務，將觸犯業務上過失致死罪①。因此結果迴避義務大都以行政規章為根據，因行為人未採取社會生活上必要之適切態度，以致無法迴避結果之發生，而造成違法之結果。

　　　⑵預見可能性：結果迴避義務，原則上以一般人之注意能力為標準，若其本人欠缺一般人之注意程度時，則以其本人之注意程度為準，在此標準下，其結果應有預見之可能②，然因行為人未採取防止其發生結果之適切的措施，而發生現實危險之結果，則可認定行為人未履行結果迴避義務。因此，必須是行為人未採取社

---

① 74 台上 4219：汽車駕駛人雖可信賴其他參與交通之對方亦能遵守交通規則，同時為必要之注意，謹慎採取適當之行動，而對於不可知之對方違規行為並無預防之義務，然因對於違規行為所導致之危險，若屬已可預見，且依法律、契約、習慣、法理及日常生活經驗等，在不超越社會相當性之範圍應有注意之義務者，自仍有以一定之行為避免結果發生之義務。因此，關於他人之違規事實已極明顯，同時有充足之時間可採取適當之措施以避免發生交通事故之結果時，即不得以信賴他方能遵守交通規則為由，以免除自己之責任。

② 26 上 1754：刑法上之過失犯，以行為人對於結果之發生應注意並能注意而不注意為成立要件。上訴人所建築之戲園既於一年前轉租與某甲等售票演戲，則其對於該戲園東面某公所舊圍牆之向西傾倒，壓及戲園內座客之危險，是否有預見之可能，為其是否能注意而不注意之先決問題，原審僅就上訴人應注意而不注意之點，加以論斷，而於上訴人能否注意之事實關係，並未依法審認，遽以公所牆坍壓斃座客多人，令負過失致人於死之罪責，尚嫌未當。

會生活上必要之結果迴避措施，以防止結果之發生，因其有所作為或不作為，始足構成違背結果迴避義務。因此，必須是行為人欠缺注意之標準，對於構成要件結果之發生有預見可能性，始可認定違背結果迴避義務。預見可能性原是舊過失論之重心，但在新過失論中也認為行為人應採取社會生活上必要之適切態度（作為或不作為），以迴避結果之發生，而其要求是以一般人得預見可能之程度，如依一般人之預見，不可能發生危險，或客觀上雖有危險，但沒有任何人知道會發生危險之未知的危險，當無迴避義務之情形。

在此所謂行為人對於事故之發生如有預見，應對其預見採取特定之迴避措施，以防止結果之發生。譬如在路邊有一群兒童在遊戲，其中有一人突然跑進路中被車撞死之情形。首先要問駕駛員對兒童之突然跑進路中有無預見。如果要了解其有無預見，就要問他對兒童在路邊遊戲有無認知。如果沒有認知，除非在特定情形下，譬如說在道路狹小、兩邊有密集住宅之情形下，就可以認定他沒有預見可能性。

如果他對兒童的遊戲具有認知，就要進一步調查他對於其中一位兒童突然跑進路中有沒有可能預見，此時除非是交通頻繁之道路，而且遊戲之兒童也年紀較大，對於交通之現狀已瞭解等情形外，就應認為其具有預見可能性。

此外，預見可能性應以主觀與客觀一致為原則，有時雖無客觀之預見可能性，但因駕駛員係當地居民，充分了解當地實情與兒童之遊戲狀況，則因其具有主觀之預見可能性而認定為是有過失。相反的駕駛員雖無主觀之預見可能性，但有客觀之預見可能性時，如駕駛員因近視眼未戴眼鏡，以致發生事故時，當然認定其應有預見可能性，而令其負事故之責任。

(3)預見可能之標準：依我國刑法第 14 條所謂「能注意」，不過為抽象之規定，其注意之預見可能性之判斷標準為何？有三說：
①主觀說（具體說）：以行為人本人之能力，為決定之標準。

故注意之預見可能高者，其所負之責任亦高，注意之預見可能低者，其所負之責任亦低，無注意之預見可能者，即不負過失之責，即依各個人注意之預見可能，具體的決定之。又稱具體說。此說雖不無道理，惟注意之預見可能高者，須負擔較一般人為高之注意義務，實有欠公允。

②客觀說（抽象說）：以一般人或平均人之能力為標準。若欠缺普通人注意之預見可能者，即有過失。所謂普通人注意之預見可能，乃依社會常識判斷，為大多數人可得預見之程度，亦即民法上所謂善良管理人之注意。欠缺此項注意之預見可能者，又稱抽象的輕過失。此說對注意之預見可能較低者，課以能力所不及之注意義務，往往智力較低者，雖已盡其所能注意之預見可能，猶不免於刑責，亦有未當。

③折衷說：原則上應以一般人或平均人之注意之預見可能為標準，若其本人欠缺一般人之注意之預見可能程度時，則以其本人注意之預見可能程度為標準。

但有一例外，即醫師、藥劑師、駕駛員等在職業上有特別注意之義務者，縱其主觀注意之預見可能較弱，仍應以客觀注意之預見可能，為決定其過失之標準，以促其特別注意。

在外部之注意義務上，其預見可能性應以客觀說為判斷之標準，此稱為**客觀之預見可能性**。

⑷結果迴避義務：如肯定行為人具有預見可能性，其次應檢討有無結果迴避之可能性。行為人如有預見可能性通常應該也有結果迴避之可能性，乃可預期；但在特殊情形下，雖有預見可能性，但也有可能發生結果無法迴避之情形。如檢討的結果無法迴避結果之發生時，則可認定無注意義務，當無過失之實行行為性。如行為人有迴避發生結果之可能，當應採取行動以迴避其危險，亦即採取社會生活上必要之適切態度，有所作為或不作為，以迴避結果之發生。如其未採取適切之措施，則可肯定其違反結果之迴避義務。這種作為或不作為則為充實過失犯的實行行為所必要之客

觀之構成要件要素，以認定是否違背外部之注意義務。

2.違背內部注意義務：此指行為人應充實自己之緊張精神，以產生迴避結果發生之動機。蓋過失是由於不注意而產生，而不注意就是行為人原應使其精神緊張，由於有欠缺緊張之內心鬆懈的態度，因此，注意義務就是行為人有應採取之內心一定的態度為義務，而違背外部義務之結果迴避義務，係以違背內部之注意義務為前提，此即過失所以與故意並立，成立構成要件之主觀要素的重大理由。

但是如行為人無此可能，當不能產生義務，因此內部之注意義務應以行為人之能力為標準而採主觀之預見可能性及主觀的結果迴避可能性為範圍。

(1)縱使行為人違背外部之注意義務，如行為人對結果之發生無預見之可能，當無法追究行為人之結果迴避之可能。因此過失之認定，當以行為人能力為標準之主觀之預見可能為依據。

(2)主觀之預見可能性，既是採取一定結果迴避義務所必要，只具有主觀之預見可能性，仍無法認定行為人之過失，而須行為人為迴避結果之發生，有無可能採取一定之作為或不作為為要件。因此外部注意義務之基本要件的客觀之預見可能性及結果迴避可能性，亦即只要一般人加以注意，則可預見構成要件之結果，而據此預見，將會引發自己的動機，足以迴避結果之發生時，如行為人未如此行為，則可認定行為人有違背內部之注意義務，而構成過失犯。

換言之，行為人雖有違背客觀之注意義務，但因欠缺主觀之預見可能性及結果之迴避可能性，亦即如不能認定行為人有違背內部之注意義務之時，過失犯就不能成立。

(三)**不注意與結果間有因果關係存在**：如行為人之不注意與結果間無因果關係存在，即不負過失責任①。依 76 台上 192 號判例：「刑法上之過

---

① 23 上 5223：刑法上之過失犯，必須危害之發生，與行為人之欠缺注意，具有因果聯絡關係，始能成立，至行為人之過失，與被害人自己之過失，併合而為危害發生之原因時，雖不能阻卻其犯罪責任，但僅被害人之過失為發生危害之獨立原因者，則行為人縱有過失，與該項危害發

失，其過失行為與結果間，在客觀上有相當因果關係始得成立。所謂相當因果關係，係指依經驗法則，綜合行為當時所存在之一切事實，為客觀之事後審查，認為在一般情形下，有此環境、有此行為之同一條件，均可發生同一之結果者，則該條件即為發生結果之相當條件，行為與結果即有相當之因果關係。反之，若在一般情形下，有此同一條件存在，而依客觀之審查，認為不必皆發生此結果者，則該條件與結果並不相當，不過為偶然之事實而已，其行為與結果間即無相當因果關係。」

　　(四)**信賴之原則**（Vertrauensgrundsatz）：即在多數人參與之行為中，參與者認為其他之參與人員一定會遵守規則，採取適切的行為，如行為人有此信賴感時，如其他參與人員不遵守規則而未採取適切之行為，以致與自己之行為發生衝突而發生構成要件之結果時，則行為人對其結果不負過失之責任。

　　此原則係 1935 年德國所確立之判例，我國最高法院亦予肯定①。一般用在認定交通事故之一般注意義務上。尤其在近代社會多人參與之複雜的交通關係下，為調和一般大眾之生命財產的安全與交通機關之社會的效用，行為人當可信賴參與交通運輸之關係人都會遵守交通規則，並盡相當之注意能力以避免結果之發生為原則。但此原則如已擴大至其他領域，此以由多數人參與而各人分擔其中一部分工作之共同作業亦可適用此原則，如綜合醫院之團隊工作等是。

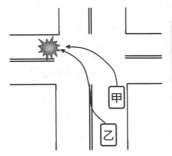

甲駕駛汽車至十字路口照規定左轉，但乙突然從後面跨越中線抄近路轉至甲之前，兩車相碰撞，致乙受傷。甲因遵守交通法規，而相信他人會遵守交通法規，因此甲無罪。

生之因果關係，已失其聯絡，自難令負刑法上過失之責。
① 74 台上 4219 號判例。

四、過失之分類

(一)無認識過失、有認識過失：

1.無認識過失（疏忽過失）（unbewusste Fahrlaessigekeit）：即刑法第14條第1項規定之過失。即行為人雖非故意，但按其情節應注意，並能注意而不注意者屬之。此際行為人，對犯罪事實之發生，雖無認識，惟行為人有注意之義務，且能注意，而未加注意，因而發生犯罪之結果，自應對其過失負責。如汽車司機，有隨時警戒前方，預防危險發生之義務，而於落雨之後，公路右側塌陷，左臨深塘之情形下，尤應注意能否行車，有無危險，乃漫不注意貿然前駛，以致發生覆車壓斃人命情事，過失之責，自難諉卸（38台上16）。

2.有認識過失（懈怠過失）（bewusste Fahrlaessigkeit）：即刑法第14條第2項規定之過失。即行為人對於構成犯罪之事實，雖預見其能發生（有認識），而確信其不發生者，謂有認識之過失。換言之，行為人對於構成犯罪事實，預見其可能發生，仍自信其不至發生，致怠於注意，而終至發生結果者，即不能辭懈怠過失之責。如司機駕車至鬧市，雖預見可能撞傷行人，而自信技術精湛，絕無撞傷行人之可能，因不減速緩行，以致撞傷行人之結果者是。

(二)普通過失、業務過失：

1.普通過失：又稱一般過失，指非從事於一定業務之人，而違反其注意義務所構成之過失。通常一般人所發生之過失行為均屬之。如過失傷害（刑284 I），過失致人於死（刑276 I），失火罪（刑173 II、174 II）等。

2.業務過失：又稱加重過失，即指從事於一定業務之人，因未盡其業務上應特別注意之業務，而構成犯罪事實者，謂之業務過失。業務過失均較普通過失之處罰為重。此因從事業務者認識能力較一般常人為強，故其注意亦較普通人為大，且為使從事業務者提高警覺，以防其怠於業務上所必要之注意，故其過失之責任，更較一般常人為重。例如本法第276條第2項之業務上過失致人於死罪，及第284條之業務上過失傷害人罪等，均較普通過失之處罰為重。

至於刑法上所稱之業務，係指以反覆為同種類之行為為目的之社會

活動而言，執行此項業務縱令欠缺形式上之條件，仍無礙於業務之性質。如甲行醫多年，雖無醫師資格，亦未領有行醫執照，欠缺行醫之形式條件，然既以此為業即不得謂其替人治病非其業務，其因替人治病致人於死，倘有過失，自應負業務上過失致人於死之罪責（43 台上 826）。此外，一人不以一種業務為限，如一人同時兼有二種或二種以上之業務，而在某一業務上有不慎致人於死之行為，即應負其業務過失致人於死罪責（69 台上 4047）。且所謂業務，不僅限於主要部分之業務，即為完成主要業務所附隨之準備工作與輔助事務，亦應包括在內（71 台上 1550）。

　　但如非從事某種特定業務之人，而為該特定業務之行為，致發生過失之結果，應不得認為係業務上之行為，仍應論以普通過失。如某人於醫院充當助手，並非擔任治療之業務，其對於求診者，濫施藥針，誤傷人命，則係普通過失致人於死，不能令負業務上過失之加重責任（26 滬上 5）。

　　㈢**積極過失、消極過失：**

　　1.積極過失：又稱作為過失，乃因積極之作為，未盡注意之義務，而發生一定之結果之過失。如玩弄手槍，不慎走火傷人。

　　2.消極過失：又稱不作為過失，乃因消極之不作為，致未盡其應作為之義務，因而發生一定結果之過失。如看守平交道之人，因不注意忘記將鐵柵放下，以致在平交道上火車與汽車相撞是。

　　㈣**重大過失、輕過失：**

　　1.重大過失（grosse Fahrlässigkeit）：是指行為人違背注意義務之程度相當顯著之過失。亦即只要行為人略加注意則可預見其結果，並可輕易的迴避結果之發生之情形，稱為重大過失。此相當於民法上之重大過失概念。民法上重大過失係指完全欠缺通常人之注意，僅須用輕微注意，即可不發生錯誤，而竟怠於注意致發生錯誤之謂。對重大過失並不須有特殊之構成要件，而須按個別情狀為量刑之參考。

　　2.輕過失（leichte Fahrlässigkeit）：指行為人違背注意義務之程度，情節輕微而言。在民法上輕過失又分為二：

　　　⑴抽象過失（culpa levis in abstracto）：又稱客觀過失，指行為人

違背社會交易上之注意義務者，即欠缺善良管理人之注意。不為此注意者，即應負抽象過失之責。比如民法 432、468、535、590、888、933 條是。

(2)具體過失（culpa levis in concreto）：又稱主觀過失，即欠缺處理自己事務同一之注意。如民法 223、535、590、672 條是。

習題：

一、試略述過失之種類，並述其區別要點。（69普、70、72特、74高）

二、何謂懈怠過失與疏忽過失？試申述之。（78司書、78荐升）

五、過失之競合

所謂過失之競合，即一種構成要件結果之發生，有複數之過失相競合之情形。可分為兩種情形說明之：

㈠**同一行為人階段性過失競合之情形**：即同 1 人之過失，因有二個以上之過失，階段性的重疊，致發生結果之情形。

1.設例：

⑴如貨車駕駛人因隨意堆積貨物，又飆車於路上，致貨物掉落打傷行人之情形：

①未注意妥善安裝貨物致貨物散發之過失。

②飆車於路上之過失。

⑵飲酒開車之際，因酒醉而失去注意力未注視前方駕駛而肇事之情形：

①飲酒而開車之過失。

②未注視前方而駕駛之過失。

2.學說之對立：對此有過失併存說與直近過失說之對立。

⑴過失併存說：認為與結果之發生有相當關係之複數的過失，都應認係刑法上過失而採認。依此說則上舉二例之①及②之情形只要與結果的發生有因果關係，均屬構成過失犯之要件，只採直近過失之說法是不符法理。

⑵直近過失說：在複數併存之過失中，刑法上之過失，應以直接

接近結果發生之過失而採認。依此說,則上舉二例,均以採用
(2)之過失情形,因此其先前階段所有之過失,均屬預備行為或
其緣由、背景而了解。

　　3.綜合分析:前舉適例,飲酒開車之過失與未注視前方駕駛之過失
有相當之關係,經此過失足可認定與結果間有相當因果關係存在,然其
所以違背結果迴避義務,係因已有結果發生之現實的危險性存在,而行
為人未採取結果迴避措施,因此原則上以直近過失說較符法理。但如較
早階段之過失具有實行行為性,而過失結果之發生與直近之過失有不可
或缺之關係時,則兩者均應肯定才是妥適。如行為人與被害人均有過失,
亦即行為人之過失與被害人之過失有競合之情形,雖可適用信賴之原則
或危險分擔之法理,但在刑法上只要其結果之發生與注意義務有關,則
應成立刑法上之過失,民法上之過失相抵原則,並無刑法上之適用①。

　　㈡**複數行為人競合之情形**:複數行為人之過失相競合之情形為:

　　　1.對等之共同加害人之過失競合情形:如違背共同注意義務時,則
可認定為過失之共同正犯,其他情形,則追究其各自違背注意義務之責
任。惟我國實務上一向不認同過失之共同正犯,而採「自己責任之原則
(Eigenverantwortlichkeitsprinzip)」,即指多種過失導致結果之發生,原則
上由行為人各自負整體之責任。

　　　2.直接過失與管理、監督之過失競合情形:

　　　　⑴監督過失:監督過失有廣、狹二義②,

廣義之監督過失　　　　┌─**狹義之監督過失**
（監督者本身之過失）──┤　（監督上過失）
　　　　　　　　　　　　└─管理過失

　　　　　①狹義的監督過失:對於直接發生過失結果(直接過失)的行
　　　　　　為人,有指揮監督地位之人(監督者),因怠於防止過失之
　　　　　　發生,而追究其過失之責任之謂。易言之,即監督直接行為

――――――――――

① 日本之大判大 11.5.11,刑集 1.274。
② 參照大谷實著,前揭書,頁 237。

人，不使其觸犯過失，因監督違背注意義務而引發之過失。譬如上級之監工者，因對於現場工作人員怠於適切之指揮監督，致工作人員漫不經心的操作機械，而引起爆炸事故之情形。從法理上言，監督者應對工作人員之過失有預見，以迴避結果之發生，竟然未予迴避，當然應追究監督者之過失責任。此時被監督者既聽命於監督者之指揮監督，被監督者當被視為監督者之手腳，因此並不適用信賴之原則，被監督者之過失，如無特別情事，將構成監督者之監督過失。

②廣義之監督過失：即除了上述狹義之監督過失外，還包括管理過失。所謂管理過失，即管理人員之人力或物力等設備、機構，或人事組織等管理之欠缺，致產生過失之謂。譬如抽水機原應經常保持正常運作之狀態，一旦水災發生，可隨時啟動發生抽水作用，但因管理人員怠於履行管理之義務，當颱風來臨時未能發揮抽水作用，致多數民宅淹水之情形。此因監督者未有適切之管理（不作為）以迴避結果之發生，尤其是未確立安全體制為其重點，故應從不純正不作為犯之成立要件，是否認定管理人之保證人地位，以確定管理人員之過失才是問題之重心。

六、過失之處罰

　　行為之處罰，以故意為原則，過失為例外。即刑法第 12 條規定：「行為非出於故意或過失者不罰。過失行為之處罰，以有特別規定者為限。」蓋過失為違背注意義務，即行為人應注意，並能注意，而不注意，致發生侵害法益之結果，或行為人雖有認識其可能發生結果，但過於自信，確信其不發生，致怠於注意而終致發生者，則必須負過失責任。因法律之目的在維持社會秩序，人人當須注意守法，對於可能發生之反社會性行為應予注意迴避，如不盡此義務，而缺乏認識，自應受社會之非難，是為過失責任之依據。惟過失犯之惡性較輕，其處罰自與故意有別，故原則上，對於過失之行為不予處罰，其必須處罰者，以法律有特別規定

者爲限。在立法上乃選擇過失之情節重大者，始設處罰之規定。刑法分則有關過失之規定者，爲：

㈠**過失不履行軍需契約罪**：即在與外國開戰或將開戰期內，因過失不履行供給軍需之契約或不照契約履行者，處 2 年以下有期徒刑、拘役或一千元以下罰金（刑 108 II）。

㈡**公務員過失洩漏或交付國防秘密罪**：公務員對於職務上知悉或持有之國防應秘密之文書、圖畫、消息或物品，因過失而洩漏或交付者，處 2 年以下有期徒刑、拘役或一千元以下罰金（刑 110）。

㈢**過失行刑罪**：有執行刑罰之公務員，因過失而執行不應執行之刑罰者，處 1 年以下有期徒刑、拘役或三百元以下罰金（刑 127 II）。

㈣**過失洩漏秘密罪**：公務員因過失洩漏或交付關於中華民國國防以外應秘密之文書圖畫消息或物品者，處 1 年以下有期徒刑、拘役或三百元以下罰金（刑 132 II）。

㈤**公務員因過失人犯脫逃罪**：有監督看守依法逮捕拘禁之人爲職務之公務員，因過失致依法逮捕拘禁人脫逃者，處 6 月以下有期徒刑、拘役或三百元以下罰金（刑 163 II）。

㈥**普通失火罪**：因過失致生火災而燒燬下列三種目的物所構成之犯罪：

　　1.失火燒燬現供人使用之住宅或現有人所在之建築物及交通工具罪：即失火燒燬現供人使用之住宅，或現有人所在之建築物、礦坑、火車、電車或其他供水、陸、空公眾運輸之舟、車、航空機者，處 1 年以下有期徒刑、拘役或五百元以下罰金（刑 173 II）。

　　2.失火燒燬現非供人使用之他人所有住宅或現未有人所在之他人建築物及交通工具罪：即失火燒燬現非供使用之他人所有住宅，或現非未有人所在之他人所有建築物、礦坑、火車、電車或其他供水、陸、空、公眾運輸之舟、車，航空機者，處 6 月以下有期徒刑、拘役或三百元以下罰金（刑 174 II）。

　　3.失火燒燬自己所有物致公共危險罪：即失火燒燬現非供人使用之自己所有住宅，或現未有人所在之自己所有建築物、礦坑、火車、電車或其他供水、陸、空公眾運輸之舟、車、航空機，致生公共危險者，處

6 月以下有期徒刑、拘役或五百元以下罰金（刑 174III）。

4.失火燒燬住宅等以外之物致生公共危險罪：即失火燒燬現供人使用或現非供人使用之住宅，或現有人所在或現未有人所在之建築物、礦坑、火車、電車或其他供水、陸、空公衆運輸之舟、車、航空機，致生公共危險者，處拘役或三百元以下罰金（刑 175III）。

㈦**準失火罪**：因過失以火藥、蒸氣、電氣或其他爆裂物炸燬本法第 173 條至第 175 條者，準用第 173 條至第 175 條之相當規定處斷（刑 176）。

㈧**過失決水罪**：決水行爲由於過失所致，依其所浸害目的物之不同，分爲下列四種：

1.過失決水浸害現供人使用之住宅罪：即過失決水浸害現供人使用之住宅，或現有人所在之建築物、礦坑或火車、電車者，處 1 年以下有期徒刑、拘役或五百元以下罰金（刑 178II）。

2.過失決水浸害現非供人使用之他人住宅罪：即過失決水浸害現非供人使用之他人所有住宅，或現未有人所在之他人所有建築物或礦坑者，處 6 月以下有期徒刑、拘役或三百元以下罰金（刑 179III）。

3.過失決水浸害現非供人使用自己住宅罪：即過失決水浸害現非供人使用之自己所有住宅，或現未有人所在之他人所有建築物、礦坑者，處 6 月以下有期徒刑、拘役或三百元以下罰金（刑 179IV）。

4.過失決水浸害住宅以外其他物品罪：即過失決水浸害現供人使用或現非供人使用之自己所有住宅，或現有人所在或現未有人所在之自己所有建築物、礦坑以外之自己所有物，致生公共危險者，處拘役或三百元以下罰金。

㈨**過失破壞防水蓄水設備罪**：即過失決潰堤防、破壞水閘或損壞自來水池，致生公共危險者，處拘役或三百元以下罰金（刑 181II）。

㈩**普通過失傾覆或破壞現有人在之舟、車、航空機罪**：非從事業務之人，因過失傾覆或破壞現有人所在之火車、電車或其他供水、陸、空公衆運輸之舟、車、航空機者，處 1 年以下有期徒刑、拘役或三百元以下罰金（刑 183II）。

(十一)**業務過失傾覆或破壞現有人在之舟、車、航空機罪**：從事業務之人，

因業務上過失傾覆破壞現有人所在之火車、電車或其他供水、陸、空公衆運輸之舟、車、航空機者，處 3 年以下有期徒刑、拘役或五百元以下罰金（刑 183II）。

　　㈩**普通過失使舟、車、航空機發生往來危險罪**：從事業務之人，因過失損壞軌道、燈塔、標識或以他法致生火車、電車或其他供水、陸、空公衆運輸之舟、車、航空機往來之危險者，處 6 月以下有期徒刑、拘役或三百元以下罰金（刑 184IV）。

　　㈫**業務過失使舟、車、航空機發生往來危險罪**：從事業務之人，因業務上過失而損壞軌道、燈塔、標識或以他法致生火車、電車或其他供水、陸、空公衆運輸之舟、車、航空機往來之危險者，處 2 年以下有期徒刑、拘役或五百元以下罰金（刑 184IV）。

　　㈬**普通過失損壞保護生命設備罪**：非從事業務之人，因過失損壞礦坑、工廠或其他相類之場所內關於保護生命之設備，致生危險於他人生命者，處 6 月以下有期徒刑、拘役或三百元以下罰金（刑 184III）。

　　㈭**普通過失放逸核能，放射線致生公共危險罪**：因過失犯放逸核能，放射線，致生公共危險者，處 2 年以下有期徒刑、拘役或五千元以下罰金（刑 187 之 2II）。

　　㈮**業務過失損壞保護生命設備罪**：從事業務之人，因業務過失損壞礦坑、工廠或其他相類之場所內關於保護生命之設備，致生危險於他人生命者，處 2 年以下有期徒刑、拘役或五百元以下罰金（刑 189IV）。

　　㈯**過失妨害公共飲水罪**：因過失投放毒物或混入妨害衛生物品於供公衆所飲之水源、水道或自來水池者，處 6 月以下有期徒刑、拘役或三百元以下罰金（刑 190III）。

　　㈰**過失流放毒物罪及結果加重犯**：因過失犯投棄、放流、排出或放逸毒物或其他有害健康之物，而污染空氣、土壤、河川或其他水體，致生公共危險者，處 6 月以下有期徒刑、拘役或五千以下罰金（刑 190 之 1IV）。

　　㈱**普通過失致死罪**：因過失致人於死者，處 2 年以下有期徒刑、拘役或二千元以下罰金（刑 276 I）。

　　㈲**業務過失致死罪**：從事業務之人，因業務上之過失致人於死者，處

5 年以下有期徒刑或拘役，得併科三千元以下罰金（刑 276II）。

　　㈢**普通過失傷害罪**：

　　　　1.普通過失致輕傷罪：因過失致傷害人者，處 6 月以下有期徒刑、拘役或五百元以下罰金（刑 284 I）。

　　　　2.普通過失致重傷罪：因過失致重傷者，處 1 年以下有期徒刑、拘役或五百元以下罰金（刑 284 I）。

　　㈢**業務過失傷害罪**：

　　　　1.業務過失致輕傷罪：從事業務之人，因業務上之過失傷害人者，處 1 年以下有期徒刑、拘役或一千元以下罰金。

　　　　2.業務過失致重傷罪：從事業務之人，因業務上之過失，致重傷者，處 3 年以下有期徒刑、拘役或二千元以下罰金（刑 284II）。

　　㈢**其他刑法特別法**：如森林法之失火燒燬他人之森林者，處 2 年以下有期徒刑、拘役或一千元以下罰金（森 51III）。

習題：刑法第十二條第二項規定：「過失行為之處罰，以有特別規定者為限。」試就其立法意旨申述之。（42 高、73、75 特乙）

第八節　故意與過失之比較

一、未必故意與有認識過失之異同

　　㈠**區別標準之學說**：未必故意與有認識過失，兩者都對構成犯罪事實之發生有認識或有預見，惟對兩者之區別標準為何？有二種學說：我國依刑法規定是採容認說：

故意與過失之區別

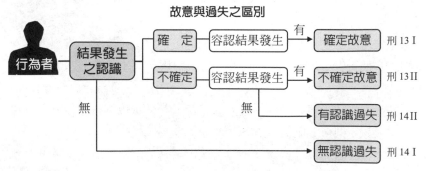

　　1.容認說：以希望主義爲基礎，對結果之發生，有否容認爲區別之標準。即行爲人認識結果有發生之可能，而且容認就是發生也可以時，即成立故意，此稱爲未必故意。如行爲人雖認識有結果發生之可能性，但欠缺容認其發生者，即爲有認識過失。

　　2.蓋然性說：以認識主義爲基礎，對結果發生有無蓋然性之認識爲區別之標準。即行爲人對法律所禁止之結果的發生或其決定之行爲狀況，具有蓋然性之認識時，即可認爲成立故意。如行爲人對結果之發生有相當高度之蓋然性之認識時，即可認爲有未必故意之存在，否則爲認識過失。

　　㈡**内容的異同：**

	未必故意（刑13Ⅱ）	**有認識過失**（刑14Ⅱ）
相異點	1.行爲人不能謂無使結果發生之意欲，即如果發生亦不違背其本意。 2.行爲人對結果的發生雖有認識，但欠缺確信，亦即行爲人有容認結果發生之希望。 3.放任其發生，就是發生亦不違背本意。	1.行爲人並無使結果發生之意思。 2.行爲人確信結果不致於發生。 3.對自己之能力有信心，致怠於注意。
	4.**實例之解釋**：刑法第13條第2項之故意，第14條第2項之過失，均以行爲人對於構成犯罪之事實預見其發生爲要件，惟一則發生並不違背其本意，一則確信其不發生，二者均以有構成犯罪事實之發生爲前提，然後方能本此事實以判斷行爲人究爲故意，抑爲過失。本件被害人並未發生死亡之事實，原判決即謂上訴人有致人於死之預見，又未說明其所預見之結果，係不違背其本意抑係確信其不發生，遽以殺人未遂論擬，殊屬違法（45上852）。	
相同點	兩者對於構成犯罪事實之發生，均有認識或預見。	

二、有認識過失與無認識過失之異同

	無認識過失（刑14Ⅰ）	**有認識過失**（刑14Ⅱ）
相	1.對於構成犯罪事實之發生無認識或無預見。 2.行爲人應注意，並能注意而不注意，	1.對於構成犯罪事實之發生有認識或有預見。 2.行爲人確信其不發生，竟而發

異 **點**	致發生結果。 3.在不認識與不希望之情形下，發生結 　果。 4.**實例之解釋**：懈怠過失與疏虞過失雖同爲犯罪之責任條件，然前者係 　應注意並能注意而不注意，對於犯罪事實之發生並無預見，後者則爲 　預見其發生，而確信其不發生，對於犯罪事實之發生本有預見，由於 　自信不致發生疏於防虞，終於發生，二者態樣顯不相同，故刑法第 14 　條第 1 項、第 2 項分別予以規定，以示區別（56 台上 15674）。	生結果。 3.在認識與不希望之情形下，發 　生結果。
相同點	無認識過失與有認識過失，都屬犯罪之責任條件，都非故意。	

三、間接故意與無認識過失之區別

間接故意（刑 13 II）	**無認識過失**（刑 14 II）
1.行爲人對於構成犯罪之事實預見其 　發生。 2.行爲人對結果的發生雖有認識，但 　欠缺確信，亦即行爲人有容認結果 　發生之希望。 3.行爲人不能謂無使結果發生之意 　欲，竟放任其發生，即使發生亦不 　違背其本意。	1.對於構成犯罪事實之發生無認識或 　無預見。 2.行爲人應注意，並能注意而不注 　意，致發生結果。 3.在不認識與不希望之情形下，發生 　結果。

習題：

一、有認識之過失與未必之故意（間接故意）區別如何？（92 交升、94 地三）
　　行爲人對於構成犯罪之事實預見其發生，而其發生，何以有以故意論，
　　有以過失論？（63 特、66、68 普、70、71、79 特丙、73、81 高）
二、所謂有認識過失與不認識過失，其區別何在？（61 高）
三、何謂間接故意？其與無認識之過失有何區別？（89 高檢）

第九節　加重結果犯

一、意義

　　所謂加重結果犯（erfolgsqualifizierte Delikte），又稱爲結果加重犯。即
犯基本犯罪行爲，而發生較重之結果時，則將基本犯罪與加重之結果視
爲一個犯罪，並處以加重刑罰之謂。譬如原想只要教訓毆打他，而出手

毆擊其頭部，結果因腦出血而致死亡時，因行為者雖有毆打之故意，但從無殺人之想法，其造成死亡之意外的結果，本得構成過失致人於死罪。但刑法上卻認為，如原有毆打之行為的故意，因其行為而派生死亡之結果，縱然行為人對結果之發生沒有認識，因其致生行為人所不預期之較重的結果，則不認為是過失犯，而認為應構成傷害致死罪（刑 277 II），使其受比普通傷害罪還重之刑罰。故加重結果犯，必法律有特別規定加重其刑者，始足相當，如刑法第 17 條規定：「因犯罪致發生一定之結果，而有加重其刑之規定者，如行為人不能預見其發生時，不適用之。」

二、立法理由

按科刑專以結果為斷，不問犯人之罪責如何，此為古代刑法之通則；近世學者深非之。蓋犯罪所生之結果，其在犯人意料中者，科以較重之刑，未為不當，若意外之結果，其發生之原因，至為複雜，因偶然之事實，使犯人負此意外之結果，不獨受罰者自痛不平，即刑事政策亦不應爾爾。

習題：何謂加重結果犯？立法理由何在？（46 高檢、55 普、72 特、54、63、73 高、79 律、92 調外三）

三、加重結果犯之限制

蓋加重結果之發生，如對其結果不問有無故意或過失，概加重其刑，未免與社會正義、道德責任與近代刑事思想之教育刑主義不相符合，故刑法亦對行為人不能預見其加重結果之發生者，則不得加重其刑，以示限制。依此規定，加重結果犯之成立，其限制（如構成要件）如下：

四、加重結果犯之構成要件

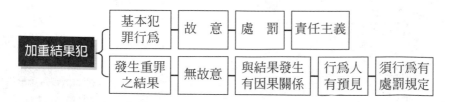

㈠**須因犯罪而生加重之結果**：加重結果犯，係以犯輕罪之意思，發生重罪結果之犯罪也。因此，加重結果犯係對於因基本行為而發生一定之結果所設之規定，如犯罪後無加重結果之發生，當無加重結果犯之可言。

㈡**須行為人對於基本行為，有犯罪之故意，對加重結果無故意**：若行為人對於發生之加重結果，事前具有故意，則係故意犯，應依刑法第 13 條故意犯論處，無第 17 條加重結果犯之適用。

㈢**須行為與加重結果之發生，有因果關係**：蓋刑事責任不出因果關係範圍之外，然加重結果犯之行為人在如何之因果關係限度內加重刑責，學說有二：

　1.條件說：有依條件說之立場，認為基本犯罪行為與加重結果間，具有條件關係為已足者，因條件說不當地擴大加重結果犯之範圍，殊有未當。

　2.相當因果關係說：即行為與結果間必有相當因果關係，即依吾人智識經驗為客觀的觀察，認為在一般情形下，有同一條件，均可發生同一結果者，則該條件即為發生結果之相當條件，而為發生結果之原因。

㈣**須行為人對於結果之發生能夠預見**：刑法第 17 條後段規定：「……如行為人不能預見其發生時，不適用之」。所謂**「能預見」**與**「有預見」**不同。行為人在主觀上有預見，而事實上又不違背其本意時①，則為故意，因此如行為人能預見，因當時之疏忽以致「未預見」而致發生較重之結果，亦即可能有此預見，而不注意亦可構成加重結果之刑事責任。

　1.決定能否預見之標準如何？學說如下：

　　⑴主觀說：主張責任應個別化，以行為人個人能力能否預見為斷，分別論定。

　　⑵客觀說：主張責任應一般化，以一般人之能力為準。亦即在一般人之觀念上，只要注意即一定能預見者為準，以確定行為人之預見可能性。

---

① 47 台上 921：加重結果犯，以行為人能預見其結果之發生為要件，所謂能預見乃指客觀情形而言，與主觀上有無預見之情形不同，若主觀上有預見，而結果之發生又不違背其本意時，則屬故意範圍。

2.我國實例上採客觀說，即應依通常觀念定之，如其加重結果之發生，出於偶然，為行為人所不能預見者，不適用其加重之規定。其實例如下：

「刑法第二百七十七條第二項傷害致人於死之罪，係因犯罪致發生一定結果而為加重其刑之規定，按照同法第十七條固以行為人能預見其結果發生時，始得適用，但上訴人於甲乙等叢毆被害人時，既在場喝打，此種傷害行為，足以引起死亡之結果，在通常觀念上不得謂無預見之可能，則上訴人對於被害人之因傷身死，即不能不負責任。上訴意旨謂被害人身受各傷，無一屬於要害且均甚輕微，其死亡結果斷非行為人所能預見，主張應依刑法第十七條規定不負致死之責，自無可採。」(29 上 1011)

㈤**須法律有加重其刑之規定**：加重結果犯之處罰以法律有明文規定者為限，如刑法第 277 條第 2 項，犯傷害罪因而致人於死，或第 278 條第 2 項犯重傷而致人於死罪等。若法律無明文規定處罰時，縱因犯罪而發生一定之結果，只能依想像競合犯、牽連犯或數罪併罰論處。

習題：
一、結果加重犯之限制與構成要件為何？（46 高檢、54、55 普、63、69 高）結果之發生超過行為人犯意之時，在何等因果關係的限度內，負其責任？（74 司法特、高）
二、加重結果犯之能預見與刑法第十三條第二項規定：「行為人對於構成犯罪之事實，預見其發生而其發生並不違背其本意者，以故意論」之預見，有何區別？（93 軍法）

五、加重結果犯與故意過失

㈠**加重結果犯與責任**：加重結果犯係指以犯輕罪之意思，而發生重罪之結果而言，故有學者認為加重結果犯乃由故意犯與過失犯競合而成，蓋以行為人對基本犯罪行為應有故意，對於基本犯罪行為所生之加重結果部分，應有過失，例如傷害致人於死罪中，行為人對傷害應有故意，對於致死部分應有過失，始得負加重結果犯之責任。在以責任主義為基礎之近代刑法根本原則論之，此種主張，亦有相當理由。

㈡**加重結果犯之「能預見」與故意犯之「預見」之不同**：

如行為人對於一定結果之發生，本具有故意之預見，則應依故意處

斷，此爲結果犯，不構成加重結果犯，實例爲：

1.「加重結果犯，以行爲人能預見結果之發生爲要件。所謂能預見，乃指客觀情形而言，與主觀上有無預見之情形不同。若主觀上有預見，而結果之發生又不違背其本意時，則屬故意範圍。」（47 台上 920）

2.「所謂犯強姦罪因而致死，係指被害人之死亡，由於強姦行爲所致，而犯人對此項死亡之發生並無直接或間接之故意而言。若犯人有致死被害人之決心，或預見被害人必致死亡，而其死亡結果之發生與其本意並不違背者，即應以犯強姦罪而故意殺被害人論罪。」（22 上 1287）

㈢**行爲人之故意過失**：若行爲人之基本犯罪行爲，並無故意，但其行爲有過失，其有處罰過失犯之規定，且合於過失之要件者，應以過失犯論處。如甲駕車不愼，將乙撞傷，卒致死亡，應成立過失致人於死罪（過失犯），而非傷害致人於死罪（加重結果犯）。

習題：

一、試舉結果加重犯之事例，並就以說明下列事項：（74 司）
　　㈠該項犯罪何以須能預見加重結果之發生始可構成？
　　㈡能預見是否與預見同？倘已預見加重結果之發生，而仍犯之應爲如何之認定？
二、學者有謂加重結果犯爲由故意犯與過失犯競合而成，試言其故。（72 基乙、67 司特、71 普、63 高、63、69、79 律）
三、試從刑法第十七條規定：「因犯罪致發生一定之結果，而有加重其刑之規定者，如行爲人不能預見其發生時，不適用之」，說明加重結果犯之構成要件？所謂「能預見」，與刑法第十三條第二項規定：「行爲人對於構成犯罪之事實，預見其發生而其發生並不違背其本意者，以故意論」之「預見」，有何區別？甲用拳毆擊乙之腦部及胸部，造成乙體內出血，雖未立時斃命，惟至隔日因出血過多休克死亡，應如何論斷甲之罪刑？（93 軍法）
　　答：成立傷害致死罪。（刑 277 II）

六、共同正犯與加重結果之適用

依 91 台上 50 判例：「共同正犯在犯意聯絡範圍內之行爲，應同負全部責任。又按加重結果犯，以行爲人能預見其結果之發生爲要件，所謂能預見乃指客觀情形而言，與主觀上有無預見之情形不同，若主觀上有

預見，而結果之發生又不違背其本意時，則屬故意範圍；是以，加重結果犯對於加重結果之發生，並無主觀上之犯意可言。從而共同正犯中之一人所引起之加重結果，其他之人應否同負加重結果之全部刑責，端視其就此加重結果之發生，於客觀情形能否預見；而非以各共犯之間，主觀上對於加重結果之發生，有無犯意之聯絡爲斷。」

習題：何謂加重結果犯？共同正犯中一人有加重結果犯之適用，其餘無加重結果犯適用之共犯是否亦應以加重結果犯論罪？試分述之。（97地三）

七、加重結果犯與程序法

加重結果犯係基本犯罪行爲，而發生較重之結果時，處以加重其刑之規定，故基本犯罪行爲與加重結果，在程序上係屬同一事責，審判上有不可分之關係。因此，在訴訟程序上有下列效果：

㈠**就基本犯罪爲起訴者，其效力及於結果**：即就基本犯罪起訴，在審判中發生加重結果時，起訴效力及於全部，法院自得逕行審判，毋須另行起訴（41台上113）。如起訴時爲傷害，而審判時被害人死亡者，即成爲傷害致人於死罪。

㈡**就基本犯罪處分不起訴者，其後因加重結果發生，仍得再行起訴**：在此即不受刑訴法第 260 條之限制，如告訴乃論之罪（如刑 277 I），經告訴後撤回，乃予不起訴處分，嗣因被害人傷重死亡（如刑 277 II），變成非告訴乃論之罪，自得再行起訴（27院1826）。

㈢**就基本犯罪行爲判決確定者，其效力及於結果**：如經以傷害判決確定後，被害人死亡者，不能再改以傷害致人於死判罪。亦即不得就加重結果再行起訴（25院1513）。如再就加重結果起訴者，法院應爲免訴之判決（30上2747）。

八、刑法分則規定之加重結果犯

㈠有追訴或處罰犯罪職務公務員濫用職權爲逮捕或羈押，意圖取供而施強暴脅迫等行爲因而致人於死或重傷罪（刑125 II）。

㈡有管收、解送或拘禁人犯職務之公務員，因凌虐人犯而致人於死或

重傷罪（刑 126II）。

㈢對於公務員依執行職務時，施強暴、脅迫，或意圖使其執行或妨害其執行一定之職務或使辭職而施強暴脅迫，因而致死或重傷罪（刑 135III）。

㈣公然聚眾強暴、脅迫公務員因而致死或重傷罪（刑 136II）。

㈤漏逸或間隔蒸氣、電氣、煤氣或其他氣體，因而致人於死或重傷罪（刑 177II）。

㈥損壞軌道、燈塔、標識或以他法因而致火車、電車或其他供水、陸、空公眾運輸之舟、車、航空機傾覆或破壞罪（刑 184II）。

㈦損壞或壅塞陸路、水路、橋樑或其他公眾往來之設備等，因而致人於死或重傷罪（刑 185II）。

㈧以強暴、脅迫或其他非法方法劫持使用中之航空器或控制其飛航，因而致人於死者，處無期徒刑或 10 年以上有期徒刑；致重傷者，處 7 年以上有期徒刑（刑 185 之 1IV）。

㈨損壞礦坑、工廠或其他相類之場所內關於保護生命之設備，因而致人於死或重傷罪（刑 189II）。

㈩無正當理由使用炸藥、棉花藥、雷汞或其他相類之爆裂物爆炸，因而致人於死者，處無期徒刑或 7 年以上有期徒刑；致重傷者，處 3 年以上 10 年以下有期徒刑（刑 186 之 1II）。

(十一)放逸核能、放射線，因而致人於死者，處無期徒刑或 10 年以上有期徒刑；致重傷者，處 5 年以上有期徒刑（刑 187 之 2II）。

(十二)無正理由使用放射線，因而致人於死者，處無期徒刑或 10 年以上有期徒刑；致重傷者，處 5 年以上有期徒刑（刑 187 之 3II）。

(十三)阻塞戲院、商場、餐廳、旅店或其公眾得出入之場所或公共場所之逃生通道，因而致人於死者，處 7 年以下有期徒刑；致重傷者，處 5 年以下有期徒刑（刑 189 之 2II）。

(十四)投放毒物或混入妨害衛生物品於供公眾所飲之水源、水道或自來水池，因而致人於死或重傷罪（刑 190II）。

(十五)投棄、放流、排出或放逸毒物或其他有害健康之物，而污染空氣、土壤、河川或其他水體，因而致人於死者，處無期徒刑或 7 年以上有期

徒刑；致重傷者，處3年以上10年以下有期徒刑（刑190之1III）。

(十六)犯強制性交、強制猥褻、加重強制猥褻罪或乘機性交猥褻罪，因而致人於死或重傷罪（刑226 I），及因而致被害人羞憤自殺或意圖自殺而致重傷罪（刑226II）。

(十七)犯第221條、第222條、第224條、第224條之1或第225條之罪，使被害人受重傷者，處無期徒刑或10年以上有期徒刑（刑226之1）。

(十八)犯傷害罪因而致人於死或重傷罪（刑277II）。

(十九)犯重傷害因而致人於死罪（刑278II）。

(二十)當場激於義憤而傷害人或使人受重傷，因而致人於死罪（刑279但）。

(二十一)教唆或幫助他人自傷，或受其囑託或得其承諾而傷害使成重傷，因而致死罪（刑282）。

(二十二)受懷胎婦女囑託或得其承諾，使婦女墮胎，因而致人於死或重傷罪（刑289II）。

(二十三)意圖營利，使婦女墮胎，因而致死或重傷罪（刑290II）。

(二十四)未受懷胎婦女囑託或未得其承諾，使之墮胎，因而致人於死或重傷罪（刑291II）。

(二十五)遺棄無自救力之人，因而致人於死或重傷（刑293II）。

(二十六)對於無自救力之人，有義務扶助、養育或保護等，因而致人於死或重傷罪（刑294II）。

(二十七)私人拘禁或以其他非法方法，剝奪人之行動自由，因而致人於死或重傷罪（刑302II）。

(二十八)搶奪他人動產，因而致人於死或重傷罪（刑325II）。

(二十九)犯強盜罪因而致人於死或重傷罪（刑328III）。

(三十)犯海盜罪因而致人於死或重傷罪（刑333III）。

(三十一)擄人勒贖，因而致人於死或重傷罪（刑347II）。

(三十二)毀壞他人建築物、礦坑、船艦，因而致人於死或重傷罪（刑353II）。

第三章　違法論

第一節　違法性之概念

一、意義

　　所謂違法性（Rechtswidrigkeit），就是行為違反法律秩序之意，與構成要件合致性，責任性兩者並列，為刑法上犯罪成立要件之一。因為無犯罪就無刑罰，因此，犯罪乃刑罰的前提要件，也就是犯罪為接受刑罰之法律制裁的依據。但所謂「犯罪」，必須是行為人有責任，而其行為違反法律秩序之規定，才能成立。此外，在違法判斷之前，須先有構成要件合致性的判斷，因為構成要件乃違法行為之類型化，因此，只要某種行為與構成要件合致，則可推定其行為之違法性（此即構成要件之違法性推定機能），因此，違法行為乃是行為受違法判斷之結果。

　　但有時因特殊原因，雖其行為已與構成要件合致，但仍無違法性之情形，這種特殊原因，即為違法阻卻之原因，譬如依法令之行為、業務上正當行為、正當防衛、緊急避難等均是。

　　簡言之，違法性就是一個人的行為有違反法律秩序，如殺人行為、傷人行為等是。但如此殺人或傷害行為是因正當防衛所造成，則欠缺違法性，此稱為阻卻違法性。譬如下圖強盜逼迫索取金錢，反而因被害人反擊而被打死。所以有無違法性，不是每件構成要成該當行為都可成立

甲以手槍意圖強取乙之錢財

乙反擊致甲死亡

違法性。

二、違法性之判斷標準

(一)**實質上**：就是實質上行為違反整體法律秩序之謂，已如前述。惟違法之實質的判斷標準為何？自古以來就有各種不同之見解：

1.法益侵害說：法律秩序是禁止對法益之侵害或威脅而言。因此，侵害或威脅法益即為違法。

2.義務違反說：法律秩序是要求遵守一定之義務為要務。因此，如有違反法律所要求之義務，即為違法。

3.規範違反說：法律秩序是要遵守法律規範為要務。因此，如有違反刑罰法規或法律規範，即為違法。

4.社會相當性說：法律並非將所有法益侵害行為認為是違法而加以禁止，而是將逸出社會相當性之限度的法益侵害行為才認為是違法，並加以禁止者。

(二)**形式上**：從形式上言，違法性乃其行為在法律上不允許，而犯罪乃是違反法律規定之意；譬如違反「不可殺人」之命令，而殺人時，即其行為在形式上違反刑法上之行為規範（命令、禁止）之意。詳言之，犯罪係符合刑法分則規定之有責與違法之行為。實質上言，所謂違法，不僅是觸犯刑法條文而已，其內容也違反條理、違反義務、違反公序良俗或違反規範等行為。如其行為係社會所無法忍受者，即為社會不相當性。因此，違法性可列表說明如次：

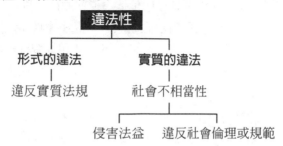

習題：試述行為違法性之意義。行為之違法性如何判斷？試申述之。（71高檢）

三、違法性之本質

㈠形式的違法性（formelle Rechtswidrigkeit）**論與實質的違法性**（materielle Rechtswidrigkeit）**論**：

1.形式的違法性論：將違法性從違反國家規範之形式上來了解，即違反法律上禁止或命令而言。亦即行為具備刑法各本條構成要件合致性，則已具有形式的違法性。

2.實質的違法性論：將違法性從法律秩序內部所蘊含之理念上實質的來了解，而認為違法性即指因逸出社會常軌之行為，而有侵害法規所保護之法益而言。欲探究法律上所規定之違法阻卻原因，僅賴形式論理之解釋，仍無法瞭解其全貌，必須從實質上，就違反整體法律秩序之實質上加以考慮，始能作適切之判斷。

㈡客觀的違法性論與主觀的違法性論：

1.客觀的違法性論：認為法律不但具有命令規範及意思決定規範之性格，同時具有客觀評價規範之性格。為使法律規範能適用於一般人，法規之內容，必須客觀的制定。易言之，不必顧慮行為人之主觀意思或主觀的行為能力，法規之內容必須以一般人為對象而制定之。違法之判斷，則視其有無違反此客觀性一般性之法規以為斷。因此某一行為或某一事實如與客觀的法律秩序發生矛盾不相調和，則可評價其為違法行為，而不問該行為人有無責任能力。因此無責任能力人之行為，亦得為違法，甚至動物之活動或自然現象，只要其侵犯法律秩序，均得下達違法之評價，民法之無過失賠償責任所依據之違法狀態，則為其適例。

2.主觀的違法性論：對於違法之概念，不從法律秩序之整體出發，而是從構成法律秩序之個個法規之分析著手。依此，個別法條是以一定法規之內容為前提，而此法規必以一定之命令或禁止為內容。因此又稱命令說。此法律規範既是對行為人之命令規範，當然必須有接受此命令禁止之相對人（即意思之主體）之存在。此外這相對人必須對於該命令禁止有正確之理解，並具有意思能力（規範意思能力者或責任能力者）能依其理解，從事行動，始有意義。依此，在主觀之違法性論上，下列要件均屬考慮之內涵：

　　⑴特殊的主觀性構成要件要素：如目的犯之目的，表現犯之行爲
　　　人的心理經過或心裡狀態，傾向犯之行爲人的內心傾向。

　　⑵故意或過失。

　　⑶其他之人的要素，如行爲之動機、目的等。

　　因此是否承認主觀的違法要素或能承認到何種範圍，在學說上有對立之趨勢。蓋自古以來在「違法性屬客觀性，責任屬主觀性」之了解下，並不承認主觀之違法要素，而認爲主觀之要素完全應屬責任要素。其後對目的犯之目的，因係超越於內心之傾向，在此情形下，蓋影響法益侵害之危險性，因此承認主觀性違法要素，乃逐漸取得優勢，二次大戰後，受到目的性行爲論的影響，認爲故意與過失也會對行爲之違法性發生影響，而有傾向於主觀性違法要素，而對行爲之動機也可列爲違法要素之主張，乃逐漸抬頭。

　　3.學說之趨勢：由客觀的違法性論與主觀的違法性論兩者論爭之過程而觀察，在本世紀之初期，首先主觀違法性論盛極一時，但其後客觀的違法性論在衆多學者支持下，而取得優勢。其理由爲法律規範雖具有評價規範與意思決定規範，但在命令行爲人應爲或禁止行爲人不應爲之前，必須先行評價何種行爲可以允許，何種不能允許，因此在論理上評價規範應先行於意思決定規範。此外評價規範之作用，在於就某種事實是否與法律所預定之客觀的生活秩序相調和或相矛盾，而爲客觀的判斷，而違法性則係依此法律之評價規範之作用而成立者。至於責任，因以行爲是否具有違法性爲其前提，然後視行爲人對法律之意思決定規範有無發生作用而成立，因此，由論理上言，違法與責任兩者必須分離論述，故客觀的違法性論雖相當有力，但如前述，主觀之違法性論乃漸漸有擴大之勢。在日本之判例也認爲「行爲之違法性的判斷，並非從純客觀性來探討，而亦應將主觀之違法要素也列入考慮，始稱完整」①。

　　㈢**結果無價值論與行爲無價值論**：如何了解違法性之實質，乃是關係刑法之任務與角色的根本問題，大致有兩種說法：

―――――――――――――

①　大判昭 14.12.22，刑集 18.565。又最決昭 45.7.2，刑集 24.7.412

1.結果無價值論：違反法規之行為，係在實質上有侵害法益或有侵害法益之危險性，因此被認爲是屬於「違法」的否定性價值判斷，對此刑法學者稱爲「無價值判斷」，亦即具有法益侵害或危險之行爲的結果，法律乃予否定性之價值判斷（無價值判斷），從而認定爲違法性之實質，稱爲「結果無價值」論或法益侵害說。

2.行爲無價值論：即違反法律規範之行爲，是指實質上其行爲違反法律規範之本質的社會倫理規範，因此乃給予「違法」之否定性的價值判斷之想法。這種說法不僅是行爲之結果的無價值，同時因行爲的態樣，即行爲之種類或方法或行爲人之意圖、目的等客觀與主觀的諸要素所形成之行爲整體，有脫離社會倫理之相當性，致實施法律上否定之價值判斷（無價值判斷），故稱之爲「行爲無價值」論或規範違反說。

以上之兩說的對立，基本上是從刑法之機能或扮演之角色而出發，結果無價值論認爲刑法是以保護個人之生活利益列爲目的，而不必考慮倫理性之秩序的維持。至於行爲無價值論認爲刑法所扮演之角色，除了重視法益保護之觀點外，更須將維護社會倫理之角色列入考慮。

3.結果無價值論與行爲無價值論之理論對立：上述兩說之對立，亦影響刑法之具體問題的解決方向。如：

　(1)如何把握違法性阻卻事由之一般原理，在結果無價值論者認爲爲保全大的法益，乃允許犧牲小的法益；即採法益衡量說。而行爲無價值論則在依歷史而形成之社會倫理秩序之基礎下，傾向於以相當性爲基準之社會相當性說。

　(2)是否承認主觀的違法性論，在結果無價值論將重點放在法益之侵害或其危險性上，因此原則上並不承認。至於行爲無價值論者因包括故意與過失，故承認主觀違法性論。

　(3)主觀的正當化要素（如正當防衛意思），在結果無價值論認爲不須有此意思、而行爲無價值論則認爲有此必要。

四、違法性之階段

行爲有無違法性並非二者擇一之關係，而是可以將違反性之強弱區

分階段，稱爲違法之階段性。所謂違法性，雖可認爲係違反實質之法律秩序，然法律秩序係基於一定之價值判斷，禁止一定行爲，爲違法性之實質概念。因此違反法律秩序也可以區分強弱之不同，是故違法之階段性應可存在。譬如：在刑法上可說明其階段性如下：

（一）**高度之違法行為**：係指被處死刑、無期徒刑或 10 年以上有期徒刑之各罪而言。

（二）**中度之違法行為**：爲被處未滿 10 年之有期徒刑各罪者。

（三）**輕度之違法行為**：則指刑法第 61 條之輕微案件。

五、違法性之判斷

（一）**違法性之相對性**：違法性是法律秩序之違反，因此，某一行爲是否具有違法性，應以整體法律體系爲判斷之依據，此不僅包括刑罰法規，更包括公法、私法、甚至於成文法與習慣法在內。因此，違法性應以違反整體法律秩序，由法律秩序之整體上統一的加以理解始可。此外，由此而理解之違法性，因有各種不同之類別，難免有輕重不同之階段，在刑法上，有與構成要件合致之行爲，或違法性阻卻之行爲等不同之違法性存在，但在此，即由整體法律秩序之觀點上，從這些違法性之行爲中，只選取在量上具有重要之程度，在質方面適値科以刑法上制裁之行爲爲對象，在此意義下之刑法上違法性，稱爲可罰的違法性。因此，並非所有違法行爲，都能成爲犯罪行爲，能成爲犯罪者，僅違法行爲之其中部分行爲而已。譬如在刑法上雖因緊急避難之違法阻卻，而否定犯罪之成立，但在民法上得因不法行爲而令其負損害賠償責任之情形。此外，在刑法上，有時此一刑罰法規認爲違法，但在另一刑罰法規不認爲違法之情形。譬如在無照醫療行爲，如其爲病患施行開刀手術，雖其無照醫療行爲違反法律之規定，但如其開刀手術在醫學上適當時，則不得視爲傷害行爲，此即違法性之相對性。

（二）**可罰的違法性**：可罰的違法性係刑法上違法的另一名稱。所謂違法，雖有民事上及行政上之違法，從法律效果言，以附有刑罰處罰之違法性，才稱爲可罰之違法性。因此，凡刑法上之犯罪行爲，都可稱爲可罰之違

法性。但是最近有將可罰之違法性從形式上加以批判，而認爲如行爲之違法程度只是輕微或被害法益微小時，則不應認爲是違法，或者因構成要件該當性與阻卻違法性之故，凡是未達法定刑下限之輕微程度之違法，應該將其排除在違法判斷之外，此即可罰之違法性理論。

可罰之違法性理論認爲犯罪之成立，不僅其行爲在形式上是違反法律規定，其行爲之違法性，也須要有刑罰之強力的對策，且須具備適合其對策之質與量之謂。就是其行爲具有犯罪構成要件該當性之形式與外表，如其行爲欠缺構成要件所預設之可罰程度之實質違法性時，即可否定其構成要件該當性。因此該理論是以實質的違法性爲前提，認爲違法性是具程度上差異之概念，因此，可罰的違法性是有質與量的輕重問題。

某甲造訪朋友，朋友不在家，某甲便擅自飲用一杯桌上的白蘭地酒。這行爲雖符合竊盜罪之構成要件，但從可罰之違法性言，甲應無罪。

1.法益侵害之輕微性：即犯罪之量的問題，所有犯罪都有一定量數之違法性之存在爲前提。因此，其行爲雖符合構成要件該當性，但因違法性之程度甚爲輕微，如羅馬法上之格言：**「法律不處理小事」**，即未達法律所預定之程度時，即不成立犯罪，如竊取火柴一根或白紙一張[1]等，其侵害法益及行爲均屬輕微，故此等情形可由檢察官依刑訴法第 253 條規定，以不起訴處分。若檢察官仍爲起訴時，法院得依刑法第 61 條規定免除其刑。

2.由行爲態樣之社會相當性，認爲行爲之偏差具有輕微性：此即犯罪之質的問題，而在刑法之構成要件上有否定其可罰性之情形，如刑法分則所定各條之罪，有因特殊情節規定得免除其刑、應免除其刑或逕予

---

[1] 74 台上 4225 判例：「行爲雖適合於犯罪構成要件之規定，但無實質之違法性時，仍難成立犯罪。本件上訴人擅用他人之空白信紙一張，雖其行爲適合刑法第三百三十五條第一項之侵占罪構成要件，但該信紙一張所值無幾，具侵害之法益及行爲均極輕微，在一般社會倫理觀念上尚難認爲有科以刑罰之必要。且此項行爲，不予追訴處罰，亦不違反社會共同生活之法律秩序，自得視爲無實質之違法性，而不應繩之以法。」

不罰者，如第 275 條第 3 項，謀為同死，而犯教唆或幫助自殺或受其囑託，或得其承諾而殺之者，得免除其刑。第 288 條第 3 項，因疾病或其他防止生命上危險之必要，而墮胎之罪，應免除其刑。第 310 條第 3 項，對於構成誹謗之事實，能證明其為真實者，不罰。

六、違法阻卻事由

所謂違法阻卻事由（Rechtswidrigkeitsausschliessungsgrund）**即該當刑法上犯罪之構成要件，可以推定為違法之行為，因存有特殊事由，以致無法推定為違法之謂**。易言之，行為之違法性係構成犯罪之要件，但在例外，如其行為具有特殊之事由，或為法律所允許，或為法律所放任，即足以否定違法性之存在者，此種事由，稱為違法阻卻事由或違法阻卻原因。如有違法阻卻事由之存在，違法自始即不成立。

㈠**違法阻卻事由之學說**：違法阻卻之原理為何？有下列三說：

1.優越利益說：又稱為「法益衡量說」，此說以法益侵害說為理論根據，認為法律之目的，在保護人之生活利益，如其行為侵害或威脅依法所保護之生活利益，固為違法，但在價值大小高低不同之數種利益相競合時，價值小之利益，應為價值大之利益所犧牲，如為維護價值較大之法益，而犧牲較小之法益者，既與法律之目的一致，其行為自難指為違法，故成為阻卻違法之原因。

2.目的說：此說係基於實質的違法性概念，認為「違法」者，乃行為違反國家所承認共同生活之目的，或為達此目的，而採取之不正當手段之意。因之，如行為人之行為並未違反國家所承認共同生活之目的，或為達成此目的，而採取正當手段時，即應成為阻卻違法之原因。蓋何為正當之目的，此均基於自然法理論，立論過於抽象，缺乏一定之標準。

3.社會相當性說：此說認為所謂社會相當行為，係存在於社會生活中歷史形成之社會倫理秩序之範圍之內，如其行為受此種秩序所容許，自得阻卻其違法性。此類社會相當行為之適例為：醫師之外科手術行為，拳擊、摔角等運動中，攻擊對方身體之行為等均是。一般批評者認為此說所稱之社會相當性過於模糊不清，如將其作為阻卻違法之一般原理，

則因對違法性之界限不明瞭，而有違法治國思想。對此論者認爲某種行爲在社會性上是否具相當性之要素，應可將目的說與法益衡量說一併列入考慮以爲判斷，以此試圖克服此說之缺陷。

總之，無論是目的說或社會相當性說，雖其表示方式不同，但在超法規之違法阻卻之根據上，幾乎具有相同之內容。此無非係將以往所表示之「法律秩序整體之精神」、「文化規範」及「條理」等一般規範，以另一種型態表現而已。因此，不論對違法阻卻之一般原理如何說明，無非都屬於基本的一般條款。蓋爲適應法律安定性及明確性之要求，在一般正當行爲中，就違法阻卻之典型者，如依法令之行爲、依上級公務員命令之職務上行爲、業務上正當行爲、正當防衛、緊急避難及其他違法阻卻之事由予以類型的規定，並從違法性觀點，詳爲考察，就行爲是否與目的相當或手段相當，參酌整體法律精神，具體的予以認定。

㈡**違法阻卻事由之分類**：違法性阻卻所依據之事實，稱爲違法阻卻事由。關於違法性阻卻事由，通說認爲可分爲刑法典所規定之違法阻卻事由與超法規之違法阻卻事由兩種：

 1.違法性阻卻事由：

  ⑴正當行爲：如依法令之行爲、上級命令之職務上行爲、業務行爲及其他正當行爲（如被害者之同意、社會的相當行爲）。

  ⑵緊急行爲：正當防衛、緊急避難等，其他如自救行爲與義務之衝突係屬於社會相當性行爲，亦可列入緊急行爲之內。

 2.超法規之違法阻卻事由：如憲法上保障人民基本權利的學術、思想、表現、集會之自由的行使上，受到憲警之干涉或侵犯，爲排除其侵犯而採取抗議行動時，如有合理的理由認定因正當之利益遭受侵害，當可賦予被害者有抗議之權利。但在緊急情形下所採取之抗議行動，有時因行爲超越規範而有觸犯法規致構成犯罪之情形，爲保障人民之基本人權，此類抗議行爲，如在消除及預防侵害上必要而不得已之限度內爲之，則可認定具有超法規之違法阻卻事由①。

---

① 東京高判，昭和 31.5.8，高刑集 9 卷 5 號，頁 425。

七、違法阻卻之原因

(一)刑法規定者：

1.依法令之行為：依法令之行為，不罰（刑 21 I）。此種行為其較著者如：

(1)公務員之職權或職務行為。

(2)現行犯之逮捕及利害關係人逮捕通緝犯之行為。

(3)善意發表言論之行為。

(4)中央及地方民意代表之言論表決免責權。

(5)訴訟程序上之行為。

(6)親權之懲戒行為與監護行為（民 1085、1097）。

(7)海商法上船長之指揮權（海 40）。

2.依上級命令之職務上行為：依所屬上級公務員命令之職務上行為不罰，但明知命令違法者，不在此限（刑 21 II）。依此，其阻卻違法必須具備：

(1)須為上級長官在其職權範圍內所發之命令。

(2)須為下級公務員職務範圍內之行為。

(3)須非明知命令為違法。

3.業務上之正當行為：業務上之正當行為不罰（刑 22）。如醫師為病人治病，如認為必要，徵得病人之同意，切除病人之肢體，不成立傷害罪。

4.正當防衛行為：對於現在不法之侵害，而出於防衛自己或他人權利之行為，不罰。但防衛行為過當者，得減輕或免除其刑（刑 23）。如突然遇到暴徒攜帶兇器襲擊，此時持刀抵禦，不慎將其殺傷，則可認為係正當防衛而不罰。惟如歹徒見狀掉頭逃走，此時從其背後持刀砍殺，則為法所不許。

5.緊急避難行為：因避免自己或他人生命、身體、自由、財產之緊急危難，而出於不得已之行為，不罰。但避難行為過當者，得減輕或免除其刑（刑 24）。如乘船遭遇海難，只剩一塊浮板，而這塊浮板又只能乘載一人，此時其中一人奪得浮板，其他人溺斃，此種行為法律採「放任

行爲」不加干涉，亦爲阻卻違法原因之一。

㈡刑法未規定者：

1.自損行爲：係自己損害自己法益之行爲。又稱自害行爲。自損行爲原則上不爲罪，即爲阻卻違法之事由。凡破壞自己法益之行爲，與他人利益或公共法益無直接影響，法律即無干涉之必要。

2.基於承諾之行爲：得被害人之承諾，而爲損害其法益之行爲，原則上亦得阻卻違法。羅馬法有「得承諾不爲罪」之原則。我國刑法雖無明文規定，但從構成要件之解釋上，應有可能。一般咸認，因私人承諾而阻卻違法性者，應以不涉及他人或公共利益，而只直接侵害個人法益之犯罪爲限。惟仍應視被害人對該法益有無任意處分之權以爲斷。

3.治療行爲：指醫師基於爲病患治療之目的，實施醫學上一般所承認之方法而傷及人體，原則上應經本人或至少須經其監護人之承諾爲必要。因現代醫學發達，爲病人治療，涉及甚多法律問題，如試管嬰兒、人體器官移殖、醫學之研究實驗等問題，故有列專項探討之必要。

4.安樂死：對現代醫學已無法治療並瀕臨死亡之病患，因不能忍受痛苦，基於本人眞摯的要求，爲減除其痛苦，縮短或提前其死亡，使病人安樂的脫離病苦之謂。其他尚有不縮短病患之生命，只是採取緩和病患之肉體痛苦的處置，予以注射麻醉藥劑等情形，這些一般咸認欠缺違法性與構成要件該當性。

5.自救行爲：指當權利受侵害時，因事出非常，如依國家所定法律程序請求救濟，其權利即無法恢復，或不可能或者難以恢復時，行爲人以自己之力量，實現其恢復之行爲。蓋現行刑法對此無明文規定，惟我國實例上認爲得阻卻違法。

6.義務之衝突：指行爲人有不能相容之複數的法律上義務存在，因行爲人無法同時履行全部義務，而只履行其中之一者，對於末履行之部分，不予處罰之謂。

7.可容許之危險：指爲達成社會生活上有用或不可或缺之目的所爲之行爲，將無可避免地會附隨著法益侵害之危險。蓋由於其行爲對社會之有用性，就是發生法益侵害之結果，在一定範圍內也容許其存在之謂。

此種情形一般認為應屬阻卻違法事由之一。

　　8.勞動爭議行為：即勞工以工會為主體，集體與資方交涉，並採取罷工、怠工、或其他影響工作秩序之行為為手段，對資方施加壓力，以達成修訂或重訂團體協約之目的。惟勞方採此爭議行為時如有觸犯刑法時，在目的之正當性與手段之相當性下，一般咸認應屬阻卻違法事由之一。

第二節　依法令之行為

一、意義

　　乃指依國家法令所規定之應為或容許之行為也。所謂法命，係指法律及命令而言，其範圍並無限制，不問為公法或私法，中央法或地方法，亦不限於實體法，即程序法亦包括在內。國家法令，任何人均有遵守之義務，若行為人奉行法令，致其行為與犯罪構成要件合致時，苟予處罰，則為法令之自相矛盾，將無法施行。且刑事責任之成立，以故意、過失為要件，依法令之行為，自無犯罪之故意、過失可言，自不能令負刑責。如依法逮捕人犯，不能論以妨害自由罪，依法令而執行死刑，不能論以殺人罪也。我刑法第 21 條第 1 項規定：「依法令之行為不罰。」故依法令之行為，須具備「合法性」(Rechtsmässigkeit) 之要件，始得阻卻違法性。惟如其行為超出法令規定之範圍，或與法定程序不合者，則不得遽認其為依法令之行為。

二、要件

　　依法令之行為，得阻卻違法者，須具備下列要件：

　　㈠**須行為人有行使權利或履行義務之意思**：行為人在主觀上，須認識其所實施者為權利行為或義務行為。且有行使權利，或履行義務之意思始可。

　　㈡**行為人之行為須有法令之明文規定**：法命則不問中央或地方法令，亦不問其規定之內容，為實體事項或程序事項，凡對於一定行為之實施，

予以命令或容許者，均屬之。

　㈢**行為人不得有權利之濫用**：行為人應以適當之手段，行使其權利或履行其義務。行為雖係依據法令，仍不得有權利濫用之情形。

三、依法令行為之範圍

　㈠**公務員之職權或職務行為**：即指公務員職權範圍內之行為而言，例如刑事訴訟法上對於被告之拘提、逮捕、羈押，對於被告身體、物件及住宅之搜索，為實施勘驗而解剖屍體或開棺或發掘墳墓，死刑自由刑之執行，及民事訴訟法下，對債務人之強制執行行為，或依據法令，對違章建築之拆除等均是。

　㈡**現行犯之逮捕及利害關係人逮捕通緝犯之行為**：依刑事訴訟法第 88 條規定，現行犯不問何人得逕行逮捕之；又同法第 87 條第 2 項規定，利害關係人得逕行逮補通緝之被告，故此等逮捕行為均不為罪。惟警察執行職務，發動警察權，使用警械時，仍須遵守「比例原則」（Prinzipder Verhältnismässigkeit）：

比例原則	1. 警察目的原則	即警察權之動用是為達成警察任務，合乎警察目的而為。
	2. 警察公共原則	即警察是為防止公共危害保護公共利益才可動用警察權，如為單純之民事案件或人民之私生活，即使與安寧秩序有關，亦有法院處理，不必動用警察權。
	3. 警察比例原則	即警察權之發動對人民所加侵害之程度，應與所維護的社會公共利益成適當之比例，不能逾越必要的最小限度。

　㈢**善意發表言論之行為**：依刑法第 311 條規定：「以善意發表言論，而有下列情形之一者，不罰：⑴因自衛、自辯、或保護合法之利益者；⑵公務員因職務而報告者；⑶對於可受公評之事，而為適當之評論者；⑷對於中央及地方之會議或法院或公眾集會之記事，而為適當之載述者。」以上行為如有發生妨害他人名譽之情事，亦阻卻違法。

　㈣**中央及地方民意代表之言論表決免責權**：依憲法第 32 條、第 73 條之規定，立法委員在院內所為之言論及表決，對外不負責任。至於地方民意代表，依各該議會組織規程之規定，省市議會議員，縣市議會議員，

在開會時所為之言論及表決，對外不負責任。其因言論及表決而觸犯刑法享有免責特權。惟此只就地方議會議員在會議時就有關會議事項所為之言論，始受保障，對外不負責任。但就無關會議事項所為顯然違法之言論，仍難免責（司釋 165）。而立法委員在院會或委員會之發言、質詢、提案、表決以及與此直接相關之附隨行為，如院內黨團協商、公聽會之發言等均屬應予保障之事項。越此範圍與行使職權無關之行為，諸如蓄意之肢體動作等，顯然不符意見表達之適當情節的侵害他人法益者，自不在憲法上開條文保障之列（司釋 435）。

㈤**訴訟程序上之行為**：在訴訟程序上，法官或訴訟關係人所為之行為，雖有損他人名譽，但其行為係行使法律上權利或履行法律上之義務，乃依法令之行為，不構成犯罪。

㈥**親權者之懲戒行為與監護行為**：依民法第 1085 條規定，父母得於必要範圍內，懲戒其子女，如體罰行為，雖具傷害罪之構成要件，但不得認其為違法之行為。但如逾必要之範圍，則不能阻卻違法，此項懲戒權適用於同法第 1097 條，則監護人於保護增進受監護人利益之範圍內，得行使父母對於未成年子女之懲戒權。又同法第 1112 條第 2 項規定，監護人於必要時，得將受監護人送入精神病醫院，或監禁於私宅，此均不構成犯罪。

㈦**船員法上船長之指揮權**：船員法第 58 條第 1 項規定：「船舶之指揮，由船長負其責；船長為執行職務，有命令與管理在船海員及在船上其他人員之權。」同法第 58 條規定：「船長為維護船舶安全，保障他人生命或身體，對於船上可能發生之危害，得為必要之處置。」蓋船長基於僱傭契約，為維持海上船舶之安全與秩序，所賦予公法上之權限，如船長因此有妨害他人權利之行為，亦得阻卻違法。

㈧**政策上認定之違法阻卻**：基於國家政策之理由而有違法阻卻行為者，如財政政策上決定發售彩券時，則可排除刑法第 269 條之適用，亦不觸犯賭博罪。

四、依法令行為之實例

(一)**公務員之職權或職務行為**：販賣妨害衛生之飲食物品，刑法第 191 條定有處罰明文，上訴人所售賣之豬肉，既因顏色不同有妨害衛生之嫌疑，被告為執行警察職務之公務員，將其帶局詢問後，責令保釋，顯係依法令之行為，自不能因其調查犯罪嫌疑於短時間內限制其自由，遽以濫用職權或妨害自由罪相繩（28 上 3507）。

(二)**現行犯之逮捕**：

1.上訴人等以人贓併獲，認為現行犯，將其逮捕送案，按諸刑事訴訟法第 49 條之規定，無妨害自由之可言（20 上 1335）。

2.某氏當眾辱罵某甲，不得謂非公然侮辱人之現行犯，無論何人皆有逮捕之權。則上訴人徇某甲之請，當場將其逮捕，本為法令所許，除於逮捕後，不即送官究辦，另有單純私禁之故意外，要不成立妨害自由罪（28 上 2974）。

(三)**監護行為**：上訴人祖父縱為家長，按照民法第 1125 條規定不過有管理家務之權責。乃以家屬某氏之行為不端，遽令上訴人強施綑縛，顯已逾越管理家務之必要範圍。上訴人之實施綑縛行為，自應負妨害自由之罪責。上訴人所稱奉命辦理情形，要不得據為阻卻違法之事由（28 上 3002）。

(四)**訴訟程序上之行為**：刑法第 169 條第 1 項之誣告罪，以使人受刑事或懲戒處分之意思，自進而向該管公務員誣告為要件。若因公務員之推問，而為不利他人之陳述，縱其陳述涉於虛偽，除具有同條第 2 項之情形外，即與誣告罪之要件不符。被告於告訴某甲遺棄案內，經檢察官詰以你如何出來，答稱他吸鴉片，叫我剝枇杷吃，說我剝得不好，打我兩個巴掌云云，是不過因被詰問而答述被毆之原因，不能僅據此點論處誣告罪刑（25 上 2925）。

習題：依法令之行為不罰，試列舉說明之。並述依法令之行為與依命令之職務上行為之關係（答案見次節）。（70、73 高、91 基三）

第三節　依上級命令之職務上行為

一、意義

即該管上級公務員依監督權之作用，命令所屬公務員從事一定職務之行為，下級公務員有服從之義務，故其行為結果縱具有侵害法益之情形，仍應阻卻其違法性。我刑法第 21 條第 2 項規定：「依所屬上級公務員命令之職務上行為不罰。但明知命令違法者，不在此限。」上級命令之職務上行為，並非一概無條件阻卻違法性。

二、要件

依上級長官命令之職務上行為，其阻卻違法須具備下列要件：

㈠**須為所屬上級長官在其職權範圍內所發之命令**：所謂職務命令，即上級公務員對所屬之公務員，命其為一定行為之職務命令。如司法警察受檢察官之命令而執行逮捕拘禁；監獄官依檢察官之執行指揮書而對受刑人執行刑罰等是。而上級長官就其監督範圍以內所發命令，屬官有服從之義務，但屬官對於長官所發命令如有意見，得隨時陳述（公服 2）。

㈡**不同長官所發命令之服從標準**：公務員對於兩級長官同時所發命令，以上級長官之命令為準，主管長官與兼管長官同時所發命令，以主管長官之命令為準（公服 3）但對於特定事項，兼管長官有指揮命令權者，則就該特定事項，應優先於其主管長官之命令服從之，如警察分局長，對檢察官就偵查犯罪所為之指揮命令與其上級長官警察局長之命令不一致時，以服從檢察官之命令為準。

㈢**須為下級公務員職務範圍內之行為**：受命之下級公務員固應服從上級長官之命令，但如命令之事項，不在其職權範圍以內，即超出公務員職權範圍之事務，即非職務上行為，當難阻卻違法。

㈣**須非明知命令為違法**：若明知上級公務員之命令為違法而仍奉行時，則不能阻卻違法，倘行為人不知命令為違法者，不失為依法盡其服從之義務，仍得阻卻違法性。

惟對上級公務員所發之命令，下級公務員有無審查其是否違法之

權，及其審查之範圍如何，學說有五：

1.絕對服從說：認爲下級公務員，對於所屬上級長官之命令，有絕對服從之義務，無論其命令之形式或實質有無違法，均應由上級公務員之發布者負其責任，下級公務員自無審查之權。

2.形式審查說：認爲屬官對於上級長官之命令，僅須審查其形式是否完備？若形式完備，即爲合法，縱其命令之實質內容違法，屬官既無審查命令內容之權力，仍應奉行，自可阻卻違法。

3.實質審查說：認爲屬官對於上級長官之命令，無論在形式上或實質上均有審查之權。惟所謂實質上審查，執行時必帶來困擾，如下級公務員可以從實質上審查上級長官所發之命令，當可依據己意任意否定上級長官命令，或可藉審查之理由，採拖延戰術，勢將有礙行政之執行。如有意見相左，發生解釋上爭議時，更將影響行政效率。故此說亦有可議之處。

4.明知命令違法之不服從說：原則上下級公務員可就上級長官之命令進行形式審查，但如下級公務員明知上級公務員命令違法，而仍予執行，則不能成爲阻卻違法之事由，仍應負違法之責。實例上則採此說。依最高法院判例謂：「依上級公務員命令之行爲，限於爲其職務上行爲，且非明知命令違法者，始在不罰之列，刑法第二十一條第一項規定甚明，上訴人等將捕獲之逃犯某甲立即槍決，固係奉有聯保主任之命令，但聯保主任對於捕獲之匪犯，並無槍決之權，既非上訴人所不知，此項槍殺之命令，亦顯非屬於上訴人職務上行爲，乃明知命令違法任意槍殺，自不能援據刑法第二十一條第二項之規定而主張免責。」（29 上 721）

5.意見陳述說：即長官之命令，屬官因無實質之審查權，屬官有服從之義務，惟屬官對於長官所發之命令，如有意見，得隨時陳述，若長官不採納其意見，仍應服從。我國現行公務員服務法則採行此說；依該法第 2 條：「長官就其監督範圍以內所發命令，屬官有服從之義務，但屬官對於長官所發命令，如有意見，得隨時陳述。」依釋字第 187 號解釋理由書中謂：「如公務員關於其職務之執行，有遵守法律，服從長官所發命令之義務，除長官所發命令顯然違背法令或超出其監督範圍外，

下屬公務員縱有不服，亦僅得向該長官陳述意見。」

三、實例

㈠查服從長官之命令在職務權限之內，始生服從之義務，至藉私仇殺人之行為，不在職務權限之內，乃明知其不在職務權限之內，而聽從實施，自應負殺人之刑責（2 上 97）。

㈡下級公務員於其職務內事項，固有服從上級公務員命令之義務，若其命令之形式要件未備，而聽從實施，即不得主張為依法令執行職務之行為，本案據上訴人所述，僅係依據口頭命令，形式要件既不具備，竟爾聽從實施剝奪人之行動自由，要不能免共犯之責（20 上 1052）。

㈢明知上級公務員拘捕命令違法，而因與被拘提人有隙，故意將其逮捕，或並無逮捕權責，而藉口奉命私擅逮捕人者，均應以非法方法剝奪人行動自由罪（30 上 1811）。

㈣被告前充某鄉鄉長，奉縣長命令，以上訴人有販私嫌疑，經派壯丁前往上訴人家，將所藏食鹽起出，照官價收回，分配各保領用，並保管其鹽價，係奉上級公務員命令之職務上行為，依刑法第 21 條第 2 項規定，應不負刑事責任（31 上 588）。

習題：
一、依所屬上級公務員命令之職務上行為不罰，其要件為何？（62、73 高）
二、依所屬上級公務員命令之職務上行為其立法理由何在？是項職務命令之有效條件若何？試說明之。（44 普、22、53 高）
三、刑法規定依所屬上級公務員命令之職務上行為不罰，試說明其要件及下級公務員對命令是否違法有無審查之權。（78 司）
四、刑法第二十一條第二項規定：「依所屬上級公務員命令之職務上行為，不罰。但明知命令違法者，不在此限。」試就「服從義務的對象」以及「所服從的命令內容」二方面，說明該規定的意義。（89 交升）

第四節　業務上之正當行為

一、意義

　　業務上之正當行為（Berufsrecht）**者，指社會生活上認定具有正當性之業務上行為之謂**。亦即從事特定業務之人，基於業務所為之行為，縱與犯罪構成要件相當，苟未逾越社會公認該業務之性質、目的或方法之適當範圍，即足以阻卻其行為之違法性。故刑法第 22 條規定：「業務上之正當行為，不罰」。如醫師為病人治病，如認為必要，徵得病人同意，切除病人之肢體，自可阻卻傷害行為之違法性。

二、要件

　　業務上之正當行為得阻卻違法，須具備下列要件：

　　㈠**須從事一定之業務**：即經常從事之固定業務，而有相當期間之持續而言，即其從事之業務，須有持續性及固定性，始有阻卻違法之可言，如偶一為之，尚非此所謂之業務。

　　㈡**須為合法之業務**：「業務」兩字，不採許可業務說，係採事實業務說，以事實上執行業務為準，不以曾經官廳許可之業務為限（24、7 決議）。即其業務僅為法令所許可或不禁止，或不背公共秩序善良風俗而為社會習慣上所允許者（3 上 217），不以由主管機關核准者為限①。如尚未取得醫師執照之醫護人員為病人診治，施行手術，截除病腿，雖屬違法行為，但仍視為業務上之正當行為，如有適正之治療，不因病人成為殘廢而令其負重傷罪責。

　　㈢**其行為須在業務範圍以內**：即其行為必在業務範圍以內，如逾此範圍，則不能謂為屬於業務上之行為。如藥劑師為病人治病，即非其業務範圍內之行為。

---

① 43 台上 826：刑法上所謂業務，係以事實上執行業務者為標準，即指以反覆同種類之行為為目的之社會的活動而言：執行此項業務，縱令欠缺形式上之條件，但仍無礙於業務之性質，上訴人行醫多年，雖無醫師資格，亦未領有行醫執照，欠缺醫師之形式條件，然其既以此為業，仍不得謂其替人治病非其業務，其因替人治病，誤為注射盤尼西林一針，隨即倒地不省人事而死亡，自難解免刑法第二百七十六條第二項因業務上之過失致人於死之罪責。

㈣**須為正當行為**：此之「正當」應作「適當」解，即其行為須不逾越必要之程度。至於何種情形為必要，即指於法理上之比例原則；此應依一般社會觀念，經驗法則或法令規定客觀認定該行為未超過必要之程度為限。例如前例，醫師為病人切除病腿，如原無截腿之必要，竟截除之，雖為業務上之行為，但已逾必要之程度，即不能認為正當之行為。如該醫師有使人殘廢之故意，應負重傷罪責（刑278 I），否則，如有過失，即應負業務上過失致重傷罪責（刑284 II）。又如球類、搏擊等運動競技，如已遵守運動規則，縱發生傷害之結果，仍得阻卻違法。

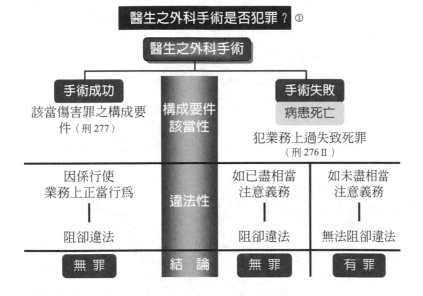

醫生之外科手術是否犯罪？①

三、實例

㈠查刑律第 14 條規定，不背公共秩序善良風俗習慣之行為不為罪，寺廟向有清規，當家僧對於寺內各僧有懲戒之權，此等習慣相沿甚久，性質上亦與父母之懲戒其子，學校之懲戒學生無異，自係善良風俗習慣。苟不逾越懲戒程度，自不應論罪（54 上 217）。

---

① 參照船山泰範著，《圖解雜學》（刑法），頁 85。

㈡具有醫師執照正式開業之醫師，根據死者生前自願捐贈眼角膜之遺囑，而將其眼角膜移植於盲人，乃屬正當行為，當在不罰之列（54.10 宜蘭地檢處）。

又如醫師既得捐屍人之遺言同意捐贈屍體作為移植之用，復受死亡人之親屬允諾，施行移體手術，自係基於業務上之正當行為（57.6 嘉義地檢處）。

習題：
一、業務上之行為，是否不罰？須具備何種要件？試說明之。（75 普檢）
二、刑法第二十二條規定，業務上之正當行為不罰。其所謂「業務」之涵蓋範圍如何？又行為是否「正當」，應從何標準判斷？試說明之。（81 高）

第五節　正當防衛行為

一、意義

正當防衛（Notwehr）者，即對於現在不法之侵害，而出於防衛自己或他人權利之行為，雖符合犯罪構成要件，因係緊急行為，刑法規定違法阻卻，不成立犯罪；故又稱緊急防衛。本來個人法益遭受侵害時，應訴請國家以公力阻止，但當個人遭受緊急危害，不及請求公力救助時，在必要之防衛限度內，予侵害者反擊，以保護自己或他人之權利，此為人類自衛本能，故各國立法例對正當防衛行為，多有免責之規定，我國刑法第 23 條規定：「對於現在不法之侵害，而出於防衛自己或他人權利之行為，不罰。但防衛行為過當

對持刀劍之強盜以木棍反擊是正當防衛行為

者，得減輕或免除其刑。」即承認正當防衛之阻卻違法。

二、本質

正當防衛之本質與目的為何？下列學說，雖不互相排斥，但因所強調重點之不同，而有不同的說法：

西塞羅

㈠**自衛本能說**：對不法攻擊者之反擊行為，是基於人類之自衛本能的自然反應，如西塞羅（Cicero）①說：「正當防衛並非書寫下來的法，而是與生俱來的法。」故法律承認人有正當防衛權，也是基於此一道理。

㈡**目的說**：正當防衛之本質乃是對違法之侵害提供法律之保護，以保障正當之利益，並維持國家所承認之社會生活目的之法律秩序，因此，正當防衛是一種權利，也是一種義務。

㈢**緊急行為說**：人的權利是對不正之侵害，沒有拱手讓其侵襲而承受痛苦的義務，尤當在急迫之際，無暇請求官警之救助時，准其在防衛之限度內予以排除危害，乃是符合為保護正當利益為目的之法律的使命。因此，在正當防衛，當其反擊行為有侵害法益之情形時，法律不得將其反擊行為視為違法行為。

㈣**權利實現行為說**：即當不法行為發生時，為彰顯不法之無價值性，乃透過當事人之權利實現行為、以達成目的。

㈤**法益衡量說**：正當防衛是法益侵害與法益侵害之相對立之關係。為防止一方之侵害，透過法律之保護對其予以反擊之行為。因此，在法律之評價上，其決定之關鍵，並非單純之利益優劣的比較，而是包括侵害的方向、態樣等，從整體上對法益之侵害作相互比較衡量才是正途。

三、要件

正當防衛行為得為阻卻違法性事由者，應具備下列要件：

㈠**須為現在之侵害**：現在之侵害，即非過去，亦非未來，但不以急迫

---

① 西塞羅（Cicero,Marcus Tullius, B.C.106-43），共和制末期之羅馬哲學家。彼雖欠缺獨創性，惟將希臘哲學引進羅馬，並以優美之文學出版多種著作。彼基於斯多亞哲學而展開其自然法論。

為必要。亦即侵害行為已經著手，或正在實行，或尚未完畢之謂。若對於過去之侵害實行報復，或惟恐將來受侵害而採取預防行為，均非正當防衛。侵害是否為現在，應依何種標準決定之？有：

　　1.侵害終了說：即侵害行為進行中，才是現在，侵害行為終了，即為過去。

　　2.離去現場說：即犯人離去現場即為終了者。

　　3.事實繼續說：即侵害之事實尚在繼續中，即為現在，雖侵害行為業已完成，仍屬現在之侵害。

　　4.權利回復說：以被害人之權利得以自力回復時，即為現在，無法以自力回復時，即為過去。

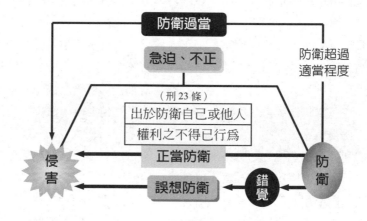

　　依一般情形而論，侵害已否過去，應以其侵害是否尚在繼續中，可否即時排除為準。此與犯罪是否既遂，並不盡同，並與犯罪狀態之繼續，亦有區別。有時犯罪雖已既遂，而侵害尚在繼續中，可以即時排除者，仍不失為現在之侵害。如竊盜行將逃走，在猶得取回財物之時，實施追逐竊犯，奪回財物，仍為正當防衛；不過刑法第 329 條規定，竊盜或搶奪，因防護贓物、脫免逮捕或湮滅罪證，而當場施以強暴、脅迫者，以強盜論；本條似已認定對於竊盜、搶奪等不法侵害，主人擁有當場追回贓物之緊急防衛權；惟在實務上尚無承認此類之判例，而只以第 329 條之規定，對於主人行使追回權時，盜賊不得當場以強暴、脅迫抗拒。可見正當防衛所稱

之「現在之侵害」與此防護贓物之「當場」，兩者意思相同，惟前者是指正當防衛而言，而後者則是指準強盜罪而言，性質不同①。若侵害行為業已終了，而其侵害權利之違法狀態尚在繼續中，既非侵害狀態之繼續，外觀已呈平靜，即應依循公力請求救濟，自不得對之行使正當防衛②。因此，如侵害已過去，或預料有侵害而侵害尚屬未來，則其加害行為，自無正當防衛之可言（19上1174）。若侵害尚在預備階段，侵害尚未發生，自無防衛之可言③。所謂侵害，係指對於自己或他人之權利或法益加以侵害「或」有侵害之危險的行為而言。此不論是故意或過失，亦不以積極行為之侵害為限，對於消極行為之侵害，亦可行使，如有人無故隱匿在他人住宅內，受退去之要求而仍滯留不退去者，得以強制方法驅逐於住宅以外（刑306Ⅱ）。

(二)**須對於不法之侵害**：所謂不法，係指其侵害為法律所不容許之意。對於一切合法行為，不能行使正當防衛，只對於不法之侵害，始可行使正當防衛權，其侵害是否不法，以客觀上，具有實質的違法性為已足，不必問侵害者之主觀上有無責任，因此對於幼兒或精神病等無責任能力人，或無故意、過失之人，苟有現在侵害法益之事實，即可主張正當防衛。如非不法之侵害，是不能成立正當防衛，因此正當防衛在性質上是以**正對抗不正**（Recht gegen Unrecht）之緊急防衛行為（Notwehrrecht），依此則對於合法之執行職務行為，相對人自不得主張正當防衛。如檢警依法逮捕拘禁嫌疑犯、父母對子女施行懲戒權等，相對人自應忍受④。

---

① 28上1984：刑法第三百二十九條所謂當場，固不以實施竊盜或搶奪者尚未離去現場為限，即已離盜所而尚在他人跟蹤追躡中者，仍不失為當場。惟於竊盜或搶奪者離去盜所後，行至中途始被撞遇，則該中途，不得謂為當場，此時如因彼此爭執，犯人予以抵抗，實施強暴或脅迫，除可另成其他罪名外，不生以強盜論之問題。

② 25上3713：上訴人疑某甲父子涉有犯罪嫌疑，即使屬實，亦應報官拘辦，乃自行秘密約人前往搜捕，仍不得謂無侵害他人居住安全及身體自由之不法情形。某甲等出而抵抗，即屬行使其正當防衛權，上訴人對於行使正當防衛權之人加以槍擊殞命，自不能卸其殺人罪責。

③ 28上2879：刑法上之正當防衛須遇有現在不法之侵害為前提，如不法侵害尚未發生，即無防衛之可言。本件被告因見被害人身帶刀勢欲逞兇，即用扁擔打去，奪得尖刀將被害人殺斃，是被害人如只帶刀在身，並未持以行兇，即非有不法侵害，被告遽用扁擔毆打，不得認為排除侵害行為。

④ 28上2862：上訴人隨同法院執達員前往執行民事判決，指封財產，即係合法行使其權利，乃債務人之兄某甲，竟對上訴人等以強暴脅迫妨害其行使權利，並妨害公務員依法執行一定

惟在此尙有兩點：

1.對物防衛（Sachwehr）：因他人之物而發生急迫之侵害時，如對動物之侵害，爲防衛自己或他人之權利，加以反擊，能否主張正當防衛之問題。基本上除無主動物之加害行爲，因欠缺構成要件該當性，故無違法性外，對一般動物之侵害，應認爲是違法之侵害，而得主張正當防衛；或認爲如係由於動物所有人之故意或過失所致者，自可視爲不法之侵害，而得主張正當防衛；也有認係緊急避難之情形。茲分述之。

(1)肯定說：

①違法狀態說：動物之侵害既係因他人之物而發生「違法狀態」，不論是由於違法行爲或違法狀態所發生之侵害，當事人並無忍受之義務；故此違法狀態所爲之侵害，自應視爲「不法之侵害」，對此自得主張正當防衛。

②準正當防衛說：認爲動物之侵害，如係自然人之行爲以外之事實，則此動物之加害動作，乃屬自然現象，自無所謂適法或違法之問題，不過從客觀上言，應得準用「不法侵害」之規定，而爲正當防衛。

③所有人之故意或過失爲理由：從客觀之違法性言，所有違法之行爲，應限於人之行爲，故動物之侵害，應解爲危難之一，自應依緊急避難處理，較爲合理。但如動物或其他物，是基於飼主或管理人之故意或過失，以資利用做爲其犯行之工具時，此種侵害自可認係飼主或管理人之侵害，當事人自得主張正當防衛。

(2)否定說（緊急避難說）：動物之侵害如爲所有人之故意以利用動物爲犯行之工具者，當可主張正當防衛，自不待言，否則，動物之舉動，已逾越違法判斷之範圍之外，當不屬於「不法之侵害」，當事人祇可適用緊急避難之規定，阻卻違法①。

之職務，自屬現在不法之侵害，上訴人等將其綑送街上，以遏其橫暴，自屬防衛權利之行爲。

① 參照團藤重光著，《刑法綱要總論》，增補版，頁164。

⑶我國實例：我國司法院解釋，認係屬於緊急避難之行為。如司法院 29 院 1989 號解釋謂：「甲用石頭擊斃踐食菜園之他人豬隻，如係出於故意，應成立刑法第三百五十四條之損壞罪，但應注意同法第二十四條第一項之規定。」

2.所謂侵害：其行為必出於一方之先行侵害，因此：

⑴若各方互施不法之侵害，無法分別其先後者，均不得主張正當防衛（17 上 686）。

⑵至於不法侵害如係出於防衛者所挑動，在排除之一方，仍得主張正當防衛①。

⑶如其反擊，由於自己之不法侵害所致者，則不得對之主張正當防衛（25 上 3713）。惟反擊者之行為若為過剩防衛，則仍不失為不法侵害，最初侵害行為者為排除其過剩防衛之不法侵害，可否主張正當防衛，一般採積極說：如最初侵害者某甲，已放棄侵害，旋即逃避，而被侵害者某乙仍窮追不捨，竟欲置某甲於死地，即屬過剩防衛，此時某甲仍得主張正當防衛。

㈢**須為防衛自己或他人權利之行為**：所謂防衛，係指對於不法之侵害，加以反擊之行為。此防衛行為，有兩點值得探討：

1.防衛者主觀上應否具有防衛意思：我國刑法雖未明定，但**實例上係採防衛意思必要說**：

⑴防衛意思不要說：認為違法性之實質是在法益之侵害，亦即只要有法益侵害之客觀要件，就可決定有無違法性。從這觀點而解釋正當防衛者，即主不要說。如甲正欲以手槍射殺乙，而乙在完全不知情之情形下（即偶然防衛之適例）將甲射殺時，仍成立正當防衛；因此，正當防衛之成立，防衛者並不須具有防衛意思，只要從客觀上觀察，對侵害行為有反擊行為即可。

⑵防衛意思必要說：在正當防衛，防衛者對侵害之反擊，並非因

---

① 18 上 228：查刑法上防衛行為，祇以基於排除在不正侵害為已足，其不正之侵害，無論是否出於防衛者之所挑動，在排除之一方仍不失其為防衛權之作用。

侵害者已喪失法益之保護，才可阻卻其違法性，而是從侵害者之法益侵害與行為態樣整體考量，認為防衛行為應具有必要性與相當性，所以防衛行為才可阻卻違法，從此一觀點而解釋正當防衛者，即主必要說。亦即正當防衛之所以阻卻違法性，乃因行為具有法令相當性之故，因此防衛者必須具有防衛意思，蓋對於現在不法之侵害及對抗此侵害有認識，亦即認識其行為是為了防衛而反擊，並非是攻擊行為，因此反擊行為是一種故意行為。從理論上言，防衛者不能以過失行為來反擊，因為過失行為是沒有意識的行為，因防衛而反擊，當須具有防衛意識始能成立。此亦與刑法第 23 條所謂：「出於防衛自己或他人權利」之文意相符，並合於一般人之法律感情。如 29 上 266 號判例謂：「某甲被乙槍傷後，因氣忿不平，持鐵揪毆打某乙，仍為一種報復行為，而不能認係正當防衛。」

2.關於權利之內容：包括生命、身體、自由、財產、名譽、貞操等法益，凡法律所保護之正當權利，均屬之。對於自己之權利，固得行使正當防衛，即目睹他人權利遭受侵害，亦得行使正當防衛。所謂他人，兼指自然人與法人而言（34 院解 2967）。惟對於國家或公共團體之公益法益在實務上則採限定說①。

(四)**須其防衛行為不過當**：所謂「不過當」者，即不得超過適當程度之謂，至防衛行為是否過當，須就侵害行為之如何實施，防衛之行為是否超越其必要之程度而定，不專以侵害行為之大小及輕重為判斷之標準（48 台上 1475），亦即不以侵害其防衛之法益之重輕為判斷之標準（19 上 1177），應就其行為之全部由客觀上注意侵害程度與反擊方法及其周圍情形決定之，不得就其行為之一部是否適當為判斷之依據，茲分述之：

1.自法益與方法言：侵害與防衛當求其均衡為原則，如對未攜帶兇器之單身小偷，予以槍殺，即為過當。

---

① 32 院 2464：刑法第二十三所稱之權利，不包含國家拘禁力在內，執行拘禁之公務員，追捕脫逃罪犯而將其擊斃者，不適用該條規定。

2.就人數與力量言：如侵害者只有 1 人，當不必多人防衛，然侵害者如有過人之力，則雖有多人為防衛，亦非過當。

3.自周圍情形言：若因情勢緊迫，則縱因實行防衛，而致人於死，亦非過當。如某甲企圖強姦乙女，乙被拘禁室內，無法逃避，乃於急迫之中，擲杯將甲擊斃，甲所侵害者為乙之貞操，而乙之反擊行為則侵害甲之生命法益，其法益之輕重雖不相當，然乙於急迫之際，捨擲杯抵抗外，別無他法可以排除侵害，其防衛行為，自未超越必要之程度。惟如其防衛行為過當，則不得阻卻違法，故刑法第 23 條後段規定：「但防衛行為過當者，得減輕或免除其刑。」

習題：

一、何謂正當防衛？（28、40、41、56 普、20、37、51、52 高、70 特）其構成要件如何？（40、41 普、20、45、46、51、52、63 高、75 特、92 升、98 特）

二、正當防衛規定中，所稱現在不法之侵害之「現在」，應如何判斷？試說明之。（89 特司四）

三、主張正當防衛，以有現在不法之侵害行為，及出於防衛自己或他人權利之行為為條件。正當防衛之成立侵害行為是否以作為為限，抑不作為亦包括在內？防衛行為是否以故意行為為限，抑過失行為亦有可能？（77 司特）

四、正當防衛之程度是否過當，應如何認定？試舉例說明之。（41 普、72 高）

五、侵害之動機，如係出於防衛者之挑撥，是否可主張正當防衛？（75 特）

六、正當防衛之實施應否出於防衛意思，試說明之。（74 律）

七、甲路過某宅，見飄落在地上之衣服一件，乃撿拾欲放回原處，宅主乙見之誤認甲竊取該衣服，上前抓住甲肩膀，欲將甲扭送警察局，甲雖然辯白卻不為乙所接受，甲為脫身而用力掙扎但未成功，只好咬乙之手臂與手指，直至乙放手後，甲即乘機逃跑。乙緊追不捨約二百公尺後再度抓住甲，雙方倒地，乙仍然緊緊抓住甲之腿，甲以腳踢乙數次，致乙受傷。試問：甲和乙之行為在刑法上應如何論斷？

答：甲並無竊盜之意圖，乙誤想甲是現行犯而欲逮捕，都是錯誤造成，因此乙之行為係不適法，因係錯誤造成，不成立妨害行動自由罪（刑302 I）。又在甲、乙之纏鬥中，甲雖傷害乙，因係正當防衛，阻卻違法，不成立傷害罪（刑277 I），最後甲傷乙後逃逸，因甲非現行犯，故不成立脫逃罪（刑161 I）。

四、實例

㈠現在不法之侵害之實例：

1.上訴人稱系爭之船先經法庭假扣押，被某甲父子恃強放去，如果屬實，是甲父子有不法侵害行為，上訴人之追趕阻止放船，係正當防衛（17上564）。

2.上訴人於夜間發覺賊人侵入竊盜，為排斥不法侵害，防衛自己權利起見，手持板槍伺於後門，以為堵截，當時侵害既尚在繼續中，則因防衛其財產權利，舉槍刺擊，自與刑法（舊）第36條規定之現在及不法之條件相當，縱其行為不免過當，然不能不認為防衛權之作用（18上1300）。

3.正當防衛之要件，必對於現在不正侵害始能成立。若侵害已過去，或預料有侵害而侵害尚屬未來，則其加害行為，自無正當防衛之可言（19上1174）。

4.扛尸入人住宅，不能謂非不法侵害，該宅主人因而加以抗阻，自屬正當防衛（23上310）。

5.刑法上之正當防衛，以遇有現在不法之侵害為前提，如不法侵害尚未發生，即無防衛之可言。本件被告因見被害人身帶尖刀勢欲逞兇，即用扁擔打去，奪得尖刀將被害人殺斃，是被害人只帶刀在身，並未持以行兇，即非有不法之侵害，被告適用扁擔毆打，不得認為排除侵害之行為（27上2879）。

6.被告因自訴人壓在身上強姦，並以舌頭伸入口中強吻，無法呼吸，不得已而咬傷其舌頭以為抵抗，是被告顯係基於排除現在不法侵害之正當防衛行為，且未超越必要之程度，依法自屬不罰（52台上103）。

㈡**防衛行為是否過當之判斷標準：**

1.正當防衛行為過當者，指防衛行為逾越其所防衛必須之程度而言，非以被侵害之法益與防衛行為所損害權衡輕重也。例如不正侵害者，將截人一指，被侵害者非殺其人，而不能免其指之被截，則殺之即不能謂為過當（4上597）。

2.防衛過當之規定，指防衛行為超越其防衛所必要之程度而言，而其防衛行為是否超越必要之程度，須就實施時之情節而為判斷，不得以侵害與防衛之法益之輕重為判斷之標準（19上1177）。

3.對於現在不法侵害之防衛行為是否過當，須就實施防衛之行為，

是否超越其必要之程度而定，不能專以侵害行為之大小及輕重為判斷標準。本件被告於某夜被夥匪多人撞門入室，搶劫財物起而抵抗，將盜夥某甲殺傷身死，其殺人行為，自屬排除危害應取之手段。且盜匪於行劫之時，並將被告之父母砍傷綑縛，則當此危機急迫之際，被告持標戮傷某甲身死，亦不得謂為逾越防衛必要之程度（28 上 3115）。

4.刑法上所謂正當防衛，以基於排除現在不法之侵害，而未超越必要之程度為已足，不以是否出於不得已之行為，或比較侵害行為與防衛行為大小輕重以為斷（50 台上 1590）。

(三)防衛行為過當之實例：

1.被害人於某日夜間越牆侵入上訴人住宅，經上訴人連放數槍將其擊斃，原判決認被害人黑夜無故侵入上訴人住宅為不法之侵害，以上訴人既認明其侵入時並未攜有兇器，則此項不法之侵害，顯非除槍擊外不排除，乃竟持槍射擊連續不已，致被害人中彈身死，則其防衛行為顯然逾越必要之程度，依法應負殺人之罪責，自非無見（24 上 4738）。

2.上訴人當時既在被害人之背後，目睹被害人舉刀砍其母，情勢急迫，乃不自後奪刀或刺其手臂，以排除侵害，而竟持刀猛刺被害人腰背致骨折傷及肺臟，自係因防衛其母之身體生命而逾越必要之程度，即屬防衛過當（49 台上 1771）。

(四)防衛行為不過當之實例：

1.查刑律第 15 條之規定有二要件：第一係對於現在不正之侵害，第二係出於防衛自己或他人權利之行為。至但書所謂防衛過當，不以侵害之大小與行為之輕重相權衡，而以行為是否超過必要程度為標準。本夫往坡上看見姦夫正與女人行姦，一時氣忿，順拾石頭打中姦夫後腦，即時斃命，當時既為防衛其夫權起見，縱有傷害之認識，而具備正當防衛之要件，亦不能認為超過必要程度（5 上 51）。

2.被告因買菜與菜販某甲爭論價錢，某甲遽用扁擔將其右手腕打傷，被告用拳攔格，致傷某甲左脅肋，移時身死，該甲用扁擔毆打，既屬不法之侵害，則被告用拳攔格，即難謂非防衛權之作用。至當時用拳抵禦，以保護自己之權利，其行為亦非過當（25 上 1865）。

　　3.上訴人因仇人某甲等先行開槍射擊,逃入路側菁林中躲避,復因某甲等六人將菁林包圍,始開槍擊斃某甲而脫險,其為對於現在之不法侵害而出於防衛自己生命之行為,已屬毫無疑義。且當時在六人持槍包圍之下,頃刻之間,即有生命危險,因此開槍排除不法侵害,其防衛行為亦非過當。至該菁林是否另有無人攔阻之出路可逃,與其防衛權之行使,並無關係,原判決以上訴人當時尚有無人攔阻之出路可逃,即謂其防衛行為過當,論處罪刑,自不免於違法(29上537)。

　　4.被告既非現行犯,所犯罪名又僅係妨害婚姻及家庭,某甲身充村長,依照現行法令,對該被告自屬無權拘提,乃於接受某鄉鄉公所囑託後,不轉請該管檢察官或司法警官核辦,竟親率團兵,持槍前往圍捕,要不得謂非現在不法之侵害,因而被告對於圍捕之團兵開槍射擊,核與正當防衛應具之條件,似無不合(31上2543)。

　㈤**互毆不得主張正當防衛之實例**:

　　1.彼此互毆,不得主張防衛權,雖一方受傷較重,不能因其傷重免責,應於法律範圍內酌量處斷(8統995)。

　　2.防衛行為,以對於現在不法之侵害為必要條件,故如彼此互毆不能指明何方為不法侵害,自不得僅以下手之較後而主張防衛權,本件據原審認定事實,被告與某甲彼此口角互毆,既不得謂無傷害人之意,即無從分別何方為不法之侵害,實無主張防衛權之餘地(20非93)。

　　3.正當防衛必須對於現在不法之侵害始得為之,侵害業已過去,即無正當防衛可言。至彼此互毆又必以一方初無傷人之行為,因排除對方不法之侵害而加以還擊,始得以正當防衛論,故侵害已過去後之報復行為,與無從分別何方為不法侵害之互毆行為,均不得主張防衛權(30上1040)。

　㈥**債權人如未具備民法第151條之自助行為情形,遽將債務人之財物取回抵償者,該債務人對之行使正當防衛權之實例**:占有物被侵奪者,如係動產占有人,得就地或追蹤向加害人取回之,為民法第960條第2項所明定。某甲對於被告所欠之款,並未具有同法第151條所載情形,遽將其家中之銅煲菜刀逕自取去抵償,該被告自可本於占有關係,依上

開民法第 960 條第 2 項規定，向其追蹤取回，某甲於被告行使追回權之際，加以抗拒，甚至動武鬥毆，即係對他人權利為一種不法侵害，被告為防衛自己權利起見，以自力排除其侵害行為，不得謂非正當防衛：縱令某甲因此受有傷害，而當時情勢，該被告既非施用腕力不足以達到收回原物之目的，則其用拳毆擊，仍屬正當防衛之必要行為，對於此種行為所生之結果，按照刑法第 23 條前段規定，自在不罰之列（29 上 2397）。

第六節　防衛過當、誤想防衛與誤解防衛

一、防衛過當

㈠**意義**：正當防衛之行為，超越相當性之限度時，其超過部分稱為防衛過當。易言之，即對於現在不法之侵害，加以超越相當性限度之反擊也。如為排除徒手者之毆擊，以手槍射其頭部，將其擊斃，是為典型之防衛過當，有關案例前已列述。蓋防衛過當，雖非適法，惟其行為人係現在不法侵害之被害人，在猝遭不法恐怖之威嚇下而為防衛，或有過當，乃為情理之常，如仍課以正常之刑事責任，未免不近人清，故法律得減免其刑，因而防衛過當乃為阻卻責任原因，而非阻卻違法原因，是故防衛過當之行為如與構成要件合致時，即不得謂非違法。

㈡**故意之防衛過當與過失之防衛過當**：從過當行為為基礎之事實，而分為故意與過失之過當防衛的情形。

　　1.故意之防衛過當：即對過當行為之基礎的事實，有認識時，譬如對徒手之暴力，以西瓜刀反擊而有認識時，即為故意行為。

　　2.過失之防衛過當：即對過當行為之基礎的事實，無認識之情形而言。即對事實之誤認，如在緊急時原擬以木棒反擊，結果以斧頭反擊之情形是。

　　故意之防衛過當，即以過當行為而成立「防衛過當」，此可認為是真正意義之「防衛過當」。

　　過失之防衛過當，因阻卻故意，而有認為是誤想防衛情形，此說較為有力。

　㈢**在防衛過當之概念中，有誤想防衛過當**：即行為人誤想有現在不法之侵害，並對自己行為之過當有認識而加以反擊時，依照刑法第 23 條之規定，因須有現在不法侵害之存在為前提，才能構成防衛過當之要件，因此誤想防衛過當，應不符合防衛過當之要件，只是因有過當之認識，故不阻卻故意，因此，當可列屬「防衛過當」之類。又第 23 條但書之立法意旨是指行為人在急迫之狀態下所採之防衛行為，致期待其做適法行為之可能性相對的降低，始有減免之規定。同樣的情形，如行為人有誤想現在不法侵害之存在時，也應該可以適用，因此，第 23 條之但書規定應可準用。

　㈣**正當防衛過當的量刑**：1999 年 6 月 7 日中和居民謝志忠於凌晨 3 時 20 分，返家發現竊賊手持水果刀，乃持用拆信刀追捕至屋外，在相互格鬥中，謝氏一刀刺傷竊賊，經送醫院後不治死亡。據此板橋地方法院並未依正當防衛過當，而依傷害致死罪，判處有期徒刑 12 年，引發爭議①。

　　　本案從報載得知，法官似未以正當防衛過當來裁判，法官只認為該案是傷害致死罪，其法定量刑幅度為 7 年以上有期徒刑至無期徒刑（刑277），法官既未從低度量刑，亦未引用刑法第 59 條之規定情可憫恕，酌量減輕其刑，只依一般之量刑幅度，則以調和責任清算與個別預防目的之幅度內而為，依此幅度理論（Spielraumthorie），而判處 12 年，此項判決從外表上看，似乎合理。但本案謝氏所以會刺傷被害人，乃因被害人到謝宅行竊所引發，法官並未將前因後果列入考慮，兩人既無宿怨，如果竊賊不進來，何以會有相互格鬥情事，因此謝氏乃是「人在家中坐，禍從天上來」，從該案之動機及因果上考慮，就不應捨棄正當防衛之過當，而僅以傷害致死量刑。

　　　其次，刑法既規定正當防衛，必有過當問題，但我刑法只簡單規定：「但防衛行為過當者，得減輕或免除其刑」。事實上一旦住家被侵害，任何人也都希望警察能適時到達現場以保護人民，但從實際經驗，警察難得於三分鐘以內到達，在此期間，被害人必須與盜匪周旋，而現在的盜

---

① 見 2002 年 12 月 19 日，中國時報，第 18 頁。

匪都持有兇器，因此當事人當須竭盡全力，以防護自己，故德國刑法第33 條規定：「行為人由於惶惑、恐怖、或驚愕，致踰越正當防衛之限度者，不罰。」日本刑法與我國規定大致相同，因有不足，乃於 1930 年公布「盜犯等防止及處分有關法律」，以補刑法之缺漏，其第 1 條第 2 項規定：為防止盜匪或奪回贓物，防止攜帶兇器者或盜匪之侵入，為防衛自己或他人之生命、身體、或貞操，雖無現在之危險，因行為者之恐怖、驚愕、興奮或狼狽而有殺傷犯人時，不罰。有此規定，一旦警察未能及時到達現場，當事人就可憑己力適時放心的運用各種手段打擊歹徒。目前我國法制雖無此項規定，但法官在裁判量刑時，也應比較外國法制與當前治安之情況做適切之判斷，否則，刑法不僅未盡一般威嚇及懲罰犯人之作用，更是對善良人民之防衛綁手綁腳，而有保護盜賊及鼓勵犯罪之作用。

　㈤**防衛過當之處罰**：依刑法第 23 條但書之規定：「但防衛行為過當者，得減輕或免除其刑。」蓋刑法對防衛行為過當者採得減主義，以免行為人藉口防衛而加以過當之危害，但對於防衛行為，法官於事後從容論斷以為過當者，往往主犯人在當時，急不暇待，或以為非過當者常有之。且過當之程度，仍有輕重之分，若少有過當，即科以刑罰未免近苛，故本條於減輕後，增入或免除字樣，以便法官裁奪。

防衛過當與誤想防衛之構造

		手段之相當性		效果（成立）
現在不法侵害之存在	手段相當	對侵害者反擊		正當防衛
		對他人發生侵害結果		緊急避難
	手段不相當	有認識		防衛過當
		無認識	事實之誤認	誤想防衛
			相當性評價之錯誤	法律錯誤
現在不法侵害之誤認	手段相當	現在不法侵害事實之誤認		誤想防衛
	手段不相當	有認識		誤想防衛過當
		無認識	事實之誤認	誤想防衛
			相當性評價之錯誤	法律錯誤

二、誤想防衛

㈠**意義**：誤想防衛又稱錯覺防衛，即事實上無現在不法侵害之存在，因行為人內心的錯覺，誤認為有侵害，而採取防衛行為之意。如有人舉手欲呼叫朋友，在旁之人以為要對其毆打，為防衛而出手予以毆擊致傷之情形。

㈡**誤想防衛之情形**：誤想防衛因誤信有符合正當防衛要件之事實，而採取防衛，在法律上有其意義，因此，誤想防衛有下列情形：

1.沒有現在急迫之不法侵害，而誤認為有，而採防衛之情形。

2.誤認有手段相當性（即不超越必要限度）之情形。

3.誤認有現在不法之侵害與手段相當性等兩者之情形。

以上之情形，雖在客觀上並無阻卻違法原因之存在，因行為人之錯誤而誤認為有存在，所以誤想防衛可以認定是屬於阻卻違法原因之錯誤的類型之一。

㈢**誤想防衛與法律評價錯誤**：誤想防衛與法律評價錯誤，兩者有相當之不同。舉例以明之：茲有甲毆擊乙，乙以為是玩具水槍，向甲發射結果，因係真槍，致將甲殺害之情形。此時乙在主觀上對其防衛行為的手段雖認為是在相當性之程度內，但在客觀之事實上係超越手段之相當性之程度時，乃是對阻卻違法性事由該當事實之存在的誤認，故可成立誤想防衛。

至於法律評價之錯誤者，如甲毆擊乙，乙以手槍向甲發射，此時乙雖對發射手槍有認識，只是誤認為其行為係在相當性之範圍內（即自以為未超越相當性程度），而為法律所許可時，此即屬法律之錯誤。

㈣**誤想防衛之實例**：

1.自衛隊丁某乙，守衛部隊，望見鄉丁某甲背槍行近隊部門前，誤認為匪，開槍將其擊斃，尚非有犯罪之故意，惟某乙對於某甲之是否盜匪，原應注意辨認，如當時情形能注意而不注意，則某乙應負過失致人於死之責（37院解3819）。

2.防衛是否適當，應以防衛權存在為前提，若其行為與正當防衛之要件不合，僅係錯覺防衛，當然不生是否過當之問題。被告充當聯保處壯丁，奉

命緝捕盜匪，正向被人指爲匪之某甲盤問，因見其伸手撈衣，疑爲取槍抗拒，遂向其開槍射擊。當時某甲既未對被告加以如何不法之侵害，則被告之防衛權，根本無從成立，自無防衛行爲過當之可言。至被告因見某甲伸手撈衣，疑其取槍抗拒，誤爲具有正當防衛權，向其槍擊，固係出於錯覺防衛，而難認爲有犯罪之故意，惟被告目睹某甲伸手撈衣，究竟是否取槍抗拒，自應加以注意，又非不能注意之事，乃竟冒然開槍，致某甲受傷身死，核其所爲，仍與過失致人於死之情形相當。原審竟認爲防衛過當之傷人致死，於法殊有違誤（29 上 509）。

　　㈤**誤想防衛之處罰**：誤想防衛，一般而言，行爲人在主觀上欠缺不法侵害他人法益之認識，故無故意，應阻礙故意犯之成立，只限於法律有處罰過失犯之情形下，成立過失犯而已。

　　㈥**誤想防衛與緊急避難**：此外，如有現在不法侵害之存在，而行爲人對其採取防衛行爲之結果，並不對侵害者發生效力，而係對他人發生侵害之結果時，也有認爲是屬於誤想防衛之情形。但是這種原來就有現在不法之侵害，並對侵害者展開反擊，與原來並無正當防衛之要件，只因誤認而予反擊之情形不同，此顯與誤想防衛之基本要件不符。因此，如有現在不法侵害之存在，而行爲人對其採取防衛行爲之結果，並不對侵害人而係對他人發生侵害情形時，當可認爲係屬緊急避難，而不應認爲是誤想防衛。

習題：
一、何謂「誤想正當防衛」？如果甲具有誤想正當防衛情形而殺乙，如何論處甲的刑責？（89 特三）
二、依刑法正當防衛之規定，「防衛行爲過當者，得減輕或免除其刑」，其所得減輕或免除其刑者，究係依故意行爲之規定，抑或是依過失行爲之規定而爲減輕或免除？試申論之。（93 公三）

三、防衛過當與誤想防衛之比較

	防衛過當	誤想防衛
意義	事實上有現在不法侵害之發生，因行爲人之防衛超越相當性之限度時，其超過部分，稱爲防衛過當。	事實上無現在不法侵害之發生，因行爲人內心的錯誤，誤認爲有侵害，而採取防衛行爲，稱爲誤想防衛。

阻卻違法	其反擊之超過部分，究屬濫用權利而加害他人，故仍有違法性，因此防衛過當不能阻卻違法。自應就其行爲負責。	防衛對象之事實，現實既不存在，即不具備正當防衛之要件，故其行爲係侵害他人法益之違法行爲，而非阻卻違法之事由。
故意與過失處罰	1.防衛過當是在對事情有認識之情形下所爲之行爲，故成立故意犯。 2.眞實意義之防衛過當是防衛者對自己行爲之過當有認識，所以既無違法阻卻事由之誤認，當無阻卻違法性，也不承認阻卻責任要素之故意。但因客觀上有過當之行爲，如行爲者欠缺過當性之認識時，則非眞正意義之防衛過當，而可分爲： (1)對法律評價之錯誤，此即法律之錯誤。 (2)對事實之誤認，則依誤想防衛以決定其故意或過失。	1.欠缺不法侵害他人法益之認識，故無故意，而成立過失。 2.眞實意義之誤想防衛是在客觀上完全無阻卻違法事由之存在，而誤認爲存在，因此它是對阻卻違法原因之錯誤。其故意之成立與否，因對阻卻違法原因之錯誤的不同見解而有不同意見。 (1)認爲依對事實之錯誤而可阻卻責任要素之故意。 (2)認爲對阻卻違法事由之錯誤，既對構成要件該當性有認識，故屬於法律之錯誤，因此，原則上不阻卻故意。
處罰	防衛行爲過當者得減輕或免除其刑（刑23但）。	原則上既無故意，只限於法律有處罰過失犯之情形下，成立過失犯。

四、誤解防衛

㈠**誤解防衛之意義**：即行爲人對發生之事實，並無誤認，而因誤解法律，自以爲依當時清形，可以依法主張正當防衛者，稱爲「誤解防衛」。誤解防衛係屬法律錯誤之問題。

㈡**誤解防衛之處罰**：因誤解防衛，並不具備正當防衛之要件，當不得主張正當防衛，故仍應負行爲之責。

習題：
一、防衛過當、錯覺防衛與誤解防衛之意義及其處罰，有何區別？（74、77高）
二、正當防衛、防衛過當與錯覺防衛三者之區別及其法律上之效果如何不同？（79高）
三、誤想防衛在刑事責任上的法律效果爲何？（90特身三）

第七節 緊急避難行為

一、緊急避難概念的起源

㈠**緊急避難的觀念源於希臘哲學**：緊急避難的觀念起源於紀元前二世紀希臘哲學家卡爾內雷斯（Karneades），他提出一個問題，就是當坐船在海中遇難沉沒，只剩一塊浮板，而這塊浮板又只能乘載一人，不能乘載兩人以上，因此，如果將他人推入水中而將浮板佔為己有，究竟有沒有問題？他說：「殺身以成仁，雖屬天經地義，但放棄自己的生命以保全他人生命的做法，只能說是愚蠢的行為。」這個例說遂成為緊急避難的最原始理論，法律家將它稱為「卡爾內雷斯的船板」。

㈡**聖經上也承認緊急避難論**：我們翻開聖經，也有類似遇到緊急的時候不為罪的記載：如箴言第六章第三十節「因饑餓偷竊充饑，人不藐視他。」又馬太福音第十二章第一至五節「耶穌在安息日，從麥地經過，他的門徒餓了，就掐起麥穗來喫。法利賽人看見，就對耶穌說，看哪，你的門徒作安息日不可作的事了。耶穌對他們說，經書上記著大衛和跟從他的人饑餓之時所作的事，你們沒有唸過嗎？他怎麼進了神的殿，喫了陳設的餅，這餅和跟從他的人可以喫得，惟獨祭司纔可以喫。」

耶穌的意思是在說明，人在緊急的情況下，也可以不遵守法律所做的規定。古代一般的聖經註釋家認為前述在緊急時所以不受處罰，它的根據是在於「財產的原始是屬於大眾所共有的」理論基礎上。與此相類似的案例，發生於一百年前的法國，即 1898 年 3 月 4 日有位名叫「美娜兒」（Menard）的寡婦為拯救她兩歲幼兒的饑餓，竊取一塊麵包，後來被法官認定是「緊急竊盜」而判決無罪。

㈢**喫人肉的實際案例**：1884 年的夏天，有一艘英國船米紐內特號（Mignonnette）朝澳洲航行途中，突遇狂風暴雨，數分鐘後該船沉沒，只

有船長及 3 名水手幸賴小船及時逃生。但在海上漂流 12 日後，只剩下少量之食物，到了第 18 日所有攜帶之食物已全部吃光，而且連續 5 日一滴水也未進食。這時有一位 17 歲的少年水手，因喝過量的海水染上疾病，虛弱的躺在船上，其中就有一位提議殺這少年以為充饑，但是有人反對而作罷。又過了 2 天始終未發現救助的船隻，這時船長乃下手將他殺害，由大家分喫其肉，經過了 4 天，始被獲救，結果這些人全被帶往審判，並被判死列，但最後以特赦方式，減輕為 6 個月徒刑。

二、意義

　　緊急避難（Notstand）**者，即當緊急危難之際，因避免自己或他人之生命、身體、自由或財產等權益遭受損者，於下得已之狀態下，侵害第三者權利之行為也**。此種行為因係正對正（Recht gegen Recht）之關係，刑法規定為不罰。刑法第 24 條第 1 項規定：「因避免自己或他人生命、身體、自由、財產之緊急危難，而出於不得已之行為，不罰。但避難行過當者，得減輕或免除其刑。」又第 2 項：「前項關於避免自己危難之規定，於公務上或業務上有特別義務者，不適用之。」

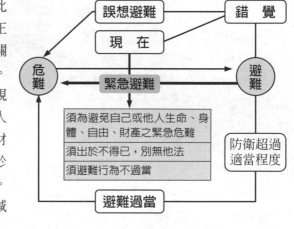

三、本質

　　對緊急避難法律規定不罰之理由何在？其法律性質為何？有三說，我國學者

以阻卻違法說為通說：

㈠**阻卻違法說**：此說認為緊急避難雖非適法行為，但由於法益遭受緊急危難，從保全法益之觀點言，在緊急情況下，非犧牲他人法益，即不能自全，故與正當防衛相同，得為阻卻違法之事由。若避難過當，亦得為減免之原因。

㈡**阻卻責任說**：認為緊急避難，因侵害第三者法益，故為違法，但因無法期待其為適法行為，因此阻卻其責任。

㈢**阻卻違法、阻卻責任之二分說**：即比較法益之大小關係，在保全大或優越之法益而為緊急避難時，為阻卻違法之事由。如係保全同等法益時，因不適用法益優越之原則，雖不得不謂為違法，但只能說是阻卻責任之事由。此為德國學者之通說。

四、要件

緊急避難之要件有：

㈠**須有緊急危難**：緊急危難者，法益受危害，且須有緊急迫切之狀態。所謂「危難」，是指法益受到侵害或有侵害之危險狀態之謂。危難之來源，不論是人為的（如殺人、傷害、車禍等），自然現象（如地震、風災、火山爆發、海嘯等），或物之事實（如動物之侵害，房屋之倒塌等）均包括在內。此與正當防衛之「侵害」不同，在此之危險不限於人之行為。且此緊急危難是由自己之過失，或來自他人均非所問。如實例上謂：「被告雖係依法拘禁之人，於敵軍侵入城內情勢緊急之際，為避免自己之生命危難，而將看守所之械具毀壞，自由行動，核與緊急避難行為，並無不合。其毀壞械具，亦難認為過當，自不應成立刑法第 161 條第 2 項之脫逃罪」(33 非 17)。至於對他人不法之侵害，固得為緊急避難，即對於他人緊急避難行為，亦仍得實施緊急避難以對抗之。如他人在實施緊急危難之際，尚未對自己或他人構成緊急危難，當然不得主張緊急危難，但如對自己或第三人之權利已不形成不法侵害時，自己尚得主張正當防衛以對抗之。但如避難人故意引起危難，以緊急避難行為，達到損害他人之目的，則其行為本質，原實施犯罪計劃之一部分，自應負刑事責任，而

不能認為緊急避難行為。

　㈡**須為避免自己或他人生命、身體、自由、財產之損害**：緊急避難行為，所保護之法益，不以自己為限，即對於他人遭受危難時，亦得主張避難行為。但避難行為所維護之法益，係「正」對「正」之關係，與正當防衛係對不法侵害所為之防衛，即「正」對「不正」之關係者不同：蓋避難行為往往造成無過失之第三人無端受害，故其適用範圍，自應從嚴。我刑法依多數國家立法例，以關於生命、身體、自由、財產四種法益為限。他如名譽、貞操等，則不包括在內。

　㈢**須出於不得已**：所謂不得已，是指超過緊急避難之不得已之程度而言，此雖有下列兩種不同之主張；我國實務上是採補充原則說；而此補充之原則，係以法益均衡原則為前提。茲分述之：

　　1.補充原則說：即除侵害第三人之法益外，別無其他方法可以避免危難之意。實例為：

　　　⑴幫助勒贖，如有不能抗拒之危難，強制而出於不得已之行為者，不為罪，或減輕其刑（5統385）。

　　　⑵緊急避難行為，以自己或他人之生命、身體、自由、財產猝遇危難之際，非侵害他人法益，別無救護之途，為必要之條件（24上2669）。

　　　⑶上訴人殺傷某甲後，背負某乙涉江而逃，行至中流，水深流急，將某乙棄置江中溺斃，其遭遇危險之來源，固係上訴人所自召，但當時如因被追捕情急，以為涉水可以避免，不意行至中流水急之地，行將自身溺斃，不得已而將某乙棄置，以自救其生命，核與法定緊急避難之要件，究無不合，原審認為不生緊急避難問題，尚有未洽（25上337）。

　　2.法益均衡原則：即因避難行為對他人所為之侵害，不得超越所欲避免之受害程度之意。但在實例上並不贊同，如：「在正當防衛被侵害法益之價值不必相等，或輕於因防衛而受害之法益，在緊急避難所救護之法益，其價值亦不必相等，或輕於因救護所損害之法益。」（21院785）

　　蓋我國實務上係採補充原則說。亦即當緊急危難發生時，如可以其

他方法防禦而排除危害，或有可避免損害發生之機會與手段，則均非不得已。倘無不得已之情形，自不得爲免責之原因。

　　㈣**避難行爲須不過當**：所謂「不過當」，即不超越必要程度之意。避難行爲雖以不罰爲原則，如其避難行爲過當時，仍應處罰。至過當與否之標準如何？與前述之不得已有關，在學說上有二說；但本法原則上係採必要程度說：

　　　　1.法益均衡原則：避難行爲所惹起之損害，不得超過緊急危難所生之損害爲限，否則，即爲避難行爲過當。

　　　　2.必要程度原則：即避難行爲是否過當，應就危難當時實際狀況客觀觀其行爲是否必要而定。不問其救護之法益與避難行爲所侵害第三人之法益，是否相等爲標準。

　　㈤**須無公務上或業務上之特別義務**：依刑法第 24 條第 2 項規定：「前項關於避免自己危難之規定，於公務上或業務上有特別義務者，不適用之」。蓋依法令或契約於公務上或業務上負有特別義務者，其本身既以負擔危難爲職責，當然不許其可爲避難行爲，以逃避義務。如公務員服務法第 10 條規定：「公務員未奉長官核准，不得擅離職守。」公務員如遇災害或戰爭，不得藉口爲避難而離職逃亡。又依船員法第 73 條第 1 項規定：「船舶有急迫危險時，船長應盡力採取必要之措施，救助人命、船舶及貨載。」第 4 項：「船長違反此規定者，就自由所採措施負其責任。」故當船舶遇難，船長宣布棄船後，不得藉口爲避難，棄旅客海員於不顧，自己先行避難離船。此外如醫師、護士等，亦不得因避免傳染，而棄病人於不顧。因此凡公務上或業務上有特別義務者，均不得藉口緊急避難而免於刑責。

習題：

一、何謂緊急避難？（40 普、37、43、49、50、51、64、66 高、70、75 特）其構成要件如何？（43、58、80 高）

二、緊急避難法律規定不罰之理由何在？其法律性質爲何？有何學說？試說明之。（80 高）

三、緊急避難行爲究應爲阻卻責任或阻卻違法？試申論之。（64 律）

四、遇他人爲緊急避難行爲，因保全自己或第三人利益，而有所對抗時，

此對抗者之地位如何？（58 高）

五、依我國刑法規定，具有何種資格之人不能適用緊急避難？試併述其理由。（50 高檢）（緊急避難行為阻卻違法有何例外？）

六、緊急避難何以必須是出於不得已之行為？試說明之。（80 高）

七、緊急避難之程度是否過當，應如何認定？又其不罰之理由為何？（72 高）

五、正當防衛與緊急避難之異同

		正當防衛	緊急避難
相 異 點	(一) 手段上	一般咸認正當是法律所賦予之權利，具有以「正對不正」的關係。	緊急避難既非法律所禁止，亦非法律所保護，介於違法與適法之間，乃為法律上之放任行為，具有以「正對正」之關係。
	(二) 侵害性質上	以有他人不法侵害為前提。	以緊急危難之發生為前提。
	(三) 反擊之對象	防衛行為僅得對加害人反擊。	係出於不得已之行為，故無論對加害人或加害物均屬不罰。
	(四) 侵害主體	係對人為侵害之防衛行為。	係對人為之侵害，對自然力以及一切災難之逃避行為。
	(五) 保護之權利	當一切權利被侵害時，皆得行使。	限於對生命、身體、自由、財產四種權利之危難，始得行使。
	(六) 適用上	限於對現在不法侵害所為之防衛行為，如有容忍之義務者，則不得為之。	對於公務上或業務上有特別義務者，不適用之。
	(七) 方法上	為對侵害者積極的反擊行為。	為消極的逃避災難行為，常損及無辜第三者之法益。
	(八) 行使上	對於正當防衛，不得再為反擊，主張再防衛權。	對於緊急避難行為，受損者仍得為對抗之行為。
相 同 點		1.正當防衛與緊急避難同為保全自己或第三人之法益而損害他人法益之行為。 2.兩者均阻卻違法，如未過當，都不處罰。 3.如過當者，均得減輕或免除其刑。	

習題：試說明緊急避難與正當防衛之異同。（40、56 普、39、63、78 高、66 高檢、
　　　52 特甲、70 特、78 司書、90 特警四）

第八節　避難過當與誤想避難

一、避難過當

㈠**意義**：所謂避難過當，又稱避難過剩（Notstandsexzess），是指超過緊
急避難之不得已之程度而言，又可分為下列兩種不同之主張；我國實務
上是採補充原則說，已如前述：

　　1.超過不得已之程度，此為補充原則之欠缺：即除侵害第三人之法
益外，尚有其他方法可以避免危難，而行為人未予採行之謂。

　　2.欠缺法益均衡原則時：即因緊急避難行為對他人所為之侵害，超
越所欲避免之受害程度時。惟此說不為我國實務所採。

㈡**處罰**：避難過當，因不符合緊急避難之要件，故不能認定其阻卻違
法性，但因係在急迫之狀態下所為之過當行為，也有其不得已之苦衷，
故如情節輕微，得減輕其刑，若更憫恕，得免除其列（刑24 但）。

　　又如行為人對避難之過當有認識時，則為真正意義之「避難過當」，
當不阻卻故意。相反的，如行為人對避難之過當欠缺認識時，則屬誤想
避難之情形。

二、誤想避難

㈠**意義**：所謂「誤想避難」（Putativnotstand），即在缺乏緊急避難要件的
現在危難之下，誤認以為有危難發生，而實施避難行為之謂。其特點在
於現在並無危難存在，故此與緊急避難與避難過當均以現在有危難存在
為要件者不同。因此，是對阻卻違法性原因之錯誤。

㈡**處罰**：誤想避難之行為者，在主觀上對現在之危難或對避難行為之
相當性欠缺認識，或對兩者都欠缺認識而成立，故阻卻故意。惟就其行
為有過失時，仍應負過失責任，但只限於法律有處罰過失犯之情形下，
成立過失犯而已。

三、誤想避難過當

㈠**意義**：所謂「誤想避難過當」，係指誤想避難與避難過當兩者之競合。則行為人因誤認有發生現在之危難，而採取避難行為，致發生避難過當情形。

㈡**處罰**：前述情形可分為行為人對過當之事實有認識與無認識等兩種不同情況論述。一般雖認誤想避難並不阻卻故意，但通說仍有區分：

　　1.對過當之事實有認識時，雖可認定可成立故意犯，但從避難過當規定之旨趣言，應有刑法第 24 條第 1 項但書之得減免規定之準用。

　　2.對過當之事實無認識時，則成立誤想避難，當可阻卻故意，並依誤想避難之情形論以過失，如成立過失犯，則以避難過當處理，此時當有刑法第 24 條第 1 項但書之適用。

第九節　自損行為

一、意義

　　所謂自損行為（Selbstverletzung）係自己損害自己法益之行為。又稱為自害行為。自損行為原則上不為罪，即為阻卻違法之事由。凡破壞自己之法益，無論為生命、身體、自由、財產、名譽、貞操、信用，均可自由為之。苟損害自己法益之行為與他人利益或公共法益無直接之影響，法律即無干涉之必要；如其自損行為有侵害他人或公益時，即為法所不許，而不得阻卻違法之事由。

二、自損行為之要件

㈠**須無侵害他人權利之意思**：即以侵害自己之法益為目的，而非以侵害他人法益為目的。

㈡**須未侵害他人權益**：如自損不完全屬於自己之法益，不得阻卻違法，如因墮胎損及胎兒生命（刑 288）。

㈢**須其行為無公共危險性**：如放火燒燬自己所有物（刑 174 II、175 II）。

三、自損行為處罰之學說

　　自損行為應否處罰，學說有三，我國採相對說：

㈠**放任說**：即對任何自損行為，均不予處罰。

㈡**絕對說**：即對自己之法益，絕不許損害，對任何自損行為一律均予處罰。蓋自損行為雖僅損害自己之法益，但個人法益係整體社會法益之一部分，就整個社會而言，此種行為，對社會仍有減損，故應予處罰。

㈢**相對說**：即損害自己之法益，在法律不禁止之範圍內，可不予處罰。如有禁止之規定，則不許有自損行為，否則即予處罰。至於禁止或放任，其標準為何？則以對第三人或公眾有無損害為準。如傷害自己之身體，固不為罪，但如意圖藉此逃避兵役，則應依妨害兵役治罪條例處罰之。因妨害兵役有損及公眾之故。

四、自損行為限制之實例

㈠放火燒燬住宅等以外自己所有物致生公共危險罪（刑 175 II）。

㈡決水浸害自己所有物致生公共危險物罪（刑 179 II）。

㈢決水浸害自己所有物致生公共危險罪（刑 180 II）。

㈣懷胎婦女自行墮胎罪（刑 288 I）。

㈤意圖避免徵集或召集，無故毀傷身體（妨兵 3 ④、4 ②、5 ②、6 ②）。

㈥意圖免除兵役偽為疾病或自毀傷身體或為其他詐偽之行為（軍刑 89）。

㈦施用第一級或第二級毒品者（毒 10）。

㈧處分破產之財產（破 154-156）。

第十節　基於承諾之行為

一、意義

　　得被害人之承諾（Einwilligung des Verletzen），**而為損害其法益之行為，原則上亦得阻卻違法**。羅馬法有「**得承諾不為罪**」之原則。我國刑法雖無明文規定，但從構成要件之解釋上，仍有相當限制。如其行為有侵害國家社會之法益時，不因私人之承諾而阻卻違法。一般咸認因私人承諾而阻卻違法性者，應以不涉及公眾或他人之利益或危險，而只直接侵害

個人法益之犯罪爲限。不過仍須視其侵害法益之種類，以及被害人對該項法益有無任意處分之權，並參酌各該法律之相互關係以爲斷。

二、承諾之有效要件

基於承諾行爲之阻卻違法，應具備下列要件：

㈠**須行爲人有獲得承諾之認識，瞭解承諾之內容**：如誤認有承諾之存在，僅生阻卻故意，而與違法性無關。

㈡**須承諾人具有行爲能力，而其承諾須出於自由意思，始生承諾之效力**：如心神喪失人所爲之承諾，或在被強暴脅迫下所爲之承諾，或出自戲謔或被詐欺，皆不生承諾之效力。

㈢**須在事先或行爲時得其承諾**：事後之承諾或追認，不得謂爲承諾。如被害人事先承諾，嗣後無特別表示變更者，仍屬有效。

㈣**承諾之範圍須以個人有權處理之法益爲限**：即不得逾越被害人承諾之範圍。

㈤**須其行爲不因承諾而有違背公序良俗，或成立犯罪**：如通姦行爲。

三、承諾與阻卻違法

㈠**侵害國家或社會利益之犯罪**：因國家或社會利益，屬於全體人民，非任何人可得承諾。如誣告罪，不僅侵害個人權益，且侵害國家法益，故雖得被誣告人之承諾，向該管公務員誣告者，仍不影響誣告罪之成立。

㈡**殺人罪**：殺害生命之行爲縱得被害人之承諾，不阻卻行爲之違法性。刑法第 275 條規定，受被害人之囑託，或得其承諾而殺之者，處 1 年以上 7 年以下有期徒刑。謀爲同死而犯之者，得免除其刑。蓋謀爲同死者，因情堪憫恕，故得免除其刑。

㈢**傷害罪**：依通說，原則上在一定範圍內，即以不違背善良風俗之情形下，可以阻卻違法。依刑法普通傷害罪爲告訴乃論，如得被害人之承諾而傷害之，被害人既不告訴，自可阻卻違法。但如傷害因而致人於死，或重傷者，則應分別處罰（刑 277Ⅱ），不能阻卻違法。

㈣**墮胎罪**：墮胎縱得懷胎婦女之囑託或得其承諾，亦不阻卻違法。其因而致婦女於死，或重傷（刑 289Ⅱ），或意圖營利而爲之者（刑 290），均須

加重處罰。但如對懷胎婦女因疾病或其他防止生命上危險之必要，得其承諾而爲之墮胎者，應爲醫療行爲之範圍，當即阻卻違法。

　　㈤**強制性交或強制猥褻罪**：此均以未得被害人之承諾爲犯罪構成之要件，但對年幼者之姦淫、猥褻，縱得被害人之承諾，仍不影響犯罪之成立。如對於未滿 14 歲之男女爲性交者，處 3 年以上 10 年以下有期徒刑（刑 227 I），對於未滿 14 歲之男女爲猥褻之行爲，處 6 月以上 5 年以下有期徒刑（刑 227 II），對於 14 歲以上未滿 16 歲之男女爲性交者，處 7 年以下有期徒刑（刑 227 III）或對於 14 歲以上未滿 16 歲之男女爲猥褻之行爲者，處 3 年以下有期徒刑（刑 227 IV）。

　　㈥**和誘罪**：和誘指已得被誘人之同意或被誘人有自主之意思而引誘之，以置於自己實力支配之下。因除有被誘人之同意外，尚須得其家庭或監督權人之承諾始得阻卻違法。此外如和誘未滿 16 歲之男女，則以略誘論（刑 240 I、241 II）。

　　㈦**對財產或名譽之犯罪**：對財產之犯罪，因僅涉及個人法益，如得被害人之承諾，原則上可阻卻違法。但如與公共安全有關，則不得阻卻違法。如得房屋所有人之承諾，而燒燬其房屋，固可不負刑責，但如因其燒毀，致生公共危險者，仍應受法律之制裁（刑 174 II）。

罪　名	行　爲	法　理
誣告罪	誣告他人犯罪	侵害國家刑事司法（有罪）（刑 169）
殺人罪	受被害人之囑託或得其承諾而殺　請你殺我吧！　好呀！	人的生存權不能放棄故獲得被害人之同意，亦不能殺人。（有罪）（刑 275）
傷害罪	得到本人同意而傷害　請你把我的左手砍斷以改掉我賭博的惡習	被害人除同意外，不提出告訴才無罪。

| 墮胎罪 | 得懷胎婦女之囑託或得其承諾而墮胎 | 我討厭這胎兒的父親，請幫我墮胎！ | 爲維持善良風俗，保全公益。（有罪）（刑 289） |
| 強制性交或猥褻 | 16 歲以下女子之同意而性交 | | 對未滿 16 歲之男女爲性交或猥褻之行爲者，就是得到對方之同意仍爲有罪（刑 227） |

刑法（舊）第 227 條第 1 項姦淫 14 歲以上未滿 16 歲之女子罪，係因年稚之女子對於性行爲欠缺同意能力故特設處罰明文以資保護，其父之同意不能阻卻犯罪，亦無刑法第 16 條但書後段所定免刑之適用（63 台上 3827）。

四、推定承諾的行爲

譬如電錶的抄錄員在全家外出時，進入家內抄錄電錶，雖無被害人之承諾，是否可依推定承諾之行爲，而阻卻違法？所謂「推定承諾」者，一般有兩種定義：即「如當事人了解事情的狀況，即可推定可能會承諾。」或「現實雖無被害人自身之承諾，但依當時之情形，客觀而合理的判斷，如被害人了解事情的狀況，即可以推定當然會承諾，並依被害人之利益而行爲。」故此對推定承諾的定義就有兩種不同。

㈠推定承諾有無之判斷：從上述之定義，即可知推定承諾有兩個不同之判斷方向：

1.主觀說：推定的同意係補充並代替實際之同意，因此行爲之際，本人內心實際的想法才是判斷之標準。如果不從被害人主觀的立場思考，而是從客觀上一般人在那種情形下可能會同意等爲判斷之基準，即已欠缺同意之問題，而是事務管理或緊急行爲之問題。

2.客觀說：同意之推定不應從被害人主觀的方向爲判斷之標準，而應從客觀的標準而推定同意。即在現實無法獲得被害人同意之具體狀況下，深切考慮人應該採取何種適切之行爲，並考慮被害人利益之適切行爲的違法阻卻爲判斷之基準。

　　舉例：平日出入非常方便，依通常之目的進入屋內雖可預想可得承諾，但不能認爲以強姦爲目的而進入屋內也承諾①。

　　㈡**推定承諾合法化行為的要件**：在實質的違法性論內，採社會相當性說者認爲，使被害人承諾達成合法化之要件，即應包括行爲之目的、及其方法，應具有社會相當性始可。

習題：何謂被害人之「推測承諾」（或稱「推定承諾」），其成立有何要件？在犯罪行為的審查上，倘有被害人推測承諾，會發生什麼影響的認定？（88 升簡）

第十一節　治療行爲

一、意義

　　所謂治療行為（Heibehandlung），**是指醫師或非醫師基於為病患治療之目的，實施醫學一般所承認之方法而傷及人體，原則上應經本人或至少須其監護人之承諾為必要**。此項行爲，本應列入業務上之正當行爲來探討，但因現代醫學發達，爲病人治療，涉及甚多法律問題，如試管嬰兒、人體器官移植、醫學之研究實驗等問題，僅由業務上正當行爲已難概括，故另列專節討論。

二、治療行爲之要件

　　適法之治療行爲，須具備下列要件：

　　㈠**以治療為目的**：爲保持並促進病患之健康，實施以治療爲目的之行爲，此當包括麻醉、手術等在內。

　　㈡**醫學的適應性**（medizinische Indiziertheit）：即爲治療目的之唯一或最好的方法，其處置是對病患之身體最有利者，而對此之判斷應在事前爲之。

　　㈢**醫術的適正性**（medizinische Kunstgerechtigkeit）：即其處置須依照醫術

---

① 日本最判昭 24.12.13 裁判集刑 15-325.

的準則（legeartis）適正的實施。治療行爲有一定的方法，非常嚴謹，比如問診、檢查、判斷等。醫生問診之後開始檢查，使用各種方法和儀器，如果無法確定病因，自然不能動手治療，有時尚需邀請多位專家一起會診，不能隨便開藥，更不能隨便動手術。

四須病患或監護人之同意：每一種醫療行爲必須經過病患的同意，開藥也是一樣。此時如病患欠缺同意之能力，就應獲得監護人之同意，無監護人時，可將推定之同意代表本人之同意。如無病患之同意，就不允許醫師爲任何治療上或醫學上之目的，做必要而適切之處置，此點已無異議。蓋是否接受治療，應由病患自行決定。此種自我決定權之法律依據，在德國是依據基本法第 22 條第 2 項：「人人有生命與身體之不可侵犯權」，在我國爲憲法第 15 條人民有生存權及第 22 條其他自由及權利之保障規定。其他如刑法均對個人身體法益之保障有詳細之規定。

1.醫生有說明的義務：要得到病患有效之同意，醫師就要告訴病患疾病的輕重，被細菌感染的程度及危險性，有無緊急性，因治療而需要侵害之對象及其範圍，治癒的可能性，副作用之危險，及所感染疾病之病名等。這些都要由醫師詳爲說明。如未盡說明之義務，其同意應爲無效。

2.病患的同意能力：醫師的說明也往往因病患的知識、人格、年齡等程度而有異；知識程度愈高，醫師當需更詳細的說明。在動手術之前，病患就須簽手術同意書和麻醉同意書，有時醫師在手術時會比原先預料時多動一些，這是不合法的，必須要先徵得病患同意。所以，醫師不只要說明，更要詳細地說明。日本有一個病例，病人舌頭有毛病，醫生說要用燒的，但手術中醫師發現用燒的不夠，索性把病人的舌頭切掉，以治療病情，結果病人控告醫師，而且勝訴（秋田地裁大曲支制 48.3.27 判時 718號，第 98 頁）。

三、病患之病歷表

病歷表又稱爲病歷卡，即醫師自診療開始至治療終止，對病患診療時記載有關事項之文書。即醫師之診斷，選定治療方式與內容。對病情

之變化及其因應方式等均應一一記載，以便追蹤決定未來的治療方式及確定責任歸屬。依醫師法第 12 條規定：「醫師執行業務時，應製作病歷，並簽名或蓋章及加註執行年、月、日。前項病歷，除應於首頁載明病人姓名、出生年、月、日、性別及住址等基本資料外，其內容至少應載明下列事項：㈠就診日期。㈡主訴。㈢檢查項目及結果。㈣診斷或病名。㈤治療、處置或用藥等情形。㈥其他應記載事項。病歷由醫師執業之醫療機構依醫療法規定保存。」依醫療法第 48 條規定：「醫院、診所之病歷，應指定適當之場所及人員保管，並至少保存十年。病歷內容應清晰、詳實、完整。醫院之病歷並應製作各項索引及統計分析，以利研究及查考。」

此外，依護理人員法第 25 條規定：「護理人員執行業務時，應製作紀錄。前項紀錄應由該護理人員執業之機構保存十年。」

四、專斷的治療行為

所謂專斷的治療行為（eigenmachtige　Heilbehandlung），是指醫師沒有得到病患的同意而擅行治療行為之謂。其法律責任為何？有下列學說：

㈠**治療侵犯傷害說**：治療侵犯（Heileingriff）本身就相當於傷害罪之構成要件，只因病患之同意而阻卻違法性，此自 1984 年帝國法院之判決（RGSt. 25, 375）以來，就成為德國之判例。贊成這種學說之代表者為鮑曼（J. Bumann）、耶士克（H.H. Jescheck）、柯哈士（M. Kolhaas）及邵亞（W. Sauer）等人。如依此說，專斷的治療行為應該是構成醫療傷害，但實際上只是以過失犯處理，所以被認為理論上仍有缺失。

㈡**治療侵犯非傷害說**：但德國在學說上較具支配性者認為，為了病患之健康而做適切之治療侵犯，並非侵害身體之利益，因此不能認為是傷害。此說又可分為兩種不同論點：

1.成功的專斷治療行為：傷害的概念有二：即生理機能障礙說與身體健康毀損說。而對疾病之治療行為，如將其看做是為治療疾病所採取之統一行為，其所侵犯之手段，乃為回復病患之健康不可或缺之救助行為，等於是與傷害相反的行為，所以此種為治療而對病患之侵犯，如由

部份或一時而觀察，雖有侵犯之外表，但從整體與連續性觀察，只不過是生命身體之救助行為，與傷害罪之構成要件在社會性與法律性上仍有不同。因此，如專斷的治療成功，而使病患回復健康時，就不應再認為有侵害病患之法益。

2.失敗的專斷治療行為：如專斷的治療行為失敗，致病患健康惡化或招致死亡之結果時，可能引發過失傷害或過失致死之問題。如其失敗是由於欠缺醫學之適正性，就構成醫療過失，而其治療之侵犯與不良結果之發生，均將成為傷害之原因。不過至今在刑事裁判上尚無類似之判例產生，只是在外國之裁判中，當外科手術未得病患之同意時，認定係對人格權之侵害，而判決支付慰撫金之案例。一般學者認為有明顯之違背病患意思而實施手術時，應構成傷害罪，也就是要取得刑法上適法之治療，就必須有病患之同意，乃成通說。更何況是失敗之治療，當更難避免過失犯之構成要件與違法性矣。

五、美容與醫療

在美容整形方面又和治療行為不同。美容不是有什麼病痛，也沒有緊急性，因此萬一發生錯誤，醫師多半不能阻卻違法而要負刑事責任。不過，醫師可以拒絕不必要的美容手術，而且也可事前做充分的準備和治療，因此，美容必定要求事先的同意，刑法上對於「同意」有很多種，屬於告訴乃論，如果這個「同意」只是有關「生命危險」方面，必須要下清楚的定義，如此，萬一發生意外而死亡，醫師才可免除刑責。

第十二節　安樂死

一、意義

安樂死（Euthanasie）者，即對現代醫學已無法治療並瀕臨死亡之病患，因不能忍受病痛，基於本人真摯的要求，為減少其痛苦，縮短或提前其死亡，使病人安樂的脫離病苦之謂。一般稱為安樂死有下列三種態樣：

㈠爲緩和其痛苦而注射麻醉藥劑，因其副作用縮短生命之情形。

㈡任何延長病患之死亡期日所爲之處置，除了延長其痛苦外，沒有其他意義時。

㈢藉切斷病患之生命，以減除其痛苦之情形。

以上三種情況，前兩種幾乎能爲一般所接受，而認爲具有違法阻卻事由。問題乃發生在第三種情況，即基於倫理道德，生命之神聖性，生命乃神之所創，任何人無權予以剝奪等宗教信仰之立場、以及安樂死之合法化無異是頒發殺人之執照等理由，堅決反對安樂死之存在，使安樂死之立法遭遇阻礙。

二、國外判例

日本名古屋高等法院曾於昭和 37 年間，於判決書中，認爲只要具備下列六條件，即可阻卻安樂死之違法事由：

㈠病患已罹現代醫學之知識與技術所不治之病，且已面臨死亡之時。

㈡病患極端痛苦，任何人所不忍睹者。

㈢完全以緩和病患之痛苦爲目的而爲者。

㈣病患之意識尚清楚，而能表達意思時，應有本人眞摯之囑託或承諾。

㈤以由醫師之手實施爲原則，否則應有不能由醫師實施之特別理由。

㈥其方法在倫理上具有安樂死之相當性時。

三、尊嚴死與辭退死

㈠**尊嚴死**：因腦血管障礙或交通事故，致頭部受傷，或因腦腫傷以致成爲「植物人」之重症病患，在今日的社會已逐漸增多，對這些病患拆除其維持生命之裝置，在保持其尊嚴的情形下，使其自然的死亡，乃成今日社會探討之中心，美國有一個案例，一位女孩因車禍而變成植物人，其父母要求醫生拔掉她的呼吸器而法院同意了。這種尊嚴死，因係事前請求縮短生命，所以不屬於刑事案件。

㈡**辭退死**：對於末期的老人病患，就是使用現代的醫療設施，也只有延長其死亡之期日，不如完全放棄這種無用之措施，讓其自然的死亡，此稱爲「辭退死」。因一般之治療行爲附隨著義務，所以不得於中途終止

治療，但如遇到特殊之情形，為免除其義務，是否可以辭退醫療行為，不無問題？此或為今後刑法應予探討之問題。

四、我國法制

在我國因刑法第 275 條規定，對於教唆或幫助他人使之自殺，或受其囑託或得其承諾而殺之者，處 1 年以上 7 年以下有期徒刑。因此對於安樂死尚不能認為阻卻違法，只是可作為刑法第 57 條量刑斟酌之參考而已。

第十三節　自救行為

一、意義

所謂自救行為（Selbsthilfe），係指當權利受侵害時，因事出非常，如依國家所定法律程序請求救濟，其權利即無法恢復、或不可能或難以恢復時，行為人以自己之力量，實現其恢復之行為。關於此點因現行刑法無明確之規定，其違法性能否阻卻，不無問題？

自救行為雖亦為緊急行為之一，但自救行為係對過去違法侵害所為之行為，蓋無現在不法之侵害，故與正當防衛不同，又因其無急迫危難之發生，故亦與緊急避難有異。

二、自救行為與阻卻違法

自救行為可否阻卻違法事由？有肯定與否定說。**我國實例採肯定說：**

㈠**肯定說**：大部分之學說咸認自救行為之要件應嚴格規定，但其行為乃為法律所允許。並認為，在近代法治國家，私人權利受侵害時，固然應請求由國家機關實施救濟，但在現實上往往無法期待國家機關之法律保護能迅速而有效的實施。如法諺所云：「遲到之正義，乃否定正義。」在此情況下，允許被害人自身為權利之救濟，從法之自己保全之觀點言，乃為當然之道理，在此意義下之自救行為，則可解釋為阻卻違法事由之一。

㈡**否定說**：如容許自救行為可隨意成立，不啻是肯定以實力來支配社

會秩序，易誘發暴力橫行，有紊亂法律秩序之虞。又如在竊盜現場被害人之追蹤取回贓物，或對要求其退去仍留滯者以強制力強迫其退去等行為，可依對不作為之侵害所採之正當防衛即可解決，當毋需另創自救行為以為處理。

(三)**結論**：當然，如放任私人之實力救濟無限制的行使，將復歸至原始社會而為叢林法則所支配。殊與以維護正義為任務之近代法治國的理念有違。但在現實的社會，遇有緊急情形時，並無法期待國家機關之迅速而有效之救濟，也是事實。此時如完全不允許被害人自身為權利之救濟，反而將使法律變成袒護不正義之一方，並使一般國民喪失對法律之信賴感。因此，禁止自救行為，可以說是違背法治國家之目的是在實現正義之理念。又如被害人欲從竊盜犯人取回贓物時，只要占有已完成移轉，侵害行為就已終了，其後只可能為違法之侵害狀態的繼續，在理論上，自不得成立正當防衛，但從刑法第 329 條之事後強盜罪之規定，已預定被害人有從竊盜犯人取回贓物之行為，故從現行刑法言，已認定自救行為之存在。

三、自救行為之要件

自救行為之阻卻違法，刑法雖無規定，但從刑法第 329 條規定之內容，已蘊含自救行為之意旨在內，而民法總則於第 151 條有規定：「為保護自己權利，對於他人之自由或財產施以拘束、押收或毀損者，不負損害賠償之責。但以不及受法院或其他有關機關援助，並非於其時為之，則請求權不得實行，或其實行顯有困難者為限。」又民法物權第 960 條規定：「占有人對於侵奪或妨害其占有之行為，得以己力防禦之。占有物被侵奪者，如係不動產，占有人得於侵奪後，即時排除加害人而取回之。如係動產，占有人得就地或追蹤向加害人取回之。」故如行為人符合民法規定所為之行為，在刑法上自不負刑責。茲分述自救行為之要件如下：

(一)**須權利受不法之侵害**：即不問權利是否正受侵害後，或已經過相當之時間，只要有被侵害之事實存在即可。

(二)**須為保護自己之權利**：此被侵害之權利是限於自己之權利，如為他

人之權利，則與自救行為是在保全自己權利之本旨相違。此亦與正當防衛及緊急避難行為，可及於他人權利者不同。

㈢**自救行為之必要性與急迫性**：自救行為是無法期待國家機關之迅速及有效之救濟所採之行為，亦即不及官署援助，並非於其時為之，其權利則不得實行，或其實行顯有困難者為限。

㈣**行為之相當性**：即行為人之自救行為須不逾越保護權利所必要之程度，始得阻卻違法。即其回復權利行為之方法與程度，應符合補充原則與法益均衡原則（惟此點尚有爭論）。蓋自救行為之大部分是「正對不正」之關係，因此有謂不必將要件規定得過於嚴格，只要準用正當防衛所要求之行為的相當性即可肯定自救行為之阻卻違法事由。

自救行為之適例

四、實例

我國在實例上是肯定自救行為得阻卻違法事由，如：

㈠扣他人貨物抵價，如無所有之意思，又無強暴脅迫之行為，不能構成犯罪（19 院 386）。

㈡查民事當事人為保護自己權利起見，如果不及官署援助，並非於其時為之，則請求權不能實行或實行顯有困難時，對於他人財產得施以押收，此為自力救濟之方法，在刑法上即不負犯罪責任（19 上 462）。

㈢被告因上訴人欠債未償，隱匿財產，遂搬取其財物，聲請假扣押，完全為保全債權之行為，並無不法所有之意圖，即使形式上類似掠奪，要與刑法第 325 條第 1 項之意思要件顯然不符（28 上 2782）。

第十四節　義務之衝突

一、意義

　　所謂義務衝突（Pflichtenkollision），**即行為人有不能相容之複數的法律上義務存在，因行為人無法同時履行全部義務，而只履行其中之一者，對於未履行之部分，不予處罰之謂。**此所指之「義務」，並非具體的對行為者現實所課之義務，亦非從整體之法律秩序的觀點所指之義務，而是從個個之法律領域所產生之義務，在此意義之下，它是一種抽象之概念。

二、法律性質

　　在義務之衝突，如履行義務之順序相當明確，即優先之義務自然拘束行為者使其優先履行，如此即類屬依法令之行為，當無本文另行探討之必要。但如互相衝突之義務，其順序不明確，具體上須行為人對複數義務加以衡量何者應優先履行時，始為本文探討之對象。關於義務衝突之法律性質，其學說有三：

(一) **法益衝突說**	義務之衡量與法益之衡量具有相似之構造。如將義務認為是為奉獻某種法益而存在，即刑法上意義之義務衝突可以將它當做法益衝突之特殊情形來瞭解。
(二) **緊急避難特殊情形說**	認為解決法益衝突在法律原則上最具代表性者，即為緊急避難，所以義務衝突，可以將它當做緊急避難之特殊情形來瞭解。
(三) **與緊急避難不同說**	一般學者常將義務之衝突，當做緊急避難之特殊情形來瞭解，但在緊急避難之避難行為，必是作為之行為，而在義務之衝突，其放棄之義務，乃係因不作為而怠忽所造成，又在緊急避難，如避難者願意忍受危難，即可不實施避難行為；但在義務衝突，即行為者在法律上被要求應履行全部義務者。因此，兩者在概念上有所不同，而須明確區分。

三、違法阻卻要件

　　義務衝突係構成違法阻卻之要件者如下：

　　(一)**應考慮義務之性質**：在多種義務之衝突下，某種義務之未被履行，

其所以仍具違法阻卻性質，乃是行為人所履行之義務必為法律上義務。但此所謂法律上義務不一定要法令有直接之規定，如有習慣或法理上之依據而形成之義務，只要是法律上認為得強制履行之義務即可。至於超實定法上之義務或自然法上之義務，是否得構成違法阻卻事由，惟此乃是抵抗權之問題，應屬憲法之領域，不在此論述。

㈡**從原因上言，無可歸責於行為人時**：即一旦陷於義務衝突時，行為人必須依照法律秩序所定而行為為其義務，此時，如該義務之衝突，非由行為人所引起，當不可歸責於行為人而具違法阻卻性質，惟對於因行為人之故意或過失而引發義務衝突者，得準用自招危難之情形，其行為自應解為違法行為。

㈢**義務衡量之原則**：相衝突之多數義務的優劣，在具體上，應從整體法律秩序之觀點來衡量決定之。然而不作為義務乃是一般為保護法益所課之義務者，至於作為義務是為保護特殊或陷於危險情況之法益，對特定者所課之義務，兩者都是為保護法益而設，是故，義務衡量實際也是以法益之衡量為基礎。因此，與緊急避難相類似之理論乃應運而生。即在衡量義務時，應對法益之大小，危害法益之程度與急迫性，得救濟之可能性，與行為人負擔之程度等一併考慮，此點即與單純之法益衡量有所不同。義務衡量之學說有三：

　　1.採緊急避難之法律性質的二分說：在現實上應選擇較高價值之義務，或在同價值之義務中選擇其中一項履行。但決定義務高低大小雖是相當困難之課題，惟可針對違反義務所侵害之法益，義務履行之急迫性等加以考慮，從客觀性之法律秩序的立場來決定義務履行之先後。如違反義務所侵害之法益為生命或身體時，譬如父親必須同時救助兩個溺水的小孩時，則與緊急避難之阻卻違法與阻卻責任之二分說的理論相同地，認為係逾越義務衡量之阻卻違法的界限，可以視為係期待不可能之阻卻責任的問題。

　　2.法益衡量之原則：比較義務之大小，為履行較高、較重要之義務，如有違反較低之義務時，其行為得阻卻違法。

　　3.法益均衡原則與客觀上期待可能性一併考慮：即對照法益均衡之

原則，以判斷相衝突義務之優劣，此時雖應基於法律秩序之客觀性的觀點，具體的個別的加以分析考量，但有時仍應從客觀的期待可能性之立場，依一般平均人當其不履行另一義務時，能否期待其作其他適法之行為，以判斷義務之優劣。

四、違反義務衡量原則時

行為人違反義務衡量之原則，只履行輕的義務而不履行重之義務時，為違法行為。但不能期待行為人履行重之義務時，即可阻卻其責任。

義務衡量雖須從法律秩序之立場客觀為之，但為維護行為人個人主觀性較高之法益，在客觀上違反較重之義務時，即可從期待可能性之方向來探討較有實益。只是將期待可能性之標準放在平均人時，往往會發生行為人雖違反義務衡量原則，但卻無法期待其為合法之行為。此由於義務衡量在基本上站在行為人本人之立場來考慮之故。

五、義務衝突與緊急避難之區分

一般學者常將義務衝突視為緊急避難之特殊情形來了解，但如仔細分析，兩者仍有不同：

	義務衝突	緊急避難
(一) 意義	即行為人有不能相容之複數的法律上義務存在，因行為人無法同時履行全部義務，而只履行其中之一者，對於未履行之部分，不予處罰之謂。	即當危難之際，因避免自己或他人之生命、身體、自由或財產等權益遭受損害，於不得已之狀態下，侵害第三者權利之行為之謂。
(二) 作為與否	義務衝突其放棄之義務，係因不作為而怠於行使所造成。	緊急避難之避難行為必是作為行為。
(三) 履行或忍受	在法律上係要求行為人應履行全部義務，而因行為人之能力所不及，只能履行其中一個所造成。	如避難者願意忍受危難，當可不實施避難行為。
(四) 實例	救生員眼見兩泳客行將溺死，而不可能同時救起兩人，因而只救其中一位，遂致另一位因無人救助而溺死，則不負責任是。	船遭海難，兩遊客同在水上漂浮，見一浮板，其中一人搶到浮板，另一人則遭溺死是。

習題：試闡明超法規阻卻違法事由中的「義務衝突」的要件。（89 警升）

第十五節　可容許之危險

一、問題之緣起

　　在當前世界科技發達之時代，無論礦場、工廠、土木建築等生活必需之物質生產活動，電氣、瓦斯等物質供給事業，鐵路、航空、海運或汽車等交通事業，關係生命或維護健康之醫療手術或救助作業，科學實驗、體育運動、或為提供大眾娛樂所設之職業運動或馬戲團等，在從事這些工作或進行這些活動時，可能會帶來新的法益侵害的危險性。但人類生活文明是只有向前推展，不能因其具有危險性而禁止這些事業的經營或活動，或輕言放棄。所謂「禁止所有危險，社會即將靜止」，為使這些活動能有效進行，必須講求適當之方式，使其侵害法益之危險性減至最低，但事實上是絕無可能將其危險性完全排除，就是再度強調其安全性，亦有可能損失其行為之有用性，因此「適度之危險」或「可容許之危險」（erlaubtes Risiko）乃成為問題。

二、意義

　　所謂可容許之危險，是指為達成社會生活上有用且不可或缺之目的所為之行為，將無可避免地會附隨著法益侵害之危險。蓋由於其行為對社會之有用性，就是發生法益侵害之結果，在一定範圍內也容許其存在之謂。又為迴避危險之發生，並要求行為人於行為時必須採取必要之危險預防措施，並監督其有效執行。亦即人類在社會生活中，就是行為人已盡必要之注意，而仍難免發生危險，此即所謂「適度之危險」；換言之，這種危險不過是社會相當行為之一，如與過失犯相關聯來討論，可以認定是屬於社會生活上必要注意範圍內所為之行為。

三、違法阻卻性

　　在此即可預見之危險行為如發生侵害法益之結果，應負擔何種刑事責任乃成問題。如主觀上，行為者對結果之發生應注意並能注意而不注

意或當然應有認識，而客觀上，其行為有附隨法益侵害之事實時，在責任條件上，應認為有過失或未必之故意，當應成立過失犯或未必故意之故意犯，因此，就應設法創設例外之規定，以為補救。亦即，如行為人對犯罪事實有認識或有預見，以致停止從事危險行為時，將會使行為者與社會大眾蒙受極大之損失，此時原可認為此種行為應欠缺責任，如今則應更進一步否定其行為之違法性，乃本件之法理所在。

如該行為對社會有用、對社會有益或不可欠缺時，就是有現實之危險存在，在一定範圍內也應認定其具有違法阻卻性質。這時，應認為該行為具有社會之相當性。所以可容許之危險，應屬違法阻卻事由之一。為了維護較優越之法益或較高層次之目的，而欲容許法益侵害之情形時，如其行為附隨有緊急性，當可適用緊急避難之規定，除此之外，亦可適用可容許之危險的法理，才是妥當。

可容許危險之法理，原是從過失犯之成立範圍而展開，從事危險行為者，為了防止結果之發生，當應令其負擔相當之注意義務，惟如行為人已遵守注意義務，並採適合時宜之行為，則不論其發生何種結果，其行為都應認為具有社會之相當性。因此可容許之危險的法理，不僅可構成過失犯之違法阻卻事由，並確定故意犯，尤其是未必之故意的界限，有相當重要之作用。譬如醫師在為病人診療時，從其病情上判斷，雖確信可能不會成功，但在將死馬當活馬醫的情形下，冒險施行手術，並期待萬一成功時，就有治癒之可能，此將在形式上雖具有未必之故意，但如不成功就處以殺人罪時，勢將造成社會之困擾，所以法律應對此種危險有容許之餘地。

第十六節　勞動爭議行為

一、爭議行為之刑法意義

我國勞資爭議處理法第 8 條規定：「勞資爭議在調解或仲裁期間，勞工不得因該勞資爭議事件而罷工、怠工或其他影響工作秩序之行為。」從反面解釋，即非在調解或仲裁期間，勞工自可實施罷工、怠工或其他

影響工作秩序之行為。此即勞動鬥爭權之法源依據。原來在我國憲法中，雖不如外國有勞動者之團結權、團體交涉權及爭議權之規定，但依我國憲法第 15 條有生存權、工作權與財產權之保障規定，事實上此三權從立體之架構言，以生存權為人民之最主要基本權，此不論資方或勞方均得享有之，至於其下之工作權則屬於勞方，而財產權則屬於資方。所以資方在財產權之下，有財產所有與企業經營權，而勞方為保障其工作自應享有團結權、團體交涉權與爭議權，所以勞資爭議處理法乃賦予勞方有罷工、怠工或其他影響工作秩序之行為。但國家為維持生產秩序及社會之安全，自可依勞資爭議處理法第九條之規定實施強制調解或仲裁。因此勞方之爭議行為如有觸犯刑法，是否阻卻違法？乃為本文之重點。

二、意義

所謂勞動爭議行為，指勞工以工會為主體，集體與資方交涉，並採取罷工、怠工或其他影響工作秩序之行為為手段，對資方施加壓力，以達成修訂或重訂團體協約之目的之謂（勞爭 8、35 II）。

三、違法阻卻性

勞動爭議行為之正當性，除了憲法第 15 條之規定外，勞資爭議處理法第 8 條已有明文保障，所以是勞工正當權利行為之一，而得阻卻違法。此一理論，亦為近代各大陸法系國家的刑法所採認。

四、正當性判斷之標準

正當性之範圍應考慮爭議行為之目的的正當性與手段方法之相當性，為了達成正當之目的，其所採取之爭議的手段，只要社會認為具有相當性之程度即可。至於違法性之判斷，仍應衡量受刑法保護之市民的權利，與勞方之勞動爭議權兩者能兼顧而獲得均衡始可。茲分述之：

㈠**目的之正當性**：所謂目的之正當性，指以提升勞工之經濟地位為目的所為之行為，即應認為有正當性。就是帶有政治目的之爭議行為，只要以提升經濟地位為主要目的，而附隨有政治性質時，從目的之觀點言，應認為適法行為。

　㈡**手段之相當性**：欲從手段之相當性上探討勞工之爭議行為是否具有違法性並非易事。蓋如爭議行為有逾越相當性之範圍時，仍有可能適用期待可能性之理論，也可視其情節，而適用防衛過當，或避難過當之行為的可能。可罰的違法性理論也可供論者為主張之依據，下列兩種理論只是供問題判斷之參考：

　　1.目的說：縱使爭議行為之目的是合於正當性，但其方法及手段不符社會之相當性時，亦應認為違法行為，一般而言，爭議行為在性質上，以合於一般社會所容認之程度為限。如由罷工而導致妨害業務之情形，因罷工之通告，而造成資方內心之恐懼，或因罷工行為以獲得工資的提升，在罷工行為中對資方有公然侮辱等言行，只要符合社會一般所容認之相當性程度，即不得認為有暴力妨害、恐嚇、脅迫或侮辱等違法之罪責。

　　2.法益衡量說：關於手段相當性之判斷，除了必須注意非使用該手段無法達成正當之目的外，尚須權衡因採取該行為所獲得之勞動權益，與因該行為而導致有犧牲市民法益之情形時，兩者是否平衡？如果兩者相等，即可認為具有相當性，而得阻卻違法。

第四章　責任論

第一節　責任概說

一、責任之意義

責任一辭，通常用在「令其負適當之責任」等情形，即對於某種反價值行為之發生，可加以指責或非難，或者本人對此指責或非難予以忍受承認之情形。即犯罪之所以成立，僅賴犯罪者之行為在客觀上符合構成要件，並具有違法性，仍嫌不足，如對其行為仍無法譴責或欠缺責難可能性時，就無法科以刑罰，此即責任問題。**因此所謂責任，係指對違法行為者，得加以譴責或責難，並有據以處罰之主觀條件存在，才是責任**。換言之，一定之事實雖已具備構成要件之合致性及違法性，如不能歸責於行為人時，其犯罪仍不成立，此種歸責可能性或非難可能性，即為責任。有責任乃為科刑之前提，法諺云「無責任則無刑罰（Keine Strafe ohne Schuld）」。譬如偷取商品是違法行為，當然可以責難，但如這是 8 歲小孩所為，就無法加以責難，而不能成為刑罰的對象。

8 歲小孩到便利商店竊取飲料

二、責任之本質

責任因其所依據之基礎及構造之不同，而有各種學說之對立：

㈠**道義責任論與社會責任論之對立**：責任之本質首先是主張對於犯罪行為應從道義上加以非難的道義責任論，與具有危害社會之危險性格者應受社會防衛處分之社會責任論兩者的對立。茲分述之：

1.道義責任論（moralische Schuld）：此乃古典學派所主張，認為犯罪者乃具有自由意思之人類，依其意思而為一定之行為，並發生一定之犯罪結果，對此行為與結果，由道德觀念而為評判，令其負一定之責任。

蓋道義責任論係從行為人為惡之意思去責難，以自由意思為責任基礎，故其責任根據在於意思責任論（行為責任論）。因此，此意思責任包括：⑴辨別是非之能力，⑵行為時須具有意思之自由，⑶犯罪時須具有故意或過失之意識作用。因此如精神病人、幼年人，或非出於故意或過失之行為，因不合上述之要件，其行為均不成立犯罪是。

2. 社會責任論（soziale Verantwortlichkeit）：此乃實證學派所主張，認為某種行為因有害於社會，社會為求保全，防衛自身，乃對侵害者科以一定刑罰之制裁，此乃社會共同生活的必要措施。此說否定自由意思之存在，而以社會之侵害為責任之基礎。換言之，其責任之根據係認為犯人因具有侵害社會之危險性格，社會對於具有此種性格者，須予以自衛，而其防衛手段即為刑罰。此說認為刑事責任之根據，並非各個行為，而在於行為人之社會的危險性格，故其責任根據在於「性格責任論」。

3. 人格責任論（Persoenlichkeitsschuld）：首先責任雖為意思責任、行為責任，但在犯人之危險性格中，其由於自己之經驗，而後天形成之性格，因可為責難之對象，乃稱為人格形成責任。因此意思責任與人格形成責任兩者之綜合，即稱為人格責任。此說重在行為人之主體的人格，以道義責任論之基礎並採社會責任論之主張，綜合性地試圖理解責任之本質。

㈡**從心理責任論到規範責任論**：因刑法上之責任為處罰行為人之前提，故一派認為應只以行為人之一定的心理事實（犯罪事實之認識）為依據之「心理責任論」，與另一派之主張，以為應將心理的事實結合規範的立場來了解等兩者之對立。茲分述之。

1. 心理責任論（psychologische Schuldauffassung）：此說認為責任之實體，係行為人對自己行為之心理關係。即將責任從行為人之心理狀態的故意與過失來了解。也就是從一定之心理上的有無來思考責任之立場，稱為心理責任論。換言之，此說認為責任者，係在確定行為人對自己行為之心理狀態，而此心理狀態可分為結果之認識（預見）與其認識（預見）之可能性，前者稱為故意，後者即稱為過失。由此認為故意與過失為責任之種類或形式。即只要責任能力者，具有結果之認識（故意）或

有認識之可能性（過失），責任即能成立。對此說認爲：(1)故意與過失對結果之心理關係雖有共通之處，但是無認識之過失並不能認定具有此心理關係。(2)過失是應具有認識而未加認識爲其本質，並不能承認與故意同具有心理上之事實，因此無法統一的認定在責任的類概念中。(3)從心理的事實並不能直接的作爲非難可能性之價值判斷，以說明責任問題。這些批判都足以認定心理責任論並不能完全正確的把握責任的本質，故已不爲大家所支持。

　　2.規範責任論（normative Schuldauffassung）：此說蓋爲消除道義責任論與社會責任論之對立，而成立之學說。此說認爲責任並非結果之認識（預見）或其可能性等心理上之事實，而是事實（心理上之事實）與規範（價值判斷）之具體的結合關係，並將責任之本質從規範之立場，對事實所加之責難可能性來加以了解。蓋行爲人如無故意或過失固無責任，惟雖有故意或過失，但因遭遇外部特殊情況，使行爲人無法做正常意思之決定，即不能期待其做合法意思之決定時，因法律絕不要求不可能之事，縱有違反法律義務之決意，亦不能對行爲人加以責難，因其欠缺責難可能性，亦足以阻卻責任。因此所謂責任，不外是主觀之心理要素的故意過失與客觀之規範要素之期待可能性（即期待行爲人爲適法行爲之可能性）之結合之謂。因此如無故意或過失，因無期待可能性固無責任，但縱有故意過失，如欠缺期待可能性，亦無責任可言，由此期待可能性遂成規範責任論之中心概念。

　　規範責任論是在二十世紀初葉由德國學者佛蘭克（Frank）所倡導，由哥爾史密特（James Goldschmidt）與費勞頓泰（Berthold Freudethal）等人發展而成，而以期待可能性之思想爲基礎，並爲克服以道義責任論爲內容之心理責任論的缺陷，認爲行爲人應從事正當行爲，故其從事違法行爲，以致遭受非難，爲此其前提必須是有從事正當行爲之可能性，因法律無法要求不可能之事，故必須能期待其從事正當行爲之「期待可能性」存在，規範責任論，乃因此與期待可能性密切結合而展開。當今之責任理論，雖以採規範責任論之見解爲多，惟立法上有明文規定以期待可能性爲責任要素者，尚不多見。

三、責任要素（Schuldelemente）

責任判斷是認定構成要件該當性，且無違法阻卻事由，並判斷具有可罰之違法性事實，而對此事實是否具有充分之理由可以非難行為人，如具有非難可能性時，應在何種程度下，始值得吾人加以非難，以此判斷為內容者，稱為責任判斷。而責任判斷之對象的事實，稱為責任要素。蓋做為責任判斷之對象的事實，既為該當構成要素之違法行為，而責任的實質乃是行為人決意從事適法行為之期待可能性，上述事實以外，凡是與期待可能性相結合的所有事實，將成責任要素。

㈠**主觀的責任要素**：期待行為人決意從事適法行為者，須行為人具有負擔責任之人格能力存在，因有該當構成要件之事實的認識（故意）或認識的可能性（過失），以及已意識到該事實並非法律所允許，或有此意識的可能性（違法性之意識的可能性）始可。行為人如無故意、過失及違法性之意識存在，則決意從事適法行為之相反的動機將不可能形成。因此在責任能力之前提下，故意、過失及違法性意識之可能性乃成主觀之責任要素。因為影響行為人決意從事行為之因素甚多，因此行為之目的、動機、性格、人格等亦均成為責任要素。

㈡**客觀的責任要素**：行為人行為之際，影響其從事適法行為的期待可能性的客觀事實，譬如竊盜行為係由於貧病交迫之關係等附隨之事實，則為客觀之責任要素。行為人之人格形成環境，因對行為人從事行為之意思決定產生影響，故亦得為客觀之責任要素。

第二節　責任能力

一、意義

責任能力（Zurechnungsfähigkeit；Schuldfähigkeit）**者，即基於一定行為，而有負擔刑法上責任之資格也**。換言之，即能辨別是非善惡，並依此而行為之能力。通常一般人均具有此種能力，但如有欠缺責任能力（無責任能力），或有顯著之減弱責任能力之情況存在時（限定責任能力），刑法乃有特別減免之規定。對責任能力尚有若干問題亟需釐清：

㈠**責任能力與其他概念之關係：**

與行為能力之關係	行為人得為刑法上行為之能力，稱為行為能力。因此欠缺責任能力時，也可以認定具有行為能力。但是患有高度精神病之行為人，不僅喪失其意思能力，責任能力與行為能力均欠缺時，其行為將不能視為刑法上之「行為」。
與犯罪能力之關係	犯罪能力，乃得為構成要件主體之能力，因此，自然人都擁有犯罪能力，但擁有犯罪能力者，並不一定都具有責任能力。
與受刑能力之關係	受刑能力者，能適應刑之執行的能力。受刑能力是屬於刑之執行時期問題，故與責任能力無直接之關聯。但當受死刑或自由刑宣告之被告，陷於心神喪失之狀態時，當須停止刑之執行（刑訴 465、467）。
與訴訟能力之關係	訴訟能力者，即在訴訟上，得為有效行為之能力。訴訟能力與責任能力不同，有責任能力，非必然有訴訟能力，如犯罪後而心神喪失之人，雖有當事人能力及責任能力，但無訴訟能力。依刑訴法第 294 條第 1 項規定：「被告心神喪失者，應於其回復以前停止審判。」

㈡**責任能力之存在時期：**責任能力應該存在於行為之那一階段，關於此問題有二說對立：

　　1.實行行為時說：責任能力因係能負責任而行為之能力，原則上應存在於實行行為之時的論點。

　　2.原因行為時說：即責任能力應存在於能作為實行行為之行為的原因之階段的說法。

　　如將責任能力解釋為責任之前提，這是以個個行為做為責任之前提，則責任能力原則上應存在於實行行為之時點。但是在實行行為之時，就是責任能力不存在，與實行行為有相當關係之先行行為，也就是在原因行為之時點上基於意思而實施之行為，因其實行行為是基於自由之意思決定而實行，故應受非難，因此責任並不當然要存在於實行行為之時點，只要存在於與實行行為有相當關係之原因行為之時點即可。實行行為時說，應責任主義之要求，主張責任能力與實行行為應同時存在，此稱為**同時存在之原則**，但這應將實行行為與其有相當關係之原因行為與責任能力也應認為同時存在，這才是同時存在的原意。不過責任能力之

存在時期，對於原因自由行為，仍有相當問題存在，容後詳述。

二、責任能力之階段

自然人是否有責任能力，法律上均以其年齡及精神狀態為判斷之標準。依我國刑法之規定，可分為三階段：

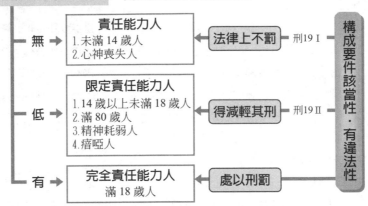

（一）**無責任能力：**

1.未滿 14 歲人：未滿 14 歲人之行為不罰（刑18 I）。蓋未滿 14 歲之幼年人，精神智識尚未發育健全，認為對於犯罪行為全無辨識力及意思能力，而不問其實際智識程度如何，一律不令其負刑事責任。然得按其情節，予以保安處分。即依刑法第 86 條第 1 項規定，得令入感化教育處所，施以感化教育。亦得按其情形，以保護管束代之（刑92 I）。

惟少年事件處理法第 2 條規定：「本法稱少年者，謂十二歲以上，十八歲未滿之人。」準此，如係 14 歲未滿而為 12 歲以上之少年，則有少年管訓處分之適用。所謂管訓處分，係指訓誡、保護管束、感化教育三者而言（少42 I、27 II）。

惟對於未滿 12 歲之少年，苟有觸法之非行，如不予適當之管訓，殊為不當，故該法復規定：「未滿十二歲之人，有觸犯刑罰法命之行為者，

由少年法庭適用少年管訓事件之規定處理之。」(少85 I)

關於年齡之計算，係採週年法，自出生之日起算，以滿足 1 年者為一歲 (民 124 I)。至其計算方法，如被告於民國 72 年 3 月 3 日出生，則至 86 年 3 月 2 日為其 14 歲之末日 (民 121)，該日所為之行為，仍不負刑事責任，至 86 年 3 月 3 日，則為滿 14 歲之日，此日所為之行為，即具有責任能力，應受刑罰之處罰。若行為人出生之月、日無從確定時，推定其為 7 月 1 日出生。知其出生之月，而不知其出生日者，推定其為該月 15 日出生 (民 124II)。

2.心神喪失人：刑法第 19 條第 1 項規定：「行為時因精神障礙或其他心智缺陷，致不能辨識其行為違法或欠缺依其辨識而行為之能力者，不罰。」此指行為人精神障礙之程度，已對外界事物缺乏是非善惡之辨識力，當無自由決定意思之能力。如白癡、瘋癲，因此，心神喪失人不負刑事責任。惟得令入相當處所，施以監護 (刑 87)。並得按其情形，保護管束代之 (刑 92 I)。

(二)限制責任能力：

1. 14 歲以上未滿 18 歲人：14 歲以上未滿 18 歲之少年人，其智識程度及精神發育，究尚未達於完全成熟之階段，故於全負責任與絕無責任之間，設此過渡階段。因之刑法規定：「十四歲以上未滿十八歲人之行為，得減輕其刑」(刑 18II)。

惟依少年事件處理法之規定，14 歲以上 18 歲未滿之少年，觸犯刑罰法令者，除犯同法第 27 條第 1 項所列各款之罪外，一律適用同法所定之管訓處分，即無刑法之適用。又依刑法第 86 條第 2 項規定，因未滿 18 歲而減輕其刑者，得於刑之執行完畢或赦免後，令入感化教育處所，施以感化教育，但宣告 3 年以下有期徒刑、拘役或罰金者，得於執行前為之。亦得按其情形，以保護管束代之 (刑 92 I)。

此外未滿 18 歲人犯罪者，不得處死刑，或無期徒刑，本刑為死刑或無期徒刑者，減輕其刑，惟犯刑法第 272 條第 1 項殺直系血親尊親屬者，不適用此規定 (刑 63)。

2.滿 80 歲之人：我國歷代刑律，對於老耄向有矜恤之典，現行刑法

基於道德上尊敬長老之習慣，以維護固有傳統美德，乃於刑法第 18 條第
3 項規定：「滿八十歲人之行為，得減輕其刑。」又同法第 63 條第 1 項
規定：「滿八十歲人犯罪者，不得處死刑或無期徒刑，本刑為死刑或無
期徒刑，減輕其刑。」

　　3.精神耗弱人：所謂精神耗弱，在醫學上係介於精神健全者與心神
喪失者中間之狀態。因其精神狀態不夠健全，故刑法規定：「行為時因
精神障礙或其他心智缺陷之原因，致其辨識行為違法或依其辨識而行為
之能力，顯著減低者，得減輕其刑」（刑 19Ⅱ）。

　　惟未達心神喪失程度之精神病患者或偏狂者之行為，有一時性者，
亦有繼續性、循環性者，此外酗酒亦能使人之精神陷於異常之狀態，因
此，刑法第 87 條第 1 項規定：「因第十九條第一項之原因不罰者，其情
狀足認有再犯或危害公共安全之虞時，令入相當處所，施以監護。」其
第 2 項規定：「有第十九條第二項及第二十條之原因，其情狀足認有再犯
或有危害公共安全之虞時，於刑之執行完畢或赦免後，令入相當處所，
施以監護。」其處分期間，為 3 年以下。第 89 條規定，因酗酒而犯罪足
認其已酗酒成癮，並有再犯之虞者，得於刑之執行前，令入相當處所，
施以禁戒。其處分期間，為 1 年以下。

　　關於責任能力之內涵，依當前刑法理論，咸認包含行為人辨識其行
為違法之能力，以及依其辨識而行為之能力；至責任能力有無之判斷標
準，多認以生理學及心理學之混合立法體例為優。易言之，區分其生理
原因與心理結果二者，則就生理原因部分，實務即可依醫學專家之鑑定
結果為據，而由法官就心理結果部分，判斷行為人於行為時，究屬無責
任能力或限制責任能力與否。在生理原因部分，以有無精神障礙或其他
心智缺陷為準；在心理結果部分，則以行為人之辨識其行為違法，或依
其辨識而行為之能力，是否屬不能、欠缺或顯著減低為斷。行為人不能
辨識其行為違法之能力或辨識之能力顯著減低之情形，例如，重度智障
者，對於殺人行為完全無法明瞭或難以明瞭其係法所禁止；行為人依其
辨識違法而行為之能力欠缺或顯著減低之情形，例如，患有被害妄想症
之行為人，雖知殺人為法所不許，但因被害妄想，而無法控制或難以控

制而殺死被害人。爰仿德國立法例，將現行第 1 項、第 2 項之規定，予以修正（刑法修正案之說明）。

4.瘖啞人：是欠缺聽能及語能之人，蓋此等人重要機能已失去作用，妨礙精神之成熟，是非善惡之辨別力亦恆不及常人。故刑法第 20 條規定：「瘖啞人之行為，得減輕其刑。」如非二者兼具，只瘖而不啞，或啞而不瘖，均不得減輕其刑。至於瘖啞人我國實務上，係採先天或自幼之瘖啞者而言（26 院 1700）。且須為生而聲啞者，如因疾病致生聲啞者，自不在其內（4 上 840）。又因瘖啞而減輕其刑者，其情狀足認有再犯或有危害公共安全之虞時，於刑之執行完畢或赦免後，令入相當處所，施以監護，其處分期間，為 5 年以下（刑 87II）。

㈢**完全責任能力**：凡滿 18 歲，精神狀態正常，而無瘖啞之情形者，以其具有常人之辨識力及意思力，故負有完全責任能力。此所謂「人」係專指自然人而言，法人不在此列。

習題：何謂責任能力？（66 特、73 升）其階段共分幾種？（49、70、77、78 普、74 特）

三、刑事責任年齡與民法成年年齡

㈠**刑事責任年齡之規定**：未滿 14 歲人為絕無責任能力，14 歲以上未滿 18 歲及滿 80 歲之人為限制責任能力，18 歲以上 80 歲以下為完全責任能力。

㈡**民法之年齡**：民法第 12 條規定，滿 20 歲或已結婚之未成年人為成年，第 13 條規定，未滿 7 歲之未成年人無行為能力，滿 7 歲以上之未成年人有限制行為能力。

㈢**兩者年齡之比較**：

	民　　　法	刑　　　法
出生	因出生而取得權利能力（民 6）	
未滿 7 歲	無行為能力人（民 13 I）	
滿 7 歲	限制行為能力人（民 13 I）	
滿 12 歲		滿 12 歲至未滿 18 歲為青少年事件處理法之青少年（少 2）

未滿 14 歲		無責任能力（刑 18）
滿 14 歲		滿 14 歲至未滿 18 歲為限制責任能力（刑 18Ⅱ）
滿 15 歲	女有訂婚能力（民 973）	
滿 16 歲	女有結婚能力（民 980） 遺囑能力（民 1186Ⅱ）	
滿 17 歲	男有訂婚能力（民 973）	
未滿 18 歲		不得處死刑或無期徒刑（刑 63、少 75）
滿 18 歲	男有結婚能力（民 980）	完全責任能力（刑 18Ⅱ）
滿 20 歲	成年（民 12）	
滿 80 歲	適用老人之失蹤期間（民 8Ⅱ）	限制責任能力（刑 18Ⅲ） 不得處死刑（刑 63）
死亡	因死亡而喪失權利能力（民 6）	

㈣**刑事責任年齡與民法年齡不一致之理由**：刑事責任年齡與民法上年齡之規定不一致者，則以未滿 14 歲，根本無負擔刑罰制裁能力。蓋年幼無知欠缺是非善惡之辨識力，縱有不法行為，因惡性毫無，無施以刑罰之必要，且亦無施以刑罰之可能，迄 14 歲以上，則年歲漸長，而認識力增強，倘如須與民法成年年齡一致，則須滿 20 歲始負刑事責任，則幾近放縱，又與維護安寧秩序之刑事政策不合。

習題：刑事責任年齡，我刑法如何規定？與民法成年年齡應否一致？如不應一致，其理由何在？（32 高）

第三節　原因自由行為與偏狂行為

一、意義

依「實行行為行為與責任同時存在之原則」，責任能力應於犯行之當時同時存在，但如行為人因一時的心神障礙，則在障礙時間內所為之犯罪行為，如為精神障礙或其他心智缺陷，則不受處罰，如係辨識行為之能力，顯著減低者，得減輕其刑，乃是刑法第 19 條之規定。但如自陷於精神障礙，再利用此精神障礙以實施犯罪行為，常見者如藉酗酒而為犯

罪行為，應否處罰問題；因此，所謂原因自由行為（actio libera in causa），是指行為人因故意或過失，利用自己陷於精神障礙，而發生犯罪事實之謂。亦稱「**可控制之行為**」。

原因自由行為

喝了大量白蘭地酒使自己酩酊大醉而造成心神喪失

然後

照預定計畫將對方打死

二、通則

㈠**故意犯之情形**：

　　1.使用迷幻藥，藉藥物之幻覺妄想而犯罪之情形。

　　2.以殺傷他人為目的，而利用自己陷於泥醉之狀態，殺傷他人之情形。

㈡**過失犯之情形**：

　　1.母親在哺乳時，因睡眠致乳房壓在嬰兒口鼻，造成嬰兒窒息死亡之情形。

　　2.司機因酗酒駕車，而造成交通事故情形。

　　3.燈塔之看守者，因酗酒而忘記點燈，致船舶觸礁之情形。

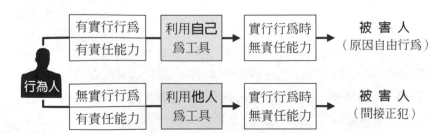

三、原因自由行為之問題

㈠**故意犯與過失犯**：原因自由之行為，有過失犯，也有故意犯之情形：譬如行為人自知其平時雖毫無勇氣，但一旦飲酒至醉，將會改變性格而勇氣大增，乃利用自己之性癖，憑藉酒力以為犯罪者，當不能免除故意之責任。又如行為人見甲女貌美，意圖姦淫，乃藉至甲女家中飲酒之際，見甲女家人不在，乃故意飲酒至醉，然後強姦甲女。此時行為人姦淫甲女之時，雖已陷於無責任能力之狀態中，但在飲酒之前顯有姦淫之故意，應不能免故意之罪責。只是如過失犯之情形，欲認定原因行為之實行行為性比較容易，而在故意犯則較為困難而已。

依最高法院 28 年上字第 3816 號判例關於故意犯與過失犯之認定如下：

「舊刑法第三十二條關於不得因酗酒而免除刑事責任之規定，已為現行刑法所不採。故如被告於尚未飲酒之先，即已具有犯罪之故意，其所以飲酒至醉，實欲憑藉酒力，以增加其犯罪之勇氣者，固不問其犯罪時之精神狀態如何，均應依法處罰。假設被告於飲酒之初並無犯罪之意圖，祇因偶然飲酒至醉，以致心神喪失，或精神耗弱而陷於犯罪，即難謂其心神喪失之行為仍應予以處罰，或雖係精神耗弱亦不得減輕其刑。」其重點在於：

1.如係故意飲酒自陷於精神障礙等，無論是心神喪失或精神耗弱，應依間接正犯之理論，均不能免責，不得援用刑法第 19 條減免其刑之規定，而認定其為故意行為。

2.如無故意，而祇因偶然（過失）致陷於精神障礙等而犯罪，仍不得援用刑法第 19 條減免其刑之規定，仍須負過失犯罪之責任。其何以如此，並未詳為闡明。

㈡**心神喪失與精神耗弱**：日本最高法院最決 43.2.27 之判例，對於因酒醉駕駛或睡眠駕駛，認為不適用精神耗弱行為得減輕其刑之規定，而應適用原因自由行為之理論。對此學界有兩種論點。

1.否定說：如嚴格解釋原因自由之行為，則此判例顯然有問題。除非將前述情形（如酒醉駕駛）與間接正犯並行來了解，即行為人利用自己無責任能力之狀態為犯罪之工具，與行為人利用他人為犯罪工具之間

接正犯情形之原理相同，始能符合原因自由行爲之理論。因此如果只是行爲人陷於精神耗弱狀態，則只能認定精神耗弱狀態之原因行爲本身就是實行行爲，締果也只能將其視爲限定責任能力人之行爲而減輕其刑①。

　　2.肯定說：但在實際問題上，如因酗酒在精神耗弱狀態下駕駛車輛，而造成減輕刑罰之結果時，則在交通紊亂之今日社會，對惡性駕駛將無法作適切之處罰，而對不良駕駛亦將無從矯正其惡習。因此有必要適用原因自由行爲之理論，以爲懲戒。亦即當行爲人在完全責任能力下，如因飲酒行爲致陷自己於精神耗弱狀態而爲酒醉駕駛，因此而造成高度之現實的危險，即可解爲原因自由行爲之實行行爲，其餘在精神耗弱狀態下所爲之駕駛行爲，即可認爲係從實行行爲而來之因果的經過。如此則可在責任能力與行爲同時存在之原則下追究其完全之責任。

四、刑事立法之演變

　　㈠暫行新刑律第 12 條規定：「凡精神病人之行爲不爲罪，但因其情節，得施以禁戒處分。」「前項之規定，於酗酒或精神病間斷時之行爲，不適用之。」

　　㈡舊刑法第 32 條規定：「不得因酗酒而免除刑事責任，但酗酒非出於己意者，減輕本刑。」

　　㈢現行刑法於民國 24 年公布時，其修正案要旨說明曰：「酗酒犯罪，依法當然處罰，無特別規定之必要，故本案將現行法第三十二條刪去。」

　　㈣2005 年修正之刑法第 19 條第 3 項規定：「前二項規定，於因故意或過失，自行招致者，不適用之。」其修正說明謂：「按犯罪之成立，當前刑法理論咸認行爲應具備犯罪之構成要件該當性、違法性與有責性後，始足當之。責任能力之有無及其高低，爲犯罪有責性判斷之一要件。關於責任能力之判斷，依通說之規範責任論，應就行爲人所實施具備構成要件該當且屬違法之行爲，判斷行爲人辨識其行爲違法之能力，以及依其辨識而行爲之能力，倘行爲人之欠缺或顯著減低前述能力，係由於行

---

① 參照團藤重光著，《刑法綱要總論》，增補版，頁 144-146。

爲人因故意或過失自行招致者，而行爲人仍能實施具備犯罪構成要件該當性及違法性之行爲，依規範責任論，即難謂其屬無責任能力或限制責任能力；爰參酌暫行新刑律第十二條第二項酗酒不適用不爲罪之規定及瑞士現行刑法第十二條、奧地利現行刑法第三十五條之立法例，於第三項予以明定。」

習題：何謂「原因自由行爲」？又原因自由行爲是否具可罰性？（90 特四、92 司三）

五、偏狂行爲

所謂偏狂行爲，指行爲人缺乏自我控制之能力，而有犯特定犯罪偏好之人。如殺人狂、縱火狂、暴露狂、色情狂、竊盜狂等。其刑事責任如何，學者見解不一，我刑法既無明文規定，亦無解釋或判例可援。惟偏狂行爲者，對於一般事物，其意識力與辨識力雖與常人相同，但在生物特徵上因偏執於某種特定之事物，其行爲往往欠缺正當之意識力與辨識力，其理智無法控制情緒，自動會發生偏差行爲。從理論上言，有此偏狂之癖性者，其精神狀態，畢竟與常人不同，即不能令其負與常人相同之責任，因此，偏狂行爲似可認爲精神耗弱之行爲，而得減輕其刑①。

習題：
一、何謂原因自由行爲？舉例說明原因自由行爲與責任條件之應用。又偏狂行爲之刑事責任如何？（68 普）
二、試述故意之要件，原因自由行爲之今義，並舉例說明兩者之應用關係。（65 司）
三、酗酒行爲之刑事責任如何？試述之。（68 普）

第四節　心理責任要素之故意與過失

責任要素又稱責任條件，刑法上之責任要素爲故意與過失二者，本法第 12 條規定：「行爲非出於故意或過失者，不罰。過失行爲之處罰，

---

① 參照楊大器編著，《刑法總則釋論》，61 年版，頁 144。

以有特別規定者爲限」。即揭示責任要素之內容包括故意與過失二者茲分述之：

一、責任故意

故意是行爲人對該當犯罪構成要件之客觀事實有認識並予容認之事實的層面，並認識該事實是違法行爲之規範的層面兩者所形成。在構成要件該當性之判斷的層次，是以檢討事實層面爲主要課題。但在責任故意之判斷下，是以構成要件之故意的存在爲前提，再對行爲人有無違法性之意識或違法性意識之可能性等規範性的層面來加以檢討。蓋違法性之意識，就是「從事惡劣行爲」之認識的有無或其程度，不宜由客觀性的構成要件該當性來加以判斷，而只能做爲非難可能性之判斷的對象之故。

蓋責任之本質乃是非難可能性，所謂非難可能性，即行爲人如能意識到其行爲爲法律所禁止，行爲人就應鼓動相反的動機，決意不做違法行爲而從事適法行爲，此爲社會對其所應有之期待，如由故意責任而言，犯罪構成要件是屬於違法類型，如行爲人已對構成要件該當性有所認識，行爲人當應考慮法律上是否允許此種行爲之存在，如行爲人能意識到違法性問題，就應採取相反之行爲，以避免違法行爲之發生，如行爲人違背社會之期待，而仍實施違法行爲時，其非難可能性乃成故意責任之內容。因此違法性意識是與事實的故意相區分而成爲獨立之責任要素來了解。

二、責任過失

過失責任之非難可能性就是行爲人只要遵從客觀之注意義務，能預見其結果之發生，並得意識到違法性，爲迴避其違法性就應採取適當之行爲，乃是法律之期待，如行爲人因不注意而採取違反規範之意思活動致造成結果之發生，則爲刑事責任問題。即行爲人有違反客觀的注意義務及主觀之注意義務而惹起違法之結果，原則上就應追究其過失責任。不過原則雖是如此，行爲人之有過失責任仍應探討當事人是否具有違法性意識之可能性。亦即個個行爲人依其能力能預見其結果，如有預見則

可推定違法性意識之可能。從過失犯之結構言，即以違背客觀之注意義務爲前提，以認定違反主觀之注意義務，如有違背主觀之注意義務，而行爲人對結果有預見時，就有違法性之意識，然行爲人因欠缺注意，未採取迴避措施，因反規範之意思活動致惹起結果之發生，成爲責任非難之根據。可知違法性意識之可能性乃是過失責任之責任要素，因此如行爲人無違法性意識之可能性時，乃可阻卻過失責任。換言之，違法性意識之可能性不僅是故意責任也是過失責任之責任要素，但如認定行爲人有違反主觀之注意義務，通常也可認定其具有違法性意識之可能性，惟如欠缺違法性意識之可能性，將成責任阻卻事由。

三、實例

㈠犯罪之成立，除應具備各罪之特別要件外，尤須且有故意或過失之一般要件，如某種犯罪必以他人之身分始能構成者，則以明知他人有此身分，方能成立，否則對於犯罪客體欠缺認識，即非出於犯該罪之故意行爲（27 非 15）。

㈡行爲非出於故意或過失者不罰，刑法第 12 條定有明文，竊油縱火，因必須有故意縱火之行爲，始於竊盜罪外，復觸犯放火罪名，即竊油失火，亦必須有過失肇事之行爲，始能令其併負失火罪責，是以竊油之共犯，對於致肇火災，苟非另有過失，仍難令其與失火之竊油共犯，同負失火罪責（30 上 144）。

㈢刑法上所謂過失，指無犯罪故意因欠缺注意致生犯罪事實者而言，故是否過失，應以對於其行爲之結果有無認識爲標準，若明知有此結果而悍然爲之，自不得謂係過失（50 台上 1690）。

習題：何謂責任條件？（60 特）

第五節　錯誤之概念

一、意義

錯誤者，即行爲人之主觀認識與客觀之事實不相符合而言。認識如

有錯誤，行為人之意思責任，即生影響。蓋認識乃故意之成立要件，預有認識，而決意使之發生，法律因之予以處罰。因此行為人之認識與決意，及客觀所生之事實，三者之間，具有密切之關係。至於對客觀上存在之事實完全不認識之不一致情形的「不知」，也是錯誤之一。而刑法上之錯誤有兩種：一為構成要件該當之客觀事實的錯誤，亦即事實的錯誤，另一為違法性之錯誤。

二、錯誤之態樣

錯誤之態樣有三：

(一) 錯覺	即「誤有為無」之錯誤；乃客觀上存在之事實，主觀者誤認為不存在而言。如客觀上存在者為人，誤認為獸而射擊之。
(二) 幻覺	即「誤無為有」之錯誤；乃客觀上不存在之事實，而主觀上誤認為存在。如客觀上存在者為獸，誤認為人，而射擊之。
(三) 不知	則有二種情形： 1.對於客觀上存在之事實，完全無認識者，如不知有人而發槍。 2.不知行為違反法律。

三、錯誤之學說

行為人主觀之認識與客觀事實不一致時，至如何程度始成立犯罪，學說上可分為三派：

我國實務上以採具體符合說為原則，兼及法定符合說：

(一)**具體符合說**：即行為人所認識之事實，如與現實所發生之事實，具體相符合者，即為犯罪之既遂；否則阻卻故意。如誤認甲為乙而殺之，即與殺人罪之構成要件相符，雖其客體之性質有錯誤，但其殺甲之決意並無錯誤，仍應認為既遂犯之成立。如意在殺甲，因射擊偏差，誤將乙擊斃，則其認識與事實之間，無具體一致之關係，謂之打擊錯誤，即應就其認識之事實與發生之事實，分別論罪。對甲論以殺人未遂罪，對乙論以過失致人於死罪，並依刑法第 55 條想像競合犯，從一重論處。實例如下：

上訴人槍擊之目的，既在甲而不在乙丙，即其槍擊甲未中，應構成殺人未遂罪，其誤將乙打傷丙打死，應分別構成過失傷害人及過失致人於死罪，

依刑法第 55 條從一重論以殺人未遂罪，原判遽以殺人罪處斷，自屬違誤（37 上 2318）。

㈡**抽象符合說**：即認為行為人主觀上有使犯罪發生之決意，而客觀上又有犯罪事實之發生，不論其所認識之事實，是否一致，亦不問二者之罪質是否相同，只要其犯罪之抽象觀念相一致，則應論以犯罪既遂。如欲殺尊親屬而誤殺他人者，仍應論以殺尊親屬之罪。

㈢**法定符合說（構成要件符合說）**：即認為行為人主觀之認識與客觀上所發生之事實，如係屬於法定之同一罪質，則不問其為客體錯誤，或為方法錯誤，均成立既遂犯，如欲殺甲而誤殺立於甲旁之乙時，仍應論以殺人罪。倘非法定之同一罪質，應論以客觀事實既遂。如欲殺尊親屬，而誤殺他人，只能論以殺普通人之罪。此說注重於法定構成要件，又稱「折衷說」。實例如下：

1.殺人罪之客體為人，苟認識其為人而實施殺害，則其人之為甲為乙，並不因之而有歧異（28 上 1008）。

2.被告因聽聞村犬亂吠，疑有匪警，並於隱約中見有三人，遂取手槍開放，意圖禦匪，以致某甲中槍殞命，是該被告雖原無殺死某甲之認識，但當時既誤認為匪，開槍射擊，其足以發生死亡之結果，究為本人所預見，而此種結果之發生，亦與其開槍之本意，初無違背，按照上開規定，即仍不得謂非故意殺人（20 非 94）。

四、錯誤分類之改變

關於錯誤之理論，過去將因錯誤而欠缺犯罪構成事實之認識的情形稱為「事實錯誤」（Tatsachenirrtum），而將因錯誤致欠缺行為之違法性意識的情形（如誤信自己的行為已被允許）稱為「法律錯誤」（Rechfsirrtum），係自羅馬法以來傳統之用語。但現實通說則以「構成要件錯誤」與「違法性錯誤」相對立，其理由有：

㈠**避免理論上之混淆**：過去是將法律之錯誤與法規之錯誤做同意義來使用，而法規之錯誤又可區分為因欠缺犯罪構成事實之認識而引起之非刑罰法規之錯誤，與欠缺違法性意識而引起之刑罰法規之錯誤兩種，並認為非刑罰法規之錯誤為事實之錯誤等理論，雖一向支配德國大審院之

判斷，但此理論因受到學界之批判，乃爲德國聯邦法院所否定，因此，爲迴避理論上之混淆，主張責任說之學者，乃以犯罪成立要件爲標準，將構成要件之客觀事實（構成要件之客觀要素）的錯誤，稱爲構成要件錯誤（Tatbestandsirrtum），而將法律所禁止之行爲的錯誤稱爲禁止之錯誤（Verbotsirrtum）或違法性錯誤。

㈡**概念明確性之要求**：即事實錯誤與法律錯誤原分類方式，見解並不一致，且概念模糊，易生混淆。蓋將「事實」與「法律」之意義，作爲區分錯誤之標準，並不正確，尤其法律之錯誤常蘊含有多種意義；譬如就盜取他人財物之「物」而言，其所有權大部分以民法上之法律關係爲標準，因此關於所有權歸屬之錯誤，有時不僅會認爲是法律錯誤，而且也是對竊盜罪之構成事實（即竊取他人之物）欠缺認識，從而阻卻故意之存在。因此，在刑法上殊有必要將兩者作更明確之區分。

㈢**與犯罪成立要件相符**：依目前通說，犯罪成立要件須具備 1.構成要件該當性 2.違法性 3.有責性，因此將錯誤分成構成要件錯誤（構成要件事實錯誤）與禁止錯誤則更符合前述之概念。

錯誤之類別可列表如下：

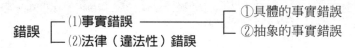

習題：關於錯誤之理論，過去向區分爲「事實錯誤」、「法律錯誤」兩者，現實通說則以「構成要件錯誤」（Tatbestandsirrtum）與「違法性錯誤」（Verbotsirrtum）相對應。試說明理論上何以有此改變。（61 司）

第六節　事實錯誤

一、意義

又稱構成要件錯誤。即行爲人主觀上所認識之事實與實際所發生該當構成要件之客觀的事實，不相一致之謂。其不一致之程度，究爲全部或一部，均非所問。事實錯誤，依其性質又分爲具體事實錯誤與抽象事

實錯誤二種，茲分述之。

二、種類

㈠**具體事實錯誤：所謂具體事實錯誤，即在同一犯罪構成要件範圍內，行為人主觀所認識之事實，與客觀所發生之結果，並不具體一致的情形。**又可分為三種情形：

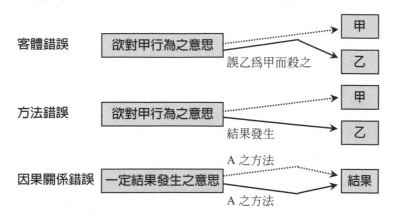

1. 客體錯誤（又稱目的錯誤）（error in objecto）
   ⑴即行為人所認識之客體，與實際所發生之客體，不相一致之情形。
   ⑵舉例：行為人欲殺甲，竟誤乙為甲而殺之。其所侵害者，均為生命法益，殺人之故意亦同。由刑法之目的言，蓋為防衛社會，不論是殺甲或殺乙，在犯罪構成要素上均屬殺人之行為。
   ⑶故不論依具體符合說、法定符合說，或抽象符合說，均認為成立殺人既遂罪。

2. 方法錯誤（又稱打擊錯誤）（aberratio ictus）：即行為人因所用之方法發生錯誤，致其預見之結果未能發生，而發生另一結果之謂。即行為人對於特定之人或物加以打擊，誤中他人等之情形而言（28上1008）。例如欲殺甲，因舉槍顫抖，誤將坐在甲旁之乙射死。此時有兩種情形：
   ⑴具體符合說：

①即對甲爲殺人未遂，對乙爲過失致死，係一行爲而觸犯數罪
名，依想像競合犯從一重處斷（刑55）。前實例上曾採此說。

②舉例：甲置毒餅殺乙，乙未食，甲成立預謀殺人未遂罪，如
乙將餅送丙、丁嘗食，甲亦預見，而不違背其本意，則甲對
於丙、丁，只有殺人間接故意，應成立殺人未遂罪，若應
注意並能注意而不注意，或雖預見之而確信其不發生，丙、
丁既因食餅而病，則甲對於丙、丁，自屬過失傷害人，應與
殺乙未遂之行爲，從一重處斷，若無上述之故意及過失，即
對於丙丁不成罪（19院355）①。

(2)法定符合說：

①則須行爲人主觀之認識與客觀上所發生之結果，於同一犯罪
構成要件範圍內相符合，縱然在具體上未符合，也應就現實
所發生之事實論以既遂。

②舉例：如前舉之例，欲殺甲而誤中乙，與客體錯誤所得之結
論並無區別，應論以殺人既遂罪。此爲近派學者所主張，判
例如 28 上 1008 亦謂：「殺人罪之客體爲人，苟認識其爲人，
而實施殺害，則其人之爲甲爲乙，並不因之而有歧異。」

		客體錯誤	打擊錯誤
案例		行爲人欲殺甲，誤乙爲甲而殺之（殺錯人）	行爲人欲殺甲，舉槍顫抖，誤將坐在甲旁之乙殺死（槍法不準，殺死他人）
具體	行爲人之罪責	殺人既遂罪	對甲－殺人未遂罪 對乙－過失致死罪

---

① 參照褚劍鴻著，《刑法總則論》，頁 168。

符合說	理由	因所瞄準的人被殺死,因此應成立故意犯之既遂罪。	雖瞄準甲,卻是另外一個人被打死,故對被瞄準者應成立故意犯之殺人未遂,對被打死者,應成立過失致死罪。
法定符合說	行為人之罪責	殺人既遂罪	對甲－殺人未遂罪 對乙－殺人既遂罪
	理　由	因欲殺人,確實有人被打死,因此應成立故意犯之既遂罪	因欲殺人而確實有人被殺,故與被射死者的關係即成立故意犯的既遂。而與被瞄準者的關係,成立故意犯之殺人未遂。

判例：上訴人槍擊之目的,既在甲而不在乙、丙,則其槍擊甲未中,應構成殺人未遂罪,其誤將乙打傷丙打死,應分別構成過失傷害人及過失致人於死罪,依刑法第 55 條從一重論以殺人未遂罪,原則遽以殺人罪處斷,自屬違誤。(37 上 2318)

3.因果關係錯誤：

(1)即行為人主觀上所認識之結果雖已發生,但在行為與結果之實際的因果關係過程中,與行為人當初所認識之因果關係有誤之情形謂之。

(2)舉例：如以殺害甲為目的而將甲刺殺重傷,誤以為死,為湮滅證據,投甲於河,遂致溺死。其行為與結果之間,由故意殺甲,而刺殺、投河、溺死等,均有相當因果關係存在,殺人之手段已行,殺人之目的已達,應成立一個殺人罪。實例上亦採此說：如果某甲並不因被告之殺傷而死亡,實因被告將其棄置河內,始行淹斃,縱令當時被告誤為已死,而為棄屍滅跡之舉,但其殺害某甲,原有致死之故意,某甲之死亡,又與其殺人行為有相當因果關係,即仍應負殺人既遂責任,至某甲在未溺死以前尚有生命存在,該被告將其棄置河內,已包括於殺人行為中,並無所謂棄屍之行為,自不應更論以遺棄屍體罪名(28 上 2831)。

㈡**抽象事實錯誤**：又稱為法定事實錯誤。即對於犯罪成立要件及刑罰加重之事實,有認識上之錯誤而言。如有法定事實之存在而誤認其不存在者,為錯覺；無法定事實之存在而誤認其存在者,為幻覺。茲分述之：

1.犯罪成立要件之錯誤：有二種情形：

(1)出於錯覺者（以有爲無）：即有犯罪成立要件之存在，而行爲人誤認爲不存在者，如誤人爲獸而殺之者。此例，行爲人原無犯罪故意，除有過失，應負過失殺人之責外，不成立殺人罪。

(2)出於幻覺者（以無爲有）：即犯罪成立要件不存在，而行爲人誤認爲存在者。如誤認自己之物爲他人之物而竊取之。因不符竊盜罪之構成要件，不能論以竊盜罪。

2.刑罰輕重要件之錯誤：有二種情形：

(1)出於錯覺者（所犯重於所知）：行爲人以犯輕罪之意思，實施犯罪，而發生之結果重於預見之罪名者，依其所知處罰。如不知甲爲直系血親親屬而殺之，對於殺人部分，雖有認識，但無殺直系血親尊親屬之意念，應成立普通殺人罪。查前暫行新刑律第 13 條曾有規定：「犯罪之事實與犯人所知有異者，依左列處斷：第一、所犯重於犯人所知或相等者，從其所知」。現行刑法雖無規定，解釋上仍以此爲標準。

欲殺甲而誤中乙之情形（具體事實錯誤）

(2)出於幻覺者（所犯輕於所知）：即行爲人以犯重罪之意思，實施犯罪，而發生輕於預見罪名之結果者，從其所犯處罰。如行爲人欲殺害直系血親尊親屬，而誤殺常人，仍依普通殺人罪處斷。此前暫行新刑律第 13 條曾有「第二、所犯輕於犯人所知，從其所犯」之規定，實例上，亦以此爲判斷標準。

誤人為兔子而槍殺之情形（抽象事實錯誤）

習題：
一、對於打擊錯誤，應如何認定刑事責任？打擊錯誤與客體錯誤如何區別之？（89特司三）
二、何謂事實錯誤？如犯罪行為發生事實錯誤時，應如何處斷？試舉例以明之，並闡述其理論之根據。（29、42、50高、51特甲、70、76普）

第七節　法律錯誤

一、意義

　　違法性錯誤，又稱違法認識錯誤、違法認識欠缺或禁止錯誤。即行為人主觀之認識與法律相牴觸之狀態而言。換言之，即行為人不知其行為係法律所禁止，或誤認為法律所允許之謂。

二、種類

　　法律錯誤之種類有三，其刑事責任亦因而不同：
　　㈠**積極的法律錯誤**：法律本不處罰，而行為人誤認為有罪者也。此種錯誤將不犯罪誤為犯罪，乃出於行為人之幻覺。故又稱為「法律之幻覺錯誤」，依罪刑法定主義之原則，自不為罪。如單身之 18 歲以上男、女性交者，本無罪，而行為人誤信為犯罪是。又如積極的誤認自己之行為為法律所許可等是。
　　㈡**消極的法律錯誤**：即法律原有刑事責任，而誤認為不負罪責也。即法律對此行為本有處罰之規定，行為人不知或誤認為法律所允許，不予

處罰之行為，此種錯誤，出於行為人之錯覺，故又稱為「法律的錯覺錯誤」，消極的法律錯誤又可分為二種：

1.關於刑罰法規之錯誤：即依刑罰法規本應處罰或加重處罰，因行為人不知或誤解法律，而誤認為不罰或不加重者也。又分：

(1)不知法律有處罰規定者：如誤墮胎不罰而墮胎，放火燒燬自己之房屋致生公共危險等；雖行為人不知其為犯罪，但依刑法第16條前段：「不得因不知法律而免除刑事責任。但按其情節得減輕其刑」之規定，仍應分別成立墮胎罪（刑288Ⅰ），與放火罪（刑174Ⅲ）。

在此所謂不知法律，係指對於刑罰法令有所不知，且其行為不含有惡性而言（20非2）。並須對於法令確有不知，且其行為不違背吾人日常生活之條理者（21非33）始可。此外，法官尚須斟酌其犯罪情節，是否輕微可恕，再決定應否減輕其刑，而非必予減輕。

(2)誤解法律，誤信其行為不罰者：如年邁無子，誤信只要徵得其妻同意，即可再娶一妻生子，而不算犯罪者。殊不知仍應成立重婚罪。此對如行為人自信其行為為法律所許可，且亦有相當理由，得依刑法第16條後段規定：「如自信其行為為法律所許可而有正當理由者，得免除其刑」。

(3)不知有加重處罰之規定者：例如不知在夜間侵入住宅行竊，或毀越門窗竊盜，較普通竊盜有加重處罰之規定。蓋刑罰之輕重，概依犯罪構成要件分別規定，行為人祇須符合犯罪構成要件，犯罪即屬完成，就是行為人欠缺法律之認識，或不知有加重其

刑之規定，仍應依法處罰。故刑法第 16 條前段云：「不得因不知法律而免除刑事責任」即是此意。

　　2.誤解阻卻違法之事由：例如父母行使親權，得在適當程度內懲罰其子女，乃其子女誤解以為可行使正當防衛，加以反擊，致使父母受傷者，仍應成立傷害直系血親尊親屬罪。

　　㈢**關於其他法律之錯誤**：係指犯罪構成要件，以其他法律為前提要件，因不知或誤解其他法律，自以為其行為為法律所許可者而言。如不知民法之規定，離婚應以書面為之，並須 2 人以上之證人簽名，誤認為已得配偶口頭同意離婚，並有 2 人證明，已符離婚規定，另與他人結婚是。此種誤解，仍無法逃避刑罰制裁，並不得依刑法第 16 條之規定，減輕或免除其刑。因我國歷年來，實例上對於刑法第 16 條所謂之「不知法律」，皆指刑罰法規而言。即刑法或其他特別刑法之實質刑法，不包括非刑罰法規之其他法律在內。因其他法律之錯誤，乃屬犯罪構成要件內容之事實錯誤。惟如行為人誤解或不知其他法律，而致影響犯罪構成要件之故意者，則其行為自屬不罰。

三、學說

　　關於違法認識錯誤在刑法上對於故意及責任發生何種效果，與對於違法性之認識所採的見解有相當關係，此即違法性認識之學說：

　　㈠**違法性認識不要說**：此說認為故意的成立，只要有事實之認識就可以，不必要有違法的意識（或其可能性）。這個見解又可分為對所有的犯罪都不必要有違法性意識，與只有自然犯、刑事犯才不必有違法性意識等兩種區分。

　　1.違法性認識全面不要說：認為對所有的犯罪，行為人只要認識構成要件該當事實而行為，故意就可成立，而不必要有違法性之認識。此說為自古以來學者之主張，其理由有四：

　　　⑴不知法律是有害的（ignorantia juris nocet）」，「任何人都不允許不知法律」係羅馬法以來傳統的法律格言。

　　　⑵法律是他律性規範，受其規範之對象，沒有必要去瞭解該規範

之意義。

⑶凡是國民應該知道法律。

⑷將違法的意識列為故意成立之要件，會造成公認無罪的結果，等於國家自己放棄生存權，從國家的必要性與處罰的必要性言，應該不必承認有法律之錯誤的存在。

但前述的理由兵丁（Binding, Karl）對第⑴的主張認為所謂「不知法律是有害的」法律格言，在羅馬法只是適用於私法的領域，不過不論如何這個理論過於單純。第⑵的主張只考慮到法律規範之評價規範的性質，而沒有注意到意思決定規範。第⑶的主張，只是一種擬制的說法。第⑷的主張只強調國家權威的一面，而有輕視個人價值之缺點。

依據這個學說萬一行為人不可避免的沒有違法性意識時，仍應負故意犯之刑事責任時，等於從根本否定責任主義，因此採此說者，已絕無僅有。

2.自然犯、法定犯區別說：認為在自然犯、刑事犯，對於故意之成立，雖不必有違法性之意識，但對法定犯、行政犯就必須有違法性之意識。這一論點認為故意是一種反社會性表現的思想，而在自然犯、刑事犯，已將具有反社會性之行為規定在構成要件之內涵中，其行為本身不必透過構成要件之規定，就已被認定具有反社會性之行為，既被規定在構成要件之內涵中，因此，只要認識構成要件該當之事實而行為，就可認定具有反社會性格之表現。因此，對於自然犯、刑事犯，其行為人不必具有違法性之意識，其故意就已成立。反之，在法定犯、行政犯，其行為本身雖無任何反社會性格，但只為了國家的行政與政策目的，將法律上所不允許的行為規定在構成要件之內，因此，只認識構成要件之該當事實，仍嫌不足，更須認識其事實為法律所禁止，即明知為違法而行為，始能認為有反社會性格之表現。是故在法定犯、行政犯之故意內容，則須有違法意識之存在為必要。

㈡**故意說**：此說對於故意之成立，有認為必須有違法性之認識，也有認為只要行為人有違法性認識之可能性即可，因此可分為二說：

1.嚴格故意說：這是道義責任論者所主張。即行為人雖認識犯罪事

實，如欠缺違法性之意識，即阻止行為動機之反對動機無法形成，在此情形下，當不應對故意加以責任非難。因此所謂有違法性之意識，是表示行為人在行為時雖有阻止其行為動機時的反對動機存在，但行為人硬是突破反對動機，決意做出行為，因此應受責任非難，為其理論根據。如依此說，即對於責任之非難應該以違法性意識之有無或強弱為決定之標準。如此即對於反覆犯行之常習犯人，因對違法性意識已變成麻木不仁，因此只能給予輕微之非難，即對常習犯予以加重其刑反成疑問，並對確信犯人之處罰也會產生困難。此外，因過失而欠缺違法之意識時，除了對過失犯有處罰規定外，其他均無從處罰，就是在可以處罰的情形下，也只能處以較輕之刑罰，這將難以符合刑事政策之要求。

　　2.限制故意說：此說認為故意之成立，不必一定要有違法性意識，而只要行為人有違法性意識之可能性即可。蓋故意之概念是以「可能性之認識」為界限，如今在故意概念之中導入「認識之可能性」的過失要素，勢將造成故意與過失在本質上相互矛盾之現象。

　　但此說是從人格責任論的立場發展而來。即將故意責任之本質從人格態度之直接的反規範性加以探討，在此只要行為人對事實有認識，他就應直接面對規範之問題，因此不論有違法之意識或有意識之可能性，在這兩者之間並無任何質的差異，只要承認有事實之認識，雖無違法之意識，只須有可能性（如無可能性就不能加以非難），就可認定其有直接之反規範態度，因此，違法之意識，並非故意之要件，違法意識之可能性才是故意之要件。

　　(三)**責任說**：此說認為違法性之意識的可能性與故意截然有別，而是另一種獨立的責任要素。這原是目的之行為論的學者所主張，德國聯邦法院也採此見解。

　　責任說（Schuldtheorie）認為行為人只要有犯罪事實之認識，而實施違法行為就有故意，但並非就有責任，因為違法性意識之可能性是責任之要件，如行為人有違法性意識，即故意之違法行為就有責任。因此，對違法性之認識有錯誤時，如無過失，縱有故意，因無責任，遂不得不導引出無罪之結論。

習題：

一、何謂法律錯誤？（63 普）法律錯誤對刑事責任之影響如何？（51、54 高、53 普）

二、刑法如何評價違法性錯誤之行為？試就學說與現行刑法之規定，加以說明。（73 高）

　答：關於現行刑法規定為第十六條規定。

四、有正當理由而無法避免則無責

依 2005 年刑法修正案之說明：

㈠現行條文所謂「不知法律」，其態樣包含消極之不認識自己行為為法律所不許，以及積極之誤認自己行為為法律所許二者，此二者情形，即為學理上所謂「違法性錯誤」，又稱「法律錯誤」，本條之立法，係就違法性錯誤之效果所設之規定。

㈡關於違法性認識在犯罪論之體系，通說係採責任說立場。惟關於違法性錯誤之效果，不論暫行新刑律、舊刑法及現行刑法，均未以一定條件下得阻卻犯罪之成立，而僅就減輕或免除其刑之要件，予以規定，本條此種立法例，實與當前刑法理論有違。按對於違法性之錯誤，如行為人不具認識之可能時，依當前刑法理論，應阻卻其罪責；惟依現行規定，至多僅得免除其刑，且限於行為人積極誤信自己行為為法律所許之情形，而不包含消極不知自己行為為法律所不許之情形，過於嚴苛，故有修正必要。

㈢按法律頒布，人民即有知法守法義務，惟如行為人具有上揭違法性錯誤之情形，進而影響法律效力，宜就違法性錯誤之情節，區分不同法律效果。其中，⑴行為人對於違法性錯誤，有正當理由而屬無法避免者，應免除其刑事責任，而阻卻其犯罪之成立。⑵如行為人對於違法性錯誤，非屬無法可避免，而不能阻卻犯罪之成立，然得視具體情節，減輕其刑，爰修正現行條文，以配合違法性錯誤及責任理論。

習題：違法性錯誤（又稱為違法性認識錯誤、違法性認識欠缺、禁止錯誤），對於罪責有無影響？試根據民國 95 年 7 月 1 日開始施行之刑法新修正條文，分析之。（99 高行二）

第八節　期待可能性

一、意義

　　所謂期待可能性（Zumutbarkeit），即行為人雖有責任能力且具有故意或過失而實施犯罪行為時，無論何人倘其處於相同之立場，也會做此違法行為時，法律就不該追究其刑事責任。也就是由行為當時之具體情況分析，如已無法期待當事人做適法行為，而當事人除了做違法行為外，沒有其他方法時，就不能對其違法行為加以非難譴責，因此乃可否定其刑事責任。

　　這個理論是起源於德國 1897 年的「癖馬案」判例，當時是被告駕馭馬車，因其中一匹馬有怪癖，被告雖向主人請求換馬，但主人始終不允，被告因迫於生活，只有駁馬服從如故，結果有一天該馬因癖性發作，致將行人撞傷，經提起訴訟後，德國最高法院認為，如被告拒絕駕馭該匹具有惡癖之馬，被告將被解雇，而喪失其生活之依據，因此吾人既然無法期待被告拒絕駕馭該有惡癖之馬，本案被告不應負過失之責任，而判

決無罪。日本學者植松正教授舉例謂：正如逼迫一個人至一處無法轉身之細小道路上，再從前面阻其前進，並規定如果後退就要受罰之道理相同①。由此得知期待可能性之理論是站在承認人類有無法克服之弱點，當其陷於苦難之際，可藉刑法上之救濟手段，以爲解決。

　　迨二十世紀初期，在德國以上述「癖馬案」爲契機，爲補充心理責任論，其理論體系乃逐漸發展。譬如同是侵占行爲，因意圖爲獲取財物供揮霍之用，或因家無恆產，爲醫治疾病及養育家小迫不得已而爲等情形之不同，以致責任程度也有差異，乃是衆人皆知之事。其依據非由於行爲人之心理狀態，而是在行爲之時其附隨之事項而來，如行爲人沒有特殊之異常情形自應課以較重之責任，如附有異常情形時，則課以較輕之責任。因此乃與責任能力及故意、過失並列，而將附隨事項之正常性（normale Beschaffenheit der begleitenden Umstände）列爲第三責任要素。其後附隨事項之正常性不僅是期待行爲人應有適法行爲之可能性，同時附隨事項在責任上亦係決定行爲人之譴責可能性之內容，因此期待可能性乃成規範責任論之中心要素。

　　從刑法上言，行爲人應採取適法行爲乃是法之要求（Sollen），法律並期待行爲人有採取適法行爲之可能（Können），如行爲人違背其期待，而爲違法行爲時，則應追究其有無值得非難譴責之可能，亦即欲加予責任非難，當須有行爲之期待可能性。因此，欲對行爲人加以非難譴責，僅是故意、過失之心理要素仍有不足，而仍需要求其能否期待其爲適法行爲，如無期待可能性當無法加以非難譴責，爲本理論之重點。

二、期待可能性之標準

　　判斷期待可能性之有無時，應站在何種立場較爲妥適，乃成問題。期待可能性之理論原來是因無法期待行爲人爲適法行爲時而產生，因此應以行爲人之立場爲判斷之基準。但另一方面，如採此標準，將導致窮困潦倒之人，可實施犯罪，而能阻卻責任之不當結果，因此乃有以一般人之立場爲判斷基準之修正。另一種學說即認爲應以國家或法律秩序爲

---

① 植松正著，《刑法教室 II》，頁 205。

判斷基準較爲妥當：

(一) 行爲人標準說	即以該行爲人本人的能力爲標準，即以行爲人當時的具體情況，有無可能期待其做其他適法行爲爲考慮標準。即依行爲人當時的具體情形，從道義上及倫理上觀察，是否值得非難，以爲決定有無期待可能性之標準。因此當應針對各個犯罪情形，作個別決定。
(二) 一般人標準說 （平均人）	即期待可能性之有無，應以社會一般人爲判斷之標準。即一般人或平均人，於行爲當時，如處於相同之情形，有無可能期待其做其他適法行爲爲考慮標準。易言之，如依一般人之標準，於行爲當時，可以期待其採取其他適法行爲，而不做違法行爲時，吾人也就可以期待該行爲人也一樣可以採取適法行爲。此說爲通說。
(三) 國家標準說 （法律規範）	即對行爲者有無期待其做適法行爲之可能性，不應以行爲人或一般人爲準，而應以國家或法律秩序爲標準。也就是國家或法律秩序所期待於行爲人，應採取適法行爲的具體要求爲標準。而這些應由洞察社會現實生活之法官的判斷決定之。然拘束法官之判斷的最後基準，應以具有歷史性的現實國家基本構造之理念爲判斷責任之標準。
(四) 結論	判斷期待可能性之有無，實不能脫離被期待者之行爲人本身的立場，亦即對行爲人責任的非難，當應以行爲人可能做到之範圍內爲其界限，因此，不能強求行爲人能力所不能達成之高程度而加以非難，否則，則與規範責任論之中心概念的期待可能性之本旨相違。只是行爲人標準說如考慮行爲人之主觀個人情況，或許有人批評會使刑事司法軟弱無力，以致對確信犯不能處罰之不合理現象，但事實上對行爲人之責任能力原是站在客觀之立場以爲判斷，在此前提下，無法期待其爲適法行爲之情形將不致發生。另外日本學者團藤以行爲人標準說爲基本，並以平均人標準說爲上限，亦即，法律規範無法期待平均人以上之程度爲理由，而將其上限界定在平均人之能力爲標準，在其範圍內再以行爲人之能力爲最低限，以爲衡量[1]。

---

[1] 團藤重光著，《刑法綱要（總論）》，增補版，頁 305。

三、期待可能性之錯誤

事實上無期待可能性之情形存在，而行為人誤以為存在時，亦即自己的行為雖是違法，而行為人自以為因欠缺期待可能性，故誤認以為沒有責任時，可否阻卻故意之問題。這種屬於責任性之事實的錯誤，與屬於違法性之事實的錯誤，有加以區分之必要。如將期待可能性之理論結構向前推論，如行為人之誤認係無可避免時，則其期待可能性將被阻卻，如此則可阻卻故意之成立。惟如行為人對期待可能性之錯誤可以避免時，當無法阻卻責任，自不待言。

但是行為人之誤認是否確實無法避免，不僅應從行為人之主觀上，亦有從客觀情況加以考慮之必要。在此意義下，對其附帶的引發之事實，如單從行為人之主觀立場加以考慮，當不夠充分，而有必要從客觀之附隨的事實亦予考慮，始有意義①。

四、期待可能性之阻卻責任或減輕責任事由

㈠**法規上之規定**：目前刑法上寓有期待可能性理論之規定者，可分述如下：

　　1.阻卻責任之情形：因無法期待行為人做其他適法行為之可能性，即阻卻責任。其規定為：

　　　　⑴除有正當理由而無法避免者外，不得因不知法律而免除刑事責任，但按其情節得減輕其刑。此前段則為阻卻責任之法律錯誤（刑16）。

　　　　⑵緊急避難行為，不罰（刑24 I）。

　　　　⑶防衛過當或避難過當行為，免除其刑（刑23但、24 I但）。

　　　　⑷配偶、五親等內之血親或三親等內之姻親，圖利犯人或依法逮捕拘禁之脫逃人而犯藏匿人犯罪或湮滅證據罪之免除其刑（刑167）。

　　　　⑸謀為同死而犯同條第一項教唆或幫助他人使之自殺，或受其囑

---

① 參照前揭書，頁307。福田平著，《新訂刑法總論》，頁175。

託或得其承諾而殺之者，得免除其刑（刑 275Ⅲ）。

(6)直系血親、配偶或同財共居親屬間犯竊盜罪、侵占罪、詐欺罪、背信罪或贓物罪之免除其刑（刑 324、338、343、351）。

(7)懷胎婦女因疾病或其他防止生命危險之必要，而犯墮胎罪之免除其刑（刑 288Ⅲ）。

2.減輕責任情形：雖不能期待其完全採取其他適法行為，但行為人仍有部分值得非難之處，因此，刑法上規定為減輕責任之事由：

(1)防衛過當或避難過當行為，其未至免除其刑之程度者，得減輕其刑（刑 23 但、24Ⅰ但）。

(2)配偶、五親等內之血親或三親等內之姻親，圖利他人或依法逮捕拘禁之逃脫人而犯藏匿人犯罪或湮滅證據罪，未至免除其刑之程度者，減輕其刑（刑 167）。

(3)配偶、五親等內之血親或三親等內之姻親犯便利脫逃罪，得減輕其刑（刑 162Ⅳ）。

(4)對於收受後方知為偽造變造之通用貨幣、紙幣、銀行券；而仍行使或意圖行使之用而支付於人者；因無法期待其不再行使，故從輕規定，只處罰五百元以下罰金（刑 196Ⅱ）。對於收受後方知為減損分量之通用貨幣而仍行使或交付罪，只處一百元以下罰金（刑 198Ⅱ）。

㈡**解釋上之事由**：期待可能性雖屬一般之超法規責任阻卻事由，但在刑法解釋上尤值得探討之問題如下：

1.違法命令：譬如軍隊上長官對部下所下達之違法命令，因軍隊上要求部屬有絕對服從之義務，其部屬如依其命令而行為時，是違法阻卻事由或責任阻卻事由，頗有疑問，惟行為人既是執行違法之命令，行為人又無法拒絕執行其違法行為，因欠缺期待可能性，而應解為係阻卻責任事由[1]。

---

[1] 31 上 588：「被告前充某鄉鄉長，奉縣長命令，以上訴人有販私嫌疑，經派壯丁前往上訴人家，將所藏食鹽起出，照官價收回，分配各保領用，並保管其鹽價，係奉上級公務員命令之職務上行為，依刑法第二十一條第二項規定，應不負刑事責任。」

　　2.受強制之行為：如被人以槍抵住而強制其犯罪之時，因無法抵抗而所為之行為，認為是不可罰之立法例，比如奧地利刑法第 114 條第 2 項之規定是。強制原有物理性強制與心理性強制，在物理性強制下之行為，因非屬刑法上行為，因此只有心理性強制才是吾人討論之對象。因心理性強制所產生之行為，雖有屬於緊急避難之看法，但通說認為是由於期待可能性之不存在而為責任阻卻事由之一。

　　3.義務之衝突或安樂死：此雖屬違法阻卻事由，如違法阻卻事由之要件尚有不足，而可認為欠缺期待可能性時，則可解為係超法規之責任阻卻。

習題：何謂期待可能性？決定期待可能性之標準學說如何？我國刑法上寫有期待可能性之規定，試就阻卻責任事由之情形及減輕責任之情形，分別說明之。（71 特乙）

第五章　犯罪行為之階段

第一節　犯罪行為之發展階段

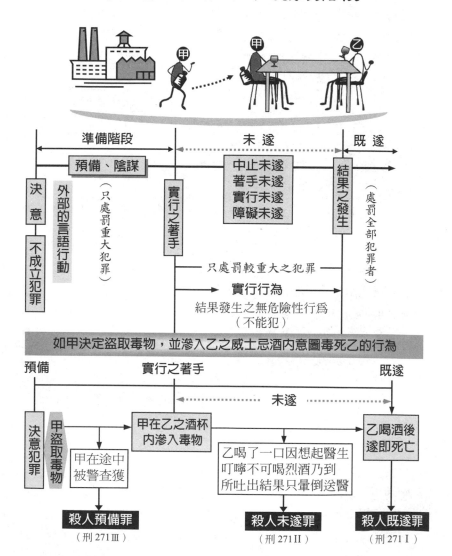

一、犯罪行為之階段

犯罪之實行行為，如「殺人」（刑 271）或「竊取他人動產」（刑 320）等行為因屬實行行為，而刑法第 25 條：「已著手於犯罪行為之實行」或第 28 條：「二人以上共同實施犯罪之行為者，亦為犯罪之實行行為。」而實行行為之發展階段首先成為問題者，指犯罪實現之時間的過程，在那一階段開始實行行為，在那一階段終止之問題。如以竊盜為例；

㈠故意之發生	決意竊取他人之物。
㈡陰謀	糾合同夥共同謀議竊取之方法。
㈢預備	準備竊取之一切工具及尋找竊取對象以決定目標。
㈣著手	然後進入他人家中開始物色後翻箱倒櫃。
㈤實行	而盜取之。
㈥結果之發生	將盜取之物置於自己之實力支配之下。
㈦事後處分行為	再將贓物出售。

在這些發展之過程中，自發動至完成，其經過之順序，即行為之階段，可分為七個階段，各階段之處罰不同：

二、行為實施之各階段分析

㈠**犯意之表示：乃行為人表示決定犯罪之意思也**。此無論以口頭、書面、或其他舉動均屬之。若只有單純之犯意，法律固不能加以處罰，若僅表示其犯意，但未採取實際行動，仍不失為單純之犯意，以不罰為原則。但若以犯意表示，為達犯罪目的之手段者，為懲戒其反社會性，仍須加以處罰，如：

1.教唆他人犯罪者為教唆犯，被教唆人雖未至犯罪，教唆犯仍以未遂犯論（刑 29）。

2.以表示加害他人之意思為恐嚇者，刑法第 305 條有處罰恐嚇之規定。

㈡**陰謀：乃二人以上對於一定之犯罪，互相協議之謂**。其要件有三：

1.必須為 2 人以上之協議，1 人之意思表示，非陰謀。

2.須指定一定之犯罪，無一定犯罪之目的亦非陰謀。

　　3.須爲雙方意思之交互同意。若僅一方提出，未得他方之承諾，仍屬單純之犯意表示，非陰謀。

　　刑法對於陰謀，非一律處罰，僅對於外患等重大犯罪，始予處罰。如內亂罪（刑101）、外患罪（刑103、104、105、107、109、111）等是。

　　㈢**預備：預備者，乃實行犯罪行爲之準備行爲也**。預備行爲尚未生實害，原無處罰之必要，但遇有對國家、社會有重大危險之犯罪預備行爲，仍有處罰之規定。其與陰謀作同一規定者爲刑法內亂罪（刑101）外患罪（刑103、104、105、107、109、111），有時單獨處罰預備者爲刑法放火罪（刑173）、殺人罪（刑271、272）、強盜罪（刑328）、擄人勒贖罪（刑347）、意圖爲犯罪之用而製造或持有危險物罪（刑187）是。

　　1.預備與犯意及陰謀的區別：預備行爲係介於犯意或陰謀與著手之間，然預備與犯意及陰謀之間，尚有區別：

　　⑴預備行爲因其已有準備行爲，以實現犯罪爲目的，故與單純之犯意表示不同，至於陰謀僅爲 2 人以上犯意之交換，尚未逾越犯罪決意之階段，故與預備不同。

　　⑵預備可能由 1 人或 2 人分別爲之，但陰謀則須由 2 人以上共同爲之。

　　2.預備犯認定之標準實例：

　　⑴預備行爲與未遂犯之區別，**以已未著手於犯罪之實行爲標準**，所謂著手，即指犯人對於犯罪構成事實開始實行而言（21 非97）。

　　⑵強盜之著手，**應以實施強暴脅迫等行爲爲標準**，如僅結夥攜械候劫行人，祇係一種準備行爲，尚未達於著手程度，不能成立強盜未遂罪（23 非85）。

　　⑶被告等分持槍枝，**藏匿某處道旁樹林內，窺伺行人，以便實施搶劫**，顯係意圖供自己犯罪之用持有軍用槍彈，而爲**強盜預備行爲**並未著手於強盜之實行，原判決不依刑法第 55 條從持有軍用槍彈之一重罪處斷，竟以結夥 3 人以上攜帶凶器強盜未遂罪擬處，顯有違誤（25 非 159）。

　　⑷刑法第 25 條第 1 項所謂著手，係指犯人對構成犯罪之事實開始實行而言，其**在開始實行前所爲之預備行爲，不得謂爲著手**，自無成

立未遂犯之餘地（25 非 164）。

　⑸上訴人因懷恨被害人，遂於傍晚，攜刀侵入被害人店內**潛伏其臥床下，擬乘機殺害**，當被發覺拿獲，是其行為尚未達於實施之程度，僅應構成預備殺人罪（29 上 21）。

　⑹上訴人某甲意圖殺害某乙，雖已侵入其住宅，然甫至二門即被防護團堵截，未能入內，是其所欲殺害之人，**因尚未見面，亦即無從著手實施**，關於殺人部分，顯尚在預備之階段，原判決以殺人未遂論罪，自屬於法有違（32 上 217）。

　⑺刑法上之預備犯與未遂犯，應以**已否著手於犯罪行為之實行為區別**，被告某甲因挾警員某乙勸告帶所補領自行車牌照之恨，於途中等候，俟某乙行抵其前，自懷中取刀著手刺殺，經某乙呼喊某丙奔到，始行他去，時被告既已著手實施殺害行為，縱因意外障礙未達到目的，亦應依殺人未遂處斷，不能論以預備殺人（39 台上 315）。

3.預備犯沒有過失犯及加重結果犯：

　⑴預備犯與過失犯：預備既為實行犯罪行為之準備，因此必須有犯罪決意，始能成立，所以預備犯的性質，必須是行為人有實現犯罪行為的故意才能構成。而過失犯是指行為人雖非故意，但按其情節應注意，並能注意而不注意導致發生法益之侵害或危險的犯罪形態，此與預備犯必須實現犯罪之性質不符，故預備犯沒有過失犯。

　⑵預備犯與加重結果犯：按加重結果犯必須是行為人有預見其發生時才能適用，加重結果犯之構成要件，是行為人對於基本行為有犯罪之故意，對於加重結果無故意只有過失，因此加重結果犯是故意犯與過失犯，兩者混合所構成，即在主觀上對於加重結果無故意，如此就不符預備犯之性質，自不能成立預備犯。

　㈣**著手**：著手者，乃預備之後緊接於**實行行為前之各種舉動也**。依最高法院判例認為凡實施犯罪構成要素之行為，謂之實施著手者，即指開始實施而言，與實施有緊密之關係。亦即著手係指實行犯意，尚未達於犯罪既遂之程度。與著手以前所為之準備行為，迥然不同（9 上 839、20 上 823）。如已著手於犯罪行為之實行，因各種原因致犯罪無法完成時，稱為

未遂。未遂犯之處罰，以有特別規定者爲限（刑 25）。故著手之階段，極爲重要。惟著手與預備有時極易混淆，學者間對其有區別之主張：

著手與預備之區分	1. 客觀說	此說注重於外部動作方面。如已接近於犯罪實行行爲，或著手於犯罪構成要件一部分之行爲，或開始實施與犯罪之完成有必要關係或有直接密切之行爲等，均爲著手，否則爲預備。
	2. 主觀說	此說以犯罪爲犯意之表現，如其犯罪行爲可以辨識犯意時，始爲著手，未達此程度時爲預備。如爲放火而購油，殺人而購刀，但此油或刀，均非專爲犯罪之用，僅能謂之預備；但如以火種接觸火油，或見人而拔刀，即其犯罪之意思已可辨識，當可稱爲著手。
	3. 折衷說	此說是從行爲人的整體計劃來看，把行爲人的主觀意識也考慮進去，對於是否著手實施給予個別評價，一方面確定其有無犯意，另一方面也要考慮有無外表行爲。具備此條件者爲著手，否則爲預備。

依日本昭和 45 年 7 月 28 日最高法院的判例：「一名具有強姦意圖的嫌犯，用汽車將一名婦女硬拉入車內，立即被警方查獲，對本案判決認定被告已構成強姦罪之實行的著手。」此即折衷說之適例。我國則仿日本之判例於 84 年判例認爲：「從客觀上已足認其行爲係與侵犯他人財物之行爲有關，且屬具有一貫接連性之密接行爲，顯然已著手於竊盜行爲之實行」，故有採折衷說之傾向。

㈤**實行：實行者，乃實施刑法上犯罪構成要件之行爲也**。如殺害行爲，爲殺人罪構成要件；竊取行爲，爲竊盜罪構成要件等是。實行終了已完成犯罪之目的者，謂之犯罪既遂；若未完成，則稱爲未遂。故學者有將著手包括於實行階段中者，其理論由此得知。

實行與預備應如何區分？一般以實行之開始稱爲著手，因此著手與否，乃實行與預備之分界。即在著手前稱爲預備，除重大犯罪外，以不處罰爲原則。著手後，如無結果之發生，則爲未遂問題，一旦發生結果，則爲既遂。

㈥**結果之發生：**

1.單純行爲犯：**犯罪有一經實行即發生結果之謂**。如侮辱罪（刑 309）、誣告罪（刑 169）、僞證罪（刑 168）等祗須有侮辱、誣告、僞證之行爲，其

罪即已完全成立，刑法上並不問其結果也。

2.結果犯：**即犯罪之實行與結果發生之間有時間性與空間性之間隔之謂**。大部分之犯罪均爲結果犯。

　　⑴未遂犯：在結果犯，雖有犯罪之實行，忽遇障礙或外力介入，以致不能發生結果者是。

　　⑵加重結果犯：如因犯某罪而發生某種較重之結果，致加重其刑是。如傷害致死或重傷罪（刑 277 II）、強姦致死或重傷罪（刑 226）、墮胎致死或重傷罪（刑 290 II）等是。

㈦**事後行爲：事後行爲係指犯罪完成後之行爲**。蓋犯罪雖已發生侵害法益之結果而完成，但亦有於犯罪完成後，繼續侵害法益之現象，此稱爲狀態犯。但狀態犯並不另成立獨立之犯罪。如竊盜罪（刑 320），犯人竊取他人動產後，犯罪即已完成，縱其後，竊盜犯將該贓物出售或破壞，但仍只成立竊盜罪，不另成立侵占罪或毀損罪。蓋此等行爲，在構成要件本身，均已概括的評價在內，不復能獨立受犯罪之評價，此等事後行爲稱爲**不可罰之事後行爲**。

習題：

一、犯罪自犯罪意思至達犯罪目的之過程，可分幾個階段？法律對各階段的處罰如何？（61 高、69 特、69 升、71 高檢、79 基乙）

二、試說明預備與陰謀、預備與著手、預備與實行之區別。（52 普、50 特乙、72 高）

三、下列犯罪有無預備犯？㈠過失犯；㈡加重結果犯。（96 普）

第二節　實行之著手

一、實行之著手學說緣起

㈠ 學說起 於客觀 說	著手之學說最初發跡於十九世紀之初期，即 1810 年法國刑法第 2 條之規定。當時因個人主義自由主義盛行，刑法是以罪刑法定主義爲基礎之客觀主義，在面對罪刑擅斷主義將預備與實行混淆思考之情形下，「實行之開始」一詞，當然受到學界之歡迎，於是此一學說乃迅速爲德國學界所繼受，所以德國刑法學在開始時就受客觀主義所

	主導，而實行之著手也自然地採取客觀主義。因此，在前世紀之大部分學說，都認為所謂實行之著手，就是屬於犯罪構成要件之行為，或者是實現犯罪構成要件之一部分行為而言，自可理喻。
(二) 主觀說 之挑戰	對「實行之著手」概念的客觀說，展開挑戰者為主觀說。主觀說之特徵在於決定實行之著手應以行為人之犯意為標準，即能明白認定行為人之犯意，當行為人開始實施之外部行為時為實行之著手。這個主觀說雖同時在德法兩國學界展開，但在法國之主觀說是由實證學派之立場為保全社會利益而主張者；至於德國，主要是受到黑格爾哲學之支持，與絕對主義國家有相當密切之關係。總而言之，主觀主義是為修正客觀之自由主義原理，而為保全國家社會為目的而產生，乃是歷史之事實。從此客觀說與主觀說乃成爭論。
(三) 折衷說	但近年來為解決兩說所衍生之缺陷，乃有折衷說之誕生。

二、實行之著手學說的內容

㈠**客觀說**（Die obektive Theorie）：主要是從古典學派之立場，將「實行」之觀念，依客觀之基準而確定之學說。亦即以客觀之行為為標準而決定著手時期之學說。就學者之主張，又可分為形式的客觀說與實質的客觀說：

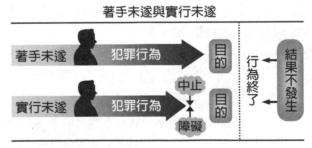

著手未遂與實行未遂

1.形式的客觀說（Die formal-objektive Theorien）：即完全從形式上觀察，當行為人開始實施犯罪構成要件該當之行為時，為實行之著手。蓋為考慮「只是該當於構成要件之行為」，不甚符合社會常識，於是又認為至少應開始實施犯罪構成要件之一部分行為（小野 182 頁），或與此有直接密接之行為為實行之著手。如以意圖殺人為例，可分三種情形：

⑴陰謀：2 人謀議，約定於某日某時至某乙住處行凶，此為陰謀。

　　　然殺人罪不處罰陰謀犯。
　　⑵預備：某甲意圖對某乙行凶，乃先行購刀，此種購刀行為則屬
　　　預備行為。
　　⑶著手：如某甲持刀追殺某乙時，因其行為已實現犯罪構成要件
　　　之一部分行為、或與此有直接密接之行為，故為著手。
　　2.實質的客觀說（Die materiell-objektive Theorien）：即避免構成要件等
形式的標準，而是從實質上客觀觀察，將未遂之本質要素的法益侵害之
具體危險性列入考慮，有認為「對法益侵害發生現實的危險性之行為」
或「實施犯罪之完成所必要之行為」等，為實行之著手。則在離開構成
要件論點，認為其行為真有實現構成要件事實之危險性，而且以有顯現
法益侵害之危險性為其概念標準。
　　3.對形式的客觀說而言，如果被問到何謂「構成要件該當行為」時，
等於答說「這就是構成要件該當行為」，因此欲將犯罪行為之定型性，
以日常用語之言辭來確定是相當困難之事。又所謂直接密接行為，將使
預備與實行行為之區別曖昧不明。
　　至於實質的客觀說：其所主張之判斷標準，如將行為人之犯意與犯
罪計劃排除在外，則將無法自圓其說，如欲將行為人之主觀層面列入作
綜合性之考慮，則已逾越客觀說之範疇。
　　㈡**主觀說**（Die subjective Theorie）：主要是從近代學派之立場，重視行為
人之反社會性格，認為犯罪行為乃行為人之犯意的表現，因此注重行為人
之內心的意思，即其犯意，或惡性之表現等主觀的基準而確定之學說。易
言之，即以行為人主觀之犯意為標準以決定實行之著手。其中，有認為
「犯意之成立，由其遂行行為，而可確定性的認定時，為實行之著手」[1]。
有謂「行為人之犯意具有飛躍性的表動，為實行之著手」[2]。
　　對此說，如以行為人之意思為重點，則預備與未遂皆具有反社會性
之性格，似無必要在兩者之間置「著手」以為分界，也有使實行之著手

---

[1]　牧野英一著，《日本刑法》，上卷，頁 254。
[2]　宮本英脩著，《刑法大綱》，頁 178。

時期過分提早之虞。如以遂行行為為基準，則又有偏向於客觀說之趨向，因此主觀說也不是很適當。

㈢**折衷說**（Die gemischt subjektive-objektive Theorie）：此說認為將犯罪從主觀面或客觀面等只重視任何一方之主張，並不能涵蓋一切，應以主觀與客觀之綜合的犯罪行為之實行的著手來思考，亦即從行為人之整體計劃觀察，是否對法益之侵害造成急迫之危險性為基準，而決定實行之著手。此說最先曾為德意志帝國法院之後期判例所採行，戰後亦可見諸聯邦最高法院之判例中。如德國學者維爾哲（Welzel）認為「行為人依照自己之犯罪計劃，直接開始實現犯罪構成要件之時，則可構成未遂。」熊格與修勒（Schoenk-Schroeder）認為「依行為人之整體計劃（Gesamplan）對各該構成要件之保護客體構成直接危險性之行為，而其犯罪之意思已明確的顯現出來時，為實行之開始，否則，則屬預備之階段。」

折衷說不僅將行為人之外部行為視為犯意之表徵，並從客觀上直接造成法益侵害之危險為論說之重點，故與主觀說有所區分；又在判定行為之危險性上，加上依「行為人之整體計劃」的觀點，並給予個別評價以與實施客觀性一般性評價之實質的客觀說有所區分。

對此說一般認為與原來之主觀說與客觀說並無適用上明顯之差異，又從主張客觀說之立場者批評說「此說是以主觀說為基礎而建立之理論」。

㈣**我國之實例**：從刑法學說之演進上言，原是起於客觀說，再進入主觀說，最後則改採折衷說，已如前述。但我國實務上是先採主觀說，後改採客觀說，但有採取折衷說理論之傾向。

　1.主觀說之實例：

　　⑴竊盜指明目的地，至中途被獲者，應以竊盜未遂論（4統252）。

　　⑵強盜指明目的地，行至中途被獲者，應以未遂論。此案該被告人等議定至紙廠搶劫，是已明明有指定之目的地，及至該處以後，某甲以彼等形跡可疑，誘致捆獲，自與在中途被獲者無異，自屬強盜未遂（4上283）。

　　⑶扭鎖入室上樓，正欲行竊，適被人撞破，鳴警抓獲，尚屬竊盜未遂（5上314）。

2.客觀說之實例：

(1)查犯罪預備與未遂之區別，全以已未著手為標準，凡實施構成犯罪要素之行為，謂之實施著手者，即指開始實施而言，與實施有緊接之關係，該上告人拿槍出外尚未成行，即被攔阻，據證人供上告人拿槍時尚看不見所欲殺之人，是當時縱殺人亦無從開始實施，自無著手可言。核其所為尚在殺人預備之程度，原判認為殺人未遂，實屬錯誤（9 上 839）。

(2)上訴人結夥商同再往蘆村發掘墳墓，僅行至中途即被警盤獲，尚未達於著手實施之程度，該與刑法上規定未遂犯之要件顯有未符，第一審認為發掘墳墓未遂，援引刑法第 263 條處斷，原審未予糾正，均有未合（20 上 1541）。

(3)被告等分持槍枝，藏匿某處道旁樹林內，窺伺行人，以便實施搶劫，顯係意圖供自己犯罪之用持有軍用槍彈，而為強盜預備行為，並未著手於強盜之實行，原判決不依刑法第 55 條從持有軍用槍彈之一重罪處斷，竟以結夥 3 人以上攜帶兇器強盜未遂罪擬處，顯有違誤（25 非 159）。

(4)上訴人某甲意圖殺害某乙，雖已侵入其住宅，然甫至二門即被防護團堵截，未能入內，是其所欲殺害之人，因尚未見面，亦即無從著手實施，關於殺人部分，顯尚在預備之階段，原判決以殺人未遂論罪，自屬於法有違（32 上 217）。

3.折衷說：在竊盜罪上 84 年判決已認定：「用眼睛搜尋財物，縱其所欲物色之財物尚未將之移入自己支配管領之下，惟從客觀上已足認定其行為係與侵犯他人財物之行為有關，且屬具有一貫接連性之密接行為，顯然已著手於竊盜行為之實行，自應成立……夜間侵入住宅竊盜罪之未遂犯。」故有採折衷說之傾向。

㈤**預備與實行區別之重要性**：預備與實行之區別在刑法上有相當重要之關係，如：

1.從犯罪行為之階段言，著手之前為預備，如為預備，除處罰重大犯罪（如刑 100、101、103、107、109、111、271、272）外，以不處罰為原則。如已著手於犯罪行為之實行，而尚未完成犯罪時，即為未遂，而未遂犯之處罰以有特別規定者為限（刑 25）。

2.確定追訴權時效期間之起算時點（刑80）。

3.確定犯罪之時與地。

4.確定管轄之法院。

習題：

一、關於預備與實行之分界，學者每有不同主張，諸家學說所持見解及其得失各如何？如此分界理論，在刑法上有何重要性？試擇要評述之。（72律）

二、「著手」概念之判斷標準為何？請依學說及我國實務見解說明之。（87高）

三、甲擬殺乙，某日深夜攜槍前往乙宅，見乙宅房間尚未熄燈，雖朝該房間連開數槍後逃逸，惟乙當時適外出，致未遭毒手。試問對甲應如何論罪科刑？（92升）

　答：依30上2671：「犯罪之故意，祇須對於犯罪事實有所認識而仍實施為已足，不以犯人主觀之認識與客觀事實不生齟齬為必要。上訴人率人向被害人屋內開槍射擊，雖因被害人事先走避未遭殺害，然上訴人既認其尚在屋內而開槍，不能謂無殺人事實之認識，及發生死亡結果之希望，而其犯罪結果之不能發生，既係由於被害人事先走避之意外障礙，則上訴人對此應負故意殺人未遂之責，自屬毫無疑義。」

三、各類犯罪形態著手之認定

　　關於實行之著手的學說有主觀說、客觀說與折衷說等三種，各說都有其決定實行之著手的基準。但如以實際具體個案進行檢討，究應採何說為妥，其結論往往錯綜複雜。主觀說雖重視主觀之意識，但欲確認其存在，亦須具備一定之客觀行為為必要；至於客觀說，因以構成要件之故意為要件，自須考慮主觀之要素。又各說所揭示之基準，也須依照各個犯罪態樣，使其學說能具體化，但此亦受各該犯罪之行為特性所影響。因此，從學說之立場言，似應依各該犯罪類型之具體態樣，以決定實行之著手時期。茲將實行之著手時期較有問題之著手犯罪類型，列述如下：

　　㈠**竊盜犯**：侵入住宅竊盜或侵入倉庫竊盜，因學說主張之不同，著手時期之認定亦有差異，茲分述之：

　　　1.侵入住宅倉庫竊盜之形態：侵入住宅或倉庫竊盜可能有三種形態可以考慮。

⑴以竊盜之意思侵入住宅或倉庫，但尚未開始實施盜取行為之情形。

⑵以竊盜之意思侵入住宅或倉庫，開始物色目的物之情形。

⑶以竊盜之意思侵入住宅或倉庫，開始翻箱倒櫃尋找目的物之情形。

　　如採主觀說，則前三種情形均已達實行之著手的程度，故均構成未遂。

　　如採客觀說，則前兩種情形均尚未達實行之著手的程度，只有第三種情形才達到實行之著手，當可構成未遂。

　　如採折衷說，第一種情形侵入住宅雖未達實行之著手，但侵入倉庫目標已明顯，應認為已達實行之著手，至於第二及第三種情形，則均已達著手之程度，當可構成未遂。

　　2.日本實務見解：從日本判例上瞭解，日本在實務上是先採客觀說，後採折衷說：

　　⑴客觀說：

　　　①即以「屬於犯罪構成要件之行為」為實行之著手。如：明治36年12月21日大審院刑事部判例：「所謂犯罪之預備，係著手於犯罪構成要素行為以前之行為之謂。是故苟已著手於其要素之行為，不論任何程度，一旦被發覺，即應論以犯罪之未遂。」

　　　②即不僅以「屬於犯罪構成要件行為」更以「直接密接行為」為實行之著手。如：昭和9年10月19日大審院第四刑事部判例：「家宅侵入之行為並不屬於竊盜罪之構成要素，僅不外是其遂行手段，因此以侵入家宅一事，雖不得認為是竊盜罪之著手，但以竊盜之目的，侵入家宅，如與事實上支配他人財物有密接行為時，則可謂係竊盜罪之著手。」

　　⑵折衷說：即從行為之整體計劃而言，對被害人之財物為物色之程度時，已對其構成危險生。如：日本昭和40年3月9日最高法院判例：「一名嫌犯拿了一個手電筒到被害人店中，四處照

射，看到店內很多電器用品，心中盤算還是拿錢比較好，於是走到賣香煙處。」，結果被認定被告之行為係竊盜罪實行之著手，因被告內心已有盤算還是拿錢比較好。

(3)惟對倉庫之侵入，不論是扭壞門鎖或打開門窗都認定已構成實行之著手，乃一般之判例。其理由為倉庫某地乃實質貯藏財物之場所，從其用途而言，行為人不論扭壞門鎖或打開門窗顯已構成物色行為，當可認定為實行之著手①。

3.我國實務見解：從我國判例上瞭解，我國實務上是先採主觀說，其後轉採客觀說，但有朝折衷說之傾向。如：

(1)主觀說：

①民國 4 年統字第 252 號解釋謂：「竊盜指明目的地，至中途被獲者，應以竊盜未遂論。」

②民國 4 年上字第 526 號判例謂：「被告人等竊盜未遂一罪，兩審固因被告人等曾自承認，是日約定前往某處竊取牛隻，又已出發，則犯罪行為實已著手。故雖中途被獲，仍論以未遂，自無不合。」

③民國 5 年上字第 314 號判例謂：「扭鎖入室上樓，正欲行竊，適被人撞破，鳴警抓獲，尚屬竊盜未遂。」

(2)客觀說：

①最高法院 27 年滬上字第 54 號判例：「刑法上之未遂犯必須已著手於犯罪行為之實行而不遂，始能成立，此在刑法第二十五條第一項規定甚明，同法第三百二十一條之竊盜罪，為第三百二十條之加重條文，自係以竊取他人之物為其犯罪行為之實行，至該條第一項各款所列情形，不過為犯竊盜罪之加重條件，如僅著手於該項加重條件之行為，而未著手搜取財物，仍不能以本條竊盜未遂論。上訴人在某處住宅之鐵門外探望，正擬入內行竊，即被巡捕查獲，是被獲時尚未著手於竊盜之犯罪行為。自難謂係竊盜未遂。至其在門外探望，原係竊盜之預備行為，刑法對於預備竊盜並無處罰明文，亦難令負何種罪責。」

---

① 八目國之著，《新派刑法學》，頁 111。

②最高法院 28 年滬上字第 8 號判例謂：「上訴人侵入某公司內，
　既未著手於客觀上可認為竊盜行為之實行，縱其目的係在行竊，
　仍難論以竊盜未遂罪。至於被害人已就上訴人之侵入行竊，依法
　告訴，其無故侵入他人建築物之部份，雖在告訴範圍之內，亦只
　能依刑法第三〇八條第一項，適用同法第三〇六條第一項處斷。」

(3)折衷說：前述客觀說兩個判例，仍為最高法院繼續沿用，嗣於
　民國 79 年 11 月間台北市有一竊盜案例：當竊盜翻牆入宅正要
　行竊，旋即被逮捕，案經一、二審法院判決均援引上述兩判例，
　判決無罪確定。於是輿論大譁，**筆者亦引用日本判例加以評論，**
　認為是採明治時代判例①，此後檢察總長乃於 81 年 11 月間就
　此案提起非常上訴，但遭最高法院判決駁回，維持原判。此案
　因輿論的抨擊，司法院乃函請最高法院研究②，最高法院於 82
　年 4 月 13 日以該院 82 年度第二次刑事庭會議決議通過仿日本
　判例認為：今後我國在司法審判實務上，對於竊盜罪之著手時
　點，除應就眾多學說斟酌損益，並參酌各國之立法例及判例演
　變趨勢，於行為人以行竊之意思接近財物，並進而物色財物，
　即可認為竊盜行為之著手外，實務上似不妨從個案詳加審認，
　另創竊盜著手時點之新見解，以期符合現代社會環境之實際需
　要。嗣經最高法院於 84 年 8 月 21 日就具體個案以 84 年度台上
　字第 4341 號判決：「侵入（住宅）竊盜究以何時為著手起算時
　點，依一般社會觀念，咸認行為人以竊盜為目的，而侵入他人
　住宅，搜尋財物時，即應認與竊盜之著手行為相當。」因此，
　92 台上 5157 也認為「竊盜行為之著手，係指行為人意圖為自
　己或第三人不法之所有，而開始搜尋財物而定。」**故已採行折**
　衷說之趨勢。

---

① 見拙著，《我刑法理論跟不上時代》，刊載「聯合報」，81.9.23，第 7 版。拙著，《刑法理論與時俱進的必要性》，刊載「台灣日報」，81.9.23，2 版。
② 司法院（81）院台廳二字第 1605 號函請最高法院變更 27 年滬上字第 54 號，28 年滬上字第 8號有關加重竊盜罪判例。見柯慶賢著，《刑法專題研究》，87 年 6 月再版，頁 109。

㈡**過失犯**：現行刑法第 25 條規定：「著手於犯罪之實行而不遂」一語，一般認為係以故意為要件，且過失犯以有特別規定者，方予處罰，而**刑法上並無處罰過失犯之未遂犯**的規定。但在理論上過失犯既以實行行為與結果為觀念而區分，在學理上應有過失犯之未遂的可能，其學說為：

　1.肯定說：過失犯與故意犯相同，既以實行行為及結果為觀念而分，理論上應承認具有未遂之可能。至於實行之著手的時期，應以行為人違反過失犯之構成要件行為的客觀之注意義務，而惹起構成要件之結果並具有現實危險性之行為的開始時期，認為係實行之著手。

　2.否定說：過失犯是有結果之發生才有可能成立之犯罪，如只是單純之過失而無發生結果，完全無刑法上之意義，所以不容許有未遂觀念之存在。

㈢**不作為犯**：不作為犯之中有不純正不作為犯與純正不作為犯兩種，其著手點可分述為：

　1.不純正不作為犯：通說咸認有未遂之清形。如乳母以不給與嬰兒哺乳之手段，致其餓死；即是以不作為的手段犯作為犯所能致的結果，此時其著手點應以其應作為而不作為時，即為著手。

　2.純正不作為犯：有兩說，但通說認為不成立未遂犯。

　　⑴不成立未遂：純正不作為犯是以純粹消極的不作為違反法律上應作為之義務者，如受該管公務員解散命令三次以上而不解散者，成立妨害秩序罪（刑 149）。其他如遺棄罪（刑 294）與不退去罪（刑 306）等，此種犯罪於應作為而不作為時，即為實行之著手，但一旦著手，即成立犯罪，無成立未遂犯之餘地。

　　⑵可成立未遂：在純正不作為犯，從作為義務之具體發生之時期，到違反作為義務之不作為的實行行為之間，多少仍有時間之間隔，因此理論上仍有未遂犯成立之可能。這時應以開始作不作為之實行行為為實行之著手。

㈣**間接正犯**：所謂間接正犯，指利用他人為工具，以實現其犯罪構成要件之謂。間接正犯之實行之著手時期，學說有三：

　1.依利用者之行為為認定之基準：間接正犯之著手時期，以利用者

利用行為開始時，為實行之著手。易言之，即利用者對被利用者有所作為時，亦即對被利用者有誘致實行時，為著手。在間接正犯之實行行為，必須為背後之利用者行為，至於被利用者之行為，在構成要件中，不過是因果關係之經過而已。此說原是基於主觀說之論點，但其後客觀說者亦支持此說。逐漸成通說。但此說與客觀說基本思想是否一致，尚有疑義。而且將實行行為不當的擴大，使著手之時期提前發生。

2.依被利用者之行為為認定之基準：間接正犯之著手時期，應以被利用者開始行動時為實行之著手。易言之，即被利用者開始依照利用者所指示而行為時，為著手。在此之前，利用者對被利用者之任何指示，或所為誘致其犯罪之行為，只能認為是預備，而非實行之著手。此說可謂係標準之客觀說。譬如行為人向幼兒甲說：「到某乙的家裏將桌子上的文件拿來給我」，這個「拿來」既非已完成構成要件特徵之行為，而「到某乙的家裏」之說辭本身，亦非已完成住宅侵入之構成要件行為，而是當幼兒要出手拿文件時，要進入住宅時才是實行的著手①。

但此說將沒有實行意思的他人之行為視為自己之實行行為是否妥當？將離開利用者之指示後所為之行為是否可以認為係實行之開始，似乎亦不妥當。

3.折衷說：視情形而定，有時以利用者之行為為準，有時由被利用者之行為中尋找依據。此說依德國之理論又分為行為者利用有故意之工具的情形與其他之情形兩種。

(1)關於利用有故意之工具的情形時，未遂犯之成立，以幫助者開始為犯罪之實行行為時，始有著手之開始。

(2)至於其他之情形，與利用機械性的工具相同地，當行為人欲利用工具完成犯罪時，當該工具離開行為人之手時，即為實行之著手，亦即其未遂犯就成立。

㈤**原因自由行為**：所謂原因自由行為，即行為人因故意或過失自行招致之情形，此法律規定不適用心神喪失，或精神耗弱之規定（刑 19Ⅲ），

---

① 平也龜一著，《刑法概說》，頁 21。

即指行為人自陷於精神障礙，再利用此精神障礙以實施犯罪之行為。如藉酗酒而為犯罪行為，究應以何時為實行之著手？是以飲酒當時？或以犯罪之當時為著手點？尚有爭義。茲說明之：

　　1.原因設定行為：此為主觀說。即原是有責任能力人，為了要犯罪，將自己陷於精神障礙之無責任狀態之原因設定時，認為係著手之時期。如開始飲酒行為至進入酩酊狀態時，為實行之著手。

　　2.結果惹起行為：此為客觀說。即當自己陷於無責任能力狀態，而實現構成要件行為時，認為著手之時期。此說認為通常之原因設定行為只是一種預備行為而已，現實之結果惹起行為才是其實行行為。如以竊盜為例，飲酒行為只是其預備行為，當其酗酒泥醉對該財物伸手之時點，才可認定為著手，而其後之行為，即為實行行為。

　　3.依情事而定：此為折衷說。可分為二種情形：

　　　⑴作為犯：以結果惹起行為為實行之著手。即當行為人直接開始遂行其所為時，當會產生危險，所以應以此時為實行之著手，亦即，此時應採客觀說。蓋如採行為人開始飲酒至進入酩酊狀態時，為著手時期，則從這個時點開始，行為人之責任意識將跟著消滅，其以後所發生之事，只有依賴當時之情形而定。如依此說，以殺人行為為例，當行為人在家飲酒，就是足不出戶，至酩酊大醉時，也將有殺人之企圖（Mordversuch），由此可知，這種見解是過於擴張，必須是行為人依自己所為之計畫，對該項法益發生直接之危險時，才可認為是實行之著手。

　　　⑵不作為犯：以原因設定行為為實行之著手。即當行為人飲酒至酩酊大醉之結果，已沒有責任意識來遂行其行為能力之時，危險即已發生。例如鐵軌之轉轍手，以使火車出軌為目的，開始飲酒，當其酩酊大醉時，當已自陷於無法轉轍軌道之狀態，此時則應認定其有實行之著手①。

---

① Schoenke-Schroeder, Strafgesetzbuch, Aufl, 1961, s.211。

4. 日本之判例是採主觀說（最大判 26.1.17 刑集五 5-1-20）。我國學界以褚劍鴻教授採客觀說，而蔡墩銘教授則採折衷說①。

(六)**隔離犯**：隔離犯有兩種情形，即行爲與結果之發生因時間或地點之不同，而分爲隔時犯與隔地犯。不論是隔時犯或隔地犯其實行之著手時期，均與間接正犯相同地，在學說上所主張之理論亦大致相同。常被列舉之適例爲：某甲爲毒殺某乙，從台北郵寄滲有毒藥之砂糖給台南之某乙時，其情形將如何？

1. 主觀說：以利用者利用行爲開始時爲實行之著手。即當某甲將包裹在台北郵局交寄時，則某甲之行爲已完成，其他蓋均屬行爲人之支配範圍之外，其遂行之犯意已可識別，故應於此時爲實行之著手。

2. 客觀說：即被利用者作爲工具而開始行動時，或該工具在現實上已爲實現構成要件之一部分行爲時，則爲實行之著手。如前例該有毒之砂糖由某乙供食時（形式的客觀說），至少須到達某乙由其收受（密切行爲說），才可認定是實行之著手。

3. 整體觀察說：近年以來在日本有不少學者認爲應通盤觀察被利用者之行爲，從整體的層面與犯罪事實之發生有密切接續之階段，易言之，如已到達與結果之發生有緊迫之危險存在之階段時，則可認爲實行之著手②。

4. 實例：日本之判例係採客觀說（依大判大 7、11、錄 24、1352）。關於某甲將滲有毒藥之砂糖郵寄之案例，認爲：「將毒藥混於砂糖中，當某乙收受時，使其本人或其家族置於得食用之狀態下，則應認爲已構成毒殺行爲之著手。」與此同一主旨認爲「書面之誣告（大判明 43、6、23、錄 16、1276），或書面之恐嚇（大判大 5、8、28、錄 22、1332）等，當書面到達於對方時，則認爲係實行之著手。

我國對於隔地犯亦採客觀說，即以是否到達被害人爲準。如最高法院 39 台上 123 號判例謂：「某甲教唆某乙殺人之函件，既未到達某乙之

---

① 參照褚劍鴻著，《刑法總論》，頁 113。蔡墩銘著，《刑法總論》，頁 206。
② 參照齊藤金作著，《實行の著手》，載於「刑法講座」4，頁 1 以下。

手，尚難以未遂犯論罪。」

㈦結合犯：結合犯是指兩個獨立之犯罪，由於法律之規定，結合成為另一新的獨立犯罪之謂。如強姦而故意殺被害人罪（刑223）。因此，結合犯原來是有數個構成要件之行為存在，如今究應以何種行為為準，以決定實行行為之著手，乃成問題。

　　1.以構成要件之部分行為開始行動為準：蓋結合犯究係以一犯意、數行為而構成法律所規定之一罪，因此，只要構成要件之其中一部分行為有開始行動時，就以其時點認為是實行之著手。

　　2.以構成要件中之重罪為準：我國司法院 20 年院字第 593 號解釋謂：「懲治盜匪暫行條例第一條第十二款行劫故意殺人之罪。凡殺人既遂者，無論得財與否，均為本罪之既遂。若殺人未死，雖已得財，仍屬未遂。」

　　3.如結合犯無處罰未遂犯者則分別論之：如強姦而故意殺被害人，因此罪不處罰未遂犯，而強姦與殺人罪則各有未遂之規定，則應分別各論以未遂犯，再依刑法第 50 條併合處罰。因此其實行之著手，當以著手於各該罪時，則為其著手點。

㈧加重結果犯：所謂加重結果犯，係指犯基本犯罪行為，而發生較重之結果時，則將基本犯罪與加重之結果視為一個犯罪，並處以較重之刑罰之謂。因此，此種犯罪，其行為人對基本犯罪行為有故意，而對於基本犯罪行為所生之加重結果無故意時，法律令其就發生之加重結果負刑罰之責任。蓋如無加重結果之發生，當然不生加重結果犯問題，如結果已發生，則成為既遂犯，故不可能有未遂犯之情形（58 上 1288）。如重傷他人，若不生死亡之結果，則無加重結果之可言，若已生死亡結果，則重傷而致人於死之既遂罪（刑 278II）。故只要行為人已著手於重傷行為時，即為實行之著手。

習題：

一、刑法第二十五條第一項規定：「已著手於犯罪行為之實行而不遂者，為未遂犯。」因在客觀上，要有何種情形才可能是未遂犯的「著手」，試簡述其重要。又如何區分「著手」、「未遂」與「既遂」。（81律）

二、間接正犯之著手實行時期，向來有利用者之行為與被利用者之二種學
　　說上之爭論，究竟以何種行為之開始認定為間接正犯之著用實行時
　　期，請舉例說明之。（94 簡升）

三、甲乘乙外出時，用萬能鑰匙開門進入乙家。開始翻箱倒櫃尋找值錢的
　　東西時，忽聞異聲以為乙可能返家，於是從後門脫逃，試問甲的刑責？
　　（97 地方四）

　　答：㈠甲用萬能鑰匙開門進入乙家，構成侵入住居罪（刑306 I）。
　　　　㈡甲侵入乙家後，翻箱倒櫃尋找值錢之物，但未尋獲，成立竊盜未
　　　　　遂罪。
　　　　㈢綜合結論甲成立侵入住居罪與竊盜未遂罪，依刑法第55條一行為
　　　　　而觸犯數罪名，依想像競合犯，從一重之竊盜未遂罪處斷。

第六章　犯罪之形態

第一節　犯罪形態概說

一、既遂犯與未遂犯

㈠**既遂犯**：已著手於犯罪行為之實行，且已發生預期之結果而言。

㈡**未遂犯**：

　　1.意義：已著手於犯罪行為之實行而未完成、或雖已完成，而未發生預期結果之謂。

　　2.未遂犯與其他犯罪之關係：

　　　⑴過失犯無未遂犯。

　　　⑵形式犯無未遂犯。

　　　⑶加重結果犯無未遂犯。

　　　⑷純正不作為犯無未遂犯。

　　　⑸陰謀犯與預備犯無未遂犯。

　　　⑹結合犯之未遂以重罪未遂為準。

　　3.未遂犯之分類：

　　　⑴依實行之程度分：

　　　　①著手未遂。

　　　　②實行未遂。

　　　⑵依未遂之原因分：

　　　　①障礙未遂。

　　　　②中止未遂。

　　　　③不能未遂。

二、共犯與正犯

㈠共犯與正犯：

　　1.共犯：指原由 1 人實施之犯罪行為，由 2 人以上之協力加功，以

實現犯罪構成要件行爲之謂。

　　2.正犯：指行爲人基於自己之決意，實施犯罪構成要件行爲之謂。

㈡**共犯理論：**

　　1.犯罪共同說（客觀說）。

　　2.行爲共同說（主觀說）。

　　3.共同意思主體說（折衷說）。

㈢**共犯與正犯關係之理論：**

　　1.共犯從屬性說。

　　2.共犯獨立性說。

　　3.折衷說。

㈣**共犯分類：**

　　1.廣義共犯與狹義共犯。

　　2.必要共犯與任意共犯。

　　3.事前共犯、事中共犯與事後共犯。

　　4.有形共犯與無形共犯。

　　5.獨立共犯與從屬共犯。

　　6.直接共犯與間接共犯。

　　7.縱的共犯與橫的共犯。

　　8.正犯、教唆犯與從犯。

第七章　既遂犯與未遂犯

第一節　既遂犯與未遂犯概說

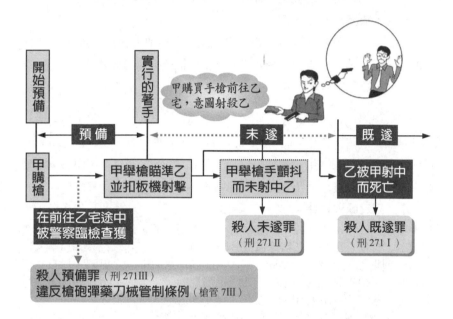

一、既遂犯

㈠**意義**：所謂既遂犯（vollendetes Verbrechen），**即已著手於犯罪行為之實行，且已發生預期之結果而言**。犯罪以其是否發生一定之結果，得區分為形式犯與結果犯。

　1.形式犯：僅須實行犯罪構成要件之行為，即為犯罪完成。故無既遂未遂問題。如公然侮辱罪（刑 309），只須有公然侮辱他人之行為，犯罪即屬完成；亦即既遂，而無未遂情事。

　2.結果犯：則除有犯罪構成要件之行為外，尚須發生一定之結果，犯罪始告完成，始能認為既遂。若僅有犯罪之行為，而未發生犯罪之結果者，則為未遂。如殺人罪，須有殺人之行為與死亡之結果，殺人罪始

為既遂。如雖有殺人之行為,但人未死亡,則為殺人未遂。

(二)**成立要件**:既遂犯應具備下列三要件:

1.犯罪實行行為,必須終結:如犯傷害罪,行為人必須有傷害人之身體或健康之行為。

2.須有犯罪結果之發生:如前例,必被害人因行為人之傷害行為,而使其身體或健康遭受傷害。

3.犯罪之一般要件與特別要件之完成:一般要件,即具備構成要件合致性、違法性、有責性。特別要件,即刑法分則或其他特別刑法所規定之各個犯罪構成要件,必須完成。

二、未遂犯

(一)**意義**:所謂未遂犯(Versuch),即已著手於犯罪行為之實行而未完成,或雖已完成,而未發生預期結果之謂。刑法第 25 條第 1 項規定:「已著手於犯罪行為之實行而不遂者,為未遂犯。」

(二)**未遂犯之處罰根據**:

1.客觀說 (舊說)	Objektive Theorie:為古典學派所主張。即未遂行為係對於**構成要件所保護之行為客體造成危險**,因為故意在各個行為階段(預備、實行、既遂)均屬同一,因此預備行為與未遂之界限,只有在行為之客觀面才能求得。未遂之處罰的法律依據,不在行為人之意思,而在於實現構成要件之結果的危險,所以未遂犯係因犯罪有發生違法結果的高度或然率,才予以處罰。由於這種或然率原則上是在著手實行之後,並認定未遂行為之適格性時,才能成立未遂犯,故如客觀上絕對無發生危險之可能,就不受罰。 例如對被害人發出恐嚇信時,就可認定成立未遂犯。因為從這個時點起,就對被害人之財產發生危害之作用(RG 30, 98[99])。又如小偷進入屋內,結果發現屋內毫無值錢之財物,就不成立竊盜之未遂(Prerß. Obertribunal GA 1854, 548)。
2.主觀說 (新說)	Sujektive Theorie;即未遂行為之處罰,依據在於行為人所表露的**法律敵對意思**(rechtsfeindlicher Wille),其決定性,不在於對所保護之行為客體造成事實上之危險,而是故意所表示而實現之不法行為。此說將未遂行為之可罰擴張到預備行為,對於絕對之不能犯也承認其可罰性,未遂與既遂之「法律敵對意思」既屬相同,原則上兩者應處同一刑罰。

	如使用不能墮胎之藥物，成立墮胎之未遂（RG 1, 439[441]）。又對沒有懷孕之婦女施行墮胎，成立墮胎未遂（RG 8, 198[203]）。主觀說今日已無人支持。
3.折衷說（印象說）	Eindrucks Theorie：印象說就是客觀說與主觀說之混合理論。此說以主觀說爲前提，未遂處罰之依據，在於違背行爲規範所表露之意思，此足以搖動一般人對法律之信賴，以致損害法律安定性與法律秩序，此即印象說。又未遂之處罰雖可以從行爲人之危險性找到根據，此際所保護之行爲客體的危險性，是存在於行爲人之意思（行爲人說）。其他還有各種說法，也都在結合客觀要素與主觀兩者之理論。此折衷說對於顯著之無知所造成之未遂行爲，則不處罰或減輕處分。 例如以殺人爲目的，使用迷信之手段，則不成立可罰性之未遂（RG 33, 321[323]）。又如搖動汽車輪胎以確認方向盤有無上鎖，應認爲係竊盜之未遂（BGH 22, 80）。

㈢**未遂犯之成立要件**：未遂犯應具備下列要件：即決意爲犯罪行爲，著手實行及犯罪未完成。

客觀要件	須已著手於構成要件之行爲，在未著手實行之前，尚屬陰謀或預備階段，不生未遂問題。且犯罪實行後，未發生犯罪預期之結果；若已發生犯罪之結果，則爲既遂犯。
主觀要件	未遂犯以行爲人有故意爲必要，且須行爲人本身有責任能力。若非出於故意，即不成立犯罪。
有處罰之特別規定	須有處罰未遂犯之特別規定；未遂犯既未發生犯罪之結果，實害尚輕，原可不予處罰，惟重大之犯罪，因惡性較深，爲保護被害之法益起見，方特予以規定，就未遂犯亦予處罰。如刑法第 25 條第 2 項：「未遂犯之處罰，以有特別規定者爲限。」

㈣**我國刑法對未遂犯之規定**：依第 25 條：「已著手於犯罪行爲之實行而不遂者，爲未遂犯。未遂犯之處罰，以有特別規定者爲限，並得按既遂犯之刑減輕之。」對於不能犯即規定在第 26 條：「行爲不能發生犯罪之結果，又無危險者，不罰。」

我國刑法關於未遂犯之處罰，依據第 26 條之立法理由謂：「關於未遂犯之規定，學理中有採客觀未遂論、主觀未遂論、或折衷之「印象理論」。參諸不能犯之前提係以法益未受侵害或未有受侵害之危險，如仍對於不能發生法益侵害或危險之行爲課處刑罰，無異對於行爲人表露其主觀心態對

法律敵對性之制裁，在現代刑法思潮下，似欠合理性。因此，基於刑法謙抑原則、法益保護之功能及未遂犯之整體理論，**宜改採客觀未遂論**，亦即行爲如不能發生犯罪之結果，又無危險者，不構成刑事犯罪。」

習題：刑法處罰未遂犯之理由爲何？

　㈤**未遂犯與其他犯罪之關係**：若干特定之犯罪行爲，僅有既遂而無未遂；與未遂犯之觀念不相容，因此這些犯罪態樣對未遂犯之認定成爲問題：

　　1.過失犯無未遂犯：過失犯因過失而犯罪，本無故意，而徵諸未遂犯以「著手犯罪之實行而不遂」一語，一般認爲係以故意爲要件，且過失犯以有特別規定者，方予處罰；而在刑法上並無處罰過失犯之未遂犯的規定。但在學理上應有過失犯之未遂的可能。

　　2.形式犯無未遂犯：犯罪一經著手，其犯罪即告完成者，謂之形式犯，此種與著手實行同時完成之犯罪，自無成立未遂犯之可能。如恐嚇罪（刑 305）與公然侮辱罪（刑 309），僅須有恐嚇人或公然侮辱人之行爲，犯罪即告成立，無從成立未遂犯。

　　3.加重結果犯無未遂犯：即犯基本犯罪行爲，而發生較重之結果時，則將基本犯罪與加重之結果視爲一個犯罪，並處以較重之刑罰者，稱爲加重結果犯。故行爲人對於基本犯罪行爲有故意，而對於基本犯罪行爲所生之加重結果無故意時，法律令其就發生之加重結果負刑罰之責任。如對加重之結果，事前有故意，則不能成立加重結果犯，而應對加重之結果逕負故意罪責。此與未遂犯須有故意之要件不合。若所生之加重犯罪，並非出於故意，但既生加重犯罪之結果，有其結果即成爲既遂犯，若無加重結果之發生，即不生加重犯罪之問題，自無未遂犯之問題（58 上 1288）。

　　4.純正不作爲犯無未遂犯：純正不作爲犯，即純粹以消極不作爲而成立之犯罪是。只需有不作爲之事實，不以發生一定之結果爲犯罪成立要件。如聚衆不解散罪（刑 149）、遺棄罪（刑 294）與不退去罪（刑 306），刑法上無處罰未遂之明文。至不純正不作爲犯，即以不作爲之手段犯作爲犯所能犯之罪。其不作爲之故意，仍可有未遂犯之存在，如乳母意圖餓死哺育之小兒，故不哺乳即可成立不純正不作爲犯之殺人未遂犯。

5.陰謀犯與預備犯無未遂犯：刑法對陰謀犯與預備犯，雖有處罰規定，但陰謀犯與預備犯之犯罪階段，均在著手實行之前，故無未遂犯之問題。

6.結合犯就是二以上之獨立犯罪行為，依法律規定結合為獨立的一個犯罪構成要件之謂。如以強暴脅迫與盜取財物結合成為強盜罪（刑 328）就是適例。結合犯是單純的一罪，而非牽連犯。關於結合犯之著手有二說：

結合犯之類型	形式的結合犯	從刑法規定的形式言，特定犯罪是由二以上獨立犯罪形態結合為一個犯罪構成要件之形態。如結合強盜（刑 328）與殺人罪（刑 271），而成立強盜殺人罪（刑 332 I）是。
	實質的結合犯	特定犯罪從構成要件之結構內容分析，在實質上由兩個犯罪構成要件結合成為一罪者。如強盜罪（刑 328），在實質上是由強暴脅迫與盜取財物二罪所構成。
結合犯之著手		結合犯既是結合數個獨立犯罪成為一罪，對於數個犯罪不可能同時著手實行；此時，如對其中一罪著手，是否可以認為是對結合犯的著手？頗有疑問？對此有二說：
	客觀說	即對犯罪構成事實，至少實現了一部分，對其實現與行為有密切關係謂之著手。
	主觀說	即從犯人之心理面來說明，即是否有實行犯罪之故意的行為為著手的時點。如強盜罪是以強暴脅迫為手段之結合犯；如以從事強盜之故意，而實行暴行時，就是實行之著手。不過以強盜之故意，只著手竊取財物時，因沒有施強暴脅迫，所以不發生強盜罪之結果，當不能認為係強盜罪之結合犯。
實例		1.實務上認為犯罪有加重處罰條件者，應視為特殊犯罪形態，並非結合犯，如刑法第 321 條第 1 項第 1 款之侵入住宅竊盜罪，因該條第 2 項有處罰未遂犯之規定，如有未遂情形，就應以未遂處理。 2.依 91 台上第 7119 號判例：即刑法第 321 條第 1 項之強盜殺人罪「是將強盜與殺人二個獨立犯罪行為，依法律規定結合成一罪，並加重其處罰，祇須相結合之殺人行為係既遂，即屬相當，其基礎犯之強盜行為，不論是既遂或未遂，均得與之成立結合犯（倘殺人行為係屬未遂，縱令強盜行為既遂，因該罪並無處罰未遂犯規定，即不生結合犯關係，應予分別論罪。」

習題：何謂結合犯？何謂結果加重犯？試舉例說明之。（98 公升）

　答：結果加重犯（看本編第二章第九節）。

(六)未遂犯之分類：

1. 依實行之 程度分	刑法規定，「已著手於犯罪行爲之實行而不遂者，爲未遂犯」(刑25 I)。其已發生者則爲既遂。刑法上對於「著手」與「實行」犯罪行爲未遂者，同列爲未遂犯，並未將此二階段予以劃分，但在學理上仍可區分爲著手未遂與實行未遂。 (1)著手未遂：雖已著手，而未實行者之謂，如舉刀正欲殺人，但尚未砍下，適時被警逮獲。 (2)實行未遂：已實行犯罪行爲，但未發生預期之結果之謂。如刀已砍殺人身，但未發生死亡之結果者是。因其已完成犯罪行爲之實行，而未發生結果，故又稱爲「既了未遂」。
2. 依未遂之 原因分	(1)障礙未遂：因意外之障礙而不遂者，謂之障礙未遂。 (2)中止未遂：行爲人因己意中止犯罪行爲之進行、或防止其結果之發生，致未發生犯罪之結果之謂。 (3)不能未遂：其行爲不能發生犯罪之結果之謂。

習題：

一、試說明未遂犯之種類及其成立要件。（90升委、92軍轉任）

二、刑法處罰未遂犯之理由為何？

三、何謂未遂犯與既遂犯（24、53 高、35、52、71 普）未遂犯之構成要件為何？（40、74 高）

四、試列述未遂犯之分類。（66 高、74 律師）

五、在什麼情形下，始有未遂犯的審查？（81 律）

答：為未遂犯的成立要件。

六、何謂未遂犯？與未遂犯之觀念不相容的犯罪態樣有那些？（90 中升）

七、刑法規定處罰未遂行為之理由為何？是否任何犯罪都有未遂犯的規定？（92 交升）

八、下列犯罪行為究係既遂或未遂？

　　(一)意圖販賣猥褻之物品買入後尚未賣出，經警查獲。

　　(二)盜伐樹木砍倒於地但樹木並未搬離現場即經查獲。（96 普）

答：(一)刑法第 235 條第 1 項販賣猥褻物品罪，稱「販賣」，即以營利之意思，販入與賣出，亦即有償的對於不特定人或多數人為轉讓行為，但不以實際已轉讓與不特定人或多數人為必要，即行為人有販賣與多數人或不特定人之意思而販賣，縱僅出售與一人，或以營利之意思而販入，但尚未出售者，均與罪之成立不生影響。上訴人指渠雖販入上開猥褻物品，但未及賣出即被查獲，應論以刑法第 235 條第 2 項之罪，原判決依同法第 1 項論擬，尚有違誤云云，核有誤會。（83 台上 1476）

㈡竊盜罪既遂與未遂之區別，應以所竊之物已否移入自己權力支配之下為標準。若已將他人財物移歸自己所持，即應成立竊盜既遂罪。至其後將已竊得之物遺棄逃逸，仍無妨於該罪之成立。（17上509）

九、何謂結合犯？其著手及既遂時期應如何認定？又結合犯有處罰未遂者，亦有不處罰未遂者，其結合之形態有否不同？試論述之。（82專律）

十、樹木既經砍伐倒地，不得謂非已移入於自己實力支配之下，其竊盜行為即已完成，自難因其贓木尚未搬離現場，而謂為竊盜未遂(49台上939)。

第二節　障礙未遂

一、意義

障礙未遂（Versuch）又稱普通未遂或狹義未遂。**即指行為人已著手於犯罪行為之實行，但因意外之障礙，而使犯罪不能發生預期之結果之謂**。刑法第 25 條第 1 項規定：「已著手於犯罪行為之實行而不遂者，為未遂犯」，所指之未遂。

二、障礙未遂之種類

就障礙未遂之態樣加以區別：

㈠**行為人以外之障礙**：係因行為人以外之障礙發生，致未能發生預期之結果者，又可分為：

1.自然障礙：係因自然現象所發生之障礙，致未能發生預期之結果者，如放火後，適逢大雨，火被撲滅是。

2.人為障礙：係因第三人或被害人之行為，致未能發生預期之結果者。如入室行竊之時，因被屋主發覺，致未能得手是。

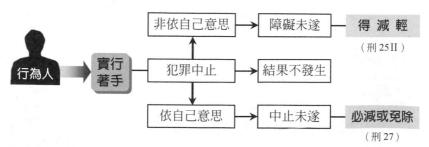

㈡**行為人本身之障礙**：

1.**心理障礙**：即行為人已有著手於犯罪之實行，因外界之原因事實，影響行為人之心理，致未發生預期之結果是。如入室行竊時，忽聞風吹草動，疑有人來，尚未得手而逃走。

2.**手段障礙**：即行為人之犯罪手段而生意外障礙，致未發生預期之結果是，如甲欲殺乙，舉槍朝乙射擊，因槍枝走火或因槍術不精，而未命中某乙是。

第三節　中止未遂

一、意義

中止未遂（Rücktritt vom Versuch）**即行為人已著手於犯罪行為之實行，因本於自己之意思，而中止其犯罪行為之進行，或在實行犯罪行為後，以己意防止其結果之發生，致未發生犯罪之結果之謂。**此項中止犯罪之人謂之中止犯。刑法第 27 條規定：「已著手於犯罪行為之實行，而因己意中止或防止其結果之發生者，減輕或免除其刑。結果不發生，非防止行為所致，而行為人已盡力為防止行為者，亦同」，即為中止未遂之規定。

二、中止未遂之要件

中止未遂之構成要件為：

㈠**一般要件**：

1.**須有犯罪之故意**：中止未遂之犯罪故意，與普通未遂相同，因過失犯無未遂，自亦無中止未遂之情形。

2.**須已著手於犯罪行為之實行**：如尚在陰謀與預備階段中，尚未著手時，即無中止未遂問題。此亦與普通未遂相同。

3.**須未完成犯罪之構成要件**：必須為行為人之中止行為而未發生犯罪之結果，如已完成犯罪之構成要件，其犯罪已經既遂，自無中止未遂犯之可言。

4.**須有處罰未遂犯之特別規定**：因未遂犯之處罰，以有特別規定者

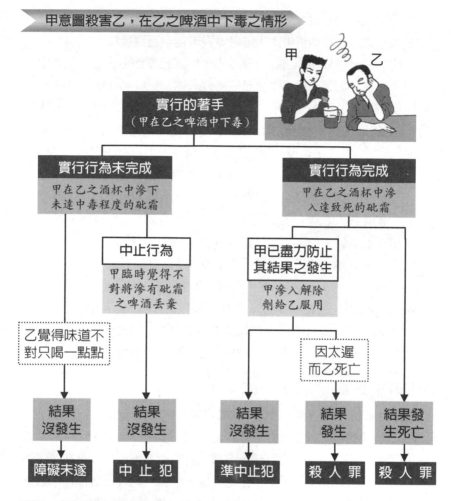

甲意圖殺害乙，在乙之啤酒中下毒之情形

實行的著手
（甲在乙之啤酒中下毒）

實行行為未完成
甲在乙之酒杯中滲下
未達中毒程度的砒霜

實行行為完成
甲在乙之酒杯中滲
入達致死的砒霜

中止行為
甲臨時覺得不
對將滲有砒霜
之啤酒丟棄

甲已盡力防止
其結果之發生
甲滲入解除
劑給乙服用

乙覺得味道不
對只喝一點點

因太遲
而乙死亡

結果
沒發生

結果
沒發生

結果
沒發生

結果
發生

結果發
生死亡

障礙未遂

中　止　犯

準中止犯

殺　人　罪

殺　人　罪

為限，若無明文規定處罰，該中止未遂犯，自不得予以處罰，此亦與普
通未遂犯相同。

　　㈡**特別要件**：

　　　1.須有發生犯罪結果之危險：行為人就自己行為有發生結果之可
能，如無可能，則無所謂中止其犯行，或防止其結果之發生之情事。如
無發生結果之可能者，則按情節，成立幻覺犯、迷信犯或不能犯。

　　　2.須本於自己之意思而中止：行為人須基於自己之自由意思而中

止，若非純出於自己之意思而中止者，則非中止未遂。因此，其中止是否出於自己之意思，則為**中止未遂與障礙未遂之區別標準**：

　　⑴非由於外界事務之障礙而中止，純因己意而中止者，謂之中止未遂。如因外界事物之障礙，致未生結果者，為障礙未遂。

　　⑵自由意思範圍，以行為人非因外界之因素，而自動中止之謂；無論出於侮悟、或另為等待時機而動、因目的物不能滿足其慾望而中止、他人之忠告、或懼怕法律之制裁，即若外界障礙事實存在，而行為人不自知，或誤認為不存在而中止者，均屬中止未遂。反之如因外界障礙事實存在，或行為人誤認有此事實之存在，使行為人心理上遭受壓迫，而中止行為者，則為障礙未遂。

　　⑶中止未遂與障礙未遂之區別實益在於中止犯減輕或免除其刑：一般未遂犯（障礙未遂）得依既遂犯之刑減輕之。

　　3.須有中止或防止其結果發生之行為：中止未遂須於犯罪行為之外，有消極或積極之中止行為，或防止其結果發生之行為，始可成立中止犯。

　　4.行為人盡力防止行為時：即結果之不發生，非防止行為所致，而行為人已盡力為防止行為者，亦有中止犯之效果（刑 27 I 後段）。

三、準中止犯

㈠**意義**：按行為人已著手於犯罪行為之實行終了後，而於結果發生前，已盡防止結果發生之誠摯努力，惟其結果之不發生，事實上係由於其他原因所致者，因其防止行為與結果不發生之間並無因果關係存在，固與以自己之行為防止結果發生之中止犯不同，惟就**行為人衷心悛悔，對結果之發生已盡其防止能事之觀點而言**，並無二致。為鼓勵犯人於結果發生之先儘早改過遷善，得比照中止未遂犯減輕或免除其刑，此即準中止犯。故 94 年乃參考德國現行刑法第 24 條⑴之立法例，增列「結果之不發生，非防止行為所致，而行為人已盡力為防止行為者，亦同。」等字樣，使準中止犯亦能適用減免其刑之規定。

㈡**準中止犯之成立要件**：

　　1.犯行尚屬未遂：如犯行已經既遂，中止未遂犯既不能成立，何況

是準中止未遂犯。

　　2.須有己意中止犯行：行為人必須衷心悛悔，自己願意放棄犯意，不希望結果發生。

　　3.須誠摯努力，防止結果發生：行為人須在結果之發生前，已盡防止結果發生之誠摯努力，始得成立準中止犯。

　　㈢**法律效果**：依刑法第 27 條第 1 項後段；準中止犯係準用中止犯之規定減輕或免除其刑。

　　㈣**準中止犯與正犯、共犯**：依刑法第 27 條第 2 項：「前項規定，於正犯或共犯中之一人或數人，因己意防止犯罪結果之發生，或結果之不發生，非防止行為所致，而行為人已盡力為防止行為者，亦適用之。」按中止犯既為未遂犯之一種，必須犯罪之結果尚未發生，始有成立之可言。從犯及共犯中止之情形亦同此理，即僅共同正犯之一人或數人或教唆犯、從犯自己任意中止犯罪，尚未足生中止之利益，必須經其中止行為，與其他從犯以實行之障礙或有效防止其犯罪行為結果之發生或勸導正犯全體中止。此項見解既已為實務界所採，殊有納入刑法，予以明文化之必要。再者，犯罪之未完成，雖非由於中止者之所為，祇須行為人因己意中止而盡防止犯罪完成之誠摯努力者，仍足認定其成立中止犯，乃參照上開德國刑法條文，增訂第 2 項規定，以杜疑義。

四、中止未遂之刑的減免依據

　　將中止犯與未遂犯加以區分，而對中止犯寬大處理之依據為何，依其學說及分析說明如次：

㈠ 學說	1.刑事政策說：對中止犯予以寬大處理之依據，乃在： 　⑴一般預防說：即於犯罪未完成之前，予以防止發生之刑事政策上考量，此乃費爾巴哈之所謂「使犯人回心轉意之黃金橋」。 　⑵特別預防說：因行為之中止，使行為人之危險性因而消滅或減少。 2.法律說：對中止犯予以寬大處理之依據在於，將犯罪成立要件之違法性或責任加以減少之故。此有二說： 　⑴違法性減少說：即因犯罪行為之中止而減少違法性之學說。 　⑵責任減少說：即因犯罪行為之中止而減少責任之學說。 3.結合說：

	⑴刑事政策說與違法性減少說：即將刑事政策說與法律說併用來考慮。
	⑵刑事政策說與責任減少說：即將刑事政策說與責任減少說併用來考慮。
	4.綜合說：即將刑事政策說、違法性減少說及責任減少說綜合來把握之謂。
(二) 分析	未遂犯之處罰依據在於惹起發生結果之現實的危險性，一旦行為人有了故意而著手實行時，即引起這個危險性，如於事後放棄故意，或自己防止其結果之發生時，則將事後減少結果發生之現實的危險以及行為之反社會的相當性，由此就會減少違法性，因此違法性減少說當為其法理之依據。蓋我國刑法不如德國刑法，對於中止犯之效果雖只認定刑罰之必要的減免，此種對行為人寬大之處理，以鼓勵犯罪人防止犯罪之完成，因具有一般預防之效，故應認為違法性減少說與刑事政策之結合說較為合理。

習題：

一、何謂中止犯？(24 高、32、48 普) 其與普通未遂犯之區別如何？(68 普、92 升、98 特) 法律效果有何不同？(94 薦升)

二、何謂準中止犯？其要件為何？試依新修正之刑法第 27 條第 1 項規定說明之。(95 司四)

三、何謂準中止犯？設若甲砍殺乙，見乙倒臥血泊中生命垂危，甲突生悔意，隨即奔至附近之公用電話呼叫 119 救護車，當甲再回現場時，乙已被路過之計程車送至醫院救回一命。問甲所為應如何論處？(98 三軍人轉任)

　答：準中止犯之意義（見本節本文）。設例中甲應成立殺人罪之未遂犯，但依刑法第 27 條第 1 項後段準中止犯之規定，應依中止犯減輕或免除其刑。

四、何謂準中正犯？此項規定於正犯、共犯有無適用？(97 檢事)

五、陰謀犯與預備中止犯

㈠**陰謀犯與預備犯準用中止犯之論點**：即行為人於陰謀或預備犯罪行為之後，依自己的意思，中止實行行為之開始之謂。依刑法第 27 條中止犯是：「已著手於犯罪行為之實行」為要件，因此並不包括陰謀罪與預備罪，但在解釋上中止犯能否認定陰謀罪與預備之中止犯學說，有肯定與否定之分：

1. 否定說：

(1)陰謀或預備均屬預備行為，不能承認有「著手」之觀念。

(2)法律上已被排除，並無法律依據。

(3)陰謀罪或預備罪就是中止，也受刑法上陰謀與預備之評價。

2. 肯定說：

(1)如預備犯強盜罪者，因「己意」而未著手實行時，處一年以下有期徒刑、拘役或三百元以下罰金（刑 328V）。但如著手於強盜之實行，而因己意中止，則可減輕或免除其刑（刑 27 後段）。因此通說認為此已失去刑之均衡性。

(2)如行為人從預備進入著手實行之階段而有中止自己行為時，則預備部分被中止部分所吸收，而能享有減輕或免除其刑之優待，因此此點亦欠缺刑罰之均衡性。因此刑法第 27 條之後段，雖不適用於中止犯，也應予以準用，給予刑之減輕或免除其刑，才是合理。

(3)依我國刑法放火預備犯為 1 年以下有期徒刑（刑 173IV），預備偽造、變造貨幣罪可處 5 年以下有期徒刑（刑 199），預備殺人罪得處 2 年以下有期徒刑（刑 271III）及強盜預備罪處 1 年以下有期徒刑（刑 328V）等，而對未遂犯只規定「未遂犯罰之」，並未規定刑罰，因此如不準用刑法第 27 條之中止犯規定，將失去刑罰之均衡性，但我國在實務上並不承認有預備之中止犯①。

㈡**刑之減輕或免除之基準**：如認定陰謀或預備得準用中止犯減輕或免除其刑時，其基準是如何？有二說：

1. 以既遂犯之法定刑為基準（例如殺人罪為死刑、無期徒刑或 10 年

---

① 22 上 980 判例：中止犯之成立，以已著手於犯罪之實行因己意中止者為要件，所謂著手，必須從客觀方面可以認其實行行為已經開始者而言，若實行行為未曾開始，而其所為尚係著手以前之準備行為，只能謂之預備，除刑法上有處罰預備罪之規定，得依預備罪論科外，實無中止犯之可言。

32 上 2180 判例：殺人之幫助犯，欲為有效之中止行為，非使以前之幫助全然失效或為防止犯罪完成之積極行為不可，如屬預備犯，則其行為之階段，尚在著手以前，縱因己意中止進行，仍與刑法第二十七條所定已著手之條件不合，自應仍以殺人預備罪論科。

以上有期徒刑），此為通說。

2.以陰謀罪或預備罪之法定刑為基準（如殺人預備罪為 2 年以下有期徒刑）。

惟陰謀或預備之法定刑，原已依基本犯之法定刑予以減輕規定，因比如果減輕當應低於陰謀或預備之法定刑，才符合中止犯之立法精神。

六、中止犯與其他犯罪之關係

㈠**中止犯與正犯、共犯**：依第 27 條第 2 項：「前項規定，於正犯或共犯中之一人或數人，因己意防止犯罪結果之發生，或結果之不發生，非防止行為所致，而行為人已盡力為防止行為者，亦適用之。」

又我國自暫行新刑律、舊刑法以迄於現行刑法，對於從犯及共犯中止未遂，雖無明文規定，惟實例及解釋則予承認。如大理院 6 年非字第 67 判例：「共謀行劫，同行上盜，經抵事主門首，心生畏懼，即行逃回，事後亦未分得贓物者，既已於著手強盜之際，以己意而中止，則對夥犯入室後拒傷事主，自不負責。」及司法院院字第 785 號解釋：「共同正犯、教唆犯、從犯須防止結果發生，始能依中止犯之例處斷」。關於從犯及共犯亦成立中止犯，固已為各國立法例實例所一致承認，惟僅因己意中止其犯罪行為即足成立中止犯，抑須進而防止結果之發生，始成立中止犯，則實例態度並不一致。德國現行刑法第 24 條(2)規定「因己意而防止犯罪之完成」，即從後說。日本實例（日本大審院昭和 9 年 2 月 10 日第二刑事部判決）亦採後說。我國實務上見解初認僅「以己意而中止」即可依中止犯之例處斷，嗣後則進而認為「須防止結果發生之效果發生」，始可依中止犯之例處斷。按中止犯既為未遂犯之一種，必須犯罪之結果尚未發生，始有成立之可言。從犯及共犯中止之情形亦同此理，即僅共同正犯之一人或數人或教唆犯、從犯自己任意中止犯罪，尚未足生中止之利益，必須經其中止行為，與其他從犯以實行之障礙或有效防止其犯罪行為結果之發生或勸導正犯全體中止。此項見解既已為實務界所採，殊有納入刑法，予以明文化之必要。再者，犯罪之未完成，雖非由於中止者之所為，祇須行為人因己意中止而盡防止犯罪完成之誠摯努力者，仍足認定其成

立中止犯，乃參照上開德國刑法條文，增訂第 2 項規定，以杜疑義。

㈡中止犯與結果犯：

　　1.有處罰未遂犯之規定時：結果犯如有處罰未遂犯之規定，中止犯當應依該罪之未遂犯處罰之，不能論以該罪較輕之既遂罪。如重傷罪（刑 278），其第 3 項有處罰未遂犯之規定，如行為人已著手於重傷害行為之實行，因己意中止或防止其結果之發生，即應論以重傷未遂之中止犯，不能因其行為未達重傷之程度而符合普通傷害之法定要件（刑 277），而遽論以普通傷害罪，蓋其犯意為重傷而非普通傷害也。

　　2.無處罰未遂犯之規定時：結果犯如無處罰未遂犯之規定，行為人中止未遂之原來犯罪如有其他較輕之罪名，而符合該罪名時，仍應依該輕之罪名的既遂犯處刑。如傷害直系血親尊親屬罪（刑 280）。並無處罰未遂犯之規定，如行為人於著手傷害直系血親尊親屬時，因己意中止或防止其結果之發生，如其行為已符合加暴行於直系血親尊親屬罪（刑 281），當應依此罪論擬。

㈢中止犯與結合犯：所謂結合犯係指兩個獨立之犯罪，由於法律之規定，結合成為另一新的獨立犯罪之謂。如強姦而故意殺被害人罪（刑 223），強盜而故意殺人罪（刑 332）等是。故如在相結合之罪名中，有一罪因尚未著手於犯罪行為之實行，而不成立犯罪時，僅剩另一獨立罪名成罪，自不成立結合犯，僅能成立單一之罪名。因此，在結合犯中，有一罪中止未遂時，當有下列情形：

　　1.結合犯有處罰未遂犯之規定時：實務上認為結合犯之既遂與未遂，應以所結合之罪為決定之標準。如在強盜而故意殺人罪中，如殺人未遂，則論以強盜而故意殺人未遂。又如強盜在實施犯罪時更犯強姦罪者，當屬結合犯，此時不應將強盜、強姦割裂為二罪，故如有強盜行為而強姦尚在未遂階段，當應依強盜而強姦未遂罪辦理（64 台上 1337）。

　　2.結合犯無處罰未遂犯之規定時：如強姦而故意殺被害人罪（刑 223），刑法上並無處罰未遂犯之規定，故依實務之見解，在本案結合罪中，如故意殺被害人為既遂，而強姦部分經被害人提起告訴時，不論被結合之強姦基礎犯罪為既遂或未遂，均應為犯強姦而故意殺被害人之既

遂。如該結合犯中之故意殺人罪為未遂時，法理上雖為結合犯之未遂犯，但刑法上並未處罰強姦而故意殺被害人之未遂犯，此時不論該結合犯之基礎犯罪之強姦罪為既遂或未遂，均應依所結合之殺人未遂與強姦既遂或未遂兩罪，併合處罰。如相結合之兩罪均為未遂，而法上又無處罰未遂犯之規定時，當不成立結合犯，亦無處罰未遂犯。如僅其中一罪有處罰未遂犯之規定時，則應論以單純一罪之未遂犯。

習題：何謂結合犯？對於結合犯若法律無處罰其未遂之規定者，試舉例說明應如何論斷？（89司四）

第四節　不能未遂

一、意義

不能未遂（untauglicher Versuch），**指行為人已著手於犯罪行為之實行，但其行為不能發生犯罪之結果，且又無危險者之謂**。此種犯罪人稱為不能未遂犯，簡稱不能犯。刑法第 26 條規定：「行為不能發生犯罪之結果，又無危險者，不罰。」即為不能犯之規定。

二、成立要件

不能未遂犯之成立要件如下：

㈠**須有犯罪之意思**：與普通未遂犯之犯罪意思相同。

㈡**須已著手於犯罪行為之實行**：與普通未遂犯相同。

㈢**須其行為不能發生犯罪之結果**：即其行為在任何情況下，均不能發生犯罪之結果而言。

㈣**須其行為無危險性**：危險之有無，以客觀之具體事實認定之。

三、不能犯與普通未遂犯之區別

㈠**學說主張**：不能犯與未遂犯之區別標準學說：

1. 主觀說	即從行為人之意思或行為性質之危險性以為決定之基準，可分為二：	
	(1) 純主觀說	注重主觀之危險。以為行為之危險與否，以行為人主觀之認識為觀察之對象。即凡有實現犯罪意思之行為表現，而

		此種犯意因對法律秩序產生危險，故不論其行為有無危險，均應論以普通未遂。例如誤信自己之物為他人之物而竊取之，誤木偶為人而槍擊之，均屬普通未遂犯。此說在基本上雖不承認不能犯之存在，但仍將迷信犯排除於普通未遂犯之範圍以外，其理由認為迷信犯人無責任能力，或利用因果法則外之關係，因此在事實上等於沒有使用任何方法，或認為其行為並未充分客觀的表示其犯意等以為解釋。主觀說為德法國家判例之通說。
	(2) **抽象的危險說**	（又稱主觀的客觀說或計劃性危險說）：即普通未遂與不能未遂不從行為之客觀危險性為判斷基準，而從行為人之主觀意思，尤其是行為人所企圖之計劃內容，有無危險性為準。即在行為人所計劃之實行行為下，經法官客觀的加以判斷，如按其計劃實行，即有發生結果之可能性時（計劃的可能性），因對法律秩序產生危害，故以普通未遂犯處理。此種藉法官客觀之判斷，以解決問題，故又稱為主觀的客觀說。如前例，向逾越射程以外之人開槍、誤將砂糖為毒藥以毒殺他人，均屬於普通未遂犯（因計劃本身並非不能）。依此說如自信化符之水可以殺人，而使人服飲者，為不能犯（蓋此計劃在客觀上具有不能之性質，不得認為具有犯罪意思）。
2. **客觀說**	(1) **具體危險說**	此說認為以行為人著手實行為基點，從行為人本身的特殊理由能判斷認識，以及一般人所得認識之情事下，判斷其行為有無發生結果之危險，其無發生結果之危險者，為不能未遂犯；其有發生結果之具體危險者，為普通未遂犯。因此在事後才開始瞭解認識，或知其發生之情況，不能作有無危險性之判斷基準。如對於無孕婦女之墮胎行為，與行為人不知友人已事先將子彈取出，而仍舉空槍射擊之情況下；前者雖為目的之絕對不能，而後者為手段之絕對不能，因行為當時有具體之危險性存在，故仍構成普通未遂犯。但如以殺人之故意，向逾越射程以外之人發射手槍（相對不能），或以迷信之法，用符咒殺人（絕對不能），蓋無發生結果之具體危險，故不構成普通未遂犯。
	(2) **客觀危險性說**	即以行為人之行為，在行為後從客觀上就全盤事情判斷，有無發生結果之危險性為準，其有發生之危險性時為普通未遂犯，反之即屬不能犯。此係德國費爾巴哈以來的學說，故稱為舊客觀說。

| | | 客觀的危險性說有絕對不能與相對不能兩種：則認爲絕對不能，因無客觀危險，故爲不能犯。相對不能，因尚有客觀危險，是爲普通未遂犯。茲列述如下：
①絕對不能：一般而言，絕對不能實現犯罪之情形：
　A 目的之絕對不能：即犯罪目的物並不存在，絕對不能發生犯罪之結果，又無危險；如對未懷胎婦女施以墮胎手術。
　B 手段之絕對不能：即其方法絕對無效者，絕對不能發生犯罪之結果，又無危險；如誤以砂糖爲毒藥用以殺人。
②相對不能：因特別的情形，而不能實現犯罪之情形：
　A 目的之相對不能：行爲之目的物暫不存在，但有發生犯罪之結果與危險；如竊盜開庫取金，但庫內空無一物，致竊盜不能，若庫內有存金，必有被盜之可能。
　B 手段之相對不能：犯罪所使用之方法，有發生結果與危險之可能，如以火藥爆破橋樑，因火藥份量不足，不能爆破是。 |
| (3)
修正的客觀說 | | 即以客觀之全部情況作爲判斷之基礎，在行爲不發生法益侵害之情形下，從追問下列二點以爲決定：
①從現實所存在之事實言，依科學法則，究竟何種事實存在就會發生法益侵害之結果。
②從科學上一般人的立場而觀察，假設的事實要存在到何種程度爲基準，以判斷其危險性。 |

(二)**刑法規定：**

　　1.**障礙未遂犯者**，係已著手於犯罪行爲之實行而不遂之謂（刑25Ⅰ）。

　　2.**中止犯者**，係已著手於犯罪行爲之實行，而因己意中止或防止其結果之發生之謂（刑27）。

　　3.**不能犯者**，係行爲不能發生犯罪之結果，又無危險之謂（刑26）。因此，在刑法上普通未遂與不能未遂之區別標準，在於不能完成犯罪之行爲且無危險。換言之，一切不能完成之實行行爲，有危險者，應歸於普通未遂之範圍，其無危險者，則屬於不能未遂之範圍，而不予處罰。

　　關於未遂犯之規定，學理中有採客觀未遂論、主觀未遂論、或折衷之「印象理論」。參諸不能犯之前提係以法益未受侵害或未有受侵害之危

險，如仍對於不能發生法益侵害或危險之行為課處刑罰，無異對於行為人表露其主觀心態對法律敵對性之制裁，在現代刑法思潮下，似欠合理性。因此，基於刑法謙抑原則、法益保護之功能及未遂犯之整體理論，宜改採客觀未遂論，亦即行為如不能發生犯罪之結果，又無危險者，不構成刑事犯罪（修正理由）。

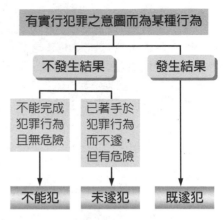

㈢**實例見解**：至於實例上我國在舊刑法時代係採具體危險說，其後改採抽象危險說。94 年改為**客觀未遂說**。實例如下：

　1.具體危險說：「刑法處罰未遂罪之精神，係以其著手於犯罪之實行，雖因意外障礙不遂，而有發生實害之危險，不能不加以制裁，故刑法第三十九條第一項（舊刑法）後段之不能犯，亦係指該項行為有發生實害之危險者而言，如實際上本不能發生損害，即無何種危險之可言，自不成立犯罪。本案上訴人侵入某甲家，雖意在將其殺害，但某甲既早已出外，絕無被害之危險，按照上開說明，究難令負殺人未遂罪責。」（19 上 1335）

　2.抽象危險說：「犯罪之故意，祇須對於犯罪事實有所認識，而仍實施為已足，不以犯人主觀之認識，與客觀事實不生齟齬為必要，上訴人率人向被害人屋內開槍射擊，雖因被害人事先走避，未遭殺害，然上訴人既認其尚在屋內而開槍，不能謂無殺人之認識，及發生死亡結果之希望，而其犯罪結果之不能發生，既係由於被害人事先走避之意外障礙，則上訴人對此應負故意殺人之未遂之責，自屬毫無疑義。」（30 上 2671）

　3.客觀未遂說：

　　⑴刑法第 26 條規定行為不能發生犯罪之結果，又無危險者，不罰。故不能未遂，係指已著手於犯罪之實行，但其行為未至侵害法益，且又無危險者；其雖與一般障礙未遂同未對法益造成侵害，然須並無侵害法益之危險，始足當之。而有無侵害法益之危險，應綜合行為時客觀上通常一般人所認識及行為人主觀上特別認識之事實（例如：行為人自信有超能力，持其明知無殺傷力，但外觀完好，足使

一般人均誤認有殺傷力之手槍殺人）為基礎，再本諸**客觀上一般人依其知識、經驗及觀念所公認之因果法則**而為判斷，既非單純以行為人主觀上所認知或以客觀上真正存在之事實情狀為基礎，更非依循行為人主觀上所想像之因果法則（例如：誤認以砂糖食於人可發生死亡結果）判斷認定之。若有侵害法益之危險，而僅因一時、偶然之原因，致未對法益造成侵害，則為障礙未遂，非不能未遂（97台上 351）。

(2)修正前刑法所謂之「不能犯」，係採處罰主義，僅應減輕或免除其刑而已。而現行刑法則基於刑法謙抑思想、法益保護之功能及未遂犯之整體理論，改採不罰主義，顯對行為人有利，惟在適用上，為嚴守罪刑法定之原則，並符合人民之法律感情，解釋上自不宜擴張。所謂「不能發生結果」，係指絕無發生結果之可能而言，此與「未發生結果」係指雖有發生之可能而未發生者不同，亦即前者絕無發生之可能，為不能犯，後者雖有發生之可能而未發生，為一般未遂犯；至「無危險」則指行為而言，危險之有無，以客觀之具體事實認定之。倘非出於行為人之嚴重無知，而行為人之行為復足以造成一般民眾之不安，自非「無危險」，尚難認係不能犯（97台上 2824）。

習題：

一、何謂不能犯？其成位要件為何？（48 普、24、73 高、90 升薦、99 特三），其法律效果為何？（98 高三）

二、不能犯（不能未遂）與普通未遂犯（障礙未遂）有何區別？試述之。（35 普、40 高、69 司、90 升薦、92 交升、94 特三）

三、試舉主觀說與客觀說之立論，以闡述不能犯之意義。（40 高檢）

四、何謂不能未遂犯？以下毒殺人之意著手實行，卻誤取外觀極其相似（一般人也難以由外觀上加以分辨）之白色砂糖為白色毒粉，摻入被害人食用之甜湯中。究係成立殺人罪之不能未遂犯或普通未遂犯？（97 普）

答：因有發生之可能，故為普通未遂犯。

五、甲有多次行竊經驗，但都運氣不佳，終至被捕。某日，甲見路邊豪華轎車，料有貴重物品，擦拭車窗，正擬行竊，卻遭車主發現追趕，甲腳程快，得以逃脫。再有一日，甲於白晝侵入住家搜尋財物，豈料竟是家徒四壁，一無可取。復再有一日，甲於夜間侵入公寓，得金項鍊兩條，放入口袋，正擬離去，遭屋主逮捕，問甲成立何罪？（90 司三）

答：甲擦拭轎車車窗，意圖行竊，尚未著手，只是預備，故不為罪。

甲於白晝侵入住家搜尋財物，雖未竊取，仍應論侵入住居與竊盜未

遂，依想像競合規定，處以普通未遂。

甲於夜間侵入公寓竊取金項鍊，應成立加重竊盜罪。

甲犯兩次之竊盜，應以數罪併罰處理。

六、通緝犯甲搶奪巡邏警員乙的配槍，對準乙的太陽穴扣扳機，但是未能擊發，因為乙出勤時疏忽未裝彈匣。問甲成立何罪？（98普政風）

　答：甲搶奪警員配槍，犯搶奪罪（刑325 I），後對準警員之太陽穴扣板機，成立殺人未遂罪。新修正不能犯雖係不罰，但警員之配槍是實槍，而且開槍是有殺人之危險，甲之朝太陽穴扣板機是有殺人之危險，應屬障礙未遂，依想像競合規定，應論以殺人未遂罪。

第五節　類似不能犯之犯罪形態

一、迷信犯

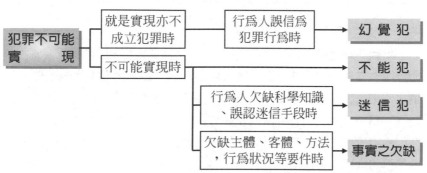

㈠意義：迷信犯（aberglaeubischer Versuch）者，行為人因欠缺科學知識，誤認以迷信手段可實現犯罪之結果，而事實上不可能發生之謂。

如向神鬼祈求，以符咒殺人，為典型之迷信犯型態。一般學說咸認迷信犯為不能犯之代表，其理由為：

1.非危險說：即迷信犯無結果發生之危險性。

2.因果關係否定說：迷信犯因欠缺因果關係，故不構成犯罪（此為德國判例所採）。

3.故意否定說：迷信犯係欠缺故意之要件。

4.性格怯懦說：迷信犯之行為者的性格怯

詛咒仇人死亡是迷信犯，迷信犯是不能犯之一。

儒。故又稱責任無能力說。

㈡**迷信犯與不能犯之區別**：雖有學者認爲迷信犯係不能犯之代表，但仍有異同：

不 能 犯	迷 信 犯
1.不能犯因欠缺一般知識，致其行爲不能發生犯罪之結果。	1.迷信犯因欠缺科學知識，誤認以迷信手段可實現犯罪之結果。
2.以一般方法犯罪，其行爲足以表徵行爲人之危險性格。	2.以迷信手段爲之，其行爲不足以表徵行爲人之危險性格。
3.不能犯須有實行之著手。	3.迷信犯之所爲不構成犯罪之實行。
4.不能犯不具有可罰性，因此法律規定不罰。	4.迷信犯爲不可罰性。
5.不能犯爲廣義未遂犯一種而已。	5.迷信犯非未遂犯。

二、幻覺犯

㈠**意義**：幻覺犯（Wahnverbrechen）者，又稱**錯覺犯、誤想犯**或**妄想犯**。**即法律上並非犯罪行爲，然行爲人誤信以爲是犯罪行爲，而予以實現之謂**。如未婚男女間之相和姦，誤以爲要成立通姦罪是。蓋犯罪之成立，以該行爲須客觀性的符合構成要件該當性之違法行爲，爲絕對之條件。在幻覺犯有可能不存在有構成要件該當性之情形，或雖有構成要件該當性，但其行爲並不違法之情形。

幻覺犯既不發生犯罪之結果，亦無危險性，其行爲根本不成立犯罪，因此爲不可罰行爲。如最高法院 19 年非字第 35 號判例謂：「被告在瑞和江輪購買煙土，既爲人所詐，以致誤買料土，自係居於被害人之地位，根本上已難論以刑法第二百七十一條第一項之罪。又刑法處罰未遂犯之精神，係以其著手於犯罪之實行，雖意外障礙不遂，而有發生實害之危險，不能不加以制裁，故刑法第三十九條第一項（舊刑法）後段之不能犯，亦係指該項行爲有發生結果之危險者而言，如出於犯人一時之幻覺，實際上並非實施犯罪之行爲（學說上名爲幻覺犯）自不成立犯罪。本案被告誤認料土爲鴉片煙土，著手販賣，非但不能發生販賣煙土之結果，且無發生該項結果之危險，即亦不生未遂罪之問題。」

㈡**幻覺犯與不能犯之區別：**

不 能 犯	幻 覺 犯
1.為犯罪構成要件之錯誤。 2.根本不能實現行為人所預見之結果，故不為罪。 3.不罰。	1.對刑罰法規之誤解而產生錯誤。 2.就是發生行為人所預見之結果時，也不犯罪。 3.根本不可罰。

習題：

一、不能犯與幻覺犯（誤想犯）、迷信犯如何區分？（90 升簡、91 基三）

二、何謂「迷信犯」？為何刑法上不處罰？試說明之。（89 特司四）

三、事實之欠缺

㈠**意義：事實之欠缺**（Mangel am Tatbestand）**者，一般認為，除了構成要件中之因果關係有關之部分以外，因欠缺犯罪之主體，客體、手段、行為狀況等附隨的構成要素，而行為人誤以為已具備而行為之情形而言。**此事實之欠缺雖與不能犯不同，然亦屬不可罰情形之一。其欠缺之情形如：

1.關於犯罪主體之事實的欠缺：如沒有公務員身分者，以為自己有公務員身分而收受賄賂。

2.關於客體之事實的欠缺：如對已死之人予以刺殺，或誤認人體模型為真人而予刺殺等是。

3.關於手段之事實的欠缺：如誤砂糖為安眠藥給被害人飲用。

4.關於行為狀況之事實的欠缺：如並無火災，而誤以為已發生火災，乃割破消防車之橡皮水管之情形。

㈡**事實之欠缺的不可罰性：**事實之欠缺因係欠缺犯罪之主體、客體、手段、行為之狀況等附隨的構成要素，故仍未具構成要件該當性，我國實例雖認為與刑法第 26 條不能犯之規定有別，但仍無可罰性。其適例為：

1.最高法院 19 年上字第 1335 號判例：「刑法處罰未遂罪之精神，係以其著手於犯罪之實行，雖因意外障礙不遂，而有發生實害之危險，不能不加以制裁，故刑法第三十九條第一項（舊刑法）後段之不能犯，亦係指該項行為有發生實害之危險者而言，如實際上本不能發生損害，

即無何種危險之可言，自不成立犯罪。本案上訴人侵入某甲家，雖意在將其殺害，但某甲既早已出外，絕無被害之危險，按照上開說明，究難令負殺人未遂罪責。」

2.又如欠缺客體要素之適例為：最高法院 28 年上字第 2075 號判例謂：「上訴人向某甲開槍時，某甲已為某乙擊斃，是其所射擊者為屍體，而非有生命之自然人，縱令該上訴人意在殺人，因犯罪客體之不存在，仍不負殺人罪責。」

3.又如欠缺手段要素之適例為：司法院 24 年院字第 1200 號解釋謂：「意圖他人受刑事處分而為誣告者，該管公務員，應以有權偵查犯罪或直接受理自訴者為限。省府非司法機關，某甲等以戊己通匪等情，電請省府飭縣槍決，自不成誣告罪。」

4.最高法院 24 年 7 月民刑庭總會決議認為事實之欠缺既非普通未遂犯，亦非不能犯，故謂：「事實之欠缺及迷信犯，不包括本條未遂犯之內。」

㈢**事實欠缺與不能犯之區別**：事實欠缺雖為犯罪不成立情形之一，但仍與不能犯有所區分：

不　能　犯	事實之欠缺
1.係欠缺構成要件之結果的部分。 2.其不能發生結果，與因果關係有關。 3.不能犯雖屬未遂犯，但刑法上規定不罰。	1.係欠缺犯罪之主體、客體、手段、行為狀況等附隨的構成要素。 2.無因果關係之問題。 3.既非未遂犯，則無處罰問題。

第六節　未遂犯之處罰

一、處罰範圍

未遂犯以不處罰為原則，以處罰為例外，「須以法律有特別規定者為限，並得按既遂犯之減輕之」(刑 25Ⅱ)。

㈠**法律之特別規定**：因未遂犯既未發生犯罪之結果，實害尚輕，自不必一律予以處罰。但重大之犯罪，影響社會安寧至鉅，其應予處罰者，均分別在刑法分則中列舉規定。

□**得按既遂犯之刑減輕**：我刑法對未遂犯採抽象危險說。原來未遂犯之處罰有部分規定在第 26 條前段，為使未遂犯與不能犯清楚分開，於94 年修正時，改列第 25 條第 2 項後段。如警察甲因緝捕逃犯乙，乙為求脫逃，乃奪取警槍，朝警察甲之心臟部位扣板機，結果警察甲之配槍因未上彈匣而倖免於死，此依抽象危險說為未遂犯，應依第 25 條第 2 項後段，按既遂犯之刑減輕。

此外本條規定，適用於所有未遂犯，即包括障礙未遂，中止未遂。均以法律有明文處罰未遂犯之規定，始能處罰。

二、處罰程度

我國立法例認為未遂犯之實害較輕，對於未遂犯之處罰，原則上比既遂犯減輕，其情形依普通未遂犯、中止未遂犯及不能犯之情形而不同：

□**普通未遂犯**：採得減主義。即對普通未遂之處罰，得按既遂犯之刑減輕之（刑 25 II）。是其應否減輕，仍由法官斟酌案情而定。又得減輕之，其減輕之程度如何，應依刑法第 64 條至第 66 條之規定為之。

□**中止未遂犯**：採必減主義，即對中止犯之處罰採「減輕或免除其刑」（刑 27）。即法官對中止犯必須予以減輕其刑，與刑法第 25 條第 2 項對普通未遂犯之「得按既遂犯之刑減輕之」之規定，法官有斟酌之餘地者不同，且法官對中止犯，得就行為人之動機，及客觀之具體事實，認為可予憫恕者，並得免除其刑。

□**不能犯**：採不罰主義，即對不能犯之處罰採不罰。

習題：

一、未遂犯之處罰，我刑法如何規定？（24、53 高、52 普）

二、民國 94 年 1 月刑法修正前後，障礙未遂（一般未遂）與不能未遂在法律上效果有何不同？警察甲因緝捕逃犯乙，為求逃脫，乙乃奪取警槍，朝甲的心臟部位按扣板機三次，結果甲配槍未上彈匣而倖免於死，問依新修正之刑法，本案乙應如何論罪科刑？（94 特三）

第八章　共　犯

第一節　共犯與正犯

　　刑法分則之規定，除了群集犯以外，原則上是以單獨一人的行為為規範對象，如果有人將犯罪構成要素自己加以實現，就是正犯（Täterschaft）。所以刑法上認為自己直接從事構成犯罪事實之行為，稱為單獨正犯（Alleintäter）。但是通常除了竊盜等犯罪外，人都會與他人共同合作從事犯罪行為，所以刑法上就必須面對有複數人參與一個可罰性行為時的處理問題。

一、共犯之概念

　　㈠**共犯之意義：共犯者（Teilnahme）原由 1 人實行之犯罪行為，由 2 人以上，基於意思之聯絡，共同協力加工，以實行犯罪構成要件之行為也。**按刑法分則所規定之各類型犯罪行為，除少數部分，必須由 2 人以上共同實行者外，以由 1 人單獨實行者為多。但這種由 1 人單獨實行之犯罪，當然也可以由數人共同實行，此即發生共犯問題。依現行刑法之規定，共犯之態樣，共有三種：即共同正犯、教唆犯及幫助犯。故共犯成立之要件有四：

　　㈡**共犯之要件：**

　　1.須有 2 人以上參與犯罪行為：其為共同實施或從旁加工，則非所問。

　　2.須參與犯罪行為者，均有責任能力：如有責任能力人與無責任能力人共同實施犯罪，即不能認為共犯。至於有責任能力人，是為完全負刑事責任能力人，或為減輕責任能力人，則非所問。

　　3.共犯間必須有犯罪意思聯絡：如彼此間並無意思之聯絡，雖犯同一罪，僅屬同時實施之單獨犯，不得謂為共犯。

　　4.共犯間必須犯同一之罪名：若彼此間僅有犯意之聯絡，而單獨各別進行成立不同之罪，即非共犯。因此，共犯須有共同之意思，復須有

共同之行為，雖其程度有主從輕重之分，但各人之犯罪意思，既在犯共同預定之罪，仍不失為共犯。

二、正犯之概念

(一)**正犯之意義**：正犯者（Taeterschaft），乃指行為人基於自己之決意，實行犯罪構成要件行為之謂。正犯係實行犯罪行為之人，故與尚未著手實行之預備犯、陰謀犯有別。且與從事於犯罪構成要件以外行為之教唆犯或幫助犯亦有不同。正犯實行犯罪行為所用之方式，有由行為人自任犯罪之實行者，為直接正犯，其利用非正犯之他人，而實行之者，為間接正犯。

(二)**共犯與正犯之區別學說**：正犯係對狹義之共犯所形成之觀念，狹義之共犯即教唆犯及幫助犯。共犯與正犯區別之標準有：(1)主觀說與客觀說、(2)限制正犯說與擴張正犯說、(3)行為支配說、(4)形式說等主張。

  1.主觀說與客觀說：

    (1)主觀說：係以因果關係之條件說為基礎，認為所有的條件對於原因都是等價，依此從因果關係而論正犯與共犯之區別乃是不可能，因此以**實行自己行為之意思而為**（animus auctoris），即以自任「犯罪主角」之意思而行為時，稱為正犯，以**加工他人行為之意思而為**（animus socii），即以「行為配角」之意思而參與加工時，稱為共犯。

    (2)實質客觀說（實質說）：在因果關係上區別原因與條件，認為對於結果賦予原因者為正犯，賦予條件者為共犯。

    (3)形式的客觀說：認為實行該當基本構成要件行為之犯罪，謂之正犯；而該當修正過之構成要件之行為，亦即對正犯加工之教唆行為及幫助行為之犯罪，謂之共犯。依此說，則正犯除了自己直接實現構成要件之直接正犯之外，在法律上與此同一形態，如利用他人實現構成要件之間接正犯，當亦包括在內。

  2.限制正犯說與擴張正犯說：

    (1)限制正犯說（restriktive Täterschaftsbegriff）：係將正犯之概念限制的解釋，認為自己親自實行構成要件該當之行為，稱為正犯。蓋唯有直接實現構成要件該當性之人，始得成立正犯，因此非

親自實行犯罪構成要件該當性之人，此包括間接正犯、教唆犯與幫助犯，均非正犯，而將被列入共犯之範圍。依此則將刑法典中之共犯規定，擴張處罰到正犯以外之犯罪，共犯遂成為「**刑罰擴張之事由**」（Strafausdehnungsgründe）。

(2)擴張正犯說（extensiver Täterschaftsbegriff）：係將正犯之概念加以擴張解釋，認為凡對於構成要件之實現，賦予任何條件者，皆為正犯。而不如限制正犯說，應限定於親自實行犯罪行為者。即將正犯擴張至自己親自實行犯罪構成要件以外之其他共同加工者，如教唆犯及幫助犯等是。此表示刑法對共犯之刑責加以限制，共犯遂成為「**刑罰限制之事由**」（Strafeinschrän-kungründe）。

(3)綜合分析：上述兩種學說都是以間接正犯究應列入正犯或共犯而引伸之理論，而限制正犯說將刑法中之共犯擴張及於正犯以外之犯罪，此說對於利用無責任意思及責任能力之人以實行犯罪行為之間接正犯，認為非正犯，理論上並不妥適。而擴張正犯說對間接正犯之理論雖有助益，但其擴張正犯之適用結果，對於與犯罪構成要件不相當之行為，亦依正犯加以處罰，則與罪刑法定主義之精神有違。依我國刑法，對於共犯概念之理論，對於教唆犯與幫助犯之規定採限制正犯說；而對於間接正犯，則採擴張正犯說。

3.目的行為支配說（Die Lehre von Herrschaftstheorie）：即實現犯罪構成要件之意思，對整體犯罪行為之因果關係有目的性的加以支配掌握者，稱為目的行為支配，而以行為支配的有無，以區分正犯與共犯之理論。此係站在目的行為論之觀點而論述，並不甚妥適，而教唆行為與幫助行為亦為實現目的之意思，而擁有行為支配，因此，如依行為支配之有無以為區分正犯與共犯，實質上仍有其困難性。

㈢**我國在實務上係採主觀說與客觀說之綜合理論**；如「現行刑法關於正犯、從犯之區別，本院所採見解，係以其主觀之犯意及客觀之犯行為標準，凡以自己犯罪之意思而參與犯罪，無論其所參與者是否犯罪構成要件之行為，皆為正犯，其以幫助他人犯罪之意思而參與犯罪，其所參與者，

苟係犯罪構成要件之行為，亦為正犯，必以幫助他人犯罪之意思而參與犯罪，其所參與者又為犯罪構成要件以外之行為，始為從犯。」(25上2253)

「刑法上之幫助犯，固以幫助他人犯罪之意思而參與犯罪構成要件以外之行為而成立，惟所謂以幫助他人犯罪之意思而參與者，指其參與之原因，僅在助成他人犯罪之實現者而言，倘以合同之意思而參加犯罪，即係以自己犯罪之意思而參與，縱其所參與者為犯罪構成要件以外之行為，仍屬共同正犯，又所謂參與犯罪構成要件以外之行為者，指其所參與者非直接構成某種犯罪事實之內容，而僅係助成其犯罪事實實現之行為而言，苟已參與構成某種犯罪事實之一部，即屬分擔實施犯罪之行為，雖僅以幫助他人犯罪之意思而參與，亦仍屬共同正犯。」（27上1333）

而釋字第 109 號解釋：「以自己共同犯罪之意思，參與實施犯罪構成要件以外之行為，或以自己共同犯罪之意思，事先同謀，而由其中一部分人實施犯罪之行為者，均為共同正犯。本院院字第一九○五號、第二○三○號之一、第二二○二號前段等解釋，其旨趣尚屬一致。」

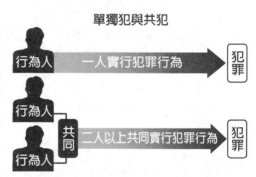

單獨犯與共犯

習題：關於正犯與共犯之區別，我國實務上所採之標準如何？試述之。（91輔法研）

三、正犯之分類

(一) 單獨犯	（Alleintaeterschaft）：由行為人 1 人單獨實行犯罪構成要件之行為者，稱為單獨正犯。刑法分則所規定者，大致均為單獨正犯，如殺人罪（刑271）、傷害罪（刑277Ⅰ）、竊盜罪（刑320）等規定均是。另有同時犯，亦屬單獨正犯。
1. 直接正犯	（unmittelbare Taeterschaft）：即行為人親自實行犯罪之行為者，謂之直接正犯。所謂親自實行犯罪之行為，包括利用非人類行為以外之一切方法，例如利用自然力、

		工具、動物，均不受限制。
	2. 間接正犯	（mittelbare Taeterschaft）：即行為人利用他人為工具，以實現自己所期望之犯罪事責，謂之間接正犯。亦即行為人利用不知情者，無犯罪故意之人，或利用無責任能力人，以實行犯罪行為者，即稱為間接正犯。間接正犯，因被利用者不成立犯罪，而利用者，自應對犯罪事實負其責任，故間接正犯，仍為單獨正犯之一種。因係假手他人實行犯罪，自與直接正犯有別。
(二) 同時犯		（Nebentaeterschaft）：即二個以上之單獨犯，在無意思之聯絡下，同時或近乎同時之時間關係上，對同一被害客體，實行犯罪行為之謂。因同時犯之加害行為固須對同一客體實施，但不一定在同一地點為之，其在同時異地實施者，亦可成立同時犯；如甲、乙2人在沒有意思連絡下，同時對丙寄發恐嚇信是。同時犯既屬各別之單獨正犯，故各對其行為自負刑責。 因同時犯在行為人之間無意思之聯絡，故與共同正犯有所區分。即關於意思聯絡之欠缺有二種型態：一為行為人均欠缺意思聯絡之情形；另一為僅其中之1人有共同之意思，而其餘之人均無共同意思之情形。前者為同時犯，而後者則為片面之共同正犯。蓋犯意之聯絡必須是相互承認，否則，不得認為共同意思，因此片面之共同正犯為我國刑法及實例所不採。 同時犯 行為人　實行犯罪行為 無共同關係 行為人　實行犯罪行為 犯 罪
(三) 共同正犯		（Mittaeterschaft）：2人以上之行為人，共同實行犯罪之行為者，謂之共同正犯。共同正犯固屬正犯，同時亦為共犯中之一種，因其除有正犯之性質外，復有共犯之關係。而刑法重視其行為之共同關係，故將其規定在共犯之中。其詳情將於共犯之理論內敘述。

行為人 之人數		行　　為	罪　　刑	法理
單 獨 犯	一 人		B為殺人既遂。	責任主義

同時犯	二人以上		刺殺心臟者爲殺人既遂，殺中手腳者爲殺人未遂，都不知誰命中要害則爲殺人未遂。	責任主義
共同正犯	二人以上		兩人都是殺人既遂。	一部實行之全部責任

習題：何謂正犯？可分幾種？試說明之。（69升、71特乙、72特、74律）

第二節　共犯之理論

一、共犯成立理論

㈠**共犯成立之學說有三**：前二者是由個人的立場來了解共犯之理論，故稱爲個人之共犯論。最後一項是由團體的立場來了解，故稱爲團體之共犯論。

　　1.犯罪共同說（客觀說）：此爲古典學派所主張。即共犯者，乃 2 人以上，基於共同加工，而實現一個犯罪事實者，稱爲共犯。至各人加工於犯罪之行爲，其程度雖有輕重之分，而各人之犯罪意思，則在於犯共通之一罪，故亦稱爲犯意共同說。

　　2.行爲共同說（主觀說）：此爲實證學派所主張。即共犯者，2 人以上因共同之行爲，而各自完成其犯罪，至於行爲人之間，有無犯意之聯絡，在所不問。故 2 人以上，基於行爲共同之關係，侵害同一法益，而爲犯罪行爲者，即爲共犯。因此如 2 人之行爲均在侵害同一法益，雖各人犯罪之意思不同，可分別成立不同之二個罪名，但二者仍不失爲共犯。如甲爲奪取財物，乙爲了要姦淫，共同協力對丙施加暴行脅迫，而甲乙各自達成目的時，因在暴行上有共同協力，因此甲乙爲共犯，但甲則應負強盜罪，而乙則應負強姦罪。蓋只須行爲之共同，又因各自完成其犯罪，而各個犯罪，

亦不須同時成立，故以教唆犯、幫助犯為獨立之犯罪。

　　3.共同意思主體說（折衷說）：即認為 2 人以上共同犯罪，必先有實現一個特定犯罪之共同意思，在此共同意思之下，2 人即變為同心一體，結合成一個意思主體，若其中之 1 人著手為犯罪之實行，即均成立共犯。亦即未為此行為之共犯，對此行為，亦應共同負責。

　㈡**刑法所採學說**：刑法係採犯罪共同說，惟近年實例似有傾向於共同意思主體說之趨勢。判例如下：

　　1.犯罪共同說：

　　　⑴現行刑法第 28 條規定：「二人以上共同實行犯罪之行為者，皆為正犯」，此之「共同實行犯罪行為」，必有共同所犯之罪，而以共同之意思共同實行之。

　　　⑵他人犯罪雖已決意，仍以犯罪意思促其實現，如就犯罪實行之方法以及實施之順序有所計劃，則其所計劃之事項，已構成犯罪行為之內容，直接干與犯罪之人，亦不過為履行該項計劃之分擔，其擔任計劃行為，即與加工於犯罪之實施者初無異致，即應認為共同正犯（24 上 890）。

　　　⑶共同實施犯罪行為之人，在合同意思範圍以內，各自分擔犯罪行為之一部，相互利用他人之行為，以達其犯罪之目的者，即應對全部所發生之結果，共同負責（28 上 3110）。

　　2.共同意思主體說：

　　　⑴事前與盜匪同謀，事後得贓，如係以自己犯罪之意思，推由他人實施，即應認為共同正犯（28 院 1905）。

　　　⑵事前同謀，事後分贓，並於實施犯罪之餘，擔任把風，顯係以自己犯罪之意思，而參與犯罪，即應認為共同正犯（29 院 2030）。

　　　⑶警察巡長與竊盜犯，串通窩藏贓物，並代為兜銷，如係事前通謀，應成立刑法上竊盜共犯（30 院 2202）。

　　　⑷以自己共同犯罪之意思，參與實施犯罪構成要件以外之行為，或以自己共同犯罪之意思，事先同謀，而由其中一部分人實施犯罪行為者，均為共同正犯（54 釋 109）。

二、共犯與正犯關係之理論

㈠**共犯之從屬性、獨立性**：廣義之共犯，係包括共同正犯、教唆犯及幫助犯；狹義之共犯，則僅指教唆犯與幫助犯而言。此處所稱之共犯，乃指狹義之共犯。即關於教唆犯、幫助犯與共同正犯間之理論。在學說上有共犯從屬性說與共犯獨立性說之爭。茲分述之：

刑法學派之論爭

	古典學派	近代學派
應受處罰者	行為	行為者
處罰依據	從社會規範言，犯罪是不允許的。	行為人存有社會危險性。
共犯之從屬性與獨立性	支持共犯之從屬性。	支持共犯之獨立性。

　　1.共犯從屬性說（Akzessorietät der Teilnahme）：此說謂教唆犯與幫助犯之成立，以有正犯行為之存在為條件，亦即必正犯行為具備犯罪之要件，成立其可罰性，而後共犯行為始從屬正犯行為，而成立其可罰性。

因此，共犯之成立，必須正犯已著手於犯罪行為之實行，此乃由於教唆行為與幫助行為，不屬於實行行為之故。而無實行行為，原則上無犯罪之成立之故。此說否定教唆犯與幫助犯有未遂情形。關於共犯在何種程度從屬於正犯，有四種形式：

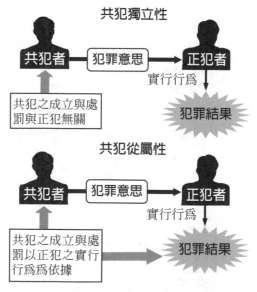

　　⑴最極端從屬形式：正犯行為除具備犯罪構成要件合致性、違法性、有責性且可罰之要件外，正犯因身分關係所具有之刑之加減，或免除之事由，對共犯亦有其適用。

共犯之從屬性：乙偷走汽車，甲才受罰。
共犯之獨立性：甲教唆完成，就應受罰。

(2)極端從屬形式：即正犯之行為，須具有犯罪構成要件合致性、違法性、有責性三要件，其教唆或幫助者，始可成立共犯。如正犯行為無違法性，則教唆幫助者，根本亦不成立犯罪。如正犯不具備有責性（如教唆或幫助無責任能力人犯罪），則教唆或幫助者，應成立間接正犯。幫助者，因不成立幫助犯，故不予處罰。

(3)限制從屬形式：正犯之行為須具有犯罪構成要件合致性與違法性，其教唆或幫助者，即可成立共犯。縱正犯行為欠缺有責性，亦無礙於教唆或幫助者，成立共犯。故利用無責任能力人以犯罪者，該利用人成立教唆犯。

(4)最小限度從屬形式：即祇須正犯之行為，具有構成要件合致性，其教唆或幫助者，即足成立共犯。正犯之行為，是否具有違法性與有責性，與共犯成立無關。

正犯之態樣　　從屬之程度	共犯在何種程度從屬於正犯			
	構成要件該當性	違法性	有責性	處罰條件
最極端從屬性說	必要	必要	必要	必要 →
極端從屬性說	必要	必要	必要 →	不要
限制從屬性說	必要	必要 →	不要	不要
最小限度從屬性說	必要 →	不要	不要	不要

　　我刑法實例上，對於狹義共犯之從屬程度，係採極端從屬形式。實
例如下：

　　⑴社員如明知其事爲犯罪，而請求社團法人爲之，法人之代表如
　　　有責任意思及責任能力，而實施其所請求之行爲，該社員即應
　　　成立教唆犯（27 院 1715）。

　　⑵某甲以鴉片囑令 13 歲之幼女吞服治病，除關於持有鴉片部分，
　　　應視其犯罪情形，適用禁烟禁毒治罪暫行條例相當條文論處
　　　外，不能成立吸食鴉片之間接正犯（32 院 2606）。

　　⑶使令無刑事責任能力之人，吞服鴉片治病，其目的既在治病，
　　　自不能認爲有違法性。其持有鴉片部分，應成立何種罪名，參
　　　照本院院字第 2606 號解釋自明。至吞服鴉片之人，既無責任能
　　　力，該使令服之人，自不發生教唆或幫助之問題，若明知他人
　　　素有烟癮，而使之吞服鴉片抵癮，如吞者未達責任年齡，則使
　　　令吞服者，即爲吸食鴉片之間接正犯。否則，應分別情形，以
　　　幫助或教唆犯論擬（32 院 2713）。

　　2.共犯獨立性說：（Verselbständigung der Teilnahme）自主觀主義之立
場，認爲犯罪乃行爲人惡性之表現，教唆或幫助行爲，本身即爲犯罪行
爲之實行，只不過利用他人之行爲以實現其惡性，其行爲既構成法定之
犯罪要件，對正犯之犯罪結果，又有直接之因果關係，故不應認爲有從
屬於他人犯罪之情形，應認爲獨立之犯罪，並依據自己之行爲而受處罰。

　　3.折衷說：此說認爲教唆犯採共犯獨立性說，幫助犯即採共犯從屬
性說，因教唆與幫助本身，即爲實行犯罪之行爲，行爲人自應對其行爲
負責；尤其是教唆行爲，其危害社會，惡性之深，並不亞於犯罪之實施，
故其行爲自有獨立處罰之必要。但幫助他人犯罪，其本身既無自爲犯罪
之意思，且此種幫助行爲，又係犯罪構成要件以外之行爲，其主觀上犯
罪之惡性，自較正犯爲輕。就其參與行爲之客觀事實而言，對正犯之行
爲，自亦具有從屬性。與教唆犯以獨立之教唆行爲，促使他人犯罪者，
自屬有別。就其惡性及危害社會實態而言，幫助犯亦較教唆犯爲輕，故
對於教唆犯，可採獨立性說，對於幫助犯，則採從屬性說爲當。

㈡**刑法所採學說**：我國現行刑法，採共犯從屬性說中之「限制從屬形式」說。刑法第 29 條規定：「教唆他人使之實行犯罪行為者，為教唆犯。教唆犯之處罰，依其所教唆之罪處罰之」。

依限制從屬形式之立場，共犯之成立係以正犯行為（主行為）之存在為必要，而此正犯行為則須正犯者（被教唆者）著手於犯罪之實行行為，且具備違法性（即須正犯行為具備構成要件該當性、違法性），始足當之，至於有責性之判斷，則依個別正犯或共犯判斷之。

至於幫助犯，依刑法規定：「幫助他人實行犯罪行為者，為幫助犯，雖他人不知幫助之情者，亦同。」（刑 30 I）「幫助犯之處罰，得按正犯之刑減輕之。」（刑 30 II），基此，如正犯未至犯罪，不予處罰，幫助犯當亦不予處罰，因此，幫助犯對於正犯，是具有從屬性，故幫助犯係採共犯從屬性說。

習題：共犯是否具有從屬性？我國刑法對各種共犯之地位，係依如何原則而為規定？試略述之。（50 特乙、91 基三）

第三節　共犯之種類

一、共犯之分類

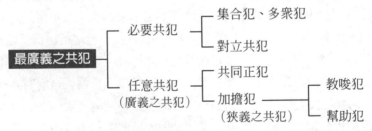

㈠**最廣義共犯、廣義共犯與狹義共犯**：此以共犯成立之範圍而為分類。

　　1.最廣義共犯：2 人以上共同實施構成要件之犯罪之謂。可分為必要共犯與任意共犯。

　　2.廣義共犯：是指任意共犯之共同正犯、教唆犯及幫助犯。

　　3.狹義之共犯：指教唆犯與幫助犯，不包括共同正犯。我國刑法對

於共犯之規定，係採廣義共犯之方式。

㈡**必要共犯與任意共犯**：此以共犯在刑法所規定之性質而爲分類：

1.必要共犯（notwendigeTeilnahme）：凡構成犯罪之事實，已預定須由 2 人以上共同實施者，謂之必要共犯。如刑法分則規定之暴動內亂罪、聚眾妨害公務罪、聚眾妨害秩序罪、賭博罪等是。必要共犯又可分爲集合共犯與對立共犯二種，惟此種犯罪爲刑法分則所規定之獨立類型犯罪，已在法條中規定以多數人參加爲構成要件，故不適用刑法總則共犯之規定。

⑴集合共犯（Konvergenzdedikte）：又稱聚合犯，乃多數人以同一目的共同參與犯罪之行爲。如內亂罪（刑 100）、妨害秩序聚眾不解散罪（刑 149），公然聚眾施強暴脅迫罪（刑 150）、參與犯罪結社罪（刑 154）、輪姦罪（刑 222）、結夥竊盜罪（刑 321 I ④）等是。對此法律已依首謀、下手實行或在場助勢等參與犯罪程度之不同，而異其刑罰之規定，依各參與不同程度之犯罪行爲之間，不能適用刑法總則共犯之規定。

⑵對立共犯（Begegnungsdelikte）：乃多數行爲人，彼此互以對方爲對象，而爲犯罪之行爲，對此犯罪亦無適用刑法總則共犯之規定。如：

對立共犯之犯罪例

法定刑	罪 名	關 係	法 條
對立雙方 同一法定刑	重婚罪	重婚者	刑 237
		相婚者	
	通姦罪	通姦者	刑 239
		相姦者	
對立雙方 不同法定刑	賭博罪	聚賭者	刑 268
		賭博者	刑 266
	貪污罪	受賄者	違背職務受賄（刑 122 I ,II）
		行賄者	違背職務行賄（刑 122III）
只處罰一方	散布、販賣 猥褻物品罪	販賣者	刑 235
		購買者	無罪

①對立之雙方同一法定刑：如重婚罪（刑 237）、通姦罪（刑 239）。

②對立之雙方不同法定刑：貪污罪
（對公務員行賄，與公務員受
賄）（刑 122）、賭博罪（聚賭者刑
268、參與賭博罪 266）。

③只處罰一方者：散布販賣猥褻物
品罪（刑 235）。

販賣猥褻物品罪
販賣者有罪，購買者無罪

2.任意共犯（zufällige Teilnahme）：指構成犯罪之事實，原可由 1 人單獨實施，而由 2 人以上共同實施之謂。因此，原屬單獨 1 人即能完成犯罪之任意共犯，如有「結夥三人以上」犯罪之情形時，即應援引刑法第 28 條論以共同正犯①。即刑法總則中所規定之共同正犯（刑 28）、教唆犯（刑 29）、幫助犯（刑 30）。故有適用刑法總則之規定。

3.必要共犯與任意共犯之區分：

必 要 共 犯	任 意 共 犯
(1)凡構成犯罪之事實，已預定須由 2 人以上共同實行之謂。 (2)其構成犯罪之事實已在刑法分則中規定。故又稱分則性共犯。 (3)此種犯罪為刑法分別所規定之獨立類型犯罪，已在法條中規定，以多數人共同實行為必要，故不適用刑法總則共犯之規定。	(1)構成犯罪之事實，原可由 1 人單獨實施，而由 2 人以上共同實施之謂。 (2)刑法總則中規定之共同正犯、教唆犯、幫助犯等是。故又稱總則性共犯。 (3)不以 2 人共同實行為必要，故有適用刑法總則之規定。

㈢**事前共犯、事中共犯與事後共犯**：此以共犯參與之時間不同而為分類。凡在犯罪實行之前，為教唆或幫助之行為者，謂之事前共犯。凡在他人實施犯罪行為之際，參與實行，或予幫助者，謂之事中共犯。至於在他人實行犯罪行為後，予以幫助者，學理上謂之事後共犯。因事後共犯之參與犯罪，係在犯罪完成之後，因此在我國刑法不承認有事後共犯，

---

① 26 渝上 1285：犯搶奪罪而具有刑法第三百二十一條第一項第四款結夥三人以上之情形，應於判決內揭引同法第二十八條之規定。

51 台上 1816：結夥三人以上竊盜罪之各結夥人，應就全部犯罪結果負責任，自應援引刑法第二十八條之共犯規定辦理。

有時可成立特別罪名，如藏匿人犯罪（刑 164）、湮滅證據罪（刑 165）、偽證罪（刑 168）、損害屍體罪（刑 247）、及贓物罪（刑 349）等是。

㈣**有形共犯與無形共犯**：此以共犯加工方法而分類。所謂有形共犯，指 2 人以上著手實行犯罪行為，就其外表上可得而見之謂。如共同正犯，或供給工具之幫助犯是。至於無形共犯，即不以直接行為參與犯罪之實行，而以無形行為加工於犯罪，如共謀共同正犯、教唆他人犯罪之教唆犯，以及他人犯罪之際在旁助勢等是。

㈤**獨立共犯與從屬共犯**：此以共犯之性質是否獨立成立犯罪而為分類。凡 2 人以上實行犯罪行為，而可獨立成立犯罪者，謂之獨立共犯。如共同正犯、教唆犯。其須正犯之犯罪成立，共犯始成立犯罪者，謂之從屬共犯。如各種犯罪之幫助犯屬之。

㈥**直接共犯與間接共犯**：此以共犯參與方式之不同而為分類。以直接方式加工於正犯之共犯，謂之直接共犯。一般所稱之共犯，即指此而言，如共同正犯、教唆犯、幫助犯是。凡加工於教唆犯與幫助犯之共犯，謂之間接共犯，又稱準共犯，或稱共犯之共犯。如教唆教唆犯、教唆幫助犯、幫助教唆犯、幫助幫助犯是。

㈦**縱的共犯與橫的共犯**：此以共犯間參與共犯後之效果及性質而為分類。凡使因果關係，在時間上延長之共犯，稱為縱的共犯。如犯罪行為實行前之教唆犯與幫助犯是。凡使因果關係，在幅員上擴大之共犯，稱為橫的共犯，如實行犯罪行為中之共同正犯，及事中幫助犯等事。

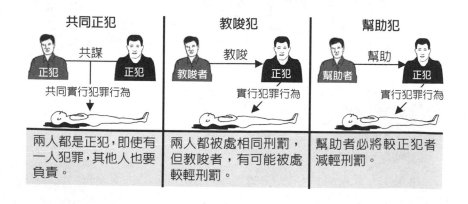

共同正犯	教唆犯	幫助犯
兩人都是正犯，即使有一人犯罪，其他人也要負責。	兩人都被處相同刑罰，但教唆者，有可能被處較輕刑罰。	幫助者必將較正犯者減輕刑罰。

㈧**共同正犯、教唆犯與幫助犯**：此即依刑法上之規定而爲分類。凡 2 人以上共同實行犯罪行爲者，謂之共同正犯（刑 28）。如數人共同參與殺人，此參與殺人者，均爲殺人之共同正犯。教唆他人犯罪者，爲教唆犯（刑 29 I）。幫助他人犯罪者，爲幫助犯（刑 30 I）。

習題：
一、試列舉共犯之不同分類，並述其意義。（76 高）
二、試說明廣義共犯概念與狹義共犯概念之區別。並分析我國現行刑法之規定。（98 公薦）
三、共犯得分爲任意共犯與必要共犯二種，其內容如何，並比較其不同之點，刑法上稱結夥或聚眾，係屬何種，試分述之。（65 律）
四、必要共犯與任意共犯不同之處何在？必要共犯之類型有幾？其可否適用總則有關任意共犯之規定？試舉例略爲闡述之。（81 司、94 委升）
五、我國刑法總則之規定，共犯分爲幾種？其定義各爲何？又各種共犯應如何處罰？（93 身障三）

二、與共犯相似之犯罪形態

㈠**犯罪結社**：

1.意義：所謂犯罪結社，即以犯罪爲宗旨而結合之組織（刑 154）。此種結社之組織，須有多數人參與，故與共犯極爲相似，但犯罪結社並非共犯形態之一。

2.犯罪結社與共犯之不同：

⑴犯罪結社者，指以犯不特定之罪爲目的而結合之團體，本罪一有參與行爲，罪即成立，不以別有實施犯罪行爲爲必要，故爲抽象危險犯。而共犯乃以犯一個特定犯罪爲目的而結合者。

⑵犯罪結社，屬於犯罪之預備階段，而共犯卻不限於犯罪之預備階段，但其主要係以處罰實行行爲爲主。

⑶犯罪結社之存在，須經相當時間，通常有固定之集會處所與組織，而共犯之結合，則通常爲時短暫，且無固定之集會處所及組織。

㈡**教唆犯與煽惑**：

1.意義：教唆犯者，指以故意唆使原無犯意之人，實施犯罪行爲之

謂。煽惑者，乃指煽動蠱惑之意；必以對於不特定人或多數人為之，而有公然性質者為限（46 台上 1532）。其方法用文字、圖畫、演說或其他方法，均非所問。因此，所謂煽惑情形，(1)必係對不特定之人或多數人而煽惑。(2)被煽惑人不必受其煽惑（即被煽惑人是否因煽惑而犯罪，與煽惑者之成罪無涉）。(3)有公然性質（17.9.26 決議）。如刑法上煽惑軍人使其降敵（刑107 I ②）；煽惑他人違背法令罪（刑 153）；煽惑軍人背叛罪（刑 107 I ③及 155）；煽惑他人避免徵集罪（妨兵 13 I ①）；煽惑軍隊暴動罪（軍刑 21）。

2.煽惑與教唆之不同：

	煽　　惑	教　　唆
對象不同	煽惑係對不特定之人為之。	教唆則對特定之人為之。
性質不同	煽惑者與被煽惑者非共犯，或被煽惑者不必因其煽惑而犯罪。	教唆人與被教唆人為共犯。
構成要件不同	煽惑係犯罪之特別要件。	教唆則對任何犯罪皆得為之。
形式不同	煽惑係公然為之。	教唆多係秘密為之。
方法不同	煽惑之方法須以文字、圖畫、演說等方式為之。	教唆不限制其方法，凡足以使被教唆人發生犯罪之決意，任何方法皆可使用。

(三)**教唆犯與挑唆**：

1.意義：挑唆者，指挑撥唆使之意（35 院解 3104）。在刑法上為挑唆或包攬訴訟罪（刑 157），如他人本無興訟之意，巧言引動，使其成訟之情形是。

2.挑唆與教唆之不同：

	挑　　唆	教　　唆
方式不同	挑唆係挑撥唆使他人決意為訴訟行為。	教唆係教唆他人決意為犯罪行為。
性質不同	挑唆訴訟罪，一有挑唆行為，即為既遂；至訴訟事實之真偽，目的已否達成，皆與犯罪無關，故為抽象危險犯。	教唆如被教唆者不聽從教唆且該罪不罰未遂行為時，雖有教唆仍無犯罪之成立（刑 29 III）。

構成要件不同	挑唆係犯罪之特別要件。	教唆係對任何犯罪皆得爲之。
目的不同	挑唆人則係基於意圖漁利之一定目的而爲。	教唆行爲之成立，則不問教唆者之目的如何，均予論究。

習題：教唆犯與煽惑、挑唆有何不同？試分別說明之。（74 律、77 司法特、98 四書記、三軍人轉任）（共犯與犯罪結社、煽惑，及挑唆之間有無區別？試申述之。）

第四節　共同正犯

一、共同正犯之概念

㈠**共同正犯之意義**：共同正犯（Mittaeterschaft），依刑法第 28 條規定：「二人以上共同實行犯罪之行爲者，皆爲正犯」。此即共同正犯之意義。此一規定一方面在說明正犯之概念，另一方面在表示正犯概念用在共犯時，將會如何擴大解釋。在正犯方面則規定「共同實行犯罪之行爲者，皆爲正犯」，以說明所謂正犯，就是共同實行犯罪之行爲者，其參與者全體以正犯者追究刑事責任之意。譬如甲與乙以共同殺害某 A 爲目的而向 A 開槍時，甲發射的子彈命中某 A 之心臟導致某 A 死亡，乙之子彈雖只擊中某 A 之小腿，甲乙兩人仍爲殺人之正犯。則在共同正犯，對於他人之分擔行爲仍須負責，因此只要自己實行犯罪之部分行爲，仍應對犯罪所發生之全部結果負其責任。此稱爲「**一部實行之全部責任的原則**」。

　　不過將正犯概念用在共同正犯時，對於犯罪之實行行爲的解釋，依犯罪共同說、行爲共同說，共同意思主體說而有不同之主張。依犯罪共同說與行爲共同說，則共同正犯亦爲正犯之一，因此共同正犯之所有參與者，均須參與犯罪之實行行爲，但依共同意思主體說，蓋亦承認共謀共同正犯，因此未分擔犯罪之實行行爲者，也有可能成立共同正犯。因此，應將重點放在刑法第 28 條：「二人以上共同」之解釋上，或放在「實施犯罪之行爲」上，如依前者，則共同正犯包括有實行之共同正犯與共謀之共同正犯兩種；如依後者，則只有實行之共同正犯才是共同正犯。

由此則前者屬於共同意思主體說之主張，而後者為犯罪共同說與行為共同說之主張。

　　但是犯罪共同說與行為共同說在此問題上，雖立場一致，然所謂共犯，將會回溯至究為行為之共同，或犯罪之共同等共犯之根本理論上，因此，實際上是犯罪共同說與共同意思主體說，在結論上兩者之立場將趨於一致，而行為共同說則倒是處於對立之立場。

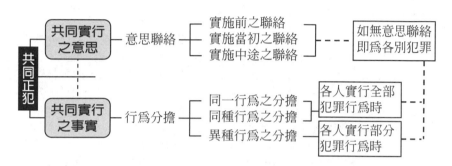

　　㈡**共同正犯之「實施」改為「實行」之原因**：94 年以前規定「實施」一語，實務多持 31 年院字 2404 號解釋之意旨，認其係涵蓋陰謀、預備、著手、實行概念在內（即承認陰謀共同正犯、預備共同正犯），非僅侷限於直接從事構成犯罪事實之行為，故解釋上包括「共謀共同正犯」。而實務之所以採取此種見解，即在為共謀共同正犯尋求法源之依據。但對於本條之解釋，如採 31 年院字 2404 號解釋之見解，其所產生之最大爭議，即在於應否承認「陰謀共同正犯」與「預備共同正犯」，基於近代刑法之個人責任原則及法治國人權保障之思想，應以否定見解為當，蓋：㈠預備犯、陰謀犯因欠缺行為之定型性，參之現行法對於犯罪行為之處罰，係以處罰既遂犯為原則，處罰未遂犯為例外，處罰預備、陰謀更為例外中之例外，學說對於預備共同正犯多持反對之立場，尤其對於陰謀共同正犯處罰，更有淪於為處罰意思、思想之虞，更難獲贊成之意見。㈡近代刑法之基本原理，強調「個人責任」，並強調犯罪係處罰行為，而非處罰行為人之思想或惡性，即重視客觀之犯罪行為。陰謀犯、預備犯之行為，既欠缺如正犯之定型性，就陰謀犯而言，行為人客觀上僅有互為謀

議之行為，主觀上具有一定犯罪之意思，即得成立。倘承認預備、陰謀共同正犯之概念，則數人雖於陰謀階段互有謀議之行為，惟其中一人或數人於預備或著手階段前，即已脫離，並對於犯罪之結果未提供助力者，即便只有陰謀行為，即須對於最終之犯罪行為，負共同正犯之刑責，如又無中止未遂之適用，實有悖於平等原則，且與一般國民感情有違。故有修正共同正犯之參與類型，確定在「實行」概念下之共同參與行為，始成立共同正犯，為杜爭議，爰將「實施」一語，修正為「實行」。

習題：甲、乙二人某日侵入丙之住宅搶劫，丙因其父身患重病，適從親友處張羅數萬元擬延醫救治，乃跪地懇求該二人憐憫其情，放其一馬。乙見狀於心不忍，將甲拉出室外，不意甲竟將乙推倒在地，仍返回屋內將該款強取而去。試問甲、乙應否負何刑責？(96 原二)

答：甲、乙二人侵入丙之住宅，成立侵入住居罪之共同正犯(刑 28、306 I)。侵入後兩人強取丙之數萬元財物，成立搶奪或強盜罪之共同正犯(刑 28、325 I、328 I)惟乙於著手實行後，心生憐憫自行中止，但並未中止甲的行為，甲仍執意搶劫財物，乙仍無法引用中止犯減免刑罰之規定，法官只能引用刑法第 57 條審酌減免科刑而已。

二、共同正犯之要件

共同正犯之成立，必須有 2 人以上之行為者，基於共同意思（共同加工之意思，意思之聯絡），並有共同之實行（共同加工之事實，行為之分擔）為要件。茲分述之：

㈠**須有二人以上共同實行犯罪行為**：共同正犯須 2 人以上，均有責任能力，與責任意思之人，共同實行犯罪行為者，始能成立。1 人實行犯罪為單獨正犯，教唆或幫助他人犯罪，因非共同實行犯罪之行為，亦非共同正犯，而為狹義之教唆犯與幫助犯。利用無責任能力或不知情之人犯罪者，為間接正犯。至於無身分或其他特定關係之人與有身分或其他特定關係之人共同實行犯罪行為者，依刑法第 31 條第 1 項之規定，仍成立共同正犯①。

---

① 29 上 2426：甲婦於某乙強姦丙女之時，當場按住丙女之口，使其不得喊救，雖其意只在幫助強姦，而其按住被姦人之口，即係實施構成強姦要件之強暴行為，自應成立強姦罪之共同正犯。

㈡**須有共同犯罪意思之聯絡**：此為共同正犯之主觀條件。即共同間具有相互利用對方之行為，以實現一定結果之意思。如 2 人中有 1 人雖有共同實行犯罪之意思，另 1 人並無互為利用之意思聯絡，即非共同正犯。凡以自己犯罪之意思而參與犯罪，無論其所參與者是否犯罪構成要件之行為，皆為正犯。其以幫助他人犯罪之意思，而參與犯罪，其所參與者，如為犯罪構成要件之行為，則為正犯。必以幫助他人犯罪之意思而參與犯罪，其所參與者又為犯罪構成要件以外之行為，則為幫助犯（25 上2253）。此犯罪意思聯絡又可分三方面說明之：

　　1.共同意思之聯絡方法：祇要在共同者相互間有意思聯絡即可，不問其為直接或間接，亦不問為明示或默示、舉動或默契，凡能彼此瞭解為已足，且不限於事先有協議，僅於行為當時，有明示或默示之共同犯意之聯絡即可（70 台上 4400）。

　　2.共同意思之聯絡以原計畫為範圍：即其所負之責任範圍，依我國實例認為「共同正犯之所以應對其他共同正犯所實施之行為，負其全部責任者，以就其行為有犯意之聯絡為限。若他犯所實施之行為超越原計劃之範圍，而為其所難預見者，則僅應就其所知之程度令負責任，未可概以上共同正犯論。」（50 台上 1060）

　　惟共同實行犯罪，其行為不一致，反輕於共同意思聯絡之範圍者，以所犯輕於犯人所知者，從其所犯，仍當令其共同負輕罪之責。如共同正犯中有具備刑罰減免之原因，訴追條件之欠缺，以及加重之理由者，得單獨發生效力。

　　3.共同意思聯絡成立之時期：我國實例認為「共同正犯不限於事前有協議，即僅於行為當時，有共同犯意之聯絡者，亦屬之。」（30 上 870）即不論是事先建議之「共謀共同正犯」，或共同意思在行為時成立之「偶然共同正犯」，或共同意思在行為進行中成立之「承繼共同正犯」，均應負共同正犯之責。

㈢**須有共同實行犯罪之行為**：共同實行犯罪行係共同正犯之客觀條件，共同正犯之另一要件則需有共同實行犯罪行為之事實，此因犯罪共同說、行為共同說與共同意思主體說所主張立場之不同，其內容亦異，

因判例是承認共謀共同正犯，故其範圍似有擴大之勢。茲說明之：

　　1.犯罪共同說：共同正犯之實行行為以 2 人以上有分擔構成要件該當行為為必要。蓋有實行行為之分擔即為已足，故共同參與者之各個人之行為，只為實行行為之一部分即可成立①。以強盜罪為例，如 1 人對被害者施強暴脅迫，另 1 人奪取財物而分擔工作，當可成立共同正犯。

　　2.行為共同說：實行行為之共同是表示行為之分擔之意。但此分擔之行為無論是同種類或異種類，而在時間上亦不問是同時、或前後關係，均無不可。在此意義下，行為之共同是依分工之原則，使共同參與者各自分擔之行為處於相互補充之關係，但並非從屬之關係。

　　3.共同意思主體說：所謂實行犯罪之行為，並非指共同參與之全體都須分擔實行行為，而是共同參與者之中有人負擔實行行為即可（共同正犯之從屬性）。固然分擔實行行為，對犯罪之遂行有重大之關係，而可成為正犯，但如不分擔實行行為，只參與謀議時，其所扮演之重要角色，當不會遜於行為之分擔。

　　共同實行犯罪行為，在實例上認為係立於互相補充互相利用之關係，以達犯罪之目的（28 上 3110）。故基於分工之原則，而非從屬的關係。祇須在共同目的下分擔實行一部分行為即可，有可能是共同分擔同一行為（如兩人共同用繩索勒死被害人），或分擔同種類之行為（如兩人共同奪取被害人之財物），抑分擔不同種類的行為（如一人綑綁被害人，另一人奪取財物）等，毋須各人對於構成要件之全部行為或階段行為，均須實行。分擔行為之種類是否相同，時間上是否同時抑有先後，均非所問。又共同實行行為，係作為或不作為，為物理原因之行為或為心理原因之行為，亦所不問。此外，如同謀強盜後之把風行為（24 上 222），或參與看守盜船行為（24 上 490），或擔任計劃躬親指揮（24 上 4716），或計劃犯罪實行方法及實施順序之行為（24 上 809），縱令所分擔之行為，係構成要件以外之行為，然就全體行為之實行，已賦予加工便利之作用，自亦應概括

---

① 46 台上 1034：共同實施犯罪行為為共同正犯構成要件之一，所謂共同實施，雖不以參與全部犯罪行為為限，要必分擔實施一部分；始為共同正犯。

的視為實行犯罪之行為，而足以成立共同正犯。

習題：

一、何謂共同正犯？（33 高檢）其要件為何？（54 高）甲乙丙丁四人在公共場所打麻將賭博財物，是否構成共同正犯？（93 特四）

二、試就主觀主義及客觀主義之理論，說明共同正犯之構成。（55 高檢、76 高）

三、共同正犯與意思聯絡範圍之關係如何？（共同正犯間之刑責如何？試說明之）（75 高）

四、刑法第二十五條之「實行」與第二十八條「實施」之用語，其涵義是否相同。（70 高）

五、何謂共同正犯？實施與實行有無區別？試說明之。（96 公路升）

六、甲、乙相約夜間向丙家行竊，由甲進入丙家，乙在外把風。甲以為丙不在家，甲進入後被丙發現，雙方發生互毆。甲將丙打死後竊得丙之手機兩支，將其中一支交給乙時，告知將丙殺害之事實。問：甲、乙應如何論罪。（92 律）

　　答：甲可能成立強盜致死罪（刑 328Ⅲ）。乙則依前頁 50 台上 1060 之案例，負共同竊盜罪。

七、甲某日深夜返家，於社區門口違規停車，遭管理員乙制止，雙方發生肢體衝突，甲因而負傷。嗣甲心生不滿，找來成年友人丙、丁，分持安全帽、木棍一起痛毆乙，致頭部外傷、身體多處骨折，經送醫急救，傷勢好轉。請問甲、丙、丁是否應論以共同正犯？其等係犯傷害罪或殺人未遂罪？（98 調三）

　　答：甲、丙、丁三人共同毆傷乙，既有犯意之聯絡與行為之分擔，應成立傷害罪之共同正犯。

八、A、B 到 C 所經營之餐館吃飯時，自始就不打算付帳。當 A、B 吃飽飯後走出餐館時，被 C 發現。C 要求 A、B 付帳，A、B 共同毆打 C，然 A、B 二人皆未料及 B 打 C 腹部的一拳，會導致 C 當場死亡。試述 A、B 之行為應如何處置？並說明理由。（91 東吳 AB 組）

　　答：A、B 共同毆打 C，致死的關鍵一拳，雖為 B 所打，但兩人既有意思之聯絡，應負傷害致死罪之結果加重犯。（刑 28、277Ⅱ）

三、共同正犯與過失犯

　　數人共同實行一定之行為，因不注意致發生過失犯之構成要件該當的結果時，是否成立共同正犯？不無疑義。例如數位建築工人，於建築房屋時，不慎共將木材從高處推落路中，將行人撞死之情形。這時雖有可能構成過失之同時犯，但從過失犯之共同正犯來思考，就可知當建築

工人將木材推落路中時，其所發生之事故是由何人所為，無法分辨責任時，乃有刑法上意義。法理上言，有肯定與否定兩說：

㈠**肯定說**：係以「主觀的共犯論」為依據，基於「行為共同說」之立場，認為只要有與他人共同行為之意思即可，亦即有使其結果共同發生之意，不一定要有故意之共同，即毋須常有共同犯意之存在①。

㈡**否定說**：係以「客觀的共犯論」為依據，基於「犯罪共同說」之立場，認為共同正犯之綜合性要素，乃係各共同者，在相互協力共同加工之行為下，以實現一個犯罪結果之決心。而這種相互理解之心理狀態，僅能存在於故意之中。因此，過失犯自無共同正犯之存在②。

㈢**日本之判例採肯定說**：日本在大審院時代雖否定過失之共同正犯，但於昭和 28（1953）年最高裁判所乃予肯定。即共同經營飲食店之 2 人，將含有甲醇之威士忌酒，在不注意又未經檢查，而且有意思之聯絡下，對外販賣，關於本案最高裁判所認為係違反有毒飲食物等取締令之共同正犯（最判昭和 28 年 1 月 23 日）。

㈣**我國規定及實例**：

1.暫行新刑律係採「行為共同說」，其第 35 條：「於過失者，以共犯論」，第 36 條：「值他人故意犯罪之際，因過失而助成其結果者，準過失共同正犯論，但以其罪應論過失者為限」。

2.舊刑法亦採「行為共同說」，其第 47 條：「二人以上於過失罪有共同過失者，皆為過失正犯」。惟卻刪除暫行新刑律第 36 條之規定。

3.我國刑法採否定說：現行刑法係採「犯罪共同說」為原則，於是將舊刑法第 47 條之規定刪除，因此，現行刑法已不承認過失之共同正犯。而判例上亦採此說。如「刑法第二十八條之共同正犯，以實施犯罪者有共同故意為必要，若二人以上共犯過失罪，縱應就其過失行為共同負責，並無適用該條之餘地。」（27 附 934）、「二人以上因共同之過失發生犯罪者，應各科以過失罪之刑，不適用刑法第二十八條條文，其判

---

① 木村龜二著，阿部浩二補訂，《刑法總論》，頁 405。
② 大塚仁著，《刑法概說總論》，增補版，頁 196 以下。

決之文亦毋庸爲共同過失之宣示。」（31 院 2383）

四、共同正犯與未遂

㈠已著手於犯罪行爲之實行而未完成，或雖已完成，而未發生預期結果者，即爲犯罪之未遂。2 人以上共同實施犯罪之行爲者，皆爲正犯，即應共同負擔刑責。如共同正犯中之 1 人實施犯罪行爲而未達於既遂之狀態時，其他正犯實施犯罪既遂，共同正犯即不生未遂之情形，也就是只要共同正犯中之 1 人實施犯罪既遂，其犯罪就屬既遂，不生未遂問題。

㈡如共同正犯中之 1 人自行中止犯罪，致影響其他共犯犯罪之完成者，只有因己意而中止犯罪者應以中止犯減輕或免除其刑，其他共犯，則屬障礙未遂，得減輕其刑。但如中止犯未能防止其他共犯發生犯罪之結果者，則仍有共同既遂犯。

習題：

一、共同正犯未遂之情形如何？試說明之。（72、75 高、76 檢、77 基乙、78 普）

二、A、B、C、D 四人共同前往甲家中尋仇，欲教訓甲一番。當到甲住處時，A 突然後悔，並極力阻止 B、C、D 三人對甲之傷害，但甲仍被 B、C、D 三人毆傷。試問 A 是否得以適用中止犯之規定？（98 身障三）

答：A、B、C、D 犯共同傷害罪，惟 A 雖中途阻止其他三人對甲之傷害，因不發生中止之效力，故 A 仍不能適用刑法第 27 條第 2 項之中止犯。

五、共同正犯之種類

㈠**共謀共同正犯：**

1.意義：共同正犯之成立，不但應有犯意之聯絡，尚須有犯罪行爲之分擔實行。若僅有共同之謀議，而未參與實行之行爲者，即謂之「共謀共同正犯」（verabredete Mittäterschaft）。換言之，即 2 人以上在實行犯罪之前共同謀議，而由其中一部分人參與行爲之實行，其未參加實行行爲之謀議者，皆論以共同正犯之謂。因此，共謀共同正犯，僅有意思之聯絡，而無行爲之實行，即僅具備意思要件而未有共同實行犯罪之行爲，並不符合刑法第 28 條規定之共同正犯之成立要件，此時，共謀共同正犯中之同謀犯，可否論以共同正犯之刑責，就法律規定言，尚乏處罰之依據。惟依**實務言，仍認應依共同正犯論處。**

何謂共謀共同正犯

甲、乙、丙、丁、戊五人策畫搶劫銀行：
甲：主持搶劫計畫，負責調查銀行之作業，並未參加搶劫。
乙：威脅經理開金庫取錢。
丙：持槍恐嚇監視行員。
丁：在門外擔任把風。
戊：在道路上開車等候接應。

甲　　　　　　　乙　丙　　丁　　　　戊

2.實例承認共謀共同正犯：

(1)事前與盜匪同謀事後得贓，如係以自己犯罪之意思，推由他人實施，即應認為共同正犯（28 院 1905）。

(2)事前同謀，事後分贓，並於實施犯罪之際擔任把風，顯係以自己犯罪之意思而參與犯罪，即應認為共同正犯（29 院 2030）。

(3)司法院釋字第 109 號解釋謂：「以自己共同犯罪之意思，參與實施犯罪構成要件以外之行為，或以自己共同犯罪之意思，事先同謀，而由其中一部分實施犯罪之行為者，均為共同正犯」。是採肯定之見解。其理由謂：「查刑法第二十八條，對於共同正犯為特別規定，而有別於單獨犯罪者，原以注意犯人之共同責任。如係為達成同一目的，各犯所實施之行為，有互相利用、補充之作用，不問其行為之種類與價值，對於既成事實，皆應負全部責任。故共同正犯之成立，不以參與實施犯罪構成要件之行為為要件。二人以上事前同謀犯罪，於同謀之後，雖未著手於犯罪行為之實行，然參與謀議與分擔實行，其任務之重要，並無二致，自應負共同正犯之罪責」。

3.刑法將實施改為「實行」是否承認共謀共同正犯：將「實施」修

改爲「實行」，基於下列之理由，並無礙於現行實務處罰「共謀共同正
犯」之立場。

(1)所謂「共同實行」犯罪行爲，無論「實質客觀說」或「行爲（犯
罪）支配理論」，均肯定共謀共同正犯之處罰。僅在極少數採
取「形式客觀說」立場者，對於無分擔構成要件行爲者，不得
論以共同正犯外，多數學說主張之見解仍肯定對共謀共同正犯
之處罰。

(2)至於各國立法例，對於共同正犯之成立要件，規定爲共同「實
行」之日本立法例，亦承認共謀共同正犯之概念；而德國通說
對於共同正犯，採取「行爲（犯罪）支配理論」，亦肯定共謀
共同正犯之存在。

(3)另依現行實務對於共同正犯與幫助犯之區別標準，其採「以自
己共同犯罪之意思，實施構成要件之行爲者，爲正犯；以自己
共同犯罪之意思，實施構成要件以外之行爲者，亦爲正犯；以
幫助他人犯罪之意思，實施構成要件之行爲者，亦爲正犯；以
幫助他人犯罪之意思，實施構成要件以外之行爲者，始爲幫助
犯」之立場（主觀客觀擇一標準說），更肯定共謀共同正犯之
存在。

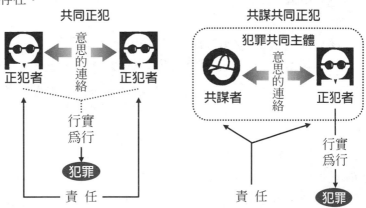

(二)片面共同正犯：

1.意義：按共同正犯之成立，除共犯彼此間有行爲之分擔外，尚須

有犯意之聯絡爲必要。惟在片面的共同正犯（einseitige Mittäterschaft），認爲此意思之聯絡，以有片面之聯絡，即僅一方有共同加工之意思爲已足，無須共同者相互間，有意思之聯絡爲必要。

2.刑法及實例均不承認片面共同正犯：片面共同正犯爲我刑法所不採。蓋刑法認爲共同正犯，必須行爲人之間有犯意之聯絡，互相利用他人之行爲，以達犯罪之目的者，始能成立。若僅一方有聯絡利用之意思，他方始終不知情者，自難成立共同之關係。至共同犯意之聯絡，並不以明示爲必要，默示之相互瞭解，亦可成立。片面共同正犯亦爲實例所不採，如判例謂：「共同正犯，必須有意思之聯絡，如實施犯罪時，一方意在殺人，一方意在傷害，即不能以其同時在場而令實施傷害者，亦負共同殺人責任。」（30 上 2132）

㈢**偶然共同正犯**：

1.意義：2 人以上於實行犯罪以前，並無犯意之聯絡，於各別實行犯罪行爲之際，偶然發生意思之聯絡，共爲犯罪行爲之實行者。謂之偶然共同正犯（zufaellige Mittäterschaft）。如甲、乙 2 人各以竊取他人財物爲目的侵入丙宅，兩人探明來意後，乃共同合意，將丙之財物竊取之。

2.實例上採偶然共同正犯：如最高法院判例謂：「共同正犯，不限於事前有協議，即僅於行爲當時，有共同犯意之聯絡者，亦屬之。」（30 上 870）

㈣**承繼共同正犯**：又稱爲**相續共同正犯**。

1.意義：即指行爲人，於實行犯罪行爲之一部份後，在尙未達於既遂階段之前，他人在其實行行爲之中途，與之發生意思聯絡，繼續參與，共同完成犯罪行爲，謂之承繼共同正犯（sukzessive Mittäterschaf）。如甲以搶劫爲目的加暴行於丙，在抑制丙之反抗時，適其友人乙路過瞥見，乃告其意，乙乃參與共同奪取丙之財物平分花用是。

蓋共同正犯依其共同意思成立之時期，而分爲共謀共同正犯、偶然共同正犯及承繼共同正犯三種。共謀共同正犯，其共同意思在行爲前成立，偶然共同正犯，其共同意思在行爲之際成立，承繼共同正犯，其共同意思在行爲進行中成立。

承繼共同正犯之實例

甲意圖搶劫而拉丙的皮包，剛好友人乙路過，甲對乙說丙的
皮包內有百萬現金，我們共同搶來平分。

2.承繼共同正犯之責任：至於在承繼共同正犯，其後參加者之責任
如何，僅就參加後之行為負責，或對參與加工前之行為亦應負責，有二
說：

(1)後參加者，對其介入前之前行為，亦應負共同責任。

(2)後參加者僅對參加之行為負責。

3.實例之見解：我國刑法實例上採取前說，即認為後參加者，對其
介入前之前行為，亦應負共同責任；判例如下：

(1)「某甲意圖得利，將他人以詐欺手段誘來之婦女，先後共同價
賣，自應成立連續意圖營利略誘罪之共同正犯。某乙於他人誘
拐之後，始參與計議身價，過付價款，並將被誘人先後送交於
不知情之買戶，仍係繼續他人略誘行為，以圖營利，亦不能不
負共同正犯之責。」（25 上 2831）

(2)「擄人勒贖罪，固以意圖勒贖而為擄人之行為時，即屬成立，
但勒取贖款，係該罪之目的行為，在被擄人未經釋放以前，其
犯罪行為仍在繼續進行之中。上訴人對於某甲被擄時，雖未參
與實施，而其出面勒贖，即係在擄人勒贖之繼續進行中，參與
該罪之目的行為，自應認為共同正犯。」（28 上 2397）

㈤**不作為犯之共同正犯：**

　　1.意義：不作爲犯之共同正犯是指共同爲不作爲之實行行爲所產生之犯罪而言。在不作爲犯蓋係以違反作爲義務而有不作爲之實行行爲，此不作爲由共犯者相互利用互補而實現時，則成立共同正犯。

　　2.學說：

　　　⑴關於共同正犯成立之範圍言，限於共同者各自具有作爲義務始能成立。此如父母在共同意思聯絡下，不給幼兒哺乳，致其餓死之情形。

　　　⑵就是無作爲義務者，與有作爲義務者共同違反作爲義務而實現不作爲時，仍有可能成立共同正犯之論點。如母親與第三者之他人基於共同意思相互利用互補情形下，不給幼兒哺乳，致其餓死時，仍可成立共同正犯。

習題：

一、何謂共謀共同正犯？（79 普）我國實例上對共謀共同正犯採何種主張？
　　（93 特三）

二、司法院大法官會議第一〇九號解釋，以自己共同犯罪之意思，事先同謀，而由其中一部分人實施犯罪之行爲者，亦爲共同正犯。此項解釋，與現行法共同正犯之立法精神，是否相符？試評論之。（55 高）

三、試論述「共同正犯」的種類有那些？（93 交升）

四、共謀共同正犯是否處罰？試舉例說明之。

五、甲擬殺乙，某日將乙強架至車上載往山中一棟空屋，以繩索將其捆綁後，正持利刃刺中肩膀一刀時，適甲之友丙爬山路過，聽聞乙之哀叫聲，乃循聲而至。因乙與丙亦有過節，丙遂利用此機會將乙刺殺身亡。試問甲、丙應否負何刑責？（96 公三）

　答：甲與丙均下手刺殺乙，丙雖在中途加入殺乙，但此屬於**共同正犯**，兩人共同負殺人罪之共同正犯。依 30 上 870：「共同正犯不限於事前有協議，即僅於行爲當時有共同犯意之聯絡者，亦屬之。」至於甲用繩索捆綁乙，如屬殺人行爲之部分行爲，就不必再論以妨害自由罪。

第五節　教唆犯

一、教唆犯之概念

　㈠**教唆犯之意義**：教唆犯（Anstiftung）者，指以故意唆使原無犯意之人，

實行犯罪行爲之謂。刑法第 29 條第 1 項規定：「教唆他人使之實行犯罪行爲者，爲教唆犯。」即是此意。教唆犯成立之要件如下：

㈡教唆犯構成要件：

1.須有教唆他人犯罪之故意：教唆者須有教唆之故意，始能構成教唆犯。我刑法不採過失與非故意之教唆。若無意間引起他人犯罪之意，進而實行犯罪，尚非教唆犯。因此教唆犯以對於本無犯罪意思之人，唆令決意實行犯罪，爲其本質。如對於已經決意犯罪之人，以幫助之意思，資以物質上或精神上之助力，而助成其犯罪之實行者，不過成立幫助犯，固無教唆犯之可言。又假使他人犯罪雖已決意，仍以自己犯罪之意思，就其犯罪實行之方法，以及實行之順序，對之有所計劃，以促成犯罪之實現者，則其所計劃之事項，已構成犯罪行爲之內容，直接干與犯罪之人，不過履行該項計劃之分擔而已，其擔任計劃行爲者，與加工於犯罪之實行，初無異致，即應認爲共同正犯，亦不得以教唆犯論（24 上 890）。

2.須有教唆他人犯罪之行爲：教唆他人犯罪之行爲，係指教唆行爲而言，非指他人被教唆後實行之行爲。教唆行爲必須對於初無犯意之人爲之。且在主觀上須有教唆之故意，在客觀上須有教唆之行爲。

3.須有特定之被教唆人：共犯關係係特定人間之關係，教唆犯既係共犯之一種，當須對特定人爲之，如對於不特定人爲之者，則爲煽惑犯（刑153），而非教唆犯。

4.須被教唆者有責任能力：教唆行爲必須對於有責任能力人爲之，始能成立。若被教唆者，係無責任能力人，因其本身尚不能自己決定，僅爲教唆者利用犯罪之工具而已，應成立間接正犯，而非教唆犯。

5.須被教唆者原無犯罪之意思，因受教唆而啓發犯意：如被教唆人已有犯罪之決意，僅由他人加以助成，則助成者，自應成立幫助犯。又如初則教唆繼復與同謀實行犯罪者，應成爲共同正犯，而非教唆犯。

習題：

一、何謂教唆犯？（33、49、54、74 普、51、52、70 高、69 升、92 原三、98 四書記）　其構成要件如何？（54 特、75 高檢、75、77 高、77 基乙）

二、甲欠乙二十萬元，乙屢次催討，甲均稱無錢歸還。乙心生不爽，找上

幫派份子丙幫忙，要丙想辦法恐嚇甲還錢。丙因而前往甲家，看見甲的女兒丁從家門出來，遂挾持丁到附近空屋進行性交。得逞後，丙對丁撂下狠話，如果甲再不還錢，下次就要殺害甲一家人。試問，乙、丙各犯何罪？（99 司律）

答：㈠乙教唆丙恐嚇甲還錢，乙成立教唆恐嚇危害安全罪（刑29、305）。

㈡丙挾持丁強制性交，丙成立強制性交罪（刑221 I）。此已超出乙教唆範圍，乙不為罪。

㈢丙對丁「殺害一家人的恐嚇」，只是要甲還錢，不另成立第346條之恐嚇取財罪（29 上 2142）。

二、教唆犯之性質（依修正理由之說明）

㈠**關於教唆犯之性質**：實務及學說之見解至為混亂，惟依原來教唆犯之立法理由「教唆犯惡性甚大，宜採獨立處罰主義。惟被教唆人未至犯罪，或雖犯罪而未遂，即處教唆犯既遂犯之刑，未免過嚴，故本案規定此種情形，以未遂犯論。」似可得知係採**共犯獨立性說**立場。

㈡**教唆犯如採共犯獨立性說**之立場，實側重於處罰行為人之惡性，此與現行刑法以處罰犯罪行為為基本原則之立場有違。更不符合現代刑法思潮之共犯從屬性思想，故改採德國刑法及日本多數見解之共犯從屬性說中之「限制從屬形式」。依限制從屬形式之立場，共犯之成立係以正犯行為（主行為）之存在為必要，而此正犯行為則須正犯者（被教唆者）著手於犯罪之實行行為，且具備違法性（即須正犯行為具備構成要件該當性、違法性）。始足當之，至於有責性之判斷，則依個別正犯或共犯判斷之，爰刪除現行條文第 3 項失敗教唆及無效教唆之處罰，並修正要件為「教唆他人使之實行犯罪行為者，為教唆犯」，亦即被教唆者未產生犯罪決意，或雖生決意卻未實行者，教唆者皆不成立教唆犯。

㈢**修正後之教唆犯既採共犯從屬性說**之立場，因此，關於教唆犯之處罰效果，仍維持現行法第 2 項「教唆犯，依其所教唆之罪處罰之」之規定，在適用上係指被教唆者著手實行，且具備違法性後，教唆者始成立教唆犯。而成立教唆犯後之處罰，則依教唆犯所教唆之罪（如教唆殺人者，依殺人罪處罰之）。至於應適用既遂、未遂何者之刑，則視被教唆者所實行之構成要件事實既遂、未遂為斷。

習題：D唆使E殺乙，當E埋伏在丙宅等候殺乙時，E改變心意，只把剛
　　　回到家門口的乙打成重傷，又因看見乙手上戴著不錯的錶，就趁乙無
　　　法抵抗而將錶取走。試問D、E之行為應如何處斷？（95高三法）

答：E在丙宅等候殺乙，成立殺人預備罪（刑271Ⅲ）。
　　　隨後E改變心意，只把乙打成重傷，成立重傷罪（刑278Ⅰ），如E見
　　　乙戴著不錯的錶，臨時起意即成立竊盜罪。否則，應成立強盜罪。至
　　　於D的刑責，則視E之心意，如E認為不願殺人，則D應成立教唆
　　　重傷罪，如E自作主張而為，則D只負殺人未遂罪之教唆犯。

三、教唆犯之分類

㈠**一次教唆與教唆連續**：此以教唆之次數為準：

1.一次教唆：以一次教唆行為，教唆他人使之實行犯罪行為者，謂
之一次教唆。通常之教唆屬之。而以一個教唆行為，教唆實施多數犯罪
行為，仍以一個教唆罪論處（18上999）。

2.教唆連續：刑法上之教唆犯有連續教唆與教唆連續之分。所謂連
續教唆，即以一個概括之犯意，連續數行為，教唆他人犯同一罪名，其
教唆行為既有數個，自應適用刑法第56條之規定，成立連續犯。亦即教
唆犯之連續犯。但**連續犯規定已於2005年修正時刪除**。

所謂教唆連續，即以一個教唆行為，教唆連續侵害一個客體之謂。
其實例如：教唆犯原有連續教唆與教唆連續之別，被教唆之某甲既已行
兇兩次，則上訴人當時果以連續犯意先後教唆殺人，固應成立連續犯，
倘係以一個教唆行為教唆某甲連續殺害同一之人，以達其殺人之目的，
祇應成立一個教唆殺人，不生連續犯問題（32上440）。

㈡**單獨教唆與共同教唆**：此以教唆之人數為準：

1.單獨教唆：以1人單獨為教唆之行為者，謂之單獨教唆，不問被
教唆人數之多少，或被教唆者實施多少行為，若1人單獨教唆，應成立
一個教唆犯。

2.共同教唆：即2人同時或先後對1人或數人為教唆之行為，謂之
共同教唆。2人以上共同教唆，應就教唆行為負共同責任，但在實務上
不適用刑法第28條之規定。其實例為：「刑法第二十八條之共同正犯，
以二人以上共同實施犯罪行為為要件，教唆犯則係教唆他人實施犯罪之

行為，與共同實施之正犯有別，故二人以上共同教唆，雖應就教唆行為共同負責，仍不適用第二十八條之規定。」（25 上 661）

㈢直接教唆與間接教唆：此以教唆之方式為準：

1.直接教唆：即教唆人直接教唆他人犯罪，謂之直接教唆。如甲教唆乙殺害丙是。

2.間接教唆：即教唆人教唆被教唆人，使之再轉行教唆他人使之實行犯罪行為者，謂之間接教唆。如甲教唆乙，使乙再轉行教唆丙殺害丁，此時甲為間接教唆犯，乙為直接教唆犯。此即舊刑法第 43 條所稱之「教唆教唆犯」。

現行刑法第 29 條第 1 項規定：「教唆他人使之實行犯罪行為者，為教唆犯。」此所指之他人，非單指正犯，可兼及教唆犯等共犯。即除承認間接教唆犯外，凡三層以上之教唆（間接的間接的教唆），無不概括於教唆他人犯罪內。我國實例上亦作此解釋：

⑴刑法第 29 條之教唆犯，應包括教唆教唆犯（院 25 刑 125）。

⑵受託代僱殺人兇手，亦係教唆他人犯罪，應負教唆之責（27 上 224）。

㈣教唆未遂與未遂教唆：此以教唆之行為與結果為準：

1.既遂之教唆：即被教唆人已依教唆人之教唆，而實行犯罪行為完成者之謂。此時應依刑法第 29 條第 2 項：「教唆犯，依其所教唆之罪處罰之」規定處罰。

2.教唆之未遂：與未遂教唆不同。所謂教唆之未遂，即雖已對當事人實行教唆行為，但被教唆人未有犯罪實行之決意，或雖有犯罪實行之決意，但未達實行之情形：

⑴無效果之教唆：

①被教唆者只停留在決意為犯罪之實行的情形。

②雖有實行行為但未達可罰性行為之情形。

③教唆行為與正犯行為之間無因果關係之情形。

⑵失敗之教唆：雖有教唆，但被教唆者無犯罪實行之決意的情形，從共犯獨立性之主張言，上述教唆之未遂都能適用未遂犯之規

定。從共犯從屬性之主張言，上述教唆之未遂都不能成立未遂犯。

我刑法修正後之教唆犯係採共犯從屬說之立場，關於教唆犯之處罰，則依其所教唆之罪處罰之。在適用上係指被教唆者著手實行，且具備違法性後教唆者始成立教唆犯。至於應適用既遂、未遂何者之刑，則視被教唆者所實行之構成要件事實既遂、未遂爲斷。

3.未遂之教唆：即教唆人預知被教唆人，依其教唆實行犯罪行爲時，不可能發生犯罪既遂之結果，所爲之教唆，謂之未遂之教唆。此與教唆之未遂，教唆人期望發生犯罪之結果而不遂者，有所不同。

未遂之教唆，教唆人既預知不發生犯罪之結果，應否處罰教唆人，有下列說法：

(1)甲知道乙身上穿有防彈衣，而唆使丙向乙之心臟射殺，丙乃向乙開槍射擊。因丙既已開槍，固可成立殺人未遂罪，對甲之罪責，有三說：

①不可罰之說：教唆之故意是對正犯之構成要件之結果的發生有認識爲必要，在本案某甲既已知不可能發生而欠缺故意，自不成立教唆犯（木村・阿部 415 頁，福田 222，植松 377 頁）。

②處殺人未遂罪之教唆犯：從教唆之故意言，既使被教唆者因其教唆而啓發犯意，決意實行犯罪行爲，教唆者自應令其負未遂之教唆犯（大塚 203 頁，團藤 381 頁）。

③只對違法行爲之教唆有罪：教唆者就是已經預知被教唆者之行爲會造成未遂，只以其引導被教唆者實行犯罪行爲之限度

內有罪。

我國刑法對教唆犯之成立，是使被教唆人產生犯罪之故意，進而著手爲實行行爲爲要件，因此所謂「教唆之未遂」，即被教唆者未達實行行爲時，在共犯從屬性下，當即無罪，至於未遂之教唆，即被教唆者著手實行而未遂時，在此限度下成立殺人未遂罪教唆犯。

(2)教唆者雖相信被教唆者之行爲會造成未遂而教唆，但如與預期相反，造成既遂時：

①譬如防彈衣因材質粗劣，致被射穿而乙被射殺身亡時，則依共犯錯誤之理論，甲應負殺人未遂之教唆犯（大塚總論 204 頁，大谷實 461 頁）。

②與預期之結果相反時，應成立過失致死罪（木村 415 頁，植松 377，福田 276）。

㈤**陷害教唆**（Lockspitzel, agent provacateur）：即行爲人以使他人受刑事處罰爲目的，而引誘他人犯罪，於被教唆人著手實施後，妨害其結果之發生，使被教唆人因而被捕，謂之陷害教唆。如甲以陷害乙爲目的，教唆乙至銀行搶劫，旋向警察密告，於乙前往搶劫時，由警員將其逮捕歸案。

陷害教唆雖亦有期望使犯罪既遂，但通常都是刑警在被教唆者正著手實行之際，加以逮補爲多。亦即以預期其未遂而教唆，**故爲未遂教唆之一種**，係源自法文原名 "agent provacateur" 爲使人入殼之意。法國大革命前，路易十四爲逮捕革命分子，派出間諜，僞裝革命者，誘人入殼後，加以逮捕誅殺，謂之陷害教唆。嗣德國學者將其與教唆犯一併討論，稱爲 "Lockspitzel" 亦爲警察之眼線或探員之意。

陷害教唆之目的既在陷害他人，其動機惡性尤深，自應加以處罰。惟在實務上，偵查機關，爲調查犯罪證據，有派人僞裝爲犯罪之行爲，以誘使真正犯人之出現，而達破案之目的。此雖類似陷害教唆，但實質上二者仍有不同，因僞裝人員本身係基於職務上之行爲，其目的非爲誘惑他人犯罪，乃在調查犯罪證據，無教唆他人犯罪之故意，自不負教唆之罪責。但如該被教唆人原無犯罪之故意與行爲，因受僞裝人員高價重

利之引誘唆使而犯罪。則與一般陷害教唆無所區別，僞裝人員將難卸教唆犯罪之罪責。

(六)**過失之教唆與過失犯之教唆**：

1.過失之教唆：是否承認過失之教唆，有肯定與否定二說之對立：

(1)肯定說：以行爲共同說爲基礎，認爲刑法第 29 條及第 30 條之教唆及幫助，對行爲人均無故意之明文規定，因此，沒有理由否定過失之共犯。

(2)否定說：以犯罪共同說與共同意思主體說爲基礎，認爲過失之教唆所以不能存在者，因共犯原是爲實現一定之事實爲目的，以由多數人之意思聯絡爲要件；然過失犯並非以實現一定之事實爲目的而成立，尚且過失犯係因行爲人之意外的不注意而發生之犯罪行爲，教唆者不可能針對行爲人之意外加以教唆，以影響其意思之決定之故。

2.過失犯之教唆：被教唆者實行過失犯罪時，能否成立教唆犯之問題，爲本題之重點，對此亦有肯定與否定二說：

(1)肯定說：前述過失之教唆的肯定說即採此說。認爲因故意之教唆，或幫助對他人之過失犯予以加工之時，可解爲係對過失犯之教唆或幫助犯。

(2)否定說：前述過失之教唆的否定說即採此說。認爲教唆犯是唆使原無犯意之人，使其決意實施犯罪行爲者，因此當無可能承認過失犯之教唆。

我國在理論上咸認教唆犯之成立，須具有教唆他人犯罪之故意，至非故意與過失之教唆，則爲刑法所不採[1]。

(七)**幫助教唆與教唆幫助**：

1.幫助教唆：指教唆犯在對正犯教唆犯罪行爲之際，予以從旁附和，對教唆者予以幫助者，謂之幫助教唆。

2.教唆幫助：指教唆他人幫助正犯，使正犯能實現其犯罪行爲者，

---

[1] 蔡墩銘著，《刑法總論》，民國 79 年版，頁237。褚劍鴻著，《刑法總則編》，四版，頁238。

謂之教唆幫助。

　　3.實務上：

　　　　⑴教唆之幫助與幫助之教唆及幫助之幫助，均屬犯罪之幫助行
　　　　為，仍以正犯構成犯罪為成立要件（28.7.25 民刑庭總會決議）。

　　　　⑵幫助犯係幫助他人犯罪，教唆犯係教唆他人犯罪，均非自行實
　　　　施犯罪之人，此觀於刑法第 29 條第 1 項第 30 條第 1 項之規定
　　　　甚明，故刑法上之教唆犯，並無幫助犯，其幫助教唆者，仍應
　　　　解為實施犯罪（即正犯）之幫助犯，如幫助教唆殺人而被教唆
　　　　人並未實施者，在教唆犯固應以殺人未遂論科，而幫助教唆之
　　　　人，仍因無實施正犯之故，不成立殺人罪之幫助犯（29 上 3380）。

　(八)**預備罪與陰謀罪之教唆**：所謂預備罪與陰謀罪之教唆，係指行為人
對正犯之既遂、未遂或預備、陰謀教唆的結果，正犯在預備或陰謀之階
段終止其犯罪行為之謂。在此情形下，是否承認教唆犯有三說：

　　1.肯定說：刑法第 29 條規定：「教唆他人使之實行犯罪」之教唆，
係指教唆他人犯罪之行為，此犯罪之行為當包括預備與陰謀在內，因此，
無論是獨立預備罪、陰謀罪、或從屬預備罪、陰謀罪，均得成立教唆犯。
譬如教唆他人殺人，被教唆者，到預備階段終止未再實行，而殺人預備
罪既應受罰，教唆者亦不能免除殺人預備罪之教唆犯之責①。

　　2.否定說：教唆犯之成立必須以正犯已經實行為要件，未到著手實
行之預備、陰謀，不可能有教唆犯②。

　　3.折衷說：將預備罪與陰謀罪分為二種：獨立預備罪，譬如預備偽
造變造貨幣罪（刑 199），其構成要件在刑法上明確的獨立規定，得認為
是獨立之犯罪類型，有其實行行為之存在。另一為從屬預備罪，此如殺
人預備罪（刑 271Ⅲ），僅以構成要件之修正形式來處罰殺人預備罪，因此
罪並無定型之規定，只能以實行行為之前階段而想像，故難以成立教唆

---

① 見泉二新熊著，《日本刑法總論》，頁 550。草野豹一郎著，《刑法要論》，頁 127。
② 見植松正著，《刑法概論 I 總論》，再訂版，頁 374。團藤重光著，《刑法綱要總論》，增
　　補版，頁 383。

犯與幫助犯①。

習題：

一、教唆犯可分為幾種？試分別說明其意義。（76 公）

二、連續教唆他人犯罪，與教唆他人連續犯罪，是否有別？並應如何處斷？試說明其法理。（54、70 高）

三、既遂之教唆犯，未遂之教唆犯，與教唆之未遂犯，其含義及處罰有異同否？（28 高、78 律）

四、教唆被教唆者犯罪，以便予以逮捕，則教唆者應如何處斷？（76 公）

五、今年刑法修正刪除刑法第二十九條第三項之規定，試問對「未遂教唆」或「陷害教唆」將造成何種影響？（94 高三）

六、何謂「陷害教唆」？請予以闡述及舉例加以說明，並且論述陷害教唆者是否應負教唆犯之刑責。（94 心障四、99 特三）

四、教唆犯之處罰

㈠**刑法規定**：關於教唆犯之處罰，現行刑法依多數國家之立法例，採獨立處罰主義，刑法第 29 條第 2 項規定：「教唆犯依其所教唆之罪處罰之」。茲分析說明教唆犯之處罰標準如下：

㈡**處罰之標準**：

1.刑法認為教唆行為係在教唆他人犯罪，雖惡性重大，但我刑法係採共犯從屬性說中之「限制從屬形式」。則共犯之成立係以正犯行為之存在為必要，而此正犯行為則須正犯者（被教唆暫）著手於犯罪之實行行為，且具備違法性始足當之，至於有責任之判斷，則依個別正犯或共犯判斷，故對於教唆犯之處罰，應依其所教唆之罪處罰之。

2.教唆後進而參加實行犯罪，其教唆行為，為實行行為所吸收，應依正犯論。教唆後復幫助被教唆人實行犯罪者，仍依教唆犯論。

3.被教唆人犯罪既遂，教唆犯應依其所教唆之罪處罰之。如被教唆人犯罪未遂，教唆犯仍以未遂犯論。

4.教唆犯所負之責任應限於其所教唆之範圍。因此，被教唆人之犯罪行為，如超越教唆範圍，或另犯他罪者，教唆犯對於超越部分之犯罪

---

① 見福田平著，《新訂刑法總論》，頁 205。西原春夫著，《刑法總論》，頁 274。

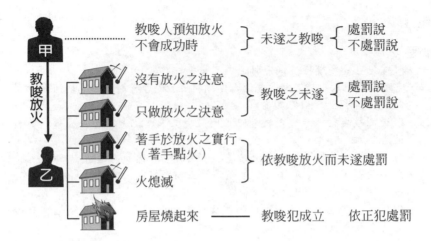

行為，不負教唆責任。

　　5.教唆人對其所教唆之犯罪行為，可能發生加重之結果，若早已有預見者，則教唆人對此加重之結果，自應負責。

　　6.如教唆之罪為重罪，而發生輕罪之結果時，教唆犯仍依其所教唆之罪論以未遂犯；但此所教唆之罪，若無處罰未遂犯之規定者，則依輕罪之教唆犯處斷。

　　7.一教唆行為教唆數人分別犯罪，或教唆殺害多人，則係一行為觸犯數項罪名，應依刑法第 55 條之想像競合犯論。

　　8.教唆人利用無責任能力，或無責任意思之人實行犯罪之行為，應成立間接正犯而非教唆犯。

　　9.教唆犯於教唆他人犯罪後，因己意而中止者，必須有防止其結果發生之有效行為，且因而未發生犯罪之結果時，始得依中止犯之規定減輕或免除其刑。

習題：
一、何謂教唆犯，教唆犯之處罰如何？又先實施教唆又實施犯罪行為者，其刑事責任如何？（77 高）
二、關於教唆犯的處罰，我國刑法如何規定？（33、54 普、54 特國、75 高檢、51、75 高）

第六節　幫助犯

一、幫助犯之概念

㈠**幫助犯之意義**：幫助犯（Beihilfe）者，指行為人以故意於他人實行犯罪之前，或實行犯罪之際，予以助力，使其易於實行或完成犯罪行為之謂，又稱幫助犯。刑法第 30 條第 1 項規定：「幫助他人實行犯罪行為者，為幫助犯，雖他人不知幫助之情者，亦同。」幫助犯係共犯形態之一，但因其僅幫助他人實行犯罪行為，故在共犯中，其可罰性最為輕微，在共犯中，不應成立共同正犯或教唆犯者，有時可成立幫助犯。

㈡**幫助犯之構成要件**：

　1.須有正犯之存在：幫助犯係幫助他人犯罪之人，故其成立，須有被幫助者之正犯存在。此為幫助犯從屬性之當然結果。按正犯有罪，幫助犯亦有罪，正犯未遂或無罪，幫助犯亦為未遂或無罪。

　2.須有幫助他人犯罪之故意：幫助他人犯罪須出於故意。此與教唆犯之情形相同。惟幫助犯之故意情形為：

　　⑴須認識自己之行為係出於幫助之意思，而非出於自己犯罪之意思。

　　⑵須認識正犯有犯罪之意思與行為。

　　⑶須認識正犯之行為，由於自己之協助始容易實施，或促成其結果之發生。

　　⑷幫助犯與正犯有無犯意之聯絡，並非必要，片面之幫助，亦得成立幫助犯。

　3.須有幫助他人犯罪之行為：幫助行為無論為作為或不作為，無論以言語、文字或舉動，不問為物質上或精神上幫助，凡足以便利，或鼓勵正犯實行犯罪者，均不失為幫助之行為。至幫助時期，無論為事先幫助或事中幫助，均非所問。惟其行為必與正犯所實行之犯罪有直接之影響，始足成立。

　4.須正犯成立犯罪：幫助犯既為從屬性之犯罪，自必以正犯業已成

立犯罪，然後始有幫助犯之可言。刑法第 30 條第 2 項規定：「幫助犯之處罰，得按正犯之刑減輕之」，故如正犯不成立犯罪，幫助犯自亦無從予以處罰，是幫助犯之成立，以正犯之行為成立犯罪為前提。

　　5.須於他人實行犯罪或實行中予以幫助：如正犯之行為業已完成，縱予幫助，亦與犯罪之成立不發生影響，而應就具體情形，論為獨立之犯罪，如湮滅證據罪、贓物罪等。

習題：何謂從犯（幫助犯）？（44 高、69 升、33、74 普）其構成要件為何？（54 特、73 升、75 高）

二、幫助犯之分類

㈠單獨幫助與共同幫助：

　　1.單獨幫助：即 1 人幫助他人犯罪者是。又稱單獨幫助犯。

　　2.共同幫助：即 2 人以上有意思之聯絡，共同幫助他人犯罪之謂。又稱共同幫助犯。日本學說上對於共同幫助仍有爭論，惟對於共謀共同幫助犯則認為共同謀議以幫助正犯實行犯罪行為，如其中有人實行幫助行為，則其他參與謀議者，也應負幫助犯之罪責[1]。

　　我國實務上不採共同幫助犯之理論，認為刑法第 28 條之共同正犯，係指 2 人以上共同實施犯罪之行為而言，幫助他人犯罪，並非實施正犯，在事實上雖有 2 人以上共同幫助殺人，要亦各負幫助殺人之責任，無適用該條之餘地（33 上 793）。

㈡無形幫助與有形幫助：

　　1.無形幫助：即予正犯以精神上之幫助，如以言語予以激勵是。其與教唆犯之不同，在於教唆犯係對原無犯罪意思之正犯，唆使其生犯罪之決心；而無形幫助犯，乃對已具有犯罪意思之人，給予指示，或鼓勵等精神上之助力。

　　2.有形幫助：即給予正犯以物質上之助力，如供給金錢或器具，提供場所等。凡使犯人便於犯罪行為之實行者，不論無形或有形幫助，均

---

[1]　大判昭 10.10.2，九刑集，14，1267。

依幫助犯之規定處罰。

(三)積極幫助與消極幫助：

1.積極幫助：即以積極之作為，幫助他人犯罪也。此不問其為物質上或精神上之幫助，均屬之。

2.消極幫助：即以消極之不作為，便利他人實行犯罪行為之謂。但不作為者在法律上有防止他人犯罪之義務，且能防止而不防止，以促成犯罪之實行者，始稱相當，倘無此義務，僅在他人實行犯罪行為之際，消極的未予阻止，並無助成正犯犯罪之意思，即不得論以不作為之消極幫助。

(四)片面幫助與間接幫助：

1.片面幫助：即一方有幫助他方犯罪之意思，而不以被幫助者知情為必要。至於幫助犯與正犯之間，是否須有意思之聯絡？即是否承認片面之幫助？原有正反二說，但我國刑法明定：「雖他人不知幫助之情者亦同」（刑30 I），即承認片面之幫助。

2.間接幫助：即對幫助犯予以協助，使其易於幫助他人實行犯罪行為之意。間接幫助有三種態樣，我刑法均認為幫助犯。

(1)教唆幫助：即教唆他人對於正犯為幫助之行為。

(2)幫助教唆：即當他人對正犯教唆之際，從旁附和，予教唆者以助力，使達教唆正犯實行犯罪行為之目的之謂。

(3)幫助之幫助：又稱間接幫助，指幫助幫助犯幫助他人犯罪之謂。

我實務上，對前述三種態樣，均認為係犯罪之幫助行為，以正犯構成要件為其成立要件（28.7.25決議）。蓋「從犯係幫助他人犯罪，教唆犯係教唆他人犯罪，均非自行實施犯罪之人，此觀於刑法第29條第30條第1項之規定自明，故刑法上之教唆犯，並無幫助犯，其幫助教唆者，仍應解為實施犯罪（即正犯）之幫助，如幫助教唆殺人，而被教唆人並未實施者，在教唆犯固應以殺人未遂論科，而幫助教唆之人，仍因無實施正犯之故，不成立殺人罪之從犯。」（29上3380）

舊刑法分幫助犯為從犯與準從犯二種。稱從犯，指幫助正犯而言；準從犯，則指教唆從犯之意，為舊刑法第43條所明定，現行刑法第30

條第 1 項規定：「幫助他人實行犯罪行為者為幫助犯。」故其幫助正犯者，固屬幫助犯；即教唆幫助犯者，亦不失為幫助犯，幫助之幫助者亦同。因其均屬犯罪之幫助行為，故仍以正犯構成犯罪為成立要件（28.7.25 決議）。惟幫助犯之處罰得按正犯之刑減輕之。

(五)事前幫助、事中幫助與事後幫助：

1. 事前幫助：即在正犯實行犯罪行為之前，予以幫助之謂。

2. 事中幫助：即在正犯實行犯罪行為之際，予以幫助之謂。

3. 事後幫助：即在他人完成犯罪行為後，予以幫助者，謂之事後幫助。

我刑法僅承認事前幫助與事中幫助，不承認事後幫助。除其行為另行構成其他罪名外，不得論以幫助犯。如藏匿人犯、寄藏贓物、湮滅證據、遺棄屍體等雖為犯罪後之幫助行為，但均成立其他罪名而非幫助犯。

習題：

一、教唆教唆、教唆幫助、幫助教唆及幫助幫助，此四者在刑法上是否皆為應加處罰之行為？試就我國過去立法沿革及現時刑法理論之分別闡述之。（57高）（關於教唆教唆，見「教唆犯之分類」中，間接教唆部分）

二、幫助教唆、教唆幫助有何區別？如何處斷？（78經特）

三、兄弟甲、乙二人平日不務正業，甲終日酗酒，乙則淪為慣竊。97 年 3 月 1 日，甲正要騎機車出門找朋友，明知乙也準備出門到迪化街的年貨街行竊，於是順道載送乙到迪化街口放乙下車，乙順利竊得現金上萬元。甲的刑事責任如何？（97特四）

答：依 27 上 2766 判例：「從犯之幫助行為，雖兼賅積極、消極兩種在內，然必有以物質上或精神上之助力予正犯之實施犯罪之便利時，始得謂之幫助。若於他人實施犯罪之際，僅以消極態度不加阻止，並無助成正犯犯罪之意思，及便利其實施犯罪之行為者，即不能以從犯論擬。」因此甲只載乙到迪化街，並未協助乙前往行竊，故甲不成立幫助犯罪責。

三、幫助犯與共同正犯之區別

(一)學說上之區別：

1. 主觀說：

(1)犯意說：以自己犯罪之意思而參與犯罪者，為共同正犯。以幫

助他人犯罪之意思而參與者，為幫助犯。此說對於行為人究係出於自己犯罪之意思，或出於幫助他人犯罪之意思，甚難判斷，故此說有缺點。

(2)目的說：為自己之目的或利益而參與犯罪行為者，為共同正犯；為他人之目的或利益，而參與犯罪行為者，為幫助犯。依此說，對於我國刑法分則內，有些係以為自己或他人之目的為犯罪構成要件者，則難以解釋；如意圖為自己或第三人不法之所有，為竊盜、詐欺、強盜等罪之構成要件，則均不能成立共同正犯，而只成立幫助犯。故此說亦有缺陷。

(3)意思聯絡說：有意思之聯絡，即同謀或共同認識，而為犯罪行為者，為共同正犯，無意思之聯絡，即無同謀或共同認識，而為犯罪行為者，為幫助犯。此說對於無意思聯絡，而實際參加犯罪構成要件之行為者，認為幫助犯，亦有未妥。

2.客觀說：

(1)實質說：

　①重大影響說：凡共犯之行為對於犯罪之完成，有重大影響者，為共同正犯，僅有輕微之影響者，為幫助犯。但如何區分重大或輕微影響，不無問題。

　②目的行為支配說：亦即行為人對於犯罪之全部過程，有支配之意思與能力者，為正犯；如僅隸屬於正犯支配力之下而成立犯罪，則為幫助犯。但隸屬於正犯支配下而實行犯罪行為者，事實上，亦有從事構成要件之行為，或事前之行為，或於實施中參與者，究應如何區分，不無疑問。

(2)形式說：

　①參與時間說：在他人實行犯罪行為之前，參與加工者，為幫助犯。在他人實行犯罪行為之際而參與加工者，為正犯。此說認為在事前加工，對犯罪之結果，僅有間接關係，故為幫助犯，在實施犯罪行為時，參與加工，因對犯罪結果有直接關係，故為正犯。但如於實行前，就犯罪結果，具有重要原

　　　　因力之加工行爲，亦認爲幫助犯，似欠合理。

　　②實行行爲說：以實行犯罪構成要件之行爲者，爲正犯，以擔
　　　　任構成要件以外之加工行爲者，爲幫助犯。此說在我國實例
　　　　上，已被採納。

　　3.折衷說：以共同完成犯罪之意思，而從事與實行犯罪行爲有必然
關係之行爲者，爲共同正犯。

　　幫助他人犯罪之意思，而爲必要之行爲者，爲幫助犯。此說客觀上
以實行犯罪行爲及其與犯罪行爲有必然關係之行爲爲標準，主觀上以共
同完成犯罪之意思，或以幫助他人犯罪之意思爲必要，故稱爲折衷說。

　　㈡**刑法上與實務上之區別：**

　　1.刑法上規定：刑法第 28 條規定：「二人以上共同實行犯罪之行爲
者，皆爲正犯。」第 30 條：「幫助他人實行犯罪行爲者，爲幫助犯，雖
他人不知幫助之情者，亦同。」而幫助犯之幫助行爲，係指他人犯罪之
前，或他人犯罪之際，予以便利或援助，使其易於實施或完成犯罪行爲
而言。凡屬予以物質、精神、言語動作之助力者，固爲幫助，即對其激
勵犯意及指導方法之類，亦屬幫助。

　　2.實務上區別：依最高法院民刑庭總會於 24 年 7 月，對正犯及幫助
犯之區別，定其標準如下：

　　⑴幫助犯無獨立性。

　　⑵幫助犯以幫助時爲其行爲時。

　　⑶區別正犯及幫助犯之標準如下：

　　　①以自己犯罪之意思，而參與犯罪構成要件之行爲者，爲正犯。

　　　②以幫助他人犯罪之意思，而參與犯罪構成要件之行爲者，爲
　　　　正犯。

　　　③以幫助他人犯罪之意思而參與，其所參與之行爲，爲犯罪構
　　　　成要件以外之行爲者，爲幫助犯。

　　　④以自己犯罪之意思而參與，其所參與之行爲，爲犯罪構成要
　　　　件以外之行爲者，爲正犯。

　　⑷又在犯罪者實行犯罪行爲前，有所參與，其所參與之行爲，究

竟認為幫助犯之行為，抑應認為共同正犯之行為，應視下列情形而定：

①他人已決意犯罪，如以犯罪意思助成其犯罪之實現者，或與以物質上之助力（如貸與兇器而為有形之幫助行為），或與以精神上之助力（如頌揚犯罪行為或預祝其犯罪成功而為無形之幫助行為），皆為幫助犯。他人犯罪雖已決意，若以犯罪意思促成其犯罪之實現，如就犯罪實行之方法、犯罪實行之順序而有所表示，應認為共同正犯，不能認為幫助犯，蓋在如斯情形下，其表示之意見已構成犯罪者實施犯罪行為之內容，不啻加工於犯罪之實現也。

②上述之「助成」及「促成」情形，應以程度之高低（程度高為正犯，程度低為幫助犯）及其行為是否構成實行犯罪行為之內容為標準。

習題：

一、從犯與共同正犯區別之標準如何？（62 特）

二、試就學說及我刑法之區別標準說明共同正犯與從犯之區別。（24、34、41、54、78 高、43 高檢）

三、共同正犯與從犯區別之標準，採主觀說與客觀說之見解若何？請加評析，並說明現時流行見解之內容。（79 高一）

四、幫助犯與共同正犯應如何區別？試說明之。（89 特警四）

五、何謂共同正犯？何謂幫助犯？設若甲欲行竊 A 宅，乃夥同好友乙為其把風。試問：乙所為應如何論處？（98 三軍人轉任）

　答：正犯與幫助犯之意義看書內說明。其次要看乙之把風是為自己犯罪之意思而為，如此就應論以竊盜之共同正犯。如以幫助他人犯罪之意思而為，則為幫助犯。

四、幫助犯與教唆犯之區別

幫助犯與教唆犯雖同為狹義之共犯，但在本質上仍有不同：

㈠教唆犯之教唆行為乃在使無犯意之人，生犯罪之決心，或使犯罪意思不確定之人，以確定其犯罪之意念；而幫助犯之行為，則僅在助成或促成他人犯罪之實現。

㈡教唆犯爲共犯從屬性中之「限制從屬形式」；幫助犯爲從屬性之犯罪。

㈢教唆犯之教唆行爲，應於正犯實行犯罪行爲前爲之；而幫助犯則在正犯實行犯罪行爲前，或在犯罪實行中均得爲之。

㈣教唆犯之教唆行爲，須爲積極之行爲；而幫助犯之行爲，則無論積極行爲或消極行爲，均得爲之。

㈤教唆犯依其所教唆之罪處罰之；幫助犯之處罰，得按正犯之刑減輕之。但被幫助者如不成立犯罪，幫助者自亦不成立犯罪（被幫助者之正犯若成立未遂犯，幫助者仍處以未遂犯之刑，但得減輕之）。

㈥教唆犯與被教唆者間須有共同犯意之聯絡；而幫助犯對於正犯之幫助，雖正犯不知其幫助之情，幫助犯仍然成立。

㈦先教唆後幫助，致教唆犯與幫助犯發生競合現象，此應依重行爲吸收輕行爲之法理，按教唆犯處罰。

習題：
一、從犯與教唆犯有何區別？（34、41、51 高、43 高檢、77 基乙）
二、試述「共同正犯」與「幫助犯」、「教唆犯」之區別？（89 交升）

五、幫助犯之處罰

關於幫助犯之處罰，我刑法採從屬性說，故其處罰完全附屬於正犯而成立，若正犯不成立犯罪時，亦無處罰幫助犯之餘地。因此刑法第 30 條第 2 項規定：「幫助犯之處罰，得按正犯之刑減輕之」。依此，幫助犯與正犯適用同一之法條科處，惟採得減制，減輕與否，一任法官自由裁量。茲就幫助犯之處罰分析之：

㈠**幫助犯之處罰，得按正犯之刑減輕之**：因幫助犯只是幫助他人犯罪，惡性較輕，故法律爲得減之規定。惟減輕與否，由法官裁量之，至減輕之法可參照刑法第 64 條至第 71 條之規定。

㈡**正犯爲未遂犯者，幫助犯亦按未遂犯處罰之**：因幫助犯係從屬性之犯罪，應按正犯所觸犯之法條處罰之。如正犯僅成立未遂，幫助犯亦只成立未遂，且該幫助犯除得按未遂犯之規定，減輕其刑，尚得按幫助犯之規定減輕之。

㈢**正犯不成立犯罪者，幫助犯亦不成立犯罪**：正犯有由於不符合犯罪構成要件，或因其行為未遂，而法律不處罰未遂行為時，則正犯不成立犯罪；此時，因幫助犯具有從屬性關係，自亦不成立犯罪。

㈣**幫助犯與中止犯**：幫助犯，雖因己意中止，須有防止其結果之發生，始得依刑法第 27 條中止未遂犯之規定處斷。

㈤**二人以上共同幫助，應各負幫助責任，而無刑法第 28 條之適用**：刑法第 28 條之共同正犯，係指 2 人以上共同實行犯罪之行為而言，幫助他人犯罪，並非實施正犯，在事實上雖有 2 人共同幫助殺人，要亦各負幫助殺人責任，仍無適用該條餘地（33 上 793）。

㈥**教唆幫助、幫助教唆與幫助幫助，均屬幫助行為，仍以正犯構成犯罪為成立之要件**：蓋刑法上之教唆犯，並無幫助犯，其幫助教唆者仍應解為實行犯罪（即正犯）之幫助犯。如幫助教唆殺人，而被教唆人並未實施者，在教唆犯固應以殺人未遂論科；而幫助教唆人仍因無實行正犯之故，不成立殺人罪之幫助犯。至於教唆之幫助與幫助之幫助，因正犯未實行犯罪，直接幫助者，既不成立犯罪，教唆幫助者、幫助之幫助者，自亦不成立犯罪（28.7.25 決議；29 上 3380）。

㈦**幫助犯與其他共犯形式競合時**：其幫助行為，亦為其他共犯形式所吸收；如幫助他人犯罪後，復參與實行行為者，其幫助行為應為實行行為所吸收，故幫助犯與正犯或教唆犯行為競合時，應依共同正犯或教唆犯處罰。

㈧**幫助犯與間接正犯**：幫助犯幫助無責任能力人，或無責任意思人，實行犯罪行為時，因正犯不予處罰，幫助犯自亦不罰；但如以自己犯罪之意思，而利用無責任能力人或無責任意思之人實行犯罪者，則構成間接正犯。

㈨**幫助犯之錯誤**：幫助犯之錯誤，原則可準用教唆犯之錯誤而思考，即幫助犯所認識者，若與正犯所實行之犯罪有不同時，應如何處斷，可分為二種情形：

　　1.對正犯實行犯罪行為事實之認識的錯誤：幫助犯之認識與正犯實行之犯罪如在同一構成要件之範圍內，雖有具體事實之不一致，仍無法

阻卻幫助犯之故意。但如跨越不同構成要件時，原則上雖可阻卻幫助犯之故意，不過其中如構成要件重疊者，應就重疊部分成立幫助犯之故意。如於強盜行劫之前僅被邀駕船過蕩，自係幫助犯，其他連劫之戶，並無預謀，應不負俱發之責（7 統 799）。又如強盜在外把風，於夥犯入室後之傷人行爲，應共同負責。若於傷人以外，臨時起意殺人，自不負責（9 統 1256）。

　　2.共犯形式相互間之事實的錯誤：以教唆之意思而發生幫助之結果，或以幫助之意思而發生教唆之結果者，均認爲應成立較輕之共犯形式的幫助犯。

　(十)**幫助犯因身分而刑有加重減輕之原因時，得依其規定加減之**：如甲之子乙與其叔父丙毆殺甲，則乙固應成立殺直系尊親屬罪（刑272 I），至其叔父丙對於甲並無該項所定身分關係，原審論丙以幫助殺直系血親尊親屬罪，自屬錯誤（32 上 1666）。

習題：
一、刑法對從犯的處罰如何規定？試說明之。（33 普、75 高）
二、幫助犯之成立，以有幫助故意為必要，若正犯所實施之犯罪，與幫助者所認識者不同，幫助者應如何處斷？試分析不同情形加以說明。（77 高）
三、刑法上規定共犯之種類有(一)共同正犯(二)教唆犯(三)從犯，試分別說明其成立要件及處罰之差別。（答案見本章各節）（75 高）

第七節　共犯之關連問題

一、共犯之競合

　(一)**意義**：共犯有共同正犯、教唆犯、幫助犯三種形態，行爲人 1 人而兼犯有此數種不同形態時，稱爲共犯之競合（Zusammentreffen mehrerer Beteiligungsformen），如共同正犯同時爲教唆犯時，或教唆犯同時爲幫助犯，或幫助犯同時爲共同正犯等情形是。

　(二)**共犯競合之處斷**：共同正犯、教唆犯、幫助犯等三種共犯形態，均屬於實現基本構成要件而加工之行爲形態，其基本罪質本無不同，只是犯罪之形態有異而已。因此三者相互間，係處於法條競合之吸收關係；即輕之共犯形態爲重之共犯形態所吸收，從屬之共犯形態爲獨立之共犯

形態所吸收，茲分述之：

　　1.共同正犯與教唆犯競合時，應依共同正犯論處：「教唆他人犯罪後，又進而實施犯罪行為者，其教唆行為已為實施行為所吸收，應以實施正犯論。」（22 上 681）「教唆犯係指僅有教唆行為者而言，如於實施犯罪之際，當場有所指揮或教唆他人犯罪，而又參加實施行為者，均應以共同正犯論。」（31 上 920）

　　2.共同正犯與幫助犯競合時，應依共同正犯論處：「刑法上所謂幫助他人犯罪，係指就他人之犯罪加以助力，使其便於實施之積極的或消極的行為而言，如在正犯實施前，曾有幫助行為，其後復參與犯罪構成要件之行為者，即已加入犯罪之實施，其前之低度行為應為後之高度行為所吸收，仍成立共同正犯，不得以從犯論。」（24 上 3279）

　　3.教唆犯與幫助犯競合時，應依教唆犯論處：「某甲原無殺父之意，某乙教唆毒殺後，復送給毒藥，並又催促實施，則某乙前之教唆與後之催促，係一個教唆行為，其送給毒藥之幫助行為，在教唆之後，應為教唆行為所吸收，自應以教唆殺人論科。」（46 台上 831）

二、共犯與加重結果犯

　　加重結果犯可否成立共犯？茲從理論及實例列述如次：

　　㈠共同正犯：加重結果犯能否成立共同正犯？依學說有二：

　　1.行為共同說：以 2 人以上有共同之行為，侵害同一法益，而各自完成其犯罪即可，亦即只須有行為共同之意思，不須有意思之共同，既無須有故意之共同，則在加重結果犯，只要有行為之共同，其共同參與者，自應對其結果負責。故採肯定說。

　　2.犯罪共同說：即 2 人以上基於共同加工之意思，成為一體，以協力實現一個特定犯罪（如殺人罪）之謂。依此理論又分為二種不同見解：

　　　⑴肯定說：如為強盜之共同正犯，就是只有其中 1 人對被害人施以暴力，而生傷害之結果，其他的共犯也會被究以強盜致傷害之責。這是強盜致傷罪成為加重結果犯之當然結果。致傷的結果，雖至少須有過失之必要，然這已包含在暴行之意思之中。

(2)否定說：在基本行爲之範圍內，才成立共同正犯，乃爲本說之特點，如在基本行爲之外，有發生較重之結果時，只有因過失而惹起較重結果者，才須要負責，至於其他共同參與者，只令其負基本行爲之責。又如從事基本行爲之共同者，對其他共同者因過失而引起較重之結果有過失時，其所引起之加重結果犯，只能就其過失而成立，不應與現實引起較重結果者同負共同正犯之責任。

(3)我國實例：均認爲各共同正犯對其共同行爲之犯意，如有連絡，即應負責，而其所負責任也只在其犯意之連絡範圍內負其刑責，如共同正犯中之 1 人，於實施行爲時，另因過失而構成犯罪者，亦只由該行爲人獨自負擔刑責（29 上 2093、29 上 1011）。

(二)**教唆犯與幫助犯**：廣義共犯是指共同正犯、教唆犯與幫助犯；而狹義之共犯，是指教唆犯與幫助犯。我國刑法對共犯之規定，是採廣義共犯之方式。故可分述之：

1.教唆犯：刑法第 29 條第 1、2 項規定：「教唆他人實行犯罪行爲者爲教唆犯。教唆犯依其所教唆之罪處罰之。」因此，教唆人對其所教唆之犯罪行爲，可能發生加重之結果，該加重結果，若爲教唆人客觀上所能預見者，則教唆人對此加重之結果，自應負責。

2.幫助犯：刑法第 30 條規定：「幫助他人實行犯罪行爲者，爲幫助犯，雖他人不知幫助之情者，亦同。幫助犯之處罰，得按正犯之刑減輕之。」我國刑法對幫助犯之處罰，係採從屬性說，故其處罰完全附屬於正犯而成立，因此，須有正犯已成立犯罪，而此是由於故意之犯罪，致生加重之結果，而該結果爲幫助犯（無論是在事前或事中之幫助）客觀上所能預見者，幫助犯始應構成結果加重犯而負其刑責。

習題：結果加重犯可否成立共犯？試述之。（79 律）

第八節　間接正犯

一、意義

間接正犯（mittelbare Täterschaft）係對直接正犯而言。**即利用無責任能力人或無犯罪意思之人，實現其犯罪構成要件之謂**。而直接正犯係不利用他人，親自實行犯罪行為之謂。間接正犯雖利用他人為其犯罪，但由於間接正犯所利用之人，不成立犯罪，此與單獨犯之利用機械工具而為犯罪之情形並無不同。故間接正犯仍為單獨犯形態之一。

二、間接正犯之形態

間接正犯之基本形態如下：

㈠**利用無責任能力人犯罪者**：如利用未滿 14 歲及心神喪失之人實施犯罪者，實例上謂：「將十歲幼女押與商店為婢，即嗾令偷竊店內銀物多次，均歸收受，其利用無責任能力者之所為，係屬間接正犯。」（5 上 779）

㈡**利用不知情或無犯罪故意者之行為**：如「按利用無刑事責任者實施自己所欲犯之罪，固應成立間接正犯。即利用不知情之人，以實施自己之犯罪行為亦屬間接正犯。」（43 台上 295）比如將毒藥交與不知情之人，送與他人飲服是。

㈢**利用強制手段迫使他人犯罪者**：如「教唆無犯罪意思之人使之實施犯罪者，固為教唆犯，若逼令他人犯罪，他人因怵於威勢，意思喪失其自由而實施者，在實施之人因無犯罪故意，即不構成犯罪，則造意之人為間接正犯，而非教唆犯。」（23 上 3621）

㈣**利用無身分者之行為**：利用無特定身分之人，實施因特定身分而成立之犯罪。如刑法上之受賄罪，以具有公務員或仲裁人身分者，為構成要件要素，如公務員利用不知情且無此身分之妻，收受賄賂是。

㈤**利用他人職務上或業務上之行為**：如長官利用屬官有絕對服從之義務，以有強制拘束之命令，而使其為犯罪行為是。

㈥**利用無目的者之行為**：即以特定目的為構成要件之犯罪，利用無此目的之人，實行犯罪行為之謂。如甲利用毫無行使目的之印刷商，使其偽造貨幣是。（因刑法第 195 條偽造貨幣罪，須意圖供行使之用，為構成要件，該印刷商雖有偽造之故意，但無供行使之目的，與偽造貨幣罪之構成要件不符，而甲係利用他人以達其犯罪之目的，乃屬間接正犯。）

習題：

一、何謂間接正犯？（79 基乙、92 原三）其具有何特性？間接正犯有那些情形，
　　請予說明之。（81 高、88 國安、91 檢）

二、成年人甲唆使未滿十四歲之乙去便利商店行竊，乙因而單獨一人前往
　　行竊，問：甲、乙之刑責？（99 身障）

　　答：甲成立竊盜罪之間接正犯，並依少年事件處理法第 85 條規定：「成
　　　　年人教唆、幫助或利用未滿十八歲之人犯罪或與之共同實施犯罪者，
　　　　依其所犯之罪，加重其刑至二分之一。」乙無罪。

三、間接正犯之責任

㈠間接正犯因係利用無責任能力人或無犯罪意思之人，實施犯罪行
為，實與自己親自所為無異，故與直接正犯負同責任。

㈡間接正犯是否成立犯罪，及其既遂與未遂，均以被利用者之行為為
準，若被利用者之行為，不成立犯罪，則利用者自亦無犯罪可言（27 上 672）。

㈢刑法上有特定身分之人，利用無特定身分之人，實施因特定身分而
成立之罪，仍以間接正犯論。

㈣利用他人實施親手犯之罪，該利用人不成立間接正犯，但得依其加
工之情形，分別成立教唆犯或幫助犯。

所謂**親手犯**（eigenhändige Delikte），又稱自手犯，即須正犯本身直接
實施犯罪行為之謂。如親屬相和姦罪（刑 230），通姦罪（刑 239），必須由
一定之親屬或配偶親自實施，始與犯罪構成要件相當，如兄妹相和姦，
雖可成立親屬相和姦罪，但兄不能利用外人與妹相姦，而成立該罪。同
理，外人亦不能利用兄與妹相姦，而成立親屬相和姦之間接正犯。但得
視利用人加工之情形，分別成立教唆犯或幫助犯。

㈤利用人，誤認被利用人有刑事責任能力，而利用其以實行犯罪者，
仍應以間接正犯論處：如利用人以自己犯罪之意思，教唆實質上無責任
能力者，實現其犯罪之目的，即應成立間接正犯。蓋教唆犯之成立要件，
以被教唆人具有責任能力為要素之故。若利用人以幫助之方式，利用實
質上無責任能力人之行為，以實現其犯罪之目的者，自與一般之幫助他
人犯罪之意思，所為之幫助行為不同，此種場合，被利用人實質上既為
無責任能力人，自應論以間接正犯。

㈥利用人，誤認被利用人無刑事責任能力，而利用其以實施犯罪者，應分別情形，依教唆犯或幫助犯論處：因利用人誤認被利用人，無責任能力或責任意思，以教唆行為或幫助行為，利用其實行犯罪，但實際上被利用人，係有責任能力或責任意思，此際，應視其利用之情形，分別依教唆犯或幫助犯論處。

㈦間接正犯之著手犯罪，應以利用人著手利用行為時為準：關於間接正犯究以何時為其著手犯罪，通說認為因被利用人之著手於犯罪行為，不過為利用者引發行為之結果與延長而已，因此以利用者開始其利用行為時，為間接正犯之著手，但犯罪成立之日，仍以被利用者犯罪成立之日為準。

㈧2 人以上，共同實行間接正犯之行為，適用刑法第 28 條共同正犯之規定：蓋 2 人以上，共同實行間接正犯之行為，各間接正犯之間，發生共犯之關係，其情形與共同正犯同，皆視為共同間接共犯，但如利用人為 1 人，而被利用人為 2 人以上時，則仍屬單獨正犯。

㈨間接正犯以一行為利用二個以上之被利用人，個別犯罪；或以一行為利用他人觸犯數個犯罪時，因其利用之行為祇有一個，故為一行為觸犯數罪名，應依刑法第 55 條從一重處斷。

四、間接正犯與其他犯罪之區別

㈠**間接正犯與直接正犯之區別**：

1.間接正犯是利用他人實行犯罪行為；直接正犯是由自己實行犯罪行為。

2.間接正犯是藉由他人為犯罪行為；直接正犯除由自己單獨犯罪外，亦得與他人共同實行犯罪行為。

3.間接正犯在刑法理論上乃是客觀主義理論之產物；直接正犯則係實定法上之犯罪形態。

4.間接正犯之被利用為犯罪者無刑事責任；直接正犯由直接實行犯罪行為者負刑事責任。

㈡**間接正犯與共同正犯之區別**：

　　1.間接正犯者，利用人與被利用人間，無犯意之聯絡；共同正犯則共同行為人互相間須有犯意之聯絡。

　　2.在間接正犯利用人與被利用人並非就犯罪行為分擔或共進；共同正犯則共同行為人應就犯罪行為分擔或共進。

　　3.間接正犯僅利用者就行為負責；共同正犯則共同行為人皆須就犯罪行為負責。

　　4.間接正犯非共犯；共同正犯係共犯。

　　5.間接正犯被利用人不成立犯罪；共同正犯則為正犯。

　　6.間接正犯為解釋上之犯罪；共同正犯為實定法上之犯罪。

習題：共同正犯與間接正犯有何區別？試述之。（74律師、77司特、50、82高檢）

㈢間接正犯與教唆犯之區別：

　　1.教唆犯之被教唆者與相對共犯，須為有責任能力人；間接正犯之被利用人不以有刑事責任能力人為限：「查現行刑法，凡教唆責任能力者使為犯罪決心因而實施犯罪者，曰造意犯。利用無責任能力及無故意之人因而實施犯罪者，曰間接正犯。二者各有成立要件，不能混同。原判謂張正詳係有責任能力人，不能為徐壽圖所左右，不成為教唆犯云云，於間接正犯與造意犯之區別，不免有所誤會。」（4上60）

　　2.教唆犯之被教唆人與相對共犯有自由之意志，被教唆人於聽從教唆以後，始決意實行犯罪；此與間接正犯，利用無責任能力人，不知情之人或喪失自由意志之人實行犯罪者不同：「教唆無犯罪意思之人使之實施犯罪者，固為教唆犯，若逼令他人犯罪，他人因恍於威勢，意思失其自由而實施者，在實施之人因無犯罪故意，既不構成犯罪，則造意之人為間接正犯，而非教唆犯。」（23上3621）

　　3.教唆犯是教唆他人實行犯罪行為，相對共犯必以 2 人以上互相以對方為對象才能成立犯罪行為，單獨行為不可能成立，如通姦罪之通姦者與相姦者，貪污罪之行賄人與受賄人；間接正犯有時利用動物實行犯罪行為。

　　4.教唆犯採共犯從屬性說中之「限制從屬形式」，依其所教唆之罪

處罰之。間接正犯則採從屬處罰主義，其處罰以被利用人實行犯罪行為為前提，倘被利用人並未實行犯罪，則利用人亦不成立犯罪。

　　5.教唆犯採共犯從屬性，故其犯罪之時及地，則以被教唆者著手於犯罪之實行行為，且具備違法性始足當之；而間接正犯其犯罪之時及地，均以被利用人實行犯罪之時及地為準。

　　㈣間接正犯與幫助犯之區別：

　　1.間接正犯係利用他人實現犯罪之目的，因此須有利用者之存在；幫助犯是幫助他人使他人實現犯罪之目的，因此須有正犯之存在。

　　2.間接正犯是由利用者單獨負擔刑責；幫助犯是從屬正犯，而負擔刑責。

　　3.間接正犯之被利用者不須負刑責；被幫助之正犯，須就自己之行為負責。

　　4.間接正犯為正犯形態；而幫助犯為共犯形態。

　　5.間接正犯是利用無犯意之人犯罪；幫助犯則係幫助已有犯意之人犯罪。

　　6.間接正犯由利用人承擔刑事責任；幫助犯得按正犯之刑減輕之。

　　7.間接正犯乃刑法理論上客觀主義之產物；幫助犯則屬法律上規定之犯罪形態。

習題：
一、教唆犯與間接正犯如何區別？（90升簡）
二、教唆犯、間接正犯相對共犯之性質及其刑事責任有何區別？試說明之。
　　（42普、22、49、69、77高、71升、77司特、78基乙）
三、甲用500元的代價，慫恿年僅12歲的中輟生乙，到超商竊取名貴女用化妝品五瓶，得逞後，交給甲變賣花用，問本案甲、乙二人之刑責各應如何論處？（98三原）
　答：針對間接正犯與教唆犯之不同而論述。

第九節　共犯與身分之關係

一、身分犯之意義

　　一般而言，犯罪之成立，與犯人之身分無關，但在若干情形，法律有將「身分」或「其他特定關係」規定爲構成要件，或爲刑罰加減或免除之原因者，此種犯罪，稱爲身分犯（Sonderdelikt）。

　　所謂「身分」，係指專屬於犯人一身所具有之特定資格而言。如公務員、從事業務之人、醫師、藥劑師、助產士、宗教師、有投票權之人、男女性別、內外國人之國籍、親屬關係、未滿一定年齡之人、精神耗弱人、瘖啞人等是。

　　所謂「其他特定關係」，係指上述身分以外之一切特定關係，如侵占罪之持有關係，行爲人必須爲物之持有人，遺棄罪之必須在法令或契約上有扶養或保護之關係始可。舉凡在公務上、業務上、契約上所發生之特定關係均是。

二、身分犯之種類

　　因身分或特定關係成立之犯罪，可分爲下列二種：

　　㈠純正身分犯：指**必須具有一定身分或其他特定關係，始能成立之犯罪**，稱爲「純正身分犯」。此類犯罪，係以具有身分或特定關係爲可罰性之基礎。此即刑法第 31 條第 1 項規定之：「因身分或其他特定關係成立之罪。」乃以身分或其他特定關係，爲犯罪構成要件。凡無此身分或特定關係者，則不成立該罪之單獨正犯：

　　1.因身分而成立之犯罪：

罪　　名	犯罪成立之身分	刑法條文
瀆職罪	公務員或仲裁人之身分。	120-133
僞證罪	證人、鑑定人或通譯。	168
公務員登載不實罪	公務員。	213
業務上洩漏他人秘密罪	醫師、藥商、助產士、宗教師、律師、公證人、會計師。	316

　　2.因特定關係而成立之犯罪：

罪　　名	犯罪成立之身分	刑法條文
違背建築術成規罪	有承攬工程或監工之特定關係。	193

墮胎罪	婦女有懷胎狀態之特定關係。	288
背信罪	有爲他人處理事務之特定關係。	342
侵占罪	具有持有他人之物的特定關係。	335

㈡**不純正身分犯**：因具有一定身分或特定關係，致刑有加重、減輕或免除之情形，稱爲不純正身分犯。亦即刑法第 31 條第 2 項：「因身分或其他特定關係，致刑有輕重或免除者」之規定。即無身分或其他特定關係之人，雖能構成該罪，惟僅以具有身分或其他特定關係者，始有刑罰輕重或應否免除其刑之情形：

1.因身分致刑有加重者：

罪　　名	加重情形	刑法條文
公務員縱放或便利脫逃罪	較無公務員身分犯該罪（162Ⅱ）之加重科刑。	163 Ⅰ
卑親屬殺直系血親尊親屬	較普通殺人罪（271）重。	272

2.因身分致刑有減輕或免除者：

罪　　名	加重情形	刑法條文
親屬縱放或便利脫逃罪	配偶、五親等內之血親或三親等內之姻親犯縱放依法逮捕或拘禁之人或便利其脫逃者得減輕其刑。	162Ⅴ
親屬相盜罪	直系血親、配偶或同財共居親屬間犯竊盜罪，得免除其刑。	324
親屬贓物罪	直系血親、配偶或同財共居親屬間犯贓物罪者，得免除其刑。	351

3.因特定關係致刑有重輕者：

罪　　名	加重情形	刑法條文
公務上或公益上之侵占罪	公務上或公益上犯侵占罪者科刑最重。	336
業務上侵占罪	科刑比公務上或公益上爲輕。	336Ⅱ
普通侵占罪	在侵占罪中科刑最輕。	335

三、身分犯與共犯

即無身分或其他特定關係之人與有身分或特定關係者，共同實施犯罪行為時，應如何處斷？可分下列二點說明：

㈠**純正身分犯與共犯**：依刑法第 31 條第 1 項規定：「因身分或其他特定關係成立之罪，其共同實行、教唆或幫助者，雖無特定關係，仍以正成或共犯論。但得減輕其刑。」其情形：

1.無身分或特定關係者與有身分或特定關係者，共同實行因身分或特定關係成立之犯罪，其無身分或特定關係者應成立共同正犯：如「破產法上之隱匿財產罪，雖以具有破產人身分關係而成立，但某甲等既於破產人某乙隱匿財產之際，允其將該財產轉入伊之名下，以其名義另行出售，則依刑法第三十一條第一項之規定，即應與某乙同係破產法第一五四條第一款之共同正犯。」（29 上 3786）

又「刑法第三三六條第二項之罪，以侵占業務上所持有之物為其構成要件，即係因其業務上持有之身分關係而成立之罪，與僅因身分或其

身分與共犯之關係表解

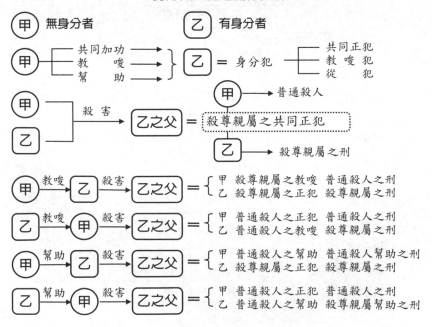

他特定關係而致刑有重輕之情形有別，因而無業務關係之人與有業務關係者，共同侵占，依同法第三十一條第一項規定，乃應以業務侵占之共犯論。」（28 上 2536）

又如刑法第 342 條之背信罪「係因身分而成立之罪，其共同實施或教唆幫助者，雖無此項身分，依刑法第三十一條第一項規定，仍以共犯論，被告某甲受某乙委託，代為買賣煤炭，其買進與賣出均屬其事務處理之範圍，某甲因買進數不足額，於賣出時勾同某丙以少報多，自應成立背信之罪，某丙雖未受某乙委任，且係於某甲賣出煤炭時始參與其事，亦無解於背信罪之成立。」（28 上 3067）

2.無身分或特定關係者，教唆有身分或特定關係者，為犯罪行為時，應成立該罪之教唆犯：如甲婦教唆乙男強姦丙女，甲婦在平時雖不能為強姦罪之單獨正犯，但可成為強姦罪之教唆犯。

又如非公務員教唆公務員對於主管之事務圖利，該非公務員雖無公務員身分，其教唆公務員對於主管之事務圖利，此項犯罪係屬純正身分犯，依刑法第 31 條第 1 項規定，自應論以公務員圖利罪之共犯。

3.無身分或特定關係者，幫助有身分或特定關係者犯罪時，應成立該罪之幫助犯：如「上訴人對公務員侵占公款，為之浮開發票，無身分之人，幫助有身分之人犯罪，依刑法第三十一條第一項，應以幫助侵占公務上持有物論處。」（28 上 4179）

4.有身分或特定關係者，教唆無身分或特定關係者犯罪，亦即共犯為有身分之人，而正犯為無身分之人，該有身分之人，應成立間接正犯：如公務員教唆其妻收受賄賂，則無共犯之成立，而應成立間接正犯。此即學理上所謂利用「無身分而有故意之道具」之犯罪是。

如判例：「刑法第三十一條第二項非僅為無特定關係之人定科刑之標準，即論罪亦包括在內，不能離而為二，此細繹該條項規定之意旨自明。被害人原非上訴人之直系血親尊親屬，並無刑法第二百七十二條之身分關係，縱上訴人對於該被害人之直系血親卑親屬教唆其殺害，或與之共同實施殺害，不得不負共犯責任，但應仍就其實施或教唆之情形，適用刑法第二百七十一條第一項，論以普通殺人之教唆或正犯罪刑，不能論以殺直系血親尊親屬之罪，而科以普通殺人罪之刑。」（27 上 1338）

　㈡**不純正身分犯與共犯**：依刑法第 31 條第 2 項規定：「因身分或其他特定關係，致刑有重輕或免除者，其無特定關係之人，科以通常之刑。」茲分加重、減輕、免除三種情形述之：

　　1.因身分或其他特定關係加重其刑者：如甲與乙共同殺乙之父，或甲教唆或幫助乙殺乙之父，乙應成立殺直系血親尊親屬罪（刑 272），甲因無親屬之身分關係，仍應依普通殺人罪（刑 271）之共同正犯，或教唆犯或幫助犯論科。

　　2.因身分或其他特定關係減輕其刑者：如甲與未滿 18 歲之乙共同強盜而故意殺人，依法乙雖不得處以死刑或無期徒刑（刑 63），但甲為 18 歲以上之人，得依刑法第 332 條第 4 款之罪，科處死刑。

　　3.因身分或特定關係免除其刑者：如甲教唆乙竊取丙之財物，乙、丙為直系血親關係，乙得依法免除其刑（刑 324），甲無此關係，仍應科以普通竊盜罪刑。

習題：
一、試述共犯與身分之關係，並舉例以明之。（52 高、56 普）非公務員教唆公
　　務員對於主管之事務圖利，該非公務員應如何處罰？試申述之。（72、
　　74 高）（關於共犯之處罰，刑法上有因身分不同而異者，試舉例說明之）
二、甲與乙共同殺害乙的父親，甲乙分別成立何罪？（93 升）
三、共犯中有身分或其他特定關係者，應如何論罪科刑？試申述之。（76 律）
四、公務員甲與其妻乙共同收受賄賂，甲、乙應如何處斷？（95 高）
五、甲教唆乙女於甫生產後，殺死乙女所生之之嬰兒丙，甲犯何罪？（37 身
　　障三）
　答：甲非生母，故甲犯普通殺人罪之教唆罪（刑 31 Ⅱ）。

第九章　犯罪之罪數與處罰

第一節　罪數論

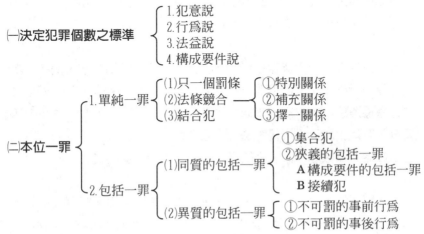

(三)**科刑上一罪**：想像競合犯

一、罪數之意義

　　行為人犯罪行為之狀態，究為一罪或數罪，亦即討論犯罪之單數或複數之問題者，謂之罪數論。蓋同一人之行為，可構成一罪，亦可構成數罪，且其與刑罰輕重之關係甚大，因此，同一人在何種行為下，始為一罪，有何種行為，始為數罪。或同一犯罪，究為理論上之一罪，或為裁判上之一罪？罪數之問題，不但為刑法上區別想像競合犯、併合論罪等具有重要意義，且在訴訟法上據以判斷有無適用公訴不可分之原則，確定既判力（一事不再理）之範圍，與決定時效如何起算等，皆與罪數有關。

二、決定罪數標準之學說

　　關於決定罪數之標準，有下列四種學說：

㈠**犯意標準說**：此說以行為者犯罪之意思，為決定罪數之標準。此所謂犯罪之意思，非僅限於故意，過失亦包括在內。即基於一個犯罪意思而發生之犯罪事實為一罪，基於數個犯罪意思而發生之犯罪事實為數罪。

此說忽視客觀發生之事實，只要意思單一，不論其所生結果是否侵害數個法益，仍認一罪，亦有欠妥。

㈡**行為標準說**：此說基於犯罪須出於行為人之行為，故認為一罪與數罪之區分，應以行為之次數為計算之標準。亦即一行為為一罪，數行為為數罪。

此說對於行為之數究竟以何者為認識之基準，並不明確，例如一次發射砲彈而殺死 2 人，仍視為一罪之情形下，此說難免無法解釋。

㈢**法益標準說**：此說認為犯罪之本質在法益之侵害，因此一罪與數罪之區分，應以犯罪行為所侵害法益之個數為準。侵害一法益者為一罪，侵害數法益者為數罪。故又稱結果說。此說又因法益性質之不同，而區分為：

1.專屬法益：對國家法益、社會法益應以單數視之。對個人法益中之專屬法益，如生命、身體、自由、名譽等與被害者人格所結合之法益，應以所有者之數，計算法益之數。如殺死 2 人，就侵害二個生命法益。

2.非專屬法益：如財產、利益等非各人所專有，則以財產監督權者之數，計算法益之數，與財產所有人之多少無關。如竊取一個監督權下的財產法益，雖這些財產是由多人所擁有，還是侵害一個法益，反之，如竊取在多人監督下的財產，而這些財產是屬於 1 人所有時，仍是侵害數個法益。此說常為實務所採。如「上訴人等於夜間潛入某甲家中，將某甲所有財物及其妻某乙所有之國民身分證一併竊去，其所竊取者雖屬兩人之財物，但係侵害一個監督權，不生一行為而觸犯數罪名問題（62台上 407）。又如「夫妻於日常生活互有代理權，因此家中財物，僅為一個監督權，不可強分為二，依伍碧湄、陳淑芳二人在第一審之證述，彼二人並非夫妻關係，且二人財物各放在不同之一間房內，監督權顯然各別。」（82台上 5743）

㈣**構成要件標準說**：此說係基於犯罪之成立為構成要件之實現，故主

張以實現犯罪構成要件之次數，為決定罪數之標準。行為事實如實現構成要件一次時，成立一罪，實現二次、三次時，即成立二罪或三罪。至於何種事實，始足以實現構成要件，則為刑法分則及其他刑罰法規之解釋適用問題。

此說並未詳述何者為完成構成要件一次之要素。如對於連續數次毆傷他人之行為，此際，因個個毆傷行為均可完成構成要件之情形下，如仍認為一罪，是否妥當，如何說明亦將遭遇困難。

習題：某甲某夜侵入一住宅內竊得古董乙批，詎該批古董分屬住於其內之乙、丙、丁三人所有。問某甲所涉之加重竊盜罪，是否應論以想像競合犯？（80司三）
　答：如古董分由三個人監督者，則符合想像競合犯；如由一個人監督管理，只成立一個加重竊盜罪。

三、一罪與數罪之分類

㈠本位一罪：

1.單純一罪：即外表上完成一個構成要件之行為，謂之單純一罪。又稱為認識上一罪。

　⑴只一個罰條之情形：如甲槍殺乙，其犯意、行為、結果及被害法益均為一個，以實現構成要件。

　⑵法條競合之情形：即一個犯罪事實，能適用之罰條有複數之情形。法條競合有下列情形。

　　①特別關係（Spezialität）：即一個行為，其競合二個以上之罰條，而此二以上是處於普通法與特別法關係時，即適用「特別法優於普通法」的原則，只適用特別法的構成要件。如殺人罪（刑271）與殺直系尊親屬罪（刑272）則適用後者之特別規定。又如過失致死罪（刑276 I）與業務過失致死罪（刑276 II）、單純侵占罪（刑335）與業務侵占罪（刑336），則適用後者之罪。

　　②補充關係（Subsidialität）：即二以上競合之罰條處於基本法與補充法關係時，基本法應優先適用，因此不能適用基本法時，才適用補充法。所競合的罰條是否處於補充關係，當視只有

基本法是否足夠保護法益，是否需要補充罰條之規定，如放火罪（刑 173）爲基本法，毀損罪（刑 353）爲補充法。傷害罪爲基本法時，暴行罪，即爲補充法。在補充關係爲了保護法益，應認爲須有獨立之補充規定，譬如殺人未遂時，如發生傷害之結果，當可解爲傷害事實之存在。補充關係通常是適用「從重處斷」之規定。

③擇一關係（Alternativität）：即競合的罰條處於排他性關係之情形。此時如適用一個罰條，其他罰條即不能適用。如適用侵占罪（刑 335）時，背信罪（刑 342）即不予適用。在擇一關係，究應適用那一個罰條，往往是事實認定的問題，也有認爲是由於兩罪之構成要件交錯而產生擇一關係，如略誘罪（刑 241 I）與營利略誘罪（刑 241 II）競合時，當可擇一適用。又如強制性交罪（刑 221）與強制猥褻罪（刑 224）競合時，亦只能擇一之強制性交罪適用。

(3)結合犯（Zusammengesetzte Delicte）：因刑罰法規所保護法益之數而有單純一罪與結合犯之分。所謂結合犯，即行爲人之二以上之獨立犯罪行爲，依法律規定結合爲一罪之謂。如強盜犯人於強盜之際有殺人行爲時，並不成立強盜罪與殺人罪，而是成立強盜殺人罪（刑 332 I）。結合犯之情形如：

舉例	①強盜結合罪：犯強盜而故意殺人、放火、強制性交、擄人勒贖、使人受重傷等罪（刑 332）。 ②海盜結合罪（刑 334）：犯海盜而有放火、強制性交、擄人勒贖或故意殺人者。 ③擄人勒贖結合罪（刑 348）：擄人勒贖而故意殺被害人者（刑 348 I）。

2.包括一罪：即某種犯罪事實在外表上該當數個構成要件時，被包括在同一構成要件中之犯罪，謂之包括一罪。其態樣爲：

(1)同質的包括一罪：即行爲的外表上，該當數個相同的構成要件時，被包括在一個構成要件之情形。如

①集合犯：即數個同種類構成要件的行爲，予以包括地認定成

立一罪之意。**常習犯**、**職業犯**及**營業犯**等是。

A **常習犯**者，具有常習性之行爲人的反復行爲之犯罪，如賭博之常習犯。

B **職業犯**者，則將犯罪當成一種職業反復實行之謂。

C **營業犯**者，則以營利爲目的，對於一定犯罪反復實行者。譬如無醫師資格者，以營利爲目的，反復爲醫療行爲，均爲包括一罪。但我刑法於 2005 年修正時已將常業犯之規定刪除。

②狹義的包括一罪：即該當同一構成要件之數個行爲，其行爲間有密切之關聯，而侵害同一法益，包括在同一構成要件之犯罪是謂。如：

A 構成要件的包括一罪：一個構成要件，有數個行爲侵害同一個法益，而這些行爲在手段、目的或原因結果間有相互關聯，而各行爲都在實現行爲人的一個犯意時，即以一個構成要件的包括爲一罪。譬如藏匿同一犯人並繼續使之隱避時，仍成立一個藏匿人犯罪（刑 164），公務員對同一人要求期約並收受賄賂，只成立一個受賄罪（刑 122）。

B 接續犯：基於同一犯意，在場所及時間均相當接近之條件下，所實施之數個同種行爲之謂。譬如在同一時、日與場所，繼續實行同種賭博時，此種數個賭博行爲仍包括在一個構成要件之內，成立一個賭博罪（刑 266）。以一個欺騙行爲向同一人數次騙取財物時，仍成立一個詐欺罪（刑 339）。又如某甲連續刺傷乙數刀，終將乙殺害，成立一個殺人罪（刑 271）。

(2)異質的包括一罪：行爲的外形上該當不同之構成要件時，從被害法益之觀點，將全部行爲包括在一罪之情形。其中輕罪爲重罪所吸收，依重罪的構成要件成立一罪，故又稱爲**吸收一罪**。

①不可罰的事前行爲：即相當於基本犯罪的準備行爲。如成立基本犯罪，則爲基本犯罪所吸收，而依基本犯罪的構成要件

包括爲一罪。如行爲人購置槍械，一旦殺人既遂時，只成立殺人罪（刑271 I），不另成立殺人預備罪（刑271Ⅲ）。

②不可罰的事後行爲：行爲人於完成犯罪後，對於其所侵害之法益繼續侵犯者，此事後行爲之違法狀態，包括在主行爲之構成要件內，不另構成犯罪者，謂之不可罰之事後行爲（straflose Nachtat），又稱爲不罰之後行爲。譬如竊盜犯於完成竊盜罪後，將其贓物予以寄藏、搬運等均不另成立新罪。詐欺取得的財物，不法領取時亦不另成立贓物罪或侵占罪。判例爲：

A 22 上第 4389 號判例：「強盜將搶得之財物分別當賣，係犯強盜罪後處分贓物之行爲，自不能再論以侵占之罪。

B 24 上第 3283 判例：「竊盜搬運贓物，爲竊盜罪之當然結果，在論處被告以竊盜罪外，不能再依贓物罪論科。對於竊盜正犯，既不另成贓物罪，則竊盜幫助犯，因從屬關係之結果，自亦不能再依贓物論罪。」

C 28 上 2708 判例：「竊盜罪之成立原以不法取得他人財物爲其要件，教唆行竊而收受所竊之贓，其受贓行爲當然包括於教唆竊盜行爲之中，不另成立受贓物罪名。

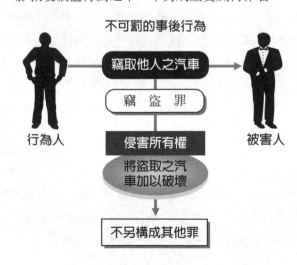

不可罰的事後行爲

竊取他人之汽車

竊 盜 罪

侵害所有權

將盜取之汽車加以破壞

行爲人

被害人

不另構成其他罪

不可罰的事後行為，應有其界限，這要看其行為是否包含在事前狀態犯內，而不另惹起新的法益侵害以為定。因此如事後行為超越該狀態犯所預定之違法狀態之範圍，行為人作出新的違法狀態，侵害另一新的法益時，則應另構成他罪。如甲盜取乙之槍械，以此殺丙，其殺人行為已超越竊盜罪所預定之違法狀態範圍之外。故應另成立殺人罪。如24上3340判例：「上訴人於竊得煙土後，賣錢花用，顯又觸犯販賣鴉片罪名。如果販賣鴉片即為其行竊之結果，自應從一重處斷。」

㈡**科刑上一罪**（裁判上一罪、處斷上一罪）：裁判上一罪（科刑上一罪、處斷上一罪）：在形式上本得獨立構成個別處罰之數罪，依刑法規定，僅處罰其中較重之行為或罪名者，謂之裁判上一罪。其情形有三：

　　1.想像競合犯：一行為而觸犯數罪名者，從一重處斷（刑55前段），謂之想像競合犯。如開一槍同時發生殺人與毀物之結果，即裁判時依殺人罪科處。

　　2.牽連犯：犯一罪而其方法或結果之行為，犯他罪名者，從一重處斷（舊刑55後段），謂之牽連犯。如欲詐財而以偽造文書為方法者，在裁判上應從一重之偽造公文書罪處斷。牽連犯已於2005**年刑法修正時已予刪除**。

　　3.連續犯：行為人出於概括犯意，連續數個同一構成要件之行為，侵害同一法益時，這些行為都包括為一罪。依釋字第152號：「所謂同一之罪名，係指於概括之犯意，連續數行為，觸犯構成要件相同之罪名者而言。」如甲男與有配偶之乙女相姦數次，即為相姦罪之連續犯。連續犯以一罪論，但於2005**年刑法修正時已予刪除**。

㈢**數罪**：

　　1.實質數罪（狹義數罪併罰）：即裁判確定前犯數罪者，併合處罰之（刑50），此為刑罰之併合，刑法第50條至第54條之規定屬之。

　　2.累犯：即受徒刑之執行完畢，或一部之執行，而赦免後，5年以內，故意再犯有期徒刑以上之罪者，為累犯，加重本刑至二分之一（刑47）。此為刑法上累犯之規定。

　　3.準累犯：第98條第2項關於因強制工作而免其刑之執行者，於受

強制工作處分之執行完畢或一部之執行而免除後，5 年以內故意再犯有期徒刑以上之罪者，以累犯論（刑47II）。

習題：

一、何謂「不罰之後行為」？成立「不罰之後行為」須具備何種要件？試舉例以明之。（90 特司四）

二、甲於某夜凌晨時分，攜帶鋼鋸，潛入乙宅行竊，得古董花瓶一座。返家後，發覺竟為贋品，一氣之下，乃重摔毀該花瓶，問甲之刑責應如何論處？（90 司四）

　答：應論以加重竊盜罪（刑321 I①），毀損古董屬於不罰之事後行為。

四、實務上決定罪數之標準

　　我國實務上初採法益標準說，其後採犯意標準說，或行為標準說，亦有參酌構成要件說者，列述如下：

　㈠**法益標準說：**

　　1.一槍誤傷 2 人，顯係一過失而生數結果，應依刑法（舊）第 74 條處斷（20 上 1247）。

　　2.結夥多人同時搶劫商民店戶數十家，係一個搶劫行為犯數個罪名，應從一重處斷（20 上 809）。

　㈡**犯意標準說：**先後殺死 2 人以上，如出於一個概括之意思者，應依刑法第 75 條第 1 項（舊），以一罪論。若殺人後，又以新發生之犯意，殺害另 1 人者，則應依同法第 69 條併合論罪（21 院解 692）。

　㈢**行為標準說：**

　　1.犯罪應否合併論罪，須以犯人之行為為標準，如殺害 2 人係出於一個行為，即不應以被害之法益為標準併合論科（21 上 820）。

　　2.計算犯罪之個數，應依行為之個數為斷（21 非 3）。

　㈣**構成要件標準說：**

　　刑法第 55 條前段所稱，一行為而觸犯數罪名，係指所犯數罪名，出於一個意思活動，且僅有一個行為者而言，如其意思各別，且有數個行為，應構成數個獨立罪名，不能適用第 55 條之規定（38 穗上 128）。

第二節　數罪併罰

一、意義

刑法第 50 條規定：「裁判確定前犯數罪者，併合處罰之」。依此規定，數罪併罰係指同一犯人在裁判確定前，先後犯有數罪，次第或同時被發覺，分別宣告其罪之刑，合併定其應執行之刑之謂。其構成要件為：

二、構成要件

㈠**須一人犯有數罪**：所謂數罪者，即同一犯人犯二個以上獨立之罪，數個單純之一罪，固為數罪，即數個裁判上一罪如想像競合犯，或數個包括一罪（如吸收犯、繼續犯等），亦可發生數罪併罰問題。且所犯之罪，不論其為單獨犯或共犯，所宣告之罪名與刑度亦不必相同，均得適用數罪併罰之規定。

㈡**須在裁判確定前犯數罪**：數罪併罰，以裁判確定前犯數罪者為限，若在有期徒刑執行中更犯罪，即應以後罪所科之刑與前科之刑合併執行（21 非 98 號）。

習題：

一、何謂數罪併罰？（31、32、44、52、54 普）其構成要件如何？（52、54 普、76 公、77 高）

二、甲某日潛入乙宅，擬傷害乙，適乙不在，為消怒氣，乃持刀將乙客廳沙發割裂得體無完膚。試問對甲應如何論罪科刑？（89 高三）

答：甲潛入乙宅，成立侵入住居罪（刑 306）。甲持刀將乙客廳沙發割裂，成立毀損器物罪（刑 354）。此並非一行而觸犯數罪名，且無想像競合犯之適用，而是兩個獨立行為，應論以數罪併罰（刑 50）。

三、數罪併罰之原則

裁判確定前一人犯數罪時，應如何處斷，各國立法例有四種主義：

㈠**吸收主義**（Absorptionsprinzip）：即在數罪所宣告之刑中，僅擇其中最重一罪之刑處斷，其餘較輕之刑，皆為重刑所吸收，不再執行所謂之吸收主義。如甲犯殺人罪，宣告有期徒刑 10 年，又犯竊盜罪，宣告有期徒刑 3 年，又犯傷害罪，宣告有期徒刑 2 年，則僅擇較重之殺人罪所處之

10 年徒刑，執行之。其餘二罪，爲殺人罪所吸收，不再執行。採此主義，一旦犯過重罪，其後再犯更多之輕罪，亦不影響處斷刑，對刑法之犯罪抑制功能不無妨害，無異鼓勵犯罪。

㈡**併科主義**（Kumulationsprinzip）：即就各罪所宣告之刑，合併執行之。如前例甲應執行 15 年有期徒刑。此係羅馬法以來傳統之科刑原則：即按「犯罪之數科以相當之刑罰」（quot delicta tot poenae）。但如對犯數罪者，單純予以併科，將有處罰過嚴之弊。

㈢**加重單一刑主義**（Asperationsprinzip）：又稱**限制加重主義**，即就各罪所宣告之刑，以其中最重者爲最低度，各刑合併之刑爲最高度，在此範圍內，定其應執行之單一刑。如上例其最低度爲 10 年，最高度爲 15 年，即在 10 年至 15 年之間，定其應執行之刑。此係爲彌補上述兩者之缺陷而設，雖較爲折衷，但事實上亦有困難，如同時科處徒刑與罰金時，如何合併定其最低度與最高度，當有困難。

㈣**折衷主義**：即折衷上述三主義之優劣點而成。凡同種類之刑，在原則上採加重單一刑主義，但如刑之性質不能加重者，即採吸收主義，只執行其一，如死刑無期徒刑是。不同種類之刑，則採併科主義，但有不能加重之刑者，則採吸收主義，仍執行其一。如同時科處死刑或有期徒刑，則只能執行一個死刑。近代各國立法例，多採折衷主義。**我國刑法亦採此主義。**

四、刑法對數罪併罰之規定

依刑法第 51 條之規定，數罪併罰，分別宣告其罪之刑，依下列各款定其應執行者：

㈠**採吸收主義者：**

1.宣告多數死刑者，執行其一（刑 51 I）。

2.宣告之最重本刑爲死刑者，不執行他刑，但罰金及從刑不在此限（刑 51 II）。

3.宣告多數無期徒刑者，執行其一（刑 51 III）。

4.宣告之最重本刑爲無期徒刑者，不執行他刑，但罰金及從刑不在

此限（刑 51Ⅳ）。

　　5.宣告多數褫奪公權者，僅就其中最長期間執行之（刑 51Ⅷ）。

　㈡**採加重單一刑主義者：**

　　1.宣告多數有期徒刑者，於各刑中之最長期以上，各刑合併之刑期以下，定其刑期，但不得逾 30 年（刑 51Ⅴ）。

　　2.宣告多數拘役者，比照前款定其刑期（即於各刑中之最長期以上，各刑合併之刑期以下，定其刑期），但不得逾 120 日（刑 51Ⅵ）。

　　3.宣告多數罰金者，於各刑中之最多額以上，各刑合併之金額以下，定其金額（刑 51Ⅶ）。

　㈢**採併科主義者：**

　　1.同時宣告死刑與罰金及從刑併執行之（刑 51Ⅱ但）。

　　2.同時宣告無期徒刑與罰金及從刑者併執行之（刑 51Ⅳ但）。

　　3.宣告多數沒收者併執行之（刑 51Ⅸ）。

　　4.依刑法第 51 條第 5 款至第 9 款所定之刑，併執行之。但應執行者為 3 年以上有期徒刑與拘役時，不執行拘役（刑 51Ⅰ⑩）。

五、數罪併罰之裁判

　　數罪併罰，係將犯人所犯之各罪，同時在一個裁判中併合處罰，但因係數罪，不但發覺有先後之不同，且亦未必繫屬同一法院，乃有各罪分別裁判之情形，此種情形究應如何裁判，將數罪併合處罰，茲列述刑法規定如下：

　㈠**同時併合裁判：**「刑法第五十一條之數罪併罰，應於合於同法第五十條之規定為前提，而第五十條之併合處罰，則以裁判確定前犯數罪為條件，若於一罪之裁判確定後，又犯他罪者，自應於他罪之科刑裁判確定後，與前罪應執行之刑併予執行，不得適用刑法第五十一條所列各款定其應執行之刑。」（32 非 63）又數罪併罰，應於判決時，依刑法第 51 條各款宣告其應執行之刑者，以其數個刑之宣告係同一判決者為限（30 上 1204）。此應執行之刑期，法官應於主文內記明之。但所宣告者為不同種類之刑，則毋庸於主文內記明「併執行」字樣。蓋不同種類之刑，依同

條第 10 款規定，當然合併執行也。

㈡**事後併合裁判**：數罪併罰，原則上以在裁判確定前發覺者爲限，始能依刑法第 51 條之規定處斷。若在裁判確定後，發覺尚有未經裁判之餘罪，或有兩個以上之裁判時，究應如何處斷？不無疑義，依刑法之規定如下：

1.數罪併罰，於裁判確定後，發覺尚有未經裁判之餘罪者，就餘罪處斷（刑 52）：所謂就餘罪處斷，即除將未經裁判之餘罪另行宣告其刑外，並連同前罪已經裁判確定之刑，依刑法第 51 條規定，定其應執行之刑。即由審理餘罪之該案犯罪事實最後判決之法院檢察官依刑法第 53 條及刑事訴訟法第 477 條第 1 項之規定，聲請該管法院依刑法第 51 條裁定應執行之刑。案件經普通法院及軍法機關分別判處罪刑確定者，如軍法機關之判決確定在後，則由軍事檢察官聲請該管軍法機關定其應執行之刑。受刑人或其法定代理人、配偶亦得請求檢察官聲請之（刑訴 477II）。

2.數罪併罰，有二裁判以上者，依第 51 條之規定，定其應執行之刑（刑 53），此二裁判以上所宣告之數罪，均在裁判確定前所犯者爲必要，若於其中甲罪之判決確定後，復犯乙罪，則甲、乙兩罪即無適用該條之餘地（33 非 19）。

數罪併罰因犯罪各別起訴，各別裁判確定，致有二裁判以上，即於各罪裁判確定後，由各該案之犯罪事實最後判決之法院檢察官，依刑法第 53 條及刑事訴訟法第 477 條第 1 項之規定，聲請法院裁定應執行之刑。

倘若被告先後犯甲、乙、丙三罪，而甲罪係在乙罪裁判確定前所犯，甲、乙兩罪均經判決確定，並已裁定定其應執行之刑，則丙罪雖在乙罪裁判確定前所犯，但因其在甲罪裁判確定之後，且乙罪既已與甲罪合併定其應執行刑，則丙罪即不得再與乙罪重複定其應執行之刑，祇能單獨執行（72 台非 47）。

唯本條所謂「裁判」，係指科刑之裁判而言，必二裁判均係宣告罪刑，始有數罪併罰之適用。

㈢**刑法第 51 條第 5 款之 20 年修正為 30 年之理由**：徒刑判決確定後，再犯他罪之合併執行：在受有期徒刑之科刑判決確定後，再犯他罪，受有期徒刑之宣告者，依第 50 條之規定，**並無第 51 條數罪併罰之適用**，

即不得合併定應執行之刑。亦即在數個單純受有期徒刑宣告之罪，而接續執行各有期徒刑時，並無上限，何以性質上同為數罪之數罪併罰，其合併執行有期徒刑之上限，卻不得逾 20 年？益徵現行規定有違刑罰衡平原則。綜上所述，為兼顧數罪併罰與單純數罪之區別及刑罰衡平原則，本款對於有期徒刑合併定應執行刑之上限應予提高，爰酌予提高至 30 年，以資衡平。

六、數罪併罰與赦免

依刑法第 54 條規定：「數罪併罰，已經處斷，如各罪中有受赦免者，餘罪仍依第五十一條之規定，定其應執行之刑，僅餘一罪者，依其宣告之刑執行。」茲說明之：

㈠**所謂「數罪併罰已經處斷」**，即於裁判確定前犯數罪，已依本法第 51 條或第 53 條之規定，定其應執行之刑而言。

㈡**所謂「各罪中有受赦免」**，即指數罪併罰中之各罪，有任何一罪受赦免。蓋赦免足以消滅刑之執行，其科刑之基礎動搖，其已受赦免之罪刑，即不能執行，唯有就餘罪依第 51 條之規定，定其應執行之刑。

㈢**所謂「僅餘一罪者，依其宣告之刑執行」**，即併罰之數罪大部受赦免，其所餘之罪僅一罪時，則不合數罪併罰之要件，故就所餘一罪原宣告之刑而為執行，根本無從更定應執行之刑。

習題：我國刑法對數罪併罰，採如何標準，以定應執行之刑？（52、54 普）
行為人所構成之犯罪事實，有為實質上之數罪時，應如何處斷？（76 公、56、77 高）

第三節　　想像競合犯

一、意義

想像競合犯（Idealkonkurrenz）**者，一行為而觸犯數罪名之謂**（刑 55 I）。即以一個犯罪意思，實行一個犯罪行為，而侵害數個法益，符合數個犯罪構成要件，成立數個罪名之意。如以殺人之意思，開槍擊斃 1 人擊傷

1人，即係以一個槍擊行為，觸犯殺人與傷害二罪名，應構成想像競合罪。此種犯罪形態，與前述數罪併罰之實質上數罪，具有數個犯意，與數個獨立之犯罪行為者，不同。故學者

對於執行職務之警察加以暴行，屬於想像競合犯。

觸犯二種罪
1.妨害公務罪（刑135）
2.傷害罪（刑277）

以裁判上之一罪稱之。其要件如下列所述。

二、想像競合犯之要件

㈠**須基於一個行為**：所謂一行為，指基於一個決意依自然的觀察在社會觀念上認為係實行一個行為，此一個行為，不作為也可以①，至基於單一之意思或概括之意思，在所不問。此與數行為而觸犯數罪名之實質的數罪不同。因此如果行為不祇一個，即非此所稱之想像競合犯。

㈡**須侵害數個法益**：即指一個行為而發生侵害二個以上法益之結果而言。如一個行為發生一個結果，為單純一罪，數行為發生數結果，則為實質數罪問題，不成立想像競合犯。如何區別法益之單數或複數，通說關於人格法益，以人之單複數為計算標準。關於財產法益，以管理者（監督者）之單複數為準。國家與社會法益，則應概括的計算，以一個事實為準。其侵害國家或社會法益，而同時又侵害個人法益時，不問侵害個人法益有多少，均以侵害國家或社會法益為計算單複數之基準。如偽證之對象雖有甲、乙2人，而其侵害國家審判權之法益則仍屬一個，自僅構成一個偽證罪，不能因其同時偽證甲、乙2人，即認係一行為而觸犯數罪名（31上1807）。

㈢**須一個行為同時觸犯數罪名**：所謂數罪名者，指具備數個構成要件，各自成立犯罪而言。至罪名是否相同，或是為故意或過失之罪名，均所

---

① 參照大谷實著，《刑法講義》，頁514。

不問。蓋想像競合犯，須由一個行爲，發生數個犯罪構成要件，且成立數個罪名爲其特質；此與數罪併罰，係由數個行爲，各自構成數個獨立犯罪構成要件，且成立數個罪名者不同。

三、想像競合犯之種類

想像競合犯

行爲人

一個行爲

罪名　數個罪名　罪名

從一重處斷

（一）同種想像競合犯	（gleichartige ldealkonkurrenz）：一行爲而觸犯同種類之數個罪名者，爲同種想像競合犯。如以一槍同時擊傷數人或擊斃數人，同時在途搶劫二人之財物等均是。
（二）異種想像競合犯	（ungleichartige ldealkkonkurrenz）：一行爲而觸犯不同種類之數個罪名者，爲異種想像競合犯。如開一槍而同時發生殺人與毀物之結果，係觸犯殺人罪與毀損罪。又如一行爲而犯殺人未遂、過失傷害及過失致人於死罪（37 上 2318）等是。

四、想像競合犯之處罰

㈠**從一重處斷**：想像競合犯之處罰，依刑法第 55 條之規定，**一行爲而觸犯數罪名者，從一重處斷**。所謂從一重處斷，係就所觸犯之數罪名中，擇其最重之一罪名處斷。罪刑輕重之比較，應以法定刑之輕重爲準。即係以某一罪之法定刑與他罪名之法定刑比較，而從一法定刑較重之罪名處斷之謂，至各該罪名是否另有總則上加重、減輕其刑之原因，係屬別一問題，並不以此而使該條之比較輕重受其影響（29 上 843）。

㈡**不得科以較輕罪名所定最輕本刑以下之刑**：此爲第 55 條但書之規定。想像上競合，依現行法規定，應從一重處斷，遇有重罪之法定最輕本刑較輕罪之法定最輕本刑爲輕時，裁判者仍得在重罪之最輕本刑以上，輕罪之最輕本刑以下，量定其宣告刑。此種情形，殊與法律規定從一重處斷之原旨相違背，難謂合理。德國現行刑法第 52 條⑵及奧地利現行刑法第 28 條，均設有相關之限制規定，我刑法亦有仿採之必要，爰增設但書規定，以免科刑偏失。又依增設本但書規定之精神，如所犯罪名在三個以上時，量定宣告刑，不得低於該重罪以外各罪法定最輕本刑中

之最高者，此乃當然之解釋。

習題：何謂想像競合（犯罪競合）？（70 高檢、92 原四、92 調外三）其要件如何？
　　　　如何處斷？（73 普、70 高、76 公）

五、想像競合犯與法律競合

㈠**法律競合之意義**：所謂法律競合（Gesetzkonkurrenz），又稱**法條競合**，
即一個行爲觸犯同一構成要件，因刑罰法令之相互關係，同時有數個法
條可以適用，法官只能依據法理選擇其中一種，而排斥其他法規適用之
謂。依最高法院認爲：「刑法上所謂法規競合，係指同一犯罪構成要件之
一個犯罪行爲，而因法規之錯綜關係，同時有數法條可以適用，乃依一
般法理擇一適用之謂。本件被告等將海洛因自曼谷輸入台灣之一個行
爲，係屬同時觸犯構成犯罪要件不同之私運管制物品（毒品）進口，與
運輸毒品二罪，應依刑法第 55 條想像競合之規定處斷，原判決認係法規
競合，其法律之適用，顯有未洽。」（73 台覆 25）關於法律競合之其擇一
適用原則如下：

特別關係

1.特別關係（Spezialitaet）：
一行爲觸犯特別法與普通法之規
定，應依「**特別法優於普通法**」
之原則，適用特別法之規定處
斷，而排斥普通法之適用。如軍
人犯殺人罪，在陸海空軍刑法及
普通刑法均有處罰規定，依本原則，則應依陸海空軍刑法處斷。

2.補充關係（Subsidialität）：補充法係爲補充基本法而設，基本法既
有處罰規定，自不能適用補充法，此爲「**基本法優於補充法**」之原則。
如刑法第 302 條第 1 項之「以其他非法方法剝奪人之行動自由」，係對
於同條私行拘禁之補充規定，將人私行拘禁，同條項既有規定，自不應
宣告補充規定之罪名。

3.吸收關係（Konsumtion）：一個刑罰法令吸收其他刑罰法令之情形，
即一罪所規定之構成要件，已爲他罪所規定之構成要件所包括時，依「**吸**

收法排除被吸收法」之原則，即吸收法條應優先於被吸收法條適用。其
情形有三：

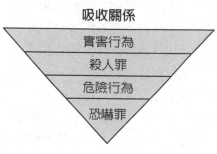

吸收關係

(1)實害行為吸收危險行
　　為：一行為同時具有實
　　害行為與危險行為時，
　　依實害行為之規定處
　　斷。如以殺人之意思，
　　先以加害生命相恐嚇，
　　進而殺人者，以殺人罪論處。

(2)高度行為吸收低度行為：如強盜等暴行致普通傷害，為強暴當
　　然結果，不另論傷害罪。發掘墳墓，不另成立毀損罪。

(3)主行為吸收從行為：如竊盜後搬運贓物，為竊盜罪之當然結果，
　　不另成立贓物罪。

擇一關係

　4.擇一關係（Alternativitaet）：一個行為，因與數法條
之規定相近似，有時同時有數法條可以適用者，應依立法
旨趣，**擇一最適當之法條處斷**。如因侵占持有他人之物而
致背信時，就侵占罪（刑335）與背信罪（刑342）二法條擇
一處斷，不得誤為想像競合犯從一重處斷。

㈡**想像競合與法律競合之區別**：

想像競合	法律競合
想像競合係一行為發生數個結果，觸犯數罪名之競合狀態。	法律競合，係一個行為發生一個結果成立一個罪名，而有數法條可以選擇之情形。
想像競合為裁判上一罪，就比較相競合之數罪名，依法律之規定，從一重罪處斷。	法律競合為單純一罪，就比較相競合之數法律，依適用法律之原則，擇其最適當之法律適用之。
想像競合，在法律上有明文規定（刑55），在性質上係處罰問題。	法律競合，則只委由法官依法理解決，在性質上係法律適用問題。

㈢**判例見解**：依91台上5471：「刑法第一百八十五條之四固為同法第
二百九十四條第一項之特別規定，而應優先適用，然同法第二百九十四

條第二項之遺棄因而致人於死（重傷）罪，係就同條第一項之遺棄行為而致生死亡或重傷之加重結果為處罰，為該遺棄罪之加重結果犯。是在駕駛動力交通工具肇事致人受傷，使陷於無自救能力而逃逸之情形，倘被害人因其逃逸，致又發生客觀上能預見而不預見之重傷或死亡之加重結果者，自應論以該遺棄之加重結果犯罪責，而非同法第一百八十五條之四肇事致人受傷逃逸罪所可取代。是過失致人於死（重傷）罪與遺棄致人於死（重傷）罪，應以行為人之過失行為或遺棄行為是否與被害人之死亡（重傷）結果有相當因果關係為斷。」甲將乙拖至稻田棄置終告不治，應成立違背義務之遺棄致死罪（刑294 II）與殺人罪之不純正不作為犯（刑271 I），故以數罪併罰之（刑50）。

習題：
一、想像競合與法律競合有何不同？試說明之。（43、54 高、43 高檢、75 特）
二、甲開車不慎撞倒乙，致其頭胸受傷，甲未將其送醫救治，僅將之拖至
　　路旁稻田，棄置甚久，終告不治，問甲須負何種刑責？（92 特三）
　答：見上述判例見解。

第四節　牽連犯

一、意義

即犯一罪而其方法或結果之行為，犯他罪名者（舊刑55 後段），謂之牽連犯。詳言之，即犯人之目的，在犯某罪，但其實施犯罪之方法，或實施之結果，另犯其他罪名，而其犯罪之目的行為與犯罪之方法或結果行為間，具有牽連關係之謂。對此刑法之規定為從一重處斷。**牽連犯在 2005年之刑法修正已予刪除。**

二、牽連犯刪除之理由

㈠**關於牽連犯之成立要件，依通說認應具備下列要件**：⑴須係數個行為；⑵觸犯數罪名；⑶犯罪行為間須具方法、目的或原因、結果之牽連關係；⑷須侵害數個法益；因行為人對於數個犯罪行為，主觀上須具概括犯意。因其犯罪行為，須係複數，其法益侵害，亦係複數，而與法條

競合、包括一罪等本來一罪有異。有關想像競合犯之實質根據，通說均以「單一行為之處罰一次性」作為說明，至牽連犯之實質根據，則難有適當之說明。因此，在外國立法例上，德國現行法並無牽連犯之規定，日本昭和 15 年之改正刑法案、昭和刑法準備草案、以及昭和 49 年之改正刑法草案，均將牽連犯之規定予以刪除，改正刑法草案說明書之要旨，認為「在構成牽連犯之數罪中，作為手段之行為罪與結果罪間，具有相當時間之間隔，倘將其中一方之既判力及於他者，並不適當。而判例通常係以數罪間具有手段、結果之關係作為牽連犯之成立要件，惟在具體適用上，亦不儘一貫，在現行法下，許多應適用牽連犯之場合，判例將其論以想像競合犯。因此，將牽連犯之規定予以刪除，並不會造成被告之不利益。」牽違犯之實質根據既難有合理之說明，且其存在亦不無擴大既判力範圍，而有鼓勵犯罪之嫌，實應予刪除為當。

㈡**至牽連犯廢除後**，對於目前實務上以牽連犯予以處理之案例，在適用上，則得視其具體情形，分別論以想像競合犯或數罪併罰，予以處斷。

習題：某甲係成年人，為謀殺死某乙，於民國 96 年間自友人處同時取得具殺傷力之改造手槍 1 支、可擊發之子彈 1 顆。旋赴某乙住處門前等候，見某乙外出即以該槍、彈將某乙擊斃，問某甲之行為如何論罪？（98 三身障）

　答：某甲非法持有槍械將某乙擊斃，原屬牽連犯之關係，因牽連關係乃係想像競合類型之一，故宜依刑法第 55 條論以想像競合。

第五節　連續犯

一、意義

連續犯（fortgesetztes Verbrechen）者，乃以一個概括之犯意反覆數個可以獨立成罪之行為，而犯同一罪名之謂。依刑法第 56 條：「連續數行為而犯同一之罪名者，以一罪論。」在裁判上，並規定得加重其刑至二分之一。惟連續犯在我國 2005 年之刑法修正予以刪除。

二、連續犯刪除之理由

㈠按連續犯在本質上究爲一罪或數罪，學說上迭有爭議，一般均認爲連續犯在本質上應屬數罪，僅係基於訴訟經濟或責任吸收原則之考量，而論以一罪，故本法承認連續犯之概念，並規定得加重其刑至二分之一。然本法規定連續犯以來，實務上之見解對於本條「同一罪名」之認定過寬。所謂「概括犯意」。經常可連綿數年之久，且在採證上多趨於寬鬆，每每在起訴之後，最後事實審判決之前，對繼續犯同一罪名之罪者，均適用連續犯之規定論處，不無鼓勵犯罪之嫌，亦使國家刑罰權之行使發生不合理之現象。因此，基於連續犯原爲數罪之本質及刑罰公平原則之考量，其修正既難以週延，爰刪除本條有關連續犯之規定。

㈡從立法例而言，連續犯係大陸法系之產物，英美刑法並不承認連續犯之概念，德國刑法自 1871 年以後、日本自昭和 22 年（民國 36 年）以後，均將連續犯之規定予以刪除，其餘大陸法系國家如瑞士、奧地利、法國等均無連續犯之明文，惟在實務上則視具體情形，或認係一罪，或認係數罪併罰。故有必要參考上開外國立法例，刪除有關連續犯之規定。

㈢至連續犯之規定廢除後，對於部分習慣犯，例如竊盜、吸毒等犯罪，是否會因適用數罪併罰而使刑罰過重產生不合理之現象一節，在實務運用上應可參考德、日等國之經驗，委由學界及實務以補充解釋之方式，發展接續犯之概念，對於合乎「接續犯」或「包括的一罪」之情形，認爲構成單一之犯罪，以限縮數罪併罰之範圍，用以解決上述問題。

第三編　刑罰論

第一章　刑罰概說

第一節　刑罰之意義與作用

一、刑罰之意義

　　刑罰（Strafe）者，國家對於犯罪行為，依據刑罰法規剝奪犯人法益之強制手段之謂。茲分析之：

　　㈠**刑罰係國家強制手段之一**：國家在一定之法律規範下藉刑罰之強制手段，以達到維持社會秩序之目的。刑罰之強制手段與一般人對犯罪者所為之正當防衛及社會團體之制裁等社會性制裁不同，亦與良心制裁、宗教性制裁及道德制裁有異。而刑罰者，係依適正之國家機關之手續，加諸於犯人之強制手段。

　　㈡**刑罰係依據刑罰法規對犯罪所為之制裁**：在形式上犯罪為刑罰所不可或缺之要件，而刑罰為其法律效果。此種犯罪與刑罰法規之關連性，乃罪刑法定主義之最適切之表現。即「如無法律之規定則不得科以刑罰，如無犯罪則無刑罰，如無法律上所規定之刑罰則無犯罪」。因此國家對犯罪者科處刑罰，不得逾越法規所定之刑罰範圍之外，自不待言。

　　㈢**刑罰以剝奪犯人法益為手段**：刑罰係對犯罪行為所加之一定惡害，此種惡害應依犯罪行為之輕重，比例實施（比例之原則）。如有逾越比例之原則，對於不應威嚇者仍予威嚇，或對於犯人科以不合理之刑罰，則在實質上並非刑罰，而為一種暴力。因此犯罪與刑罰之比例之原則，須由法定刑以抽象性或一般性之形式規定，並由宣告刑具體表示之。

二、刑罰之作用

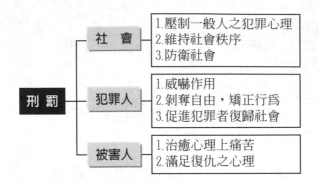

㈠**對犯罪者之作用**：刑罰者，首先在喚起犯人之道德感與責任感，使其自我覺悟，決意從新做人，而成為健全之社會人。此即刑罰之特別預防作用，其內容為：

　　1.威嚇作用：對輕微之犯罪，只科以罰金等輕微之刑罰，足可達到威嚇之目的，以啟發其對行為之檢討反省與對法律規範之意識。

　　2.剝奪自由矯正行為：對責任較重危險性較大之犯罪行為，僅施以輕微之威嚇，並不能收改過遷善之效，而須加以一種強有力、且持續性之刑罰，此即自由刑之設，此種刑罰可在一定期間內，剝奪犯人之自由使其與社會隔離，並藉刑事矯治手段，以達改善更生之目的。

　　3.促進犯罪者復歸社會：對犯有重大罪責，且難以期待其改善之犯人，則只有將其從社會永遠淘汰之，此即死刑與無期徒刑之設。惟無期徒刑，因目前有假釋之制度，如犯人有悛悔之實據，仍有出獄之可能。

㈡**對一般社會之作用**：刑罰者，對一般社會而言，有一般預防之作用，其內容有二：

　　1.壓制一般人之犯罪心理：刑法上所規定之事先刑罰預告，與事後之刑事裁判及刑罰之執行等，均有壓制一般人犯罪傾向之心理。

　　2.維持社會秩序：藉刑事裁判與刑罰之執行，以處罰違法行為，維持社會秩序。

　　3.防衛社會：將危害社會之犯罪者處以刑罰，依其罪責，輕微者處以輕刑，重罪者處以重刑，並隔離社會，以保護善良民眾之安全，防衛社會。

㈢**對被害人之作用**：對犯人施以適當之刑罰，更能治癒被害人及其親屬之心理上痛苦，並能滿足其復仇之心理。

習題：
一、國家對於犯罪者，科以刑罰，其目的（作用）何在？試申論之。（44高、65升）
二、試申論刑罰的功能？（90升荐）

第二節　刑罰之本質

對國家而言，刑罰之適用已非昔日所共認之自身目的（Selbstzweck），而係一另有目的之國家活動。一般言之，具有強制手段之刑罰，除了與犯罪展開鬥爭外，並為國家統治之手段而服務。惟對於刑罰之本質問題，如從犯罪與刑罰之關係而探討，犯人何以必須受罰，其理由為何？可歸納為絕對學派及相對學派兩大主流：

一、絕對學派

又稱應報刑理論，此派認為刑罰之唯一根據在於犯罪，犯人之所以被罰，係因違反了法律規定，犯了罪之故（quia pecatum est）。刑罰者，並不以威嚇、改善、保安、教育或除害為目的，而係一種報應。雖則報應之要求並非刑罰唯一之根據，但至少係聯結犯罪與刑罰的唯一橋樑，因此絕對主義之原則係在排除刑罰之目的，在此派之下，刑罰之本身就是目的。

二、相對學派

與絕對學派或應報刑論相對立者，即為相對學派，又稱為目的刑理論。其論點之特色，在於不以刑罰為一種無上命令、神意之世界秩序，或合理性的肯定視之，而由目的出發，並認為人之所以有處罰犯人之權利，並不在於復仇，而是基於社會目的（Gesellschaftszweck）與全體利益（Gesamtinteresse），也並不因犯人違反了法律，才對犯人加以處罰，主要目的是在將違反法律秩序者減少至最低之限度，此派又可分為：

㈠**一般預防學派**（Generalpraevention）：此派認爲犯罪是危害社會秩序與安全，而刑罰之機能有影響社會一般人心理之作用，由此以防止一般大衆誤蹈犯罪之途。故刑罰以預防將來社會一般人之犯罪爲目的。

㈡**特別預防學派**（Spezialpraevention）：認爲刑罰之主要機能並不以一般人爲對象，而係針對個人之犯罪所施之作用，由此以防止犯罪之再發，此種作用包括個人之生理與心理的教育作用在內。即以各個犯人本身之刑罰的效果爲考慮之焦點，因此刑罰之理由在使將來不再發生犯罪現象（ne pecetur）。

第二章　刑罰之種類

第一節　刑罰種類概說

主刑	死刑		生命刑
	無期徒刑	終身	自由刑
	有期徒刑	2 月以上，15 年以下，遇有加減時，得減至 2 月未滿，或加至 20 年。	
	拘役	1 日以上，60 日未滿，遇有加重時，得加至 120 日。	
	罰金	一千元以上	財產刑
從刑	沒收		
	褫奪公權	1 年以上，10 年以下，終身	資格刑
	追徵、追繳或抵償		

　　依刑法第 32 條規定，刑罰分為主刑與從刑二種：

一、主刑

　　主刑（Haupstrafe）者，乃得獨立科處之刑罰之謂。又分（刑33）：

　㈠**生命刑**：即剝奪犯人之生命，使其永遠與社會隔離之刑罰。

　㈡**自由刑**：即剝奪犯人身體自由之刑罰。有三種：

　　1.無期徒刑：即將惡性重大之犯人，終身予以監禁，使之與社會隔離之刑罰。

　　2.有期徒刑：即剝奪犯人一定期間之自由的刑罰。刑法規定，有期徒刑為 2 月以上 15 年以下，遇有加減時，得減至 2 月未滿，或加至 20 年。

　　3.拘役：拘役為自由刑中期間最短者，性質與有期徒刑同，其刑期為 1 日以上，60 日未滿，遇有加重時，得加至 120 日。

　㈢**財產刑**：即剝奪犯人財產之刑罰。其名稱為罰金。依刑法之規定，罰金為一千元以上，而其最高額均分設於刑法分則有關各條中，最少一百元以上（刑33 I ⑤），由法官自由裁量之。

二、從刑

從刑（Nebenstrafe）者，即附屬於主刑而科處之刑罰。又稱爲附加刑。有二種：

㈠**褫奪公權**：即剝奪犯人在公法上享有一定權利之資格。又稱爲資格刑。

㈡**沒收**：即剝奪與犯罪有關之財物之所有權之謂。

㈢**追徵、追繳或抵償**：按價額之追徵、追繳或抵償之規定，爲現今德國及日本之立法例有類似規定。

習題：
一、試述刑罰之類別。（33、35、49、52、69、70、79 普、47、62 高、66 特、93 高三）
二、試說明現行刑法所規定主刑及從刑之意義與種類？（98 特警四）

第二節　生命刑

死刑是切斷犯人生命的刑罰，故又稱爲生命刑。從歷史上言，死刑可以說是最古老的刑罰，古代的死刑還分了若干等級，最殘酷的如醢（將身細割）、烹、凌遲、腰斬等。隨著文化的發展，其適用範圍也逐漸縮小，也有廢止的國家。廢止死刑的論點不外：

我國古代凌遲刑

一、死刑存廢論

㈠**主張廢止死刑之理由：**

1.義大利國民經濟學家貝加利亞（Cesare Beccaria）認爲科處死刑與社會契約說的個人主義國家觀不相調和。因爲人的生命是一種不能放棄的法益，自殺之應該受到排斥，當然在社會契約內「自殺性

我國古代絞首刑

之同意的死刑」也應以違反善良風俗而認為無效。

2.另外貝爾格（J. N. Berger）卻由形而上學的觀點認為死刑之所以應該廢止，在於死刑本身因具有一種超越性的內容，由其作用而言，是超越於現實之經驗的世界，不但如此，死刑是將一個有限度的犯罪行為以一無限度而無法比擬的結果相結合。

貝加利亞

3.從人道主義的觀點認為人的生命是神之所創，因此，戰爭與死刑皆屬違背神意之行為。我國學者林紀東是以仁愛為刑事政策之基本原則而認為死刑應予廢止。

4.從刑事訴訟之立場言之，法官判決錯誤在所難免，科處死刑的判決一旦有錯，殺及無辜，將成司法殺人（Justizmord），再者，若因誤判之結果被執行死刑，就因死者不能復生，再也無事後救濟之望。因此，刑罰應避免這種挽回不可能之刑的制定。

5.死刑又與文化政治之要求相牴觸，如國家自創一正規之機構以執行殺人，將無以主張生命之不可侵犯性。

6.死刑並不具有威嚇力或一般預防之效力，已往之死刑存置論者以為死刑因具有威嚇力，致一般人對其產生恐懼而不敢輕易犯罪。但觀諸事實，死刑自古至今行之已久，犯罪並不見減少。蓋這些論調皆未正確地把握犯人之心理，如：⑴犯人之大部份以精神失常者為多，精神失常者，因無責任能力，既不能科以刑罰，當然不會產生威嚇作用。⑵殺人犯以激情犯為多，激情犯之大部份即起因於嫉妒；愛情往往超越生命力，因此對於不怕死亡之殺人犯，當然談不上死刑的威嚇力。⑶殺人犯往往在犯罪後自殺，其不但不尊重他人之生命，對自己之生命亦復如是，何能談及死刑之威嚇力。⑷大部份之犯人皆深信自己行為之不被發覺而犯案，對於這種不加考慮後果之犯人，就是施以刑罰之反作用亦無威嚇力。⑸就政治犯言之，彼等義有重於泰山，而死有輕於鴻毛，寧願為自己所信奉之理想、信仰，犧牲生命，殺身成仁，引以為榮，是故更無死刑之威嚇力。

7.由犯罪心理學上言之，刑罰愈苛，愈足增長人之醱酷心理。蓋人

類皆有模仿性與習慣性，其所不常見者，則不敢爲，故承平之世殺傷者少，亂世殺傷者多，是死刑非但不能鎭壓犯罪，適足以助長人民殘忍之風，得相反之結果。

8.由被害者之立場而論亦應廢止死刑，設將犯罪人處以死刑，雖可一時滿足被害者之報應感情，但其日後生活並不因此而受到救助。同時因執行死刑之結果，犯罪人之遺族亦將因此陷於貧困之狀態，是故無論加害人或被害人任何一方都極易成爲犯罪原因之溫床，爲此應將死刑改爲無期徒刑，而將犯罪人在監獄內勞動所得之收入，供被害者與犯罪人家屬生活之用。

9.死刑之廢止與犯罪之增減，並無直接影響，由統計所示，在世界上若干國家廢止死刑之後，重大犯罪並未因而增加。亦有不少國家恢復死刑之後，或雖動輒使用死刑，其重大刑案亦未見減少。

㈡**主張保留死刑之理由**：

1.死刑之存在與緊急防衛時「公力無法救濟，得以私力救濟」之道理相同。俾斯麥認爲：「爲預防有殺人意志之犯罪人的侵害，可能允許憲警或任何個人爲殺人之行爲。爲抑制殺意明白之殺人犯，除了允許將其殺害外，別無他途可循」。

2.**法儒盧梭**（Rousseau, Jean Jacques, 1712-1778）認爲基於社會契約說，社會構成員對於「設置死刑的同意」，在法律上應屬有效，故可肯定死刑之存在。蓋此種同意係屬「未必」發生之性質，即只有自己在未來不致犯殺人罪之情況下，始有同意之可能，亦即自己並非對死亡之同意，而是對於遙遠可能不致發生之死亡之危險的同意

盧 梭

而言。因此爲維持自己生命之繼續，置個人生命於死亡之危險境界，並不違反善良風俗，只是「爲使自己不致成爲殺人犯之犧牲品，萬一自己成爲殺人犯之時，則祇有同意死亡之一途。在此種契約之下，祇有保護自己之生命。並無處理自己生命之情事，因此，不可逕自推定認爲參與契約者已預先考慮到自己之應受絞刑的結果」。

3.在以牙還牙，以目反目的同害報復思想下，殺人者被處死刑，乃

是基於正義之要求所應得之後果，且符合國民之法律的確信，具有平忿滿足被害人及其遺族之復仇情感之功用。故漢高祖曰：「殺人者死，傷人及盜抵罪。」康德更謂：「正義必須實現，甚至於世界因而覆滅（Fiat justitia pereat mundus）。」

康　德

4.沒有比死刑對於人類之幻想與情緒更具有威嚇力者，當然並非只對「死」本身所發之威力，蓋所謂「死亡」是任何人所無法避免之必然現象，而是對於特定人，透過執行者，在一短暫之時間內以外力結束犯罪人之生命。更且爲吾人所不能忽視者，強有力之國家權力與最嚴厲之刑罰，沒有比剝奪犯罪人之生命更能有效地表露出來，也因生命所具有之不可恢復性，而更具威嚇力。

5.隨著文明之進步科學之發達，文化社會亦將更爲複雜；同樣地犯罪技術亦一天比一天進步。農業社會之犯罪者稀少，工業社會之黑社會組織泛濫，犯罪手段殘忍，而少年犯罪日趨猖獗，是故在文化社會下，非使用重刑，實不足以遏止犯罪。

6.爲預防重大犯罪之發生，採用嚴刑峻罰的死刑，爲勢所必須。蓋惟有強有力地否定罪惡，始能強有力地肯定善行。死刑之廢止，只有賦予犯人之殺人的許可證，而置社會多數人之生命於危險之狀態。

7.對於無可改悔之元兇巨惡，如不將其從社會永久隔離之，勢必無法預防危害、防衛社會。因此，死刑實係維持社會安寧秩序所必須存在之不得已的措施。

二、刑法規定之死刑

㈠**絕對死刑之罪**：亦稱專科死刑之罪或「唯一死刑之罪」，原有三條；但其後修正爲死刑或無期徒刑，故已無絕對死刑之罪。

㈡**相對死刑之罪**：亦稱非專科死刑之罪，即死刑、無期徒刑或有期徒刑，由法官擇一科刑。依現行刑法又可分爲四種：

　　1.死刑或無期徒刑擇一科刑之罪，共有九條：

　　　⑴首謀暴動內亂罪（刑101Ⅰ）。

⑵通謀外國開戰罪（刑 103 I）。

⑶喪失領域罪（刑 104 I）。

⑷直接抗敵本國罪（刑 105 I）。

⑸加重助敵罪（刑 107 I）。

⑹殺直系血親尊親屬罪（刑 272 I）。

⑺強盜而故意殺人罪（刑 332 I）。

⑻海盜而故意殺人（刑 334 I）。

⑼擄人勒贖而故意殺人（刑 348 I）。

2.死刑、無期徒刑或 12 年以上有期徒刑擇一科刑之罪，共有四條：

⑴海盜而致人於死罪（刑 333III）。

⑵海盜而放火、強制性交、擄人勒贖或使用受重傷罪（刑 334II）。

⑶擄人勒贖因而致人於死（刑 347II）。

⑷擄人勒贖而強制性交或使人受重傷罪（刑 348II）。

3.死刑、無期徒刑或 10 年以上有期徒刑擇一科刑之罪，共有五條：

⑴公務員委棄守地罪（刑 120）。

⑵普通殺人罪（刑 271 I）。

⑶強盜因而致人於死罪（刑 328III）。

⑷強盜而放火、強制性交、擄人勒贖、使人受重傷罪（刑 332II）。

⑸擄人勒贖因而致人於重傷罪（刑 347II）。

4.死刑、無期徒刑或 7 年以上有期徒刑擇一科刑之罪，共有二條：

⑴普通海盜罪及準海盜罪（刑 333 I,II）。

⑵普通擄人勒贖罪（刑 347 I）。

三、死刑或無期徒刑適用之限制

　　基於刑事政策上矜老卹幼之考慮，在死刑或無期徒刑之適用上限制未滿 18 歲人或滿 80 歲人犯罪者，不得處死刑或無期徒刑，本刑為死刑或無期徒刑者，減輕其刑（刑 63）。死刑減輕者為無期徒刑（刑 64II）。另外對懷孕之婦女，依一般國家之法律均暫時停止執行，我刑事訴訟法第 465 條規定：受死刑諭知之婦女懷胎者，於其生產前，由司法行政最高機關命令停止執行。

四、死刑之特別刑法規定

　　依我國當前之法律制度下，除普通刑法外，尚有特種刑事法令之適用。依特別法優於普通法之原則，凡在特種刑事法令有效期間內，觸犯該項法令之罪者，雖普通刑法亦有明文處刑之規定，仍優先適用特種刑事法令；而此類特種刑事法令其處刑恒較普通刑法爲重。如陸海空軍刑法、貪污治罪條例、妨害兵役治罪條例、懲治走私條例等均有處以死刑之規定。今後修正刑法時，亦可設法將部分適用者，歸納於刑法內，否則特種刑法仍舊有特殊之規定，縱然現行刑法業已修正，實質上仍有例外情形①。

五、死刑之執行

　㈠**執行死刑之方法：**

　　1.世界各國執行死刑之方法有六種：

　　　⑴斷頭台（Guillotine）：爲法國大革命時代所盛行。斷頭台是從2.2 公尺高處裝設 60 公斤重之大斧，使其墜落而斬其首的處刑方法。

　　　⑵絞首刑（Hanging）：絞首是最古老的刑罰之一，但到十八世紀末期，爲減少受刑人之痛苦，使絞首能迅速而確實的執行，於是發明使用「重墜落」的方法。在英國在絞刑臺上設一踏板，令受刑人頸部套上長繩後站立於踏板上，執行時，只將踏板向下開，受刑人便墜落於腳下之洞內，這時因吊著囚犯之繩子較長，在重落下時將頸骨折斷或使其彎曲，以便瞬間使其失去意識而迅速死亡。但這並非以絞首殺死，是因損壞頸椎而且血液循環停止，致產生腦死或因切斷頸動脈而死亡。

　　　⑶電氣殺（Electrocution）：即在死刑監內設置電椅一座，令受刑人入坐電椅，將手、腳與身體用八條皮帶綑綁，臉戴面罩，腳部設置通電裝置，再由另一房起動開關通電致死。第一次通電之

---

① 見拙著，《犯罪與刑事政策》，頁 164。

電壓爲二千伏特，約十五秒電壓下降至五百伏特，再二度提高至二千伏特，共需時三分鐘全部結束。電源切斷後，由法醫確認受刑人是否確實死亡。

(4)瓦斯殺（Lethal gas chamber）：瓦斯殺所使用之毒氣爲氰酸毒，只要吸上 60 毫克分量就可致死。1921 年美國由華達州首先執行瓦斯刑，因被認爲可瞬間喪失意識作用，較符人道，有七洲先後採行，至 1972 年共有八州採此法處刑。我國過去在監獄行刑法規定死刑之執行可用瓦斯室，因迄未實施，目前已刪改。

(5)毒藥殺（Giftbecher）：古代希臘之蘇格拉底就是經由毒杯處死者。這種由死囚犯自行仰藥自殺之刑罰，雖具有犯人自我清算惡行的人道意義，但因國家公然獎勵自殺，在基督教義上，亦難認同，而爲一般所反對。最近在美國有提議對死囚注射毒藥處刑者，德克薩斯、奧克拉荷馬及愛達荷等三州有意改成此種處刑方式。德州甚至在 1977 年 8 月 29 日之法律修正中廢止電氣殺，而改以靜脈注射。但注射毒藥須由法醫或護理人員擔任，這是一大障礙。

(6)槍殺（Shooting）：一般最常用之處刑方法就是槍殺。這是軍法裁判之產物，起源於對違反軍法之士兵、間諜、叛亂犯、逃兵或與軍事有關之犯罪

在墨西哥之槍殺刑

而處刑者。通常由一隊士兵並排同時開槍射殺，因共同執行，責任也就不必由個人負擔。又槍殺是站在遠處執行，不必靠近囚犯，因此也看不到犯人臨死那種掙扎、痛苦與不安之表情。

2.我國現行監獄行刑法第 90 條規定，死刑用藥劑注射或槍斃，在監獄特定場所執行之。其執行規則，由法務部定之。

㈡**告知本人**：執行死刑，應於當日預先告知本人（行刑91）。

㈢**秘密執行**：執行死刑，我國係採秘密執行主義，應由檢察官會同看

守所所長蒞視驗明，並命書記官在場，其他人除經檢察官或監獄長官之許可者外，不得擅入刑場（刑訴 462、463、執行死刑規則 2、7）。

㈣**死刑之救濟**：裁判確定之死刑案件，除案情確有合於再審或非常上訴之理由，或有停止執行之法定原因者外，應依法切實迅速執行，以收懲儆之效。其有再審或非常上訴之法定原因者，亦應依法迅予救濟，以昭公允。

㈤**死刑執行之審核**：法院諭知死刑之判決確定後，檢察官應速將該案卷宗送交司法行政最高機關（刑訴 460）令准後，除執行檢察官發見案情確有合於再審或非常上訴之理由者，得於 3 日內電請司法行政最高機關，再加審核者外，應於令到 3 日內，在監獄執行之（刑訴 461）。

㈥**停止執行事由**：受死刑之諭知者，如在心神喪失中，由司法行政最高機關命令停止執行。婦女懷胎者，於其生產前，由司法行政最高機關命令停止執行。瘁癒或生產後，非有司法行政最高機關命令，不得執行（刑訴 465）。

㈦**不執行情形**：紀念日、受刑人之直系親屬及配偶喪 3 日至 7 日，三親等內旁系親屬喪 1 日至 3 日，以及其他認為必要時，均不執行死刑（行刑 90 II）。

㈧**屍體之處理**：死刑執行後之屍體經通知後 24 小時內無人請領者，埋葬之；如有醫院或醫學研究機關請領解剖者，得斟酌情形許可之。但生前有不願解剖之表示者，不在此限（行刑 89）。

六、死刑制度之改革

依前所述，死刑就存置論或廢止論都有理由，惟依世界各國刑事立法之趨勢，似有逐漸廢止或減少死刑立法之勢，我國清末至民國肇建迄今，亦朝此方向進行，而在 2001 年 5 月間，法務部長陳定南亦對外宣稱：將於 3 年後廢止死刑。在此情況下，應以何種制度以代替死刑，殊有進一步探討之必要。依死刑在刑罰上之功能，除了具有滿足一般國民及被害人或遺族之正義感的應報作用外，並有威嚇一般國民以遏阻同類犯罪發生之一般預防作用，以及將犯人由社會永遠隔離之，以達防衛社會之

特別預防作用。因此欲研究代替死刑之制度當不可忽略上述應有之功能。在今日之刑罰思潮，切斷人犯肢體之肉刑既屬「殘暴之刑罰」，而發送殖民地之流刑又無可能，似乎只有考慮採用終身之無期徒刑或其他長期自由刑之方式。

　㈠**處絕對的無期徒刑**：處絕對的無期徒刑：即所謂終身自由制。即監禁受刑者至死亡為止之制度。因有恩赦與減刑之規定，雖亦有釋放之可能，但在制度上因不准假釋，致受刑人無復歸社會之希望。論者或謂，使受刑人絕望之終身自由刑，應屬於苛刻之刑罰。只是萬一遇有誤判之情形，仍有救濟之可能為其最大之優點①。

　㈡**處相對的有期徒刑**：此又可分為六種如下：

　　1.有期徒刑 40 年：死刑與無期徒刑均予廢止，而全部改為有期徒刑，惟執行 40 年徒刑後始假釋。孔子認為一代是 30 年，既已在監獄過了一代，應該可以假釋出獄，而且刑法對死刑、無期徒刑或 10 年以上有期徒刑之追訴權時效為 30 年，因此有期徒刑 40 年已超過死刑之追訴權時效②。日本刑法為 30 年（第 32 條第 1 款），因此被告過了 40 年後，不論自己躲藏或被監禁仍有安享餘年之日，而且如 20 歲犯案，到 60 歲出獄，已年老體衰，很難再有餘力逞兇耍狠。死刑與無期徒刑均予廢止而採有期徒刑之立法，以西班牙與中南美洲各國為多。

　　2.處 30 年以上 50 年以下之有期徒刑：處 30 年以上 50 年以下之有期徒刑，至執行三分之一後始准假釋③。我國現行刑法第 77 條規定，無期徒刑逾 25 年，累犯逾三分之二始准假釋，因此刑法規定雖是無期，但大部分因假釋而提早出獄。本案不僅將有期徒刑之時間延長為 30 年至 50 年，至執行二分之一，如被判 30 年，則至 15 年則可假釋，而 50 年也至 25 年餘即可假釋，仍感太短，至少應執行三分之二始准假釋，可能較為一般人所接受，因此本案贊成者恐怕不多。

---

① 參照藤本哲也，《刑事政策概論》（全訂版），頁 127。
② 參照花井卓藏，《刑法俗論》，（博文社，1922），頁 202。花井是主張 30 年，筆者認為 30 年仍無法滿足被害人之報復感情。
③ 參照向江璋悅，《死刑廢止論の研究》，1960 年版，頁 343 以下。

3.「特別無期徒刑」與「一般無期徒刑」：將無期徒刑分爲「特別無期徒刑」與「一般無期徒刑」；「一般無期徒刑」是指原來的無期徒刑，即現行刑法之無期徒刑，而另設「特別無期徒刑」以代替死刑①。筆者認爲在「特別無期徒刑」須無期徒刑執行 30 年後始准假釋，不過在假釋時須經大多數人民之「社會感情」的認定爲必要條件，也有認爲尚須取得被害人之同意爲必要條件。不過如經 30 年後仍須被害人遺族之同意，因會再度勾起被害人昔日之悲情，似有再度傷害被害人感情之虞，因此也有反對意見。此「特別無期徒刑」曾在日本審議改正刑法草案時，在法制審議會中提出研討，但最後未被採納。

4.終身監禁：終身監禁，但執行刑期 30 年後如有悔悟實據，並經被害人家屬之同意，即可假釋出獄。死刑廢止後代替死刑之制度仍以終身監禁最爲合理，否則難以平復被害人遺族之悲情。惟如終身監禁而毫無出獄之望，受刑人勢必自暴自棄，不僅監獄難以管理，在人道上也極不適當，因此應在旁開一條促其改悔向上之路，筆者認爲至少要監禁 30 年，然後「有悛悔實據，與經被害人家屬之同意」等，如受刑人想要出獄，首先應在監獄保持善行，並須設法補償被害人家屬，以免日後造成出獄之阻力②。

5.不定期刑：將死刑改爲不定期刑；從一般預防之立場言，死刑雖然廢止仍有不定期刑足以代替，因此不一定須依賴死刑來保全公共之安全。從個人之尊嚴言，代替死刑改採不定期刑，才是符合廿一世紀之憲政精神③，對此刑法第 63 條原有規定：「未滿十八歲人或滿八十歲人犯罪者，不得處死刑或無期徒刑，本刑爲死刑或無期徒刑者，減輕其刑」。從本條再對照少年事件處理法第 81 條，則少年受無期徒刑執行逾 7 年後得予假釋，因此如將死刑改爲不定期刑，則可從容的運用。

6.無期徒刑及准假釋：處無期徒刑，在執行徒刑至一定期間後始准假釋：有規定須經 15 年者（如瑞士刑法第 38 條、奧地利刑法附條件判決之法律第

---

① 加藤久雄，《ボーダーレス時代の刑事政策》，（有斐閣，1955），頁 76。
② 齊藤靜敬，《死刑再考論（新版）》，（成文堂，1980），頁 76。
③ 市川秀雄，《刑法における市民法思想上社會法思想》，（評論社，1963），頁 128 以下。

12 條）。又有定 20 年者（如阿根廷刑法第 13 條）。亦有定 15 年以上 25 年以下之範圍內由法院決定假釋者（如紐約州刑法第 70 條）。在英國對於一般之無期徒刑，雖經內政部長之裁量可予假釋出獄，但對於殺人罪，法院可向內政部長提出假釋前應服一定刑期之建議。至於德國依刑法第 211 條及美國密西根州第 750 條及 316 條則規定終身刑，除非藉恩赦之方式外別無假釋之適用①。我國則於 2005 年修正為無期徒刑逾 25 年、有期徒刑逾二分之一、累犯逾三分之二，得許假釋出獄（刑 77 I）。

又有主張假釋之決定，不應委之於矯正保護之專家單獨決定，而應設置特別審查會，由法官、檢察官、矯正保護人員、律師、心理學家、精神病學家、被害人代表及輿論代表等組成，如被害人代表及輿論代表有反對之主張時，則不得賦予假釋②。

㈢**死刑之緩期執行**：在日本從 1969 年起醞釀仿照中共之死刑緩執行制定，制定「死刑之延期執行」；但此一提案曾於 1971 年 6 月 8 日之法制審議會刑事法部會，以 28 票對 10 票之壓倒多數遭到否決。其提案之內容如下：

延期執行之宣告：⑴法院於宣告死刑時，於考慮有關刑罰適用之一般基準後，如認為有保留刑之執行之情況時，得宣告五年期間暫緩死刑之執行。⑵依前項規定被判緩死刑之執行時，應將受刑人監禁於刑事設施，施以必要之矯正措施。

變更為無期徒刑：延期死刑之期間期滿，法院於聽取死刑執行審查委員會之意見後，除認為仍有執行死刑之必要者外，得將死刑改判為無期之懲役或禁錮。

㈣**結論**：死刑究應逐予廢止，或予適度減少，如何引進新的代替方式，其決定之關鍵應考慮在正常之法律秩序下是否有使用死刑之必要？倘以近代國家之體系而言，雖謂已有足夠之手段與龐大之力量足以鎮壓犯罪，而不必處處訴之於死刑，尚以今日刑事政策之觀念在於教育刑代替

① 參照大塚仁及宮澤浩一編，《演習刑事政策》，1972 年版，頁 230 以下。
② 參照正木亮著，《死刑に代るもの」現代の恥辱──抒の死刑廢止論》，頁 145 以下。向江璋悅，前揭書，頁 344 以下。齊藤靜敬，《死刑再考論》，1967 年版，頁 347。

報應刑，對於可以改善之犯罪人，吾人當有改善之責任而使其復歸於社會，為社會服務，對於不能改善之犯罪人則處之以無期徒刑，從社會隔離之①，使其在監獄內嚴密之監視下，仍可盡一份力量為社會效勞，凡此早在十八世紀啓蒙期已為人類所充分運用。然以我國迄至前清固以死刑為刑罰之重心，及至暫行新刑律，已對死刑有所改進，迨至舊刑法有死刑之規定者已減至九種，現行刑法尚保留死刑之規定，其所以如此，可追溯暫行刑律原案補箋列舉之理由：一曰法理：刑罰如藥石，犯罪如疾病，醫之用藥，非審其病質與藥力，則藥無效，而病不得癒，故潰爛之癰疽，非尋常藥力所能奏效者，則割去之，死刑之加於犯罪，亦猶刀割之加以癰疽也。定其適用之標準，顧有二端，曰大惡不治，曰干犯倫紀，倘對此等大惡不治之犯不加以絕對淘汰之刑，豈國家刑期無刑之意哉。二曰歷史：國家當改革之秋，沿歷史之舊固不可，不審其所當存者亦不可。我國自有史以來，倫理之重未嘗或變，使一旦廢止死刑，則對於干犯倫紀者裁判必多窒礙也。三曰社會心理：我國採用死刑，相沿已久，廢止之後應有適當代替之法，否則如有兇惡之徒再現，勢必影響死刑之改制。

近年以來，我國雖有廢止死刑之議，但因類似陳進興之兇惡之徒常常出現②，民眾對廢止死刑之意見，始終約有 80% 的受訪者表示反對③，政府為配合國際趨勢，乃於 2005 年刑法修正案，將數罪併罰之有期徒刑從 20 年提高至 30 年（刑 51 I ⑤）；其次，提高無期徒刑之假釋門檻由 15 年提高至須服刑逾 25 年（刑 77 I），始得許假釋，同時將現行無期徒刑假釋後滿 15 年未經撤銷假釋者，其未執行之刑以已執行論，提高為 20 年（刑 79）。這些措施因我國近年來黑槍、毒品、走私泛濫，且搶劫、強盜、綁票案陸續的發生，反對廢止死刑的聲浪並未停止，故其效果並不彰顯。

又因近年來社會上貧富差距拉大，重大刑案陸續發生。由於法務部執行死刑緩慢，民間已有反對聲音。

---

① 參閱 Hellmer, *Recht, Das Fischer Lexikon*, 1959, S. 195.
② 見拙著，《理念與現實－憲政與生活》，2006 年版，頁 172。
③ 2005 年刑法修正案政策說明。

習題：

一、死刑應否廢止，學者之意見不一，試述存在論與廢止論之理由，並評
　　論之。（63 普）

二、死刑是否應當廢止？理由為何？（94 地三）

第三節　自由刑

一、意義

　　自由刑（Freiheitsstrafe）者，指在一定期間內，以剝奪犯人之自由，使其與社會隔離，並藉刑事矯治手段，以達改善更生之目的。在我國現行法制內，係指徒刑與拘役。

二、自由刑之存在理由

　　自由刑之存在理由如下：

　　㈠由剝奪犯人之社會生活的自由，使其與社會隔離，並由此達到刑法上懲罰之效力。

　　㈡再藉犯人與社會生活隔離之方式，防止犯罪之再發，而防衛社會。

　　㈢在剝奪犯人自由之手段下，強制其為一定之作業，以教化犯人，從而養成其秩序井然之生活習慣，改善其惡性，以為日後復歸社會之準備。是故，在今日所稱之自由刑，雖亦蘊含以懲罰為主之昔日的報應主義，但其重點係在人道主義之改善與矯正犯人之目的刑思想。

三、無期徒刑

　　㈠**意義**：即將犯人終身監禁於監獄，使之與社會隔離底刑罰之謂。故又稱為終身自由刑（Die lebenslange Freiheitsstrafe）。是種刑罰，雖其威嚇性以及永遠隔離之目的與死刑同，然無期徒刑係在剝奪犯人身體之自由，且尚可依假釋或赦免之方式，回復已失之自由，復歸社會，故受刑者並非永無出獄之望。

　　㈡**刑法規定**：刑法上科處無期徒刑之罪有兩種：

　　　1.絕對處無期徒刑之罪，為刑法第 100 條首謀內亂罪。

2.相對處無期徒刑之罪，有四種情形：

　⑴無期徒刑或 7 年以上有期徒刑擇一而科之罪，共有二十六種。

　⑵無期徒刑或 5 年以上有期徒刑，得併科一萬元以下罰金之罪，共有兩種。

　⑶無期徒刑或 5 年以上有期徒刑，得併科五千元以下罰金之罪，有一種。

　⑷無期徒刑或 5 年以上有期徒刑擇一而科之罪，共有兩種。其他尚有特種刑事法令，其情形與死刑之說明相雷同，不再贅述。

㈢**無期徒刑存廢論：**

1.主張廢止無期徒刑之理由：

　⑴無期徒刑與死刑相同，係基於威嚇與隔離之報應思想，有背今日教育改善之刑事政策。

　⑵受刑人終身監禁於監獄，出獄之望盡絕，其殘酷尤甚死刑。

　⑶人之壽命長短不定，長壽者痛苦長，短命者痛苦短，刑罰有欠公平。

　⑷受刑人出獄之望既絕，必至自暴自棄，縱刑罰具有矯治作用，亦不生效果。

　⑸長期監禁影響健康及心理打擊，可能導致精神病或使生活無能。

　⑹國家養一坐以待斃之人，浪費國庫無以爲甚。

2.主張保留無期徒刑之理由：

　⑴無期徒刑之反對理由，其出發點忽視緩和無期徒刑之假釋、特赦與減刑之制度。尤以假釋制度，如受無期徒刑之執行，逾25年後，有悛悔實據者，得許假釋出獄。如能繼續保持善行，則在所採刑期或其他法定期間經過後，即不再執行其刑（刑77）。又遇有大赦時亦有出獄之可能（赦2）；故受刑人並非永無出獄之望，且假釋制度更有促進受刑人悛悔向上之機能。

　⑵在高倡廢止死刑之今日，無期徒刑之嚴峻隔離作用，有代替死刑之功能。

四、有期徒刑

㈠意義：**即於一定期限內，拘禁犯人於監獄，以剝奪其身體自由之刑罰也。**

㈡**有期徒刑之長期與短期：**

1.各國立法例：各國立法例恆規定其最高與最低度之刑期，使法官於其範圍內，視罪責之輕重，選擇適當之期限，而爲宣告。有期徒刑之最高度有長至 30 年（烏拉圭）或 7 年（加拿大）者。

2.我國刑法之規定：依我國暫行新刑律之規定最短爲 2 月最長爲 15 年，並採等級制，中分五等，即一等爲 10 年以上至 15 年，二等爲 5 年以上 10 年未滿，三等爲 3 年以上 5 年未滿，四等爲 1 年以上 3 年未滿，五等爲 2 月以上 1 年未滿，倘遇俱發併科，則不得逾 20 年。此種等級區分原以便於刑之加減，惟加必一等，減亦必一等，其中難免有畸輕畸重之弊，即以二等有期徒刑而論，加一等，則高度加半，低度加倍；三等有期徒刑加一等，則高度加倍，低度加三分之二；若一等有期徒刑加一等，則變爲無期徒刑，其相差更遠。即拘役加一等變爲五等有期徒刑，其相差亦甚遠。此尤在立法上亦諸多不便，蓋分則及各單行法所科之刑期惟以五等爲標準，而罪之輕重各有不同，必以此五者繩之，其所定之刑恐有不失於酷即失於寬之弊。故舊刑法及現行刑法乃斟酌各國立法例深感等級之不便，廢除此制，僅於總則中規定有期徒刑之最高度爲 15 年，最低度爲 2 月以上，遇有加減時，得減至 2 月未滿，或加至 20 年（刑 33）。

3.刑法規定最長期 15 年之理由：有期徒刑之最長期應以幾年爲當，學者間尚有爭論，主張長期說者，謂刑期之長短應與犯人之惡性相應；其惡性深者，應處以較長刑期俾足夠時間改善。主張短期說者，謂長期徒刑固足以改善惡性較深之犯人，惟改善犯人之關鍵，應不在刑期之長短，而在改善之方法，如改善方法不良，就是處以數十年之徒刑，亦難奏效。考我國刑法之所以定最長期爲 15 年者，其理由謂法律所科有期徒刑之最高度，實際上於犯人之關係各有不同。年老體衰之人科以較長期徒刑，或竟近無期，年輕力壯者，科以 15 年，非無出獄之望，況尚有假釋制度以爲補救，罪犯果能改悔遷善，當不至刑滿始能出獄，否則祇有

科以 15 年之刑，此在維持社會之安寧言，亦未爲過。尙且科刑時有最高及最低度之規定，法官可酌量其間，非必處以最高度不可。原定 15 年係從多數國刑期擇其中者，甚屬妥當。有期徒刑在所有刑罰中應用之範圍最廣，爲今日刑罰之重心，此種刑罰除短期自由刑尙受刑事政策學者之抨擊外，最能實現近代學派所主張之刑罰目的。以其有伸縮性，既可隔離犯人以期防衛社會，又有足夠之時間以改善犯人革除犯罪之惡習，故爲刑事學家所一致推崇也。

五、拘役

㈠**意義**：**乃僅次有期徒刑之自由刑，即於 1 日以上，60 日未滿之期間內，由法官宣告一定期限，拘禁犯人於監獄內，剝奪其身體自由之刑罰。**爲自由刑中最短者，但遇有加重時，最高得加至 120 日（刑 33）。拘役亦屬自由刑之一，初定名爲拘留，嗣因社會秩序維護法中，亦有拘留刑名，爲避免混淆，乃易爲此名。

㈡**規定拘役之理由**：在我刑法內何以在有期徒刑之外有拘役之設，其理由有二：

　　1.拘役爲最短期之自由刑，僅適用於惡性輕微之犯人，縱令犯人曾受拘役執行，再犯時，亦不適用累犯加重之規定。

　　2.法律規定拘役以服勞役爲原則，惟因服役期間過短，依短期自由刑之缺陷如將惡性輕微之犯人與其他衆囚同地監禁，只有感染惡習，亦非得計。故又規定應分別監禁，祇以達到警告、威嚇與懲罰之效。

㈢**有期徒刑與拘役之不同**：有期徒刑與拘役雖同屬自由刑，然二者除了在刑期長短不同外，在本質上仍有區分：

　　1.受徒刑之執行完畢或一部之執行而赦免後，5 年以內再犯有期徒刑以上之罪者，應以累犯加重其刑至二分之一（刑 47）；惟曾受拘役執行者則不生累犯加重問題。

　　2.受拘役之宣告，而犯罪之動機在公益或道義上顯可宥恕者，得易以訓誡（刑 43）；但受有期徒刑之宣告者則不得易以訓誡。

　　3.受有期徒刑之執行而合於刑法第 77 條之規定者，得予假釋；受拘

役之執行者則無假釋之可能。

　　4.徒刑與拘役雖均在監獄內執行，但兩者應分別監禁（刑訴 470、行刑 2）。

　　5.拘役之刑罰雖有警告、威嚇與贖罪之效，但無長期徒刑之改善與教育之功能。故其存在價值極微。

第四節　短期自由刑

一、意義

　　所謂短期自由刑（kurzfristige Freiheitsstrafe; short sentence of imprisonment）者，依 1946 年國際刑法及監獄會議認為「短期自由刑之概念具有相對性質，並以個人及其所犯之罪為決定之準據，惟應以不超過三個月為準」。其後德國刑事學家米德梅耶（Mittermaier）亦認為「刑罰之短期應視刑罰之效果而作精密之研究，一般言之，以三月以下自由刑，其價值較為低微」。然亦有認為 3 個月或 6 個月之刑期仍嫌過短，而應以 1 年較為妥當；如在法國即以 1 年為短期，因此在 1950 年於海牙舉行之第十二屆國際刑法及監獄會議議程，遂有 3 個月、6 個月及 1 年等三種提案，迨 1959 年在斯特拉斯堡（Strassburg）召開「聯合國歐洲諮詢團體，關於犯罪之預防及犯人處遇會議」中，經表決結果，遂以 6 個月為短期之限度。不過此 6 個月之刑期，是否以宣告刑或執行刑為準；有主張應以前者為準，有主張應以後者為準。如由廢止短期自由刑之理由上觀察，應以後者為宜，當然短期自由刑不以自由刑為限，其他換刑處分亦可包括在內。

二、短期自由刑之弊害

　　㈠時間過短，無法遽以教育或改善受刑人，反易使受刑人感染監獄惡習。

　　㈡受刑人數目之多，祇有增加國家財務之支出。

　　㈢受刑人大多數為初犯，經一次監禁將對監獄失卻恐懼心，並降低其自尊心。

㈣受刑人刑期雖短，但因身繫囹圄失學失業，致其本人與家屬，無論在物質上或精神上均蒙受重大之影響。

㈤受刑人在刑餘之後，在社會生存競爭上，又以前科之身分處於不利之地位，易於陷入貧困狀態，而趨於再犯。

三、短期自由刑之存在價值

㈠短期自由刑除了刑期過短，無教育作用外，所謂因監禁而傷及受刑人之自尊心，打擊受刑人家屬之精神上及物質上之生活，或增加受刑人復歸社會之困難等缺陷，均非短期自由刑所獨有，而是所有自由刑共同之特徵，此尤以刑期愈長，則此類特徵將更顯著。如刑罰不具有上述之特徵，將何以產生威嚇之作用？

㈡短期自由刑亦具有相當之報應性格。如米勒克梅耶（Birkmeyer）云：「古典學派之代表者，認為對於輕微之違法案件之報應，短期自由刑將是不可或缺者」。奧國刑事學家謝利其（Seelig）亦承認短期自由刑未具教育性，但另一方面又強調它具有必要之警告、威嚇、贖罪或懲罰之記憶的功能。

㈢近年以來，因量刑之緩和，減刑之實施，及竊盜、傷害等輕微犯罪與交通犯罪之激增，致相對性地短期自由刑之數字亦逐漸增加。惟此並非基於上述之報應主義的威嚇思想，而完全係改善矯治思想所引起之結果。因此短期自由刑在今日，不僅無法廢止，更有增加之勢。

四、改善短期自由刑之方法

短期自由刑在今日教育與改善之新刑事思潮下，其弊害多於實益，因此，究應如何避免使用，或引進代替之法，有如下方向：

㈠如 1950 年在海牙召開之第十二屆「國際刑法及監獄會議」討論結果認為緩刑、保護觀察以及罰金為代替短期自由刑最適當方式（決議之 2、3），此外，判決時之訓誡、自由勞動、不起訴處分或某種資格上之停止，亦可考慮使用（決議之 4），如萬不得已而須宣告短期自由刑時，亦應注意在使再犯可能性減少至最低限度之情況下執行（決議之 5）。

㈡ 1959 年在斯特拉斯堡（Strassburg）舉行之「歐洲諮詢團體關於防止

犯罪及犯人處遇會議」，更提高在不危害受刑人之社會地位下，執行短期自由刑時，應檢討週末監禁（arrêt de weekend）與自宅拘禁（arrêt adomicile）之使用。

㈢ 1960 年聯合國舉行之第二屆「關於預防犯罪及犯人處遇會議」上，亦對短期自由刑之問題，作如下之決議：

1.短期自由刑之絕大部份雖屬有害，但在某種情形下，為正義之目的，仍有宣告短期自由刑之必要。

2.全面性之廢止短期自由刑在實際上實無可能。

3.如短期自由刑不適當，應講求其代替之手段（如緩刑、保護觀察、罰金、監外服役等），而後逐漸減少其適用。

4.如認為祇有使用短期自由刑才是對於犯人惟一適當之處置，則應選擇與長期自由刑有隔離之處所執行之，並儘可能在富有建設性之個別處遇之方式下，選擇開放式機構執行之。

㈣依一般之見解，可歸納改善短期自由刑弊害之方策為下列三種方向：第一為盡量設法減少短期自由刑之宣告或其執行；此法包括不起訴處分、緩宣告、緩刑等制度。第二為講求新之代替方式；如執行罰金刑以代自由刑。第三為改善短期自由刑之行刑處遇方法；如無監禁強制勞動、週末監禁及半監禁等方式之採用。

五、2005 年刑法修正案改善短期自由刑之政策

為避免短期自由刑的受刑人在監獄受「污染」，學習更「高段」的犯罪技巧，除 90 年 1 月 10 日已將刑法第 41 條易科罰金的標準由最重本刑 3 年以下提高到 5 年以下，相當程度擴大易科罰金罪名適用的範圍外；此次修正並放寬第 74 條緩刑條件，使緩刑的宣告更趨彈性，並參照緩起訴的規定，將刑罰以外的社區處遇。如接受精神、心理輔導或提供四十小時以上二百四十小時以下的義務勞務等，也規定適用於緩刑宣告的執行事項，以達緩刑對於犯輕罪者促其改過自新，並兼顧個別預防的精神。

第五節　不定期刑

一、意義

　　不定期刑者，乃自由刑之宣告期間無論在法律上或審判上均不予確定，原則上只視行刑教育之經過，以決定其刑期之終結的自由刑制度之一也。又可分爲絕對不定期刑與相對不定期刑兩種：

二、種類

　　㈠**絕對不定期刑**（Absolut unbestimmte Verurteilung）：指剝奪犯人自由之期間不加確定，既無長期，亦無短期之限制，完全任憑行刑時犯人悛悔改善之情形而定之謂。雖則絕對不定期刑係不定期刑之理想，但於執行上仍有相當之問題；蓋如行刑過程中欠缺良好之執行方法，則犯人之出獄或將遙遙無期漫無保障，本應服 1 年刑期之犯人，結果有服終身監禁之虞。或雖犯人之惡性早已改善，而因監獄行刑官之恣意濫權，致一直被監禁者，又因其違背罪刑法定主義之原則，除非刑事政策有極大之轉變，否則只能作爲吾人追求之理想，其距實行之期尙屬遙遠。

　　㈡**相對不定期刑**（Relativ unbestimmte Verurteilung）：指宣告自由刑時，不宣告其一定之刑期，僅宣告其長期與短期之謂也。相對不定期刑之本質，係應犯人惡性之程度，加之於犯人之痛苦的短期刑期，以達刑一儆百之一般預防，與屆滿短期刑期後，加於犯人之改善教育，以達防止再犯之特別預防兩種。在此所謂短期係指犯罪行爲之贖罪（die Suehne der begangenen Tat），而長期即爲保安期間（die Dauer der Sicherheit）。在保安期間內，應使犯人充分獲得教育感化，令其早日改善，而免受不必要之監禁。如犯人之惡性極難一時收到教育改善之效，則應繼續監禁之。因此長期與短期之間隔不宜過短，俾行刑處遇之際有適當之彈性，而利應用也。

三、不定期刑之存廢論

　　㈠**贊成不定期刑之理由**：不定期刑係由刑事政策上所謂特別預防及刑

罰個別化的思想而崛起，其理論根據原係建立於犯人之改善、教育、再
社會化與保安，且可運用不定期之彈性，對於已改過遷善之受刑人予提
前釋放；對惡性未改者，則基於教育與社會保安而予長期繼續監禁，直
至其改過遷善爲止。由此使受刑人被判不定期刑時，充分了解，其釋放
須端賴本身之努力接受感化，抱定希望，痛下決心，在監獄內努力改善
自己，俾早日復歸社會。因此不定期刑所具有之積極改善與教育之作用，
與有期徒刑之受刑人在服滿刑期時，自覺對自己所犯之罪，業已因刑期
屆滿而償付者不同。

　　㈡**反對不定期之理由：**

　　　1.不定期刑係違背政治上權力分立理論；蓋職司司法權之法官只宣
告其罪，至於刑期竟委之於行政系統之監獄官確定之，不僅干擾赦免的
行政權，亦使司法與行政相混淆。尚且罪刑法定主義之主旨，亦在保障
犯罪與科刑能予預知，實行不定期刑之結果，犯罪後應科何刑，長度與
高度如何，均無保障，不但使一般國民陷入不安之境，亦將引起受刑人
之困擾與憂慮。

　　　2.因不定期刑之無限制拘束犯人之權利，將刑期之決定權委之於監
獄官之手，勢將招致監獄官之恣意濫權，並導致受刑人之自暴自棄，就
是將此權交與法官，亦將有同樣現象存在。

　　　3.不定期刑雖有感化、教育及使犯人再社會化之功能，但欠缺報復
與嚇阻惡性重大犯罪之效。

　　　4.採用不定期刑之結果，將惹起受刑人之僞裝改善，或一味諂媚討
好監獄官，而不注意改正自己之行爲。

　　　5.實行不定期刑之結果，受刑人爲求早日獲釋，有促其採取卑劣而
奴隸性的態度之可能。

　　　6.刑期如未固定，不論將其決定權委之於監獄行刑官或委員會，在
同一刑事責任下，如釋放時間不同，將使受刑人引起不滿，懷疑偏心或
賄賂之關係，在此種充滿怨恨情緒下，更無改善教育之可能，因此在美
國已有若干州不採不定期刑制，如欲實施此制，除須提高監獄官素質外，
更應建立客觀公平合理之科學方法，以憑決定受刑人出獄之時間。

四、不定期刑之立法

　　不定期刑之立法例各國以採用於少年犯、累犯或常習犯為多，我國刑法以第 86 條以下保安處分之規定，及少年事件處理法第 42 條之規定，與竊盜犯贓物犯保安處分條例第 5 條之規定，均可認為係採用相對不定期刑之制。

第六節　財產刑

一、意義

　　財產刑（Vermoegensstrafe, peines pecuniaires）**係以剝奪犯人之財產上利益為內容之刑罰**，因此在鎮壓犯罪之作用上，其性質與自由刑相同。惟自由刑係藉剝奪犯人身體之自由，以影響受刑人之人格，而財產刑即只以與犯人人格毫無關係之動產或不動產等所有權為對象，因此兩者仍有歧異。依刑法之規定，財產刑有三種：㈠為主刑中之罰金，㈡為從刑中之沒收，㈢追徵、追繳或抵償。

二、罰金刑

　㈠**罰金刑之本質**：罰金刑者，即對於一定之犯罪行為判令犯人繳納一定金錢之刑罰也。如由犯罪行為之反作用所加於犯人之惡害而論，其本質實與一般刑罰無何歧異。再由鎮壓犯罪之作用上言，即與自由刑同其性質，惟在報應之贖罪觀念上，要較自由刑強烈；因其不如自由刑所具備之積極教育改善犯人之要素。

　　罰金刑有主張保存者，有主張廢除者，茲述其優劣點如下：

　　1.罰金刑之優點：

　　　⑴對於利慾犯之賭博罪或贓物罪科以罰金刑，收效較自由刑為大，因其犯罪之結果得不償失，對此等罪犯有抑制其犯罪意念之積極作用。

　　　⑵罰金刑係建立在價值計算之基礎上，因此可藉金錢換算之，此種特性尤對自由刑具有代替之功能。又對於短期自由刑，如謂

達成教育改善之目的則時間過短，濡染惡習反至足足有餘，且易使受刑人喪失職業與社會地位，因此對於過失犯或情節輕微之罪犯科處罰金，藉此可以避免短期自由刑之弊端。

(3)使用罰金刑可避免在監獄中受同囚感染犯罪惡習之不良結果，且被告亦不因刑滿出獄而受社會之歧視，因之對於輕微犯罪者使用罰金刑，可喚醒其刑事責任之意識，此尤以初犯者更具效力。

(4)犯罪之輕重可藉數量表示之，且執行罰金刑時，祇將罰金納入國庫即可完事，不需巨額之費用。

(5)罰金刑之特徵在具有彈性，如能權衡罪犯之性格、收入資產、家庭狀況及其犯罪之動機與所產生之結果，予以適切之運用，當能收刑罰上特別預防之效。

2.罰金刑之缺陷：

(1)科處罰金，對富者尚可執行，對貧困者往往不能執行。生命與身體為人人所具有，因之執行不感困難。惟財產刑則非如是，因有貧富之分，故對於無資力者，往往在執行時遭遇困難。如易服勞役，則無異執行自由刑，對貧困者顯示刑罰之不公平。

(2)罰金刑欠缺懲戒性與改善教育之功能。罰金若施諸貪慾之罪犯，則因利慾所趨，志在必得，罰之愈重，恢復之心愈切，貪得之念，亦必愈堅，毫無懲戒之性能。尤其對於習慣犯更無懲戒與威嚇之效。且其執行為一時性，罪犯只完納罰金，刑案即已了結，不如自由刑，持續相當時期，俾對罪犯施以教育之效果。

(3)罰金刑缺乏衡平性。執行罰金刑時，因貧富懸殊，致刑罰收效互異。如施諸貧者以少額之罰金，仍無異奪其生計，且科刑之結果，愈趨貧乏，貧無以為生，適足引起犯罪。若加諸富者以罰金刑，則區區萬元以下，正如太倉之去一粟，仍無關痛癢。又在換刑處分上，一方面貧者因無法完納，常遭易服勞役，另一方面其換刑處分之計算方式，往往亦因貧富之不同，而有所差異。

(4)罰金刑易受經濟變動之影響，致無法保持刑罰之安定性。蓋經

濟發展或經濟萎縮均可改變貨幣價值之評價，依經驗所示，經濟發展所附隨之結果，將是慢性物價上漲與通貨膨脹，因此遂使罰金在刑事政策上之效果逐漸降低，以致動搖刑罰之安定性。

㈡**罰金之數額**：罰金之數額依刑法分則各該條之規定：罰金刑之數額依刑法總則之規定，最少額為一千元以上（刑 33 I ⑤），至於最多額，只於分則中有一萬元以下之規定（刑 122 II、257 III），惟如犯罪所得之利益超過罰金最多額時，得於所得利益之範圍內酌量加重（刑 58 後段），當然其他特別刑法可規定更重之罰金。

㈢**科處罰金之方法**：

1.單科罰金：即法律所規定之刑罰僅為罰金一種，而不得科處他種主刑之謂。如我刑法第 266 條之賭博罪，處一千元以下罰金是。

2.選科罰金：即法官在科處刑罰時，可在罰金與他種主刑並列之下，任擇其一，如以處罰金刑較當時，即以罰金處之。如刑法第 110 條公務員過失洩漏國防秘密罪，處 2 年以下有期徒刑、拘役或一千元以下罰金是。

3.併科罰金：即於科處他種主刑（如生命刑、自由刑）之外，又併科罰金之謂。如刑法第 108 條之戰時不履行契約罪，處 1 年以上 7 年以下有期徒刑，得併科五千元以下罰金。

4.易科罰金：亦即受短期自由刑之宣告，因身體、教育、職業或家庭之關係，執行顯有困難准以罰金代替自由刑之執行之謂。依刑法第 41 條之規定：「犯最重本刑為五年以下有期徒刑以下之刑之罪，而受六月以下有期徒刑或拘役之宣告者，得以新台幣一千元、二千元或三千元折算一日，易科罰金。」

5.易服社會勞動：依第 41 條第 1 項規定得易科罰金而未聲請易科罰金者，得以提供社會勞動六小時折算 1 日，易服社會勞動（刑 41 II）。受 6 月以下有期徒刑或拘役之宣告，不符第 41 條第 1 項易科罰金之規定者，得依第 2 項折算規定，易服社會勞動（刑 41 III）。

㈣**罰金刑之執行**：

1.罰金之完納期限：罰金應於裁判確定後 2 個月內完納（刑 42 I），

罰金之裁判，應依檢察官之命令執行之，但於裁判宣示後，如經受裁判人同意，而檢察官不在場者，得由推事當庭指揮執行（刑訴 470 I）。法律對於完納罰金之期限，所以規定 2 個月者，蓋裁判確定後，如立即執行，往往受執行者為財力所限，故予以 2 個月之完納期間，使有籌措金錢之機會。

　　2.罰金之強制執行：罰金於裁判確定後 2 個月期滿而不完納者，強制執行（刑 42 I）。依刑訴法之規定，罰金得就受刑人之遺產執行之，而檢察官之命令與民事執行名義有同一之效力（刑訴 470 II,III）。故如逾 2 個月之法定期限而仍不完納，即準用執行民事裁判之規定，予以強制執行（刑訴 471 I），其無力完納者，易服勞役。但依其經濟或信用狀況，不能於 2 個月內完納者，得許期滿後 1 年內分期繳納。遲延一期不繳或未繳足者，其餘未完納之罰金，強制執行或易服勞役（刑 42 I）。依上述規定應強制執行者，如已查明確無財產可供執行時，得逕予易服勞役（刑 42 II）。易服勞役以新台幣一千元、二千元或三千元折算一日，但勞役期限不得逾 1 年（刑 42 III）。依第 51 條第 7 款所定之金額，其易服勞役之折算標準不同者，從勞役期限較長者定之。罰金總額折算逾 1 年之日數者，以罰金總額與 1 年之日數比例折算。依前項所定之期限，亦同。科罰金之裁判，應依前三項之規定，載明折算 1 日之額數。易服勞役不滿 1 日之零數，不算。易服勞役期內納罰金者，以所納之數，依裁判所定之標準折算，扣除勞役之日期（刑 42 IV-VII）。

　　3.罰金之易以訓誡：如受罰金之宣告而犯罪之動機在公益上或道義上顯可宥恕者，得易以訓誡（刑 43），此項訓誡亦由檢察官執行之（刑訴 482）。

　　4.易刑之效力：易科罰金、易服社會勞動、易服勞役或易以訓誡執行完畢者，其所受宣告之刑，以已執行論（刑 144）。

習題：我國刑法規定科罰金之法，共有幾種？其各種之意義如何？試詳言
　　　　之。（50 高檢、73 高）

三、沒收

㈠**沒收之意義**：沒收（Einziehung; Confiscatin）者，謂國家強制剝奪與犯罪有密切關係之物的所有權之一種處分。沒收有一般沒收與特定沒收之分；將犯人全部財產悉行剝奪，收歸國庫之處分，謂之一般沒收。僅將犯人或第三人之特定財產，收歸國庫之處分，謂之特定沒收。後者通常又可分爲：爲保全公益之違禁物的沒收；供犯罪所用或供犯罪預備之物的沒收；及因犯罪所得之物的沒收等三種。現代刑法所採者，多屬此類特定沒收，我國除特別刑法外，普通刑法典亦採特定沒收之規定。

㈡**沒收之本質**：

　　1.沒收之理論上性質：沒收之本質或法律性質，早爲法學界論爭之重心。有謂沒收無論就實質或形式，均具刑罰之性質，而爲財產刑之一，或謂沒收在實質上應屬保安處分。又謂沒收在形式上雖屬從刑，但由實質上分析，具有刑罰與保安處分之雙重性格。或對被告所加之沒收在原則上是具有刑罰之性格，但其對第三者所爲之沒收，則具有保安處分之性格。更謂沒收之機能是屬於多元性質：有時具有刑罰之特徵，有時具有對物保安處分之要素；或同具雙面之性格等。學說動向並未一定。

　　2.我國刑法上沒收之本質：我國刑法將沒收列爲刑罰上從刑之一（刑34）。蓋從刑具有從屬性質，在原則上必先有主刑之宣告，而後始得附帶科處。又從刑亦屬刑罰之一，因之凡刑法及刑事訴訟法上有關刑之規定者，除有特別規定外，當然適用於從刑。雖然我國刑法上沒收制度，在形式上顯屬刑罰種類之一，但由其實質上分析，亦難遽認非具其他之性格。如法令嚴禁持有使用之違禁物（刑38Ⅰ），爲防止再犯，免貽害社會，故不問屬於犯人與否均予沒收，且雖無主刑之宣告，亦得單獨宣告沒收（刑40）之情形下，若謂祇具刑罰之性格，理論上殊難貫通。又供犯罪所用或供犯罪預備之物（刑38Ⅱ），因與犯罪有密切之關係，爲消滅犯罪憑藉，預防危害，應予沒收之。因之從其性質上言，實具保安處分之性格。祇是因犯罪所得之物（刑38Ⅲ），刑法更有追徵價額之特別規定，故以解釋爲具有刑罰性質，較爲適當。

㈢**沒收之立法主義**：

1.義務沒收主義：對於沒收之範圍，法律已有明定，法官依法宣告，無斟酌餘地；如我國刑法第 38 條第 1 款之違禁物，及分則中有沒收之特別規定者，爲「必沒收之物」，如刑法第 121 條及 122 條，公務員所收受之賄賂均應沒收之，如全部或一部不能沒收時，追徵其價額。此類沒收非法官所能斟酌決定，而應依法沒收，故又稱強制沒收主義。

2.職權沒收主義：即對於沒收與否，法律授權法官斟酌裁量，既不受刑度之限制，亦不分其爲故意犯或過失犯，故又稱爲便宜沒收主義。如我國刑法第 38 條第 2 款之「供犯罪所用或供犯罪預備之物」，以及第 3 款之「因犯罪所得之物」均爲「得沒收」是。

㈣**沒收之方法**：

1.併科沒收：因沒收之作用在補主刑之不足，以減少再犯之危險，是與主刑有附隨關係，應於裁判時併宣告之（刑 40 前段）。即與主刑宣告同時爲之。

2.專科沒收：從刑之沒收應附隨於主刑之原則，惟專科沒收則爲例外，即免除其刑者，仍得專科沒收（刑 39）。所謂免除其刑泛指總則規定之免刑（刑 23 但、24 I 但、26 但、27、61），與分則規定之免刑（刑 123Ⅲ但、166、167、172、288Ⅲ、324 I、338、343、351）以及特別刑法之免刑（貪 11Ⅲ、竊贓 6）而言，凡裁判免除其刑者，皆屬之。因主刑免除後，有關犯罪之物，如不予沒收，仍有再犯之虞，故免除其刑者，仍得專科沒收。諭知免刑之裁判時，除違禁物應併予沒收外，其他是否專科沒收，法官尚有裁量之權。

3.單獨沒收：沒收爲從刑之一，原則上非有主刑之存在不得單獨爲之。惟遇有犯人不明，以及因罪證不足而爲不起訴處分，或諭知無罪之裁判者，倘案內有違禁物時，雖無主刑之宣告，亦得單獨宣告沒收（刑 40）。

㈤**沒收物之種類**：

1.違禁物：所謂違禁物，即法令禁止私人自由持有或所有之物。茲分述之：

⑴違禁物之分類：一般學者認爲刑法上之違禁物可分爲兩種：

　　　　①絕對的違禁物：除溶化改變其本質外，無論何時，均爲法令
　　　　　所禁止之物；如嗎啡、鴉片、毒品等是。
　　　　②相對的違禁物：因未受允准而私自持有之物，如槍炮、炸藥、
　　　　　子彈等是。
　　以上之分類從實質上言並無意義，蓋如絕對禁止之嗎啡、鴉片，如
爲醫生則可在法令限制範圍內持有之。
　　　　(2)違禁物之立法理由：違禁物者，爲構成犯罪之法定必要物，財
　　　　　物原得由私人所有，但其性質上有不能爲私人所有者，如軍械
　　　　　爆裂物之類，國家爲保全公益，不得不加以限制。但何者不得
　　　　　爲私人所有，刑法當不能概舉無遺，而須藉行政命令補充之。即
　　　　　就行政法令言，亦有特許者，如軍械雖不許私有，若經政府允許
　　　　　私人持有以作防盜之用時，則非屬刑法之違禁物，故刑法上所
　　　　　指之違禁物，當係兼指行政法上之違禁物在內。因之，如僞造
　　　　　貨幣、僞造度量衡、私藏軍械火藥，販賣或持有鴉片等凡屬國
　　　　　家不許私人製造或持有之物，均屬違禁物。此種違禁物因以防
　　　　　止未來再犯爲主旨，不問屬於犯人與否，均沒收之（刑 38 I）。
　　　　　且不必有主刑之存在，得單獨宣告沒收。
　　2.供犯罪所用，或供犯罪預備之物：所謂供犯罪所用之物，係指直
接用以實施犯罪之物而言；如殺人所用之刀槍是。至於供犯罪預備之物，
即以實施犯罪之目的而準備之物；如意圖殺人而購置之刺刀或毒藥等。
此等物件均屬於犯人所有者爲限，始得沒收（刑 38Ⅱ）。如該物所有權已
移轉於他人，則不得宣告沒收。
　　3.因犯罪所生之物：係指因犯罪結果取得之物（如竊盜罪中之財
物），至因犯罪之結果產生之物（如僞造文書罪中之假文書），如何沒收，
並無明文規定。爰增設「因犯罪所生之物」亦得沒收，以資明確。
　　4.因犯罪所得之物：此係基於任何人不得因犯罪而有所利得之衡平
思想，而剝奪犯人之不法利得的沒收制度，蓋係針對因犯罪行爲而不法
利得之受益者的手中予以強行剝奪爲旨趣，因此其沒收之對象當爲犯人
或知情取得之第三人，又其非以預防將來犯罪之危險性而沒收該物爲目

的，純粹爲剝奪其不法利得爲主旨，因此遇有無法沒收時，則追徵其相當之價額。惟沒收之物仍以屬於犯人者爲限。

5.特別規定沒收物：前述違禁物，不問屬於犯人與否，均于沒收之。而供犯罪所用或供犯罪預備之物，因犯罪所生或所得之物，則以屬於犯罪行爲人者爲限，始得沒收，但有特別規定者，依其規定（刑 38III）。此所謂「特別規定」，有二種情形。

⑴刑法第 38 條第 3 項：「不問屬於犯罪行爲人與否沒收之」之規定者：現行實務依司法院院字第 2024 號解釋認爲「共犯（包括教唆犯、正犯、從犯）對於贓款之全部，均負連帶返還之責任，其有未經獲案者，得由到案之其他共犯負擔」，換言之，數人加功於同一犯罪事實，僅其中一人或數人受審判，而得沒收之物，屬於其餘未歸案之共同加功人者，亦得予以沒收；而解釋文所稱之共犯、教唆犯、正犯、從犯係指犯罪行爲人而言，爲使適用更期明確，爰將第 2 項、第 3 項現行規定「屬於犯人」，修改爲「屬於犯罪行爲人」，使其普遍適用於一般沒收。

①僞造、變造之通用貨幣、紙幣、銀行券、減損分量之通用貨幣及前條之器械原料，不問屬於犯人與否，沒收之（刑 200）。

②僞造、變造之有價證券、郵票、印花稅票、信用卡、金融卡、儲值卡或其他相類作爲提款、簽帳、轉帳或支付工具之電磁紀錄物及前條之器械原料及電磁紀錄，不問屬於犯人與否，沒收之（刑 205）。

③違背定程之度量衡不問屬於犯人與否，沒收之（刑 209）。

④僞造之印章、印文或署押，不問屬於犯人與否，沒收之（刑 219）。

⑤刑法第 235 條第 1、2 項之文字、圖畫、聲音或影像之附著物及物品，不問屬於犯人與否，沒收之（刑 235III）。

⑥犯鴉片罪，其鴉片、嗎啡、高根、海洛因或其他化合質料，或種子或專供吸食鴉片之器具，不問屬於犯人與否，沒收之（刑 265）。

⑦當場賭博之器具與在賭檯或兌換籌碼之財物，不問屬於犯人與否，沒收之（刑266）。

⑵特種刑法設有「並沒收之」之規定者，如以贓物爲原料，製成木炭、松節油或其他物品，以贓物論，並沒收之。

㈥**沒收之宣告**：沒收，除有特別規定者外，於裁判時併宣告之。違禁物或專科沒收之物得單獨宣告沒收（刑40Ⅱ）。有二點說明：

1.特別規定者外：按特別刑事法律如刑事訴訟法第259條之1或其他可單獨宣告沒收者，因不限於裁判時併予宣告，爰於刑法第38條第3項增訂「有特別規定者」之規定文字。

2.違禁物或專科沒收物得單獨宣告沒收。

⑴依現行本法第39條及第40條對於得沒收之物，應於有罪判決時併宣告之，例外則因屬違禁物及依刑事訴訟法第259條之1規定。檢察官爲職權不起訴、緩起訴時，亦得單獨宣告沒收。惟實務上尚存在不起訴、或判決免訴、不受理或無罪確定後，對於第38條第1項第2款、第3款之物，其屬於犯罪行爲人所有，且有危害公安、妨害善良風俗或有再供爲犯罪之虞時，因無法附隨於裁判併宣告，而須發還予被告之缺失，爲維護公序良俗及預防再犯罪之目的，對於案件因『特定情形』而爲不起訴處分、判決免訴、不受理或無罪確定後，對犯罪行爲人所有之第38條第1項第2款、第3款之物，具有上開危害公安、妨害善良風俗或有再供爲犯罪之虞時，得單獨宣告沒收，爰參酌德、瑞、奧立法例（德國現行刑法第76條a、瑞士現行刑法第58條。奧地利現行刑法第26條），於第3項增設「有特別規定者，依其規定」，此「特別規定」如：

①案件雖曾經判決確定，犯罪行爲人對其所有，而屬於該案犯罪所用之物，如具有危害公安等情形時，仍宜有單獨宣告沒收之規定。

②時效完成者、曾經大赦者、告訴乃論或請求乃論之罪，其告訴或請求已撤回或已逾告訴期間或被告死亡者，案件雖因此

原因而為不起訴或判決免訴、不受理，但案內物品如有顯然
屬所述之情形時，仍宜沒收之。

③行為不罰：因犯罪行為人有第18條第1項、第19條第1項
之事由而不罰時，為維護公安及防止再犯危險起見，案內之
物品應予沒收之。

④法律應免除其刑者：按本法第172條、貪污治罪條例第8條
第2項等均有免除其刑規定者，然此為鼓勵自首或自白所設
之規定，雖免予刑之執行，仍屬有罪判決，案內物品，應予
以沒收之。

⑵刑法分則或刑事特別法關於專科沒收之物，例如偽造之印章、印
文、有價證券、信用卡、貨幣，雖非違禁物，然其性質究不宜任
令在外流通，自有單獨宣告沒收之必要，爰於第2項增訂之。

習題：
一、試述刑法上沒收之目的與性質。(61高)並說明沒收物之種類及沒收之
條件。(61高、68普)
二、沒收之刑罰的本質為何？那些物應沒收？那些物得沒收？(89普二)
三、不問屬於犯人與否，沒收之物，有違禁物，有依特別規定係何所指？
又其裁判方法有何不同？試說明之。(68普)

四、追徵、追繳或抵償

依本法規範從刑之種類，除褫奪公權及沒收外，在第121條、第122
條、第131條、第143條尚有追徵之規定；貪污治罪條第10條、組織犯
罪防制條例第7條、毒品危害防制條例第19條亦有追繳、追徵或抵償之
規定。按價額之追繳、追徵或抵償之規定為現今刑事法制所承認之從刑，
且德國及日本立法例亦設有相類之規定，宜於刑法總則中明定之，爰增
訂第3款之規定。

第七節　名譽刑

一、意義

　　名譽刑（Ehrenstrafe）者，以剝奪犯人之名譽權為目的之刑罰也。其立法之部份理由係因「階級之名譽」，部份則由於預防之原因，藉有罪之宣告，剝奪犯人從事職業之可能性。即被告或則喪失學位，或則其從事於醫師、律師、建築師或藥劑師等專門職業執照之被撤銷，或為公務員之資格與行使公民權之資格亦因而喪失。一般而言，其因犯罪，而受刑罰之制裁，當然是件不名譽之事。因此在我國刑法典內就無名譽刑之觀念，惟有褫奪公權與訓誡之規定而已，前者又稱為資格刑。

二、名譽刑之本質

㈠贊同名譽刑之理由：

　　1.基於報應思想而出發，如納粹刑法典以為「對於犯罪人而言，刑罰係國民共同體之價值判斷之表示，而名譽刑係該價值判斷最適切之表示方法，因此為一不可或缺之要素。」而極力承認其存在之必要性。

　　2.名譽刑不僅有防止再犯之一般預防之效，執行名譽刑之結果，可使被告喪失政治上之權利，尤以選舉權與被選舉權之喪失，可將反社會性之份子排除於社會共同體之意志形成之外。

㈡反對名譽刑之理由：

　　1.名譽刑對於初犯者可賦予強烈之印象，但在長期之共同生活下，因對名譽刑之意識逐漸消失，必然地致純粹意義之名譽刑，有由刑法典消失之趨勢（亨第 Hentig）。

　　2.刑罰係以改善犯人為其主要目的，除非在特殊情形下，由預防犯罪之觀點，以剝奪犯人之權利及資格外，不應有名譽刑之存在（哥爾史密特 Goldschmidt）。

　　3.名譽刑因不具威嚇力，因此不能達到刑罰之效力。

　　4.因刑事法庭宣判之公開，或藉新聞報導，抑由傳聞之方式，罪犯所應得之法律制裁已為世人所共知，故其實際所遭受之輿論上評價，已大大地貶低其聲譽，如再科以名譽刑，無異是雙重處罰。

　　5.對於從事特定職業者，如醫師、律師、建築師、藥劑師等專門職業人員，或公務人員科以名譽刑，將附帶產生極大之財產刑之效力，其

結果無異奪其生計。反之，如對農民、工人或私人雇傭者科以名譽刑，因其仍可重操舊業，故顯示刑罰之不公平。

　　6.執行名譽刑之結果，有造成反效用，致違反刑罰目的之可能。如剝奪公民權，同時剝奪服兵役之資格（Wehrunwuerdigkeit），因此在戰時，此類名譽刑反至成為不受歡迎之副作用。蓋所謂反社會性之不良份子，因未參與戰鬥之行列，致未遭受大戰之浩劫；至於一般優秀青年，則大部份被送往前線，作戰而陣亡（惟依我國法制，褫奪公權之資格，並無服兵役之資格在內）。

　　7.刑罰之目的，係在使犯人改過遷善復歸社會，如今科以名譽刑，將增加犯人復歸社會之困難，並剝奪犯人未來生機，因此在本質上實與刑罰之目的背道而馳。

三、名譽刑之種類

㈠褫奪公權：

　　1.褫奪公權之意義：**即剝奪犯人所應享之公法上權利能力**。亦即使犯人喪失享有公權之資格，故又稱為資格刑或能力刑。

　　2.褫奪公權之內容：依刑法第 36 條規定，褫奪公權者，褫奪下列資格：

　　　　⑴為公務員之資格：此處所稱之公務員，不能依刑法第 10 條第 2 項所稱之依法令從事於公務之人員，應指依據公務人員任用法任用之人員。至於依據其他有關法令所任用之司法、審計、外交、警察、教育人員、公營事業，或機關聘派人員，以及依法雇用人員，均屬之。凡公務員依刑事確定判決，受褫奪公權刑之宣告者，其職務當然停止（公懲 3 I ②）。故公務員曾犯內亂、外患、貪污罪經判決確定，或曾受褫奪公權之宣告，雖同時緩刑，亦不得任為公務員（司釋 84）。

　　　　⑵為公職候選人之資格：此所稱之「公職候選人」，指凡參與遴選擔任公務之職位者，均屬之。此包括由選民投票選舉之候選人，或由公務機關遴選出任公職之候選人在內。因此被褫奪公

權尚未復權者，不得應考試院所舉行之各種考試（公考7Ⅰ③）。但被褫奪公權，其經宣告緩刑者，在緩刑期內，仍得應省縣公職人員考試，其當選為省縣公職人員者，不得撤銷其資格（36院解3519）。但如因貪污行為經判決確定者，雖受緩刑之宣告，仍須俟緩刑期滿而緩刑之宣告並未撤銷時，始得應任何考試，或任為公務人員（司釋66）。又褫奪公權所褫奪之資格，並不包括服兵役之資格在內（50台非58）。

3. 褫奪公權之期間：

(1)終身褫奪：凡宣告死刑或無期徒刑者，應宣告褫奪公權終身（刑37Ⅰ），此係絕對的且係終身的宣告。採義務宣告主義。有謂既經宣告死刑，其人即將失去生命，根本無從行使公權，乃復宣告褫奪公權終身，法理上似有商榷之餘地。惟若宣告死刑未宣告褫奪公權，萬一遇有被赦免或減刑等情形，則反至可以行使公權，理論上似有未妥，故仍以同時宣告褫奪公權為妥。至於被宣告無期徒刑者，即使被赦免或假釋出獄，仍不得恢復公權，似不甚合理，如日本刑法草案第97條之規定「受喪失資格之宣告者，十年內未受禁錮以上之刑時，視為未受喪失資格之宣告。」使褫奪公權終身之宣告略具彈性，此類規定，可供吾人日後修改刑法之參考。

(2)有期褫奪：凡宣告1年以上有期徒刑，依犯罪之性質認為有褫奪公權之必要者，應宣告1年以上10年以下褫奪公權（刑37Ⅱ），此即相對的或有期的宣告。採職權宣告主義。有期褫奪為出獄後之制裁，期間不宜過長，定為1年以上10年以下。如主刑被宣告1年以下有期徒刑、拘役或罰金時，則不得宣告褫奪公權之從刑。

4. 褫奪公權之宣告：

(1)褫奪公權於裁判時併宣告之（刑37Ⅲ），並應將其期間一併記載於判決主文。如漏未宣告，事後不得補行宣告。

(2)數罪併罰之案件，而有褫奪公權之必要者，須於分別宣告主刑

之下，一併宣告褫奪公權，再定其應執行之主從各刑，若僅於定執行刑載明公權若干年，應認褫奪公權未經合法宣告（43台非45）。

(3)主刑為死刑或無期徒刑者，法官應義務宣告終身褫奪其公權。其主刑為有期徒刑者，因採職權宣告主義，法官可自由斟酌之。又所犯為貪污治罪條例（貪17）及公職人員選舉罷免法（選113II）之罪，而處有期徒刑以上之刑者，亦係義務宣告主義，法官如漏未宣告，其判決則為違法，倘該判決未確定，可以上訴救濟之，如已確定，唯有提非常上訴，以資糾正。

(4)對於少年不得宣告褫奪公權，少年受刑之宣告，經執行完畢或赦免者，適用關於公權資格法令時，視為未曾犯罪（少78）。此為保護少年名譽而設之特別規定。

5.褫奪公權之效力：

(1)褫奪公權之宣告：自裁判確定時發生效力（刑37IV）。受終身褫奪者，縱經假釋，其公權仍然終身褫奪，但依赦免法第6條程序准予復權者，自不在此限。

(2)有期褫奪公權：其期間自主刑執行完畢或赦免之日起算。但同時宣告緩刑者，其期間自裁判確定時起算之（刑37V）。其主刑如依減刑辦法裁定減刑後，仍處有期徒刑6月以上，並宣告褫奪公權之案件，其奪權效力之發生，應自減處徒刑執行完畢之日起算。但減刑裁定所諭知之刑期在減刑前，如已屆滿者，則應自減刑之日起算（33院2798）。

(二)訓誡（Verweis）：

1.訓誡之意義：訓誡為恥辱刑之一。所謂訓誡者，**係在判決宣告時，譴責罪犯過去之不法行為，以戒告其將來行為之刑罰也**。訓誡刑通常以促使犯人產生輕微之恥辱，而喚起犯人之悔悟遷善之心為目的。因此與名譽刑之資格的喪失或停止不同，而屬於一時性之刑罰，可促進犯人更生之效果，而具有高度之刑事政策上之價值。尤以使用於少年法之領域，收效較宏。惟近年以來因少年犯罪之激增與犯罪手段之惡化，已使訓誡

刑逐漸喪失效用。訓誡刑之立法例首推 1889 年義大利刑法之對於初犯者以訓誡代替自由刑之規定。今日採用訓誡刑之國家，大都以適用於不必科罪犯以自由刑或罰金刑之輕微犯罪案件。

　　2.刑法對訓誡之規定：依刑法第 43 條：「受拘役或罰金之宣告，而犯罪動機在公益或道義上顯可宥恕者，得易以訓誡。」按其構成要件，一方面在於代替他種刑，另一方面，須其犯罪動機在公益或道義上顯可宥恕始可。又按刑事訴訟法第 309 條第 4 款，易以訓誡應與科刑判決同時諭知並記載於判決主文，惟此易科純屬審判上所應斟酌之事項，與易科罰金及易服勞役不同。再者少年事件處理法第 42 條第 1 項第 1 款雖將訓誡列爲管訓處分之一，但究其實際，因有保安處分之性質，因此亦與刑法第 43 條刑之代替者有異。

習題：
一、何謂褫奪公權，並問褫奪何種資格？褫奪公權之宣告可分幾種？試說明之。（62 特、67 高檢、73 升、58、71、73 高）
二、試說明褫奪公權之意義。依刑法規定，於何種情形下，要併予宣告褫奪公權？（94 原三）

第三章 刑罰之適用

第一節 各種刑罰之適用

一、刑罰適用之意義

刑罰之適用者，**乃審酌犯罪情狀，依據刑法之規定，對於犯人科以適當刑罰之謂**。刑罰之適用包括刑法總則與刑法分則，此外更有其他特別刑法運用刑法總則之問題，故稱為刑罰之法律上適用。適用刑罰時，不但須求合法，並求適當。所謂合法，即科處之刑罰，須合於刑法規定之法定要件，此包括主刑之重輕順序，科刑輕重之標準，刑之加減免除等。所謂適當，即科處之刑罰須合於法條所規定之精神，即量刑是否適當等問題。

二、刑罰適用之階段

刑罰適用之階段，首先對於一定之犯罪就刑法分則或特種刑法所規定之刑罰之適用，此即「法定刑」之適用，第二為刑罰之刑法總則上適用，此即「處斷刑」之適用，最後為刑罰之裁判上適用，此即「宣告刑」之適用。

㈠**法定刑**：即對於一定之犯罪，就刑法分則，或特種刑法所規定之刑罰之適用。分為二種形態：

1.絕對法定刑（absolute bestimmte Strafdrohung）：即法律嚴格規定應處刑罰之種類及刑度，法官無斟酌之餘地。如刑法有犯罪係採絕對法定刑而科處無期徒刑者有內亂罪之首謀者（刑100 I）。

2.相對法定刑（relative bestimmte Strafdrohung）：即對於一定之犯罪行為，法律僅規定科刑之標準，在此標準內法官可自由選擇適當之刑罰之謂，又稱為彈性刑。刑法分則規定之刑罰，絕大多數均屬相對法定刑。如刑法第 120 條規定，公務員不盡其應盡之責，而委棄守地者，處死刑、

無期徒刑或 10 年以上有期徒刑。強制性交而致被害人於死者，處無期徒刑或 10 年以上有期徒刑（刑 226）、擄人勒贖而故意殺人者，處死刑或無期徒刑或 12 年以上有期徒刑（刑 348 I）。法官得斟酌犯罪情形，在這些法定刑中，自由選擇究應處死刑，或無期徒刑，或 10 年至 15 年之有期徒刑。

㈡**處斷刑：對特定之犯罪行為，具體處斷之刑罰，謂之處斷刑**。即對於一定之犯罪行為，本應依法定刑科處刑罰，但因遇有加重減輕之原因，須將法定刑予以加減然後再決定犯人應得之刑罰之謂。此種情形，多半見於刑法總則規定之中，其情形有二：

　　1.其屬於影響「犯罪情狀」之事由者：如防衛過當（刑 23）、避難過當（刑 24 I）、未遂犯（刑 25）、不能犯（刑 26）、中止犯（刑 27）、幫助犯（刑 30 II）、自首（刑 62）、自白（刑 172）等。

　　2.屬於影響刑罰之「犯罪人之情狀」之事由者：如年齡（刑 18 II III、63）、精神狀態（刑 19 II）、瘖啞人（刑 20）、累犯（刑 47）等。

　　3.法定刑得受多次之修正：如遞加遞減（刑 70）、有加有減（刑 71 I）是。

㈢**宣告刑**：即對於特定之犯罪行為，法官予以宣布之刑罰。即法官應在法定刑或處斷刑（如有刑之加重或減輕之事由時）之範圍內，斟酌量定之。關於宣告刑之決定，立法例上有兩種方法：

　　1.定期刑制度：即法官裁判時，宣告犯人確定之刑期，然後依此刑期而為執行。

　　2.不定期刑制度：法官裁判時，不為一定刑期之宣告，或僅定其刑之最長期與最短期，視其刑之執行效果，再決定予以提前釋放。

　　依我國刑法採定期刑制度，但對於保安處分，依竊盜犯贓物犯保安處分條例第 5 條之規定，因感化教育法定刑為 3 年，執行已滿 1 年 6 個月後，如認無執行必要，可免予執行，故係採不定期之保安處分制。

習題：試以財產法益犯罪為例，說明法定刑與宣告刑之區別？（98 特警四）

<h1 style="text-align: center">第二節　刑之量處</h1>

一、意義

「刑之量處」一詞，簡稱為「量刑」，在刑法上並無此類用語，亦未有一致之解釋，依其文理，大致可歸納為四點說明：

(一) **最狹義**	謂在自由刑及財產刑之內，決定刑期之長短或罰金金額之多寡而言；亦即刑之分量的決定是。
(二) **狹義**	在邏輯上，於決定刑之分量之前，應先選擇刑之種類，而刑種之決定，亦為有罪判決主文之重心，為使刑之決定能得正確不誤之指標，殊有將兩者合併列入考慮之必要。
(三) **廣義**	即應廣泛的承認緩刑之許可，保安處分之適用，刑之加重、減輕或免除等，凡此均直接影響刑之質量，故宜列入量刑之範圍。
(四) **最廣義**	即除了廣義所包含之內容外，凡是刑之宣告時所附隨之一切處分，如換刑處分，易科罰金等均屬之。
結論	因之「刑之量處」的意義，可依廣狹之不同劃分階段以為解釋，一般而言，刑之量處，以指最廣義較為妥適。

二、刑之量處標準

(一)**責任論與量刑標準**：刑之量處的最主要問題在於量刑之基礎上。換言之，即法官在量刑時究以何種事項為根據，其應考慮之內容為何？應採取何種態度以量定刑罰。在理論上言，此一問題乃必然性地與刑事責任有關學說發生關連，今可分析說明如下：

1.刑事責任與刑之量處：刑罰之所以剝奪犯人之生命、自由、財產、名譽等法益係以犯罪之發生為前提，因此國家應對罪與罰有明確之規定，此即罪刑法定主義之基本原則，如無犯罪當不能科處被告以刑罰。由此推論，犯罪之存在係科刑之絕對依據，換言之，所謂犯罪，係負擔刑罰之譴責的行為，亦即負擔刑事責任之行為之意。犯罪一旦成立，刑事責任之程度就已決定，刑罰之質與量就被預先排定，而此種責任是對違法行為之責任，蓋犯罪行為之價值體系，係以違法行為為核心而構成，因之刑罰之體系當亦以此為準據而量定之。

2.行為責任與刑之量處：刑罰係以均衡犯罪為目的之產物，為客觀把握犯罪與刑罰之對應關係，應將犯罪之程度依分類之違法行為依次架構之，再將刑罰之質與量適切地與此違法行為之分類類別相對應。依譴責違法行為程度之不同，以定刑罰之種類及其輕重。如法律上為均衡殺人之犯罪行為，即有死刑、無期徒刑或 10 年以上有期徒刑之規定(刑 271)；對於過失致人於死者即處 2 年以下有期徒刑、拘役或二千元以下罰金(刑 276)。此正說明犯罪與刑罰兩者並非處於個別獨立之關係，而是在有系統的分門別類與客觀而能計算之關係上，衡量違法行為之內容與犯罪行為之程度，以決定刑罰之質與量。換言之，刑罰應以行為責任為基礎而量定之。

3.行為者責任與刑之量處：刑罰係以犯罪之成立為其絕對依據。而刑罰之質與量又須權衡犯罪行為之責任，以法律規定，但此並非意味著刑罰之量處就此決定，蓋科刑之依據雖以違法行為之內容為基礎，但尚須權衡違法行為實施中或實施後，行為者之各種情狀以為決定，因之，如權衡行為者之各種情狀，有時就是犯罪行為之要件業已構成，亦有免除其刑之可能；如竊盜罪之成立雖以竊盜行為所應負之刑事責任為基礎，而預定其應科刑罰之質與量，但如考慮行為者之身分關係，則有親屬間竊盜罪之免除其刑的阻卻責任事由。此外因考慮犯罪行為當時犯罪人之特殊情況或行為後之情況，而有變更刑之質與量者，此即法律上與裁判上刑罰之加重或減輕事由，以及量刑所應審酌之一切情狀，並應注意科刑輕重之標準，如為罰金並應注意犯罪行為人之資力及犯罪所得之利益(刑 57、58)。因此刑之輕重，一方面以犯罪行為之責任為基礎，另一方面尚須考慮犯人之諸般情狀以為決定。

4.行為責任與行為者責任之綜合：刑罰者，以剝奪實施犯罪行為之行為人的法益為對象，因此刑罰質量之決定，究以犯罪行為為根據，或以犯人之一切情狀為考慮之基準，因責任觀點之不同而有差異。如依行為責任主義之說法：即決定刑罰之質量，應以犯罪行為之大小為依據。如依行為者責任主義：則刑罰之質量的決定，應以實施犯罪行為之行為人為考慮之核心，所謂「受罰者並非行為，而係行為者」。因此此種理

論上之對立，一方面刑罰係針對行為者所科之制裁，而加諸犯人之處罰，又係以犯人實施犯罪行為之責任為前提要件，從而負有刑事責任之行為者，始為科刑之對象，然於科刑之際，究竟如何決定其刑之質與量，尚須考慮行為人行為當時及其行為後有關之一切情狀，如犯罪之動機、目的、手段、犯罪時所受之刺激、犯罪行為人之生活狀況、品行、智識程度、與被害人平日之關係、犯罪行為人違反義務之程度，犯罪所生之危險或損害、犯罪後之態度等。故須行為責任與行為者責任綜合考慮，以決定刑罰之質與量，方始正確之道。我國刑法第 57 條係採此論點而制定。

　　㈡**刑罰理論與量刑標準**：量刑標準除了上述之責任論的觀點外，尚可由刑罰理論上發掘其依據，即由刑罰之目的的根本問題找出答案。蓋由於刑罰理論觀點之互異，而可能產生各種不同之量刑標準。如依目的刑論者之主張，認為「刑罰之理想係加諸犯人最小限度之惡害，以矯正其惡性，而達復歸社會為目的」，因之應以「犯人之刑罰適應性」，亦即以「犯人對刑罰之反應性」為量刑之標準。近年以來量刑標準之論說，已有趨於多元之傾向。如前所述除以犯人之行為責任為量刑之最重要標準外，並參以一般預防與特別預防，以決定刑之量處者為多，此如基於道義責任論之報應刑論者所主張，即「古典學派之刑法學者認為刑之量處應以犯罪所具有之違法性與道義之責任為中心」，即「目的主義者所稱之祇以社會之危險性為量刑之標準等論點雖不符刑法之本質，但決定刑事處分之際，殊有注意觀察犯人之性格，並對其社會危險性，即有無再犯之慮，予以慎重考慮之必要。」蓋「犯罪之輕重係量刑之重要標準，而犯罪之輕重雖為違法性與責任大小之對外表示，惟刑罰係以譴責犯罪之觀念為其重心，以加諸於犯人者，除了行為責任外，尚包含有蘊藏於行為責任背後之人格形成的責任要素在內，因此刑之量處，雖不可忽視刑罰之一般預防的作用，但似應以特別預防為重點。」

三、刑法上量刑標準

　　我國刑罰係採相對法定主義，以補救擅斷及絕對法定主義之缺陷。故於刑法分則上，除有極少數唯一法定刑之外，對各種犯罪大多規定以

不同之數種刑罰，並在各刑罰之內再賦予法官以量刑之範圍，使法官按照犯罪情節及其經驗法則，予以適當之科刑，法官在科刑判決時，首須選定其科處之刑罰，再就該刑罰之法定範圍內量刑，倘遇法定加重、減輕之事由時，應否加重或減輕亦委由法官之自由裁定，因此我國法官科刑時自由裁量權之範圍頗廣，稍有不慎，極易流於專擅。如何在用法量刑上求其公平妥適，不得不有一定之標準。我國刑法乃仿多數國家之立法例，設有量刑時應行注意事項，即所謂科刑輕重之標準。此種標準可分為二類：即一般標準與科處罰金之補充標準：

㈠**一般科刑輕重標準**：依刑法第 57 條規定：「科刑時，應審酌一切情狀，尤應注意左列各項，為科刑輕重之標準。」所謂一切情狀，指全盤情形而言，包括刑事政策之目標，刑罰之目的，犯人對刑罰之感應力等，即除了考慮刑罰之一般預防外，尚須注意其特別預防之作用。而非僅注意下列十款為限：

1.犯罪之動機、目的：即犯罪之原因，故意犯必有動機，過失犯則無動機，動機起於犯意之前，如殺人動機，有仇殺、情殺、或為謀財，或激於義憤而殺人、或出於一時之衝動。因動機不同，量刑當有區分。

在犯罪之目的上：即犯罪之企圖，如竊盜之目的，或為一時之飢寒，或為供揮霍等，各有不同，量刑自有軒輊。

2.犯罪時所受之刺激：即犯罪時所受外來之鼓勵或感觸。如同為殺人，或激於義憤，或因無端受辱，或因精神之亢奮，或受人挑唆是。各人犯罪所受刺激之不同，其科刑自應衡量。

3.犯罪之手段：即犯罪所使用之方法，如同為殺人，有以毒藥殺人，以兇刀砍殺被害人肢體分離，其惡性深淺自有不同，在科刑時，自應詳為審酌。

4.犯罪行為人之生活狀況：即犯罪行為人之日常生活情形，犯人之生活狀況與犯罪之原因有直接之關連，如飽暖思淫慾，飢寒起盜心，量刑時自應注意。

5.犯罪行為人之品行：犯人之品德與素行、品行良好者，其若犯罪，多係偶然；而品行不良者，其若犯罪，多有慣性，其量刑輕重，自有區

別。

　　6.犯罪行為人之智識程度：即犯人之智識高低與是非分辨之程度，如知法犯法而明知故犯，或未受教育知慮淺薄而誤蹈法網，量刑均有不同。

　　7.犯罪行為人與被害人之關係：即犯人與被害人之間有無親屬關係，朋友、師生、或有恩怨之關係等，如恩將仇報，為父報仇，因倫理道德評價之不同，量刑自受影響。

　　8.犯罪行為人違反義務之程度：邇來處罰違反義務犯罪之法規日益增多（如電業法第 107 條），而以違反注意義務為違法要素之過失犯罪發生率，亦有增高趨勢（如車禍案件，醫療糾紛案件），犯人違反注意義務之程度既有不同，其科刑之輕重，亦應有所軒輊，又就作為犯與不作為犯（如本法第 149 條）而言，其違反不作為義務或作為義務之程度，亦宜審酌以為科刑之標準。爰參酌德國立法例（現行刑法第 46 條(2)）增訂第 8 款規定「犯罪行為人違反義務之程度」，以利具體案件量刑時審酌運用。

　　9.犯罪所生之危險或損害：即犯罪行為對外界所生之影響及結果。實害犯之處罰應重於危險犯，因犯罪而受害較大或危險較深者，應重於受害較輕或危險較小者。

　　10.犯罪後之態度：犯罪後有無悔悟之態度，其已知悔悟者量刑從輕，怙惡不悛者，處罰宜重。

　　㈡**補充標準**：科處罰金時，除應注意一般標準外，依刑法第 58 條之規定：「並應審酌犯罪行為人之資力及因犯罪所得之利益。如所得之利益，超過罰金最多額時，得於所得利益之範圍內，酌量加重。」可分兩點說明：

　　1.犯罪行為人之資力：即科罰金刑時應考慮犯罪行為人之資力，其經濟狀況富裕者，不妨科以較高額之罰金，貧困者，則可科以較少之金額。以免無法繳納時，必須易服勞役，而失卻設立罰金刑之本旨。

　　2.因犯罪所得之利益：如所得之利益超過罰金最多額時，得於所得利益之範圍內酌量加重。蓋罰金之作用，一方面在警戒貪婪，一方面在

剝奪犯罪所得之不法利益，若不法之所得，超過各該罪罰金之最多額時，勢須於最高限度以外，加重處罰，始合科罰金之本旨。

習題：
一、試述我國刑法關於量刑標準之主要規定，並評論之。（54 高）
二、刑法規定量刑時應注意什麼事項？（92 公三）

第三節　主刑重輕之順序

　　刑法僅規定主刑有輕重之分，而缺從刑。刑罰之重輕與刑罰之適用關係重大。如刑法第 2 條第 1 項規定法律有變更時，比較刑罰之輕重，適用最有利於行為人之法律。又第 55 條規定，想像競合犯從一重處斷。其他如刑事訴訟程序之進行（刑訴 254、296、459），均與刑罰之輕重有相當關係。其順序依刑法第 35 條規定之分析如下：

一、不同主刑之重輕

(一) **重輕之順序**	主刑之重輕，依第 33 條規定之次序定之（刑 35 I），即其順序為：1.死刑為最重；2.無期徒刑次重；3.有期徒刑又次之；4.拘役再次之；5.罰金為最輕。
(二) **舉例**	如刑法第 271 條第 1 項殺人罪，處死刑、無期徒刑或 10 年以上有期徒刑；第 278 條第 2 項傷害致人於死罪，處無期徒刑或 7 年以上有期徒刑，二者比較，自以殺人罪為重。至於從刑無所謂比較，故本條規定不適用於從刑。

二、同種主刑之重輕

同種之刑（即指有期徒刑與罰金之同種主刑），以最高度之較長或較多者為重。最高度相等者，以最低度之較長或較多者為重（刑 35II）。有兩種比較方式：

(一) **比較最高度**	即以法定刑期之較長或金額較多者為重：1.有期徒刑以最高度之較長者為重：如刑法第 210 條偽造私文書罪，處 5 年以下有期徒刑，第 211 條偽造公文書罪，處 1 年以上 7 年以下有期徒刑。二者刑種同為有期徒刑，但以偽造公文書罪最高度之刑期較長，是以該罪為重。

	2.罰金以最高度之較多者爲重：如刑法第 254 條販賣偽造仿造商標商號之貨物罪，處二千元以下罰金，第 266 條之賭博罪，處一千元以下罰金。二者主刑同爲罰金，自以第 254 條所定之最高額較多爲重。
(二) **最高度相等者，比較最低度**	即法定刑爲同種類之刑，其最高度刑期相等者，則以刑之最低度相比較，以其刑期較長者爲重。 1.有期徒刑之最高度相等者，以最低度之較長者爲重：如刑法第 210 條之偽造私文書罪，處 5 年以下有期徒刑。第 325 條第 1 項搶奪罪，處 6 月以上 5 年以下有期徒刑，二者刑種同爲有期徒刑，最高度亦均 5 年以下，但最低度以搶奪罪之 6 月以上較偽造私文書罪之 2 月以上爲長，是以搶奪罪爲重。 2.罰金只能比較最高度，無最低度之比較：罰金依刑法分則之規定，其最低度均爲一千元以上，故只能依最高度比較，如最高度相同，則依如下標準定之：

三、不能依前二項定重輕之補充規定

㈠**刑法第 35 條第 3 項規定**：刑之重輕，以最重主刑爲準，依前二項標準定之。最重主刑相同者，參酌下列各款標準定其輕重：

　　1.有選科主刑者與無選科主刑者，以無選科主刑者爲重。

　　2.有併科主刑者與無併科主刑者，以有併科主刑者爲重。

　　3.次重主刑同爲選科刑或併科刑者，以次重主刑爲準，依前二項標準定之。

㈡**上項規定於民國 94 年修正，修正理由爲**：原第 3 項規定，對於刑之重輕之判斷標準似過於簡略。蓋判斷刑之重輕，情形至爲複雜，現行規定幾等於未設標準；且「得依犯罪情節定之」，更有違法理。爲便於未來刑之重輕判斷更趨明確，茲就實務適用情形，分別規定如下：

　　1.各罪法定刑之重輕，應以最重主刑爲準，依第一項、第二項之標準定其輕重。

　　2.二罪之最重主刑相同，而不能依第 1 項、第 2 項之標準定其重輕者，如一罪有選科主刑者，他罪並無選科主刑者，則以無選科主刑者爲重。

　　3.二罪之最重主刑相同，而不能依第 1 項、第 2 項之標準定其重輕

者，如一罪有併科主刑者。他罪並無併科主刑者，則以有併科主刑者爲重。

　　4.二罪之最重主刑相同，而其次重主刑同爲選科刑或併科刑者，以次重主刑爲準，依第 1 項、第 2 項之標準定其重輕。

習題：各種主刑應如何定其輕重，其標準爲何？試說明之。（53、70、73、79 普、89 特司三）

第四節　刑罰之加重

　　刑罰之加重者，即法官對於一定之犯罪，因某種法定之原因，在刑罰之裁量範圍內，依法定或職權，予以加重其刑之謂。刑罰之加重情形有二：

一、法律上加重

　　所謂法律上加重者，即法官量刑時，依法律規定之原因，而加重其刑之謂。又可分爲：

　　㈠**一般加重**：所謂一般加重者，即基於刑法總則所規定之原因，而加重其刑之宣告，適用於具備此項條件之任何犯罪之謂。其情形如：累犯，應加重本刑至二分之一（刑 47）。

　　㈡**特別加重**：所謂特別加重者，即基於刑法分則或特別刑法之規定，對於特定犯罪，加重其刑之謂。其情形爲：

　　　1.因犯人之身分而加重者：

　　　　⑴公務員假借職務上之權力、機會或方法，以故意犯瀆職罪以外之罪者，加重其刑至二分之一（刑 134）。

　　　　⑵公務員包庇他人犯意圖使男女與他人爲性交或猥褻之行爲者，加重其刑至二分之一（刑 231Ⅳ）。

　　　　⑶公務員包庇他人犯鴉片罪、或賭博罪者，加重其刑至二分之一（刑 264、270）。

　　　2.因被害人之身分而加重者：

⑴意圖陷害直系血親尊親屬，而犯誣告或偽造、變造證據或使用
　之罪者，加重其刑至二分之一（刑170）。

⑵對於直系血親尊親屬犯侵害墳墓屍體之罪者，加重其刑至二分
　之一（刑250）。

⑶對直系血親尊親屬犯第 294 條之遺棄罪者，加重其刑至二分之
　一（刑295）。

⑷對直系血親尊親屬犯剝奪行動自由或傷害罪者（刑280、303）。

3.特別刑法規定加重其刑，舉例如下：

⑴貪污治罪條例第 7 條：有調查、追訴或審判職務之人員，犯第
　4 條第 1 項第 5 款或第 5 條第 1 項第 3 款之罪者，加重其刑至
　二分之一。

⑵妨害兵役治罪條例第 13 條第 3 項：連續犯第 1 項第 2 項之罪者，
　加重其刑至三分之二。

⑶少年事件處理法第 85 條：成年人教唆、幫助或利用未滿 18 歲
　之人犯罪或與之共同實施犯罪者，依其所犯之罪，加重其刑至
　二分之一。

二、裁判上加重

　　裁判上加重者，即基於裁判上之量定而加重其刑。刑法對於自由刑，
除法律規定之加重外，不得軼出法定刑之範圍，酌量加重。但對於罰金，
則應審酌犯罪行為人之資力及因犯罪所得之利益，如所得之利益，超過
罰金最多額時，得於所得利益範圍內酌量加重（刑58）。

習題：刑罰之加重，其情形有幾？刑法總則所定應加重與得加重其刑之要
　　　件為何？（69普）

第五節　刑罰之減輕

　　刑罰之減輕者，即法官對於一定之犯罪，因某種法定之原因，在刑
罰之裁量範圍內，依法定或職權，予以減輕其刑之謂。刑罰之減輕情形

有二：

一、法律上減輕

　　所謂法律上減輕者，即法官量刑時，基於法定之原因，予以減輕其刑之謂。又分爲：

　㈠**一般減輕**：所謂一般減輕者，即基於刑法總則所規定之原因，而減輕其刑之宣告，適用於具備此項條件之任何犯罪之謂。其情形有二：

　　1.得減輕其刑者：法律規定減輕之原因，但得由法官依職權裁量者，稱爲得減，又稱爲「相對減輕主義」。

　　　⑴因法律要素不完全者：不知法律（刑16）。

　　　⑵因犯罪主觀要素不完全者：

　　　　①14歲以上未滿18歲人之行爲（刑18Ⅱ）。

　　　　②滿80歲人之行爲（刑18Ⅲ）。

　　　　③行爲時因精神障礙或其他心智缺陷致辨識能減低（刑19Ⅱ）。

　　　　④瘖啞人之行爲（刑20）。

　　　⑶因犯罪客觀要素不完全者：

　　　　①正當防衛過當（刑23）。

　　　　②緊急避難過當（刑24）。

　　　⑷因犯罪之狀態者：

　　　　①一般未遂犯（刑25）。

　　　　②幫助犯（刑30）。

　　　⑸因犯罪後之態度者：自首（刑62）。

　　2.必減輕其刑者：即法律規定減輕之原因，法官無自由審酌之餘地，必須予以減輕之謂，又稱爲「絕對減輕主義」。

　　　⑴因犯罪之狀態者：中止未遂犯（刑27）。

　　　⑵因年齡之特例減輕：未滿18歲或滿80歲人犯死刑或無期徒刑
　　　　之罪者（刑63）。

　㈡**特別減輕**：所謂特別減輕者，即基於刑法分則或特別刑法之規定，對於特定犯罪，減輕其刑之謂。其情形爲：

1.得減輕其刑者：

　(1)犯行賄罪而自白者（刑 122Ⅲ後段）。

　(2)親屬間犯便利脫逃罪者（刑 162Ⅴ）。

　(3)犯和誘罪、略誘罪，移送被誘人出國罪或收受、藏匿被誘人或使之隱避罪，於裁判宣告前送回被誘人或指明所在地，因而尋獲者（刑 244）。

　(4)犯略誘婦女結婚罪、移送被略誘人出國罪或收受、藏匿或隱避被略誘人罪，於裁判宣告前，送回被誘人或指明所在地，因而尋獲者（刑 301）。

　(5)犯擄人勒贖罪，取贖後而釋放被害人者（刑 347Ⅴ）。

2.必減輕其刑者：

　(1)預備或陰謀犯內亂罪而自首者（刑 102）。

　(2)犯行賄罪而自首者（刑 122Ⅲ前段）。

　(3)犯參與犯罪結社而自首者（刑 154Ⅱ）。

　(4)犯湮滅證據罪，於他人刑事被告案件裁判確定前自白者（刑 166）。

　(5)親屬間圖利犯人或脫逃人，而犯藏匿犯人或湮滅證據罪者（刑 167）。

　(6)犯偽證或誣告罪，於裁判或懲戒處分確定前自白者（刑 172）。

　(7)犯擄人勒贖罪，未經取贖，而釋放被害人者（刑 347Ⅴ）。

　(8)犯貪污治罪條例第 4 條至第 6 條各款之罪，自首或自白者（貪 8）。

　(9)依貪污治罪條例第 11 條犯行賄罪而自首者免除其刑，在偵查或審判中自白者採減輕或免除其刑。

習題：我國刑法總則規定之一般得減輕其事由有幾？試列舉說明之。（92 公三）

二、裁判上減輕

　　所謂裁判上減輕者，即法官依其職權，酌量減輕法定刑度之謂。亦稱酌量減輕。其情形有二：

　㈠**酌量減輕**：刑法第 59 條規定：「犯罪之情狀顯可憫恕，認科以最低度刑仍嫌過重者，得酌量減輕其刑。」本條係為救濟法定刑過重而設，

此所謂「犯罪情狀」，指本法第 57 條所列各款及其他一切與犯罪有關之情狀而言。所謂「可憫恕」，指情輕法重，依法定最低度刑科處，猶嫌過重情形。

因此本條與第 57 條之情形不同，第 57 條為法定刑度範圍內量刑之標準。本條則為酌減其刑之規定，依本條之酌減，必減至法定刑範圍以外，如酌減後之刑，仍不軼出法定刑之範圍，則與酌減之本旨不合。酌減時應於裁判上附相當之理由（刑訴 310IV）。

(二)**同時併減**：刑法第 60 條規定：「依法律加重或減輕者，仍得依前條（第 59 條）之規定，酌量減輕其刑」。即依前述法律上加重或減輕者，如認其犯罪情狀顯可憫恕，仍得加減之後，適用第 59 條規定，酌減其刑。又依減刑辦法減刑後，亦得同時適用刑法第 60 條之規定，依 59 條再為減輕。

如精神耗弱人之犯罪，依第 19 條規定減輕後，如認其犯罪情狀顯堪憫恕，得再依第 59 條規定，酌減其刑。又如某甲為累犯，依第 47 條加重其刑至二分之一後，如認其犯情堪憫，仍得依第 59 條酌減其刑至二分之一；惟依刑法第 60 條規定，同時適用法律加重與減輕時，應依第 70 條及第 71 條有關加減之順序。

家住台北縣板橋市的蔡某，目睹同居女友蔡××與男性友人張某接吻，蔡某憤而甩女友耳光，造成女友左耳全聾，最高法院昨輕判 2 年定讞，理由是女方先違反男女交往的「忠誠法則」，因此蔡某犯行「情堪憫恕」。因此酌予減刑、未予重判。
（見 2010 年 12 月 17 日，自由時報，A2）

三、裁判上減輕與法律上減輕之不同

	裁判上減輕	法律上減輕
(一) 意義不同	法律上減輕者，即法官量刑時，基於法定原因，予以減輕其刑。	裁判上減輕者，犯罪之情狀顯可憫恕者，得酌量減輕其刑。
(二) 法律不同	法律上減輕之依據如刑法第 16 條、18 條至第 20 條、23 條、24 條，以及總則分則其他有關減刑	裁判上減輕係依據刑法第 59 條及 60 條。

	之規定。	
(三) 原因不同	法律上減輕，祇須具備法定要件，即可減輕本刑。	裁判上減輕，必須犯罪情狀顯可憫恕，科以法定最低度之刑，猶嫌過重，始得爲之。

習題：刑罰之減輕有法律上減輕與裁判上減輕，試說明其異同。（39 高、77 基乙）

第六節　刑罰之不罰與免除

刑罰之免除者，即法官對於一定之犯罪，因某種法定之原因，在刑罰裁量之範圍內，依法定或職權，予以免除其刑之謂。刑罰之免除，其情形有法律上免除與裁判上免除兩種：

一、刑法規定不罰之事由

(一)**欠缺責任要素**：行爲非出於故意或過失者，不罰（刑12 I ）。

(二)**違法阻卻**：

1.依法令行爲：依法令之行爲，不罰（刑21 I ）。依所屬上級公務員命令之職務上行爲，不罰。但明知命令違法者，不在此限（刑21II）。

2.業務上正當行爲：業務上之正當行爲，不罰（刑22）。

3.緊急避難行爲：因避免自己或他人生命、身體、自由、財產之緊急危難而出於不得已之行爲，不罰。（刑24 I 前段）。

(三)**欠缺刑責**：

1.未滿14歲人之行爲，不罰（刑18 I ）。

2.行爲時因精神障礙或其他心智缺陷，致不能辨識其行爲違法或欠缺依其辨識而行爲之能力者，不罰（刑19 I ）。

(四)**不能未遂犯**：行爲不能發生犯罪之結果，又無危險者，不罰（刑26）。

二、法律上免除

所謂法律上之免除者，即法官量刑時，基於法定之原因，予以免除其刑之謂。又可分爲：

㈠**一般免除**：所謂一般免除者，即基於刑法總則所規定之原因，而免除其刑之宣告，適用於具備此項條件之任何犯罪之謂。其情形有二：

1.得免除其刑：

⑴有正當理由而無法避免時，得因不知法律而免除其刑（刑 16）。

⑵正當防衛行為過當者----得減輕或免除其刑（刑 23 但）。

⑶緊急避難行為過當者----得減輕或免除其刑（刑 24 但）。

2.或免除其刑：

⑴法律變更者：處罰或保安處分之裁判確定後，未執行或執行未完畢，而法律有變更，不處罰其行為或不施以保安處分者，免其刑或保安處分之執行（刑 2Ⅲ）。

⑵中止未遂犯：已著手於犯罪行為之實行，而因己意中止，或防止其結果之發生者----減輕或免除其刑（刑 27）。

㈡**特別免除**：所謂特別免除者，即基於刑法分則或特別刑法之規定，對於特定犯罪，免除其刑之謂。其情形為：

1.得免除其刑：

⑴外國裁判已服刑者：同一行為雖經外國確定裁判，仍得依本法處斷。但在外國已受刑之全部或一部執行者，得免其刑之全部或一部之執行（刑 9）。

⑵保安處分執行之免除：依第 86 條第 2 項、第 87 條第 2 項規定宣告之保安處分，其先執行徒刑者，於刑之執行完畢或赦免後，認為無執行之必要者，法院得免其處分之執行；其先執行保安處分者，於處分執行完畢或一部執行而免除後，認為無執行刑之必要者，法院得免其刑之全部或一部執行（刑 98 Ⅰ）。依第 88 條第 1 項、第 89 條第 1 項、第 90 條第 1 項、第 91 條第 2 項規定宣告之保安處分，於處分執行完畢或一部執行而免除後，認為無執行刑之必要者，法院得免其刑之全部或一部執行（刑 98Ⅱ）。

⑶謀為同死而參與自殺罪----得免除其刑（刑 275Ⅲ）。

⑷親屬間犯竊盜罪者----得免除其刑（刑 324 Ⅰ）。

⑸親屬間犯侵占罪者----得免除其刑（刑 338）。

(6)親屬間犯詐欺背信及重利罪者----得免除其刑（刑343）。

(7)親屬間犯贓物罪者----得免除其刑（刑351）。

2.必免除其刑：

(1)因疾病或保全生命而犯墮胎罪者----免除其刑（刑288III）。

(2)依貪污治罪條例，對於依據法令從事公務之人員，犯違背職務之行為行賄罪而自首者----免除其刑（貪11IV）。

3.或免除其刑：

(1)犯預備內亂罪而自首者----減輕或免除其刑（刑102）。

(2)犯行賄罪而自首者----減輕或免除其刑（刑 122III）。依貪污治罪條例，於犯罪後自白者----減輕或免除其刑（貪10IV）。

(3)犯參與犯罪結社而自首者----減輕或免除其刑（刑154II）。

(4)犯湮滅證據罪，於裁判確定前自白者----減輕或免除其刑（刑166）。

(5)親屬間犯藏匿人犯或湮滅證據罪者-----減輕或免除其刑（刑167）。

(6)犯偽證或誣告罪，於裁判或懲戒處分確定前自白者----減輕或免除其刑（刑172）。

習題：我國刑法所稱之「不罰」、「免除其刑之執行」的概念為何？又刑法總則內「不罰」的事由為何？試說明之。

二、裁判上免除

所謂裁判上之免除者，即法官依其職權，酌量免除其刑之謂。亦稱酌免。

㈠**免除其刑之規定**：刑法第 61 條規定：犯下列各罪之一，情節輕微，顯可憫恕，認為依第 59 條規定減輕其刑（裁判上減輕），仍嫌過重者，得免除其刑。

1.最重本刑為 3 年以下有期徒刑、拘役、或專科罰金之罪，但第 132 條第 1 項公務員故意洩露國防以外之秘密罪，第 143 條投票受賄罪，第 145 條利誘投票罪，第 186 條違禁製造販賣持有危險物罪，第 272 條第 3 項預備殺直系血親尊親屬罪，及第 276 條第 1 項過失致死罪等不在此限。

2.第 320 條、第 321 條之竊盜罪。

3.第 335 條、第 336 條第 2 項之侵占罪。

4.第 339 條、第 341 條之詐欺罪。

5.第 342 條之背信罪。

6.第 346 條之恐嚇罪。

7.第 349 條第 2 項之贓物罪。

㈡**免除其刑之要件**：

1.所犯須爲第 61 條所列七款之罪：第 61 條第 1 款注重在刑，以所犯爲最重本刑在 3 年以下有期徒刑、拘役或專科罰金之罪爲限，如有加重情形，在刑法總則上之加重事由，如累犯，縱加重後最重本刑超過 3 年以上有期徒刑，仍屬第一款之案件，自得酌免其刑。但如爲刑法分則所規定之加重，加重結果，其最重法定本刑超過 3 年以上有期徒刑時，即非本條第一款案件，不得酌免其刑。

至於第 2 款至第 7 款所列舉之罪，係重在罪名，非如第一款之以刑度爲準。故有無加重或刑度是否超過 3 年以上有期徒刑，均可不問。

2.所犯須情節輕微，顯可憫恕：即指犯罪之情節甚爲輕微，顯然值得憫惻及宥恕而言。

3.須依第 59 條規定減輕其刑仍嫌過重：法官認爲所犯罪之法定刑與實際犯罪情節不相適應，雖依第 59 條規定酌減其刑，仍嫌過重時，即得免除其刑。

習題：刑法第 61 條所定酌免其刑之要件為何？試說明之。（53、70 高）

第七節　刑罰之加減例

一、一種主刑之加減標準

刑法分則規定之主刑爲法定本刑，遇有加重或減輕時，其法定刑應加至或減至何種程度，其標準如下：

㈠**加重之標準**：

1.死刑不得加重（刑 64 I）：死刑爲刑之極端，不容再加，亦無可再加。

2.無期徒刑不得加重（刑65 I ）：無期徒刑爲自由刑之最重者，其上雖有死刑，但一爲自由刑，一爲生命刑，兩者性質不同，故無期徒刑不能再加重。

3.有期徒刑加重者，其最高度及最低度同時加重之，但不得逾 20 年（刑33 I ③）：如法定本刑爲 1 年以上 7 年以下有期徒刑。1 年爲最低度，7 年爲最高度，如係累犯，加重二分之一，則最低度加爲 1 年 6 月，最高度加爲 10 年 6 月，再在 1 年 6 月以上 10 年 6 月以下之刑度內，量定其宣告刑。惟最高度不得逾 20 年。

在刑法分則有僅規定有期徒刑之最高度，而無最低度者，如處 5 年以下有期徒刑，亦有僅規定最低度而無最高度者，如處 5 年以上有期徒刑是。於此情形，應以 2 月爲其最低度，15 年爲其最高度而加減之（刑33 I ③）。

4.拘役加重者，僅加重其最高刑(刑68)，但不得逾 120 日(刑33 I ④)：蓋拘役之最低度爲 1 日以上，如加重其刑二分之一，則爲 1 日半，按刑之加重、減輕，而有不滿 1 日之時間，依法不算（刑72），故雖加至 1 日半，仍算 1 日，因拘役乃明定僅加重其最高度，而不及最低度，惟加重之最高度，亦不得逾 120 日之限度。

5.罰金加重者，其最高度及最低度同加重（刑67）：蓋罰金之最低度爲一千元以上，如加重其刑二分之一，則爲一千五百元。

㈡減輕之標準：

1.死刑減輕者，爲無期徒刑（刑64II ）。

2.無期徒刑減輕者，爲 20 年以下 15 年以上有期徒刑（刑65II ）：無期徒刑本爲終身監禁，其減輕改爲有期徒刑時，最低度爲 15 年以上有期徒刑，至最高度應爲 20 年以下（刑33 I ③）。

3.有期徒刑、拘役，罰金減輕者，減輕其刑至二分之一，但同時有免除其刑之規定者，其減輕得減至三分之二(刑66)：刑法關於刑之加重，均於條文上同時規定其加重之幅度，如「加重其刑至二分之一」（刑47、134），而於刑之減輕，則未予明文規定其減輕之幅度，而只規定曰：「減輕之」或「減輕其刑」（刑16），故有本條之規定。凡於總則或分則條文，定有減輕之規定者，無論其爲得減或必減，均減輕其刑至二分之一。即

最多減輕二分之一之謂。有期徒刑之最低度雖為 2 月以上，但遇有減輕時，得減至 2 月未滿（刑33）。

又所謂「同時有免除其刑之規定」，係指刑法總則或分則條文中，同時有「減輕或免除其刑」之規定而言。如刑法第 23 條但書規定是。有此情形，則得減輕其刑至三分之二（刑66）。

4.有期徒刑減輕者，其最高度及最低度同減輕之（刑67）：如偽造有價證券罪（刑201）應處 3 年以上 10 年以下有期徒刑，減輕其刑二分之一時，即成為 1 年 6 月以上 5 年以下有期徒刑是。如因減輕之結果減至二月未滿，亦屬無妨（刑33）。

5.拘役減輕者，僅減輕其最高度（刑68）：拘役之法定最低度為 1 日，一經減輕，則不滿 1 日，而不滿 1 日之時間不予計算，故減輕只就其最高度減輕之。

6.罰金減輕者，其最高度及最低度同加減之（刑67）：因罰金之法定最低額修正為一千元，故減輕只就其最高度最低度同減輕之。

7.酌量減輕其刑者，準用減輕其刑之規定（刑73）：凡裁判上酌量減輕其刑者，其減輕之限度及方法，均準用法律上減輕之規定，即死刑酌減者，得減為無期徒刑。無期徒刑酌減者，得減為 20 年以下 15 年以上有期徒刑。有期徒刑或罰金酌減者，就其最高度與最低度同減二分之一。拘役酌減者，就其最高度減輕二分之一。

二、二種以上主刑之加減標準

㈠**加重之標準**：有二種以上之主刑者，加重時併加重之（刑 69）：如竊盜罪（刑320Ⅰ），其法定刑為 5 年以下有期徒刑、拘役或五百元以下罰金。其主刑包括有期徒刑、拘役、罰金三種。若因加重其刑至二分之一，則其處斷刑應為有期徒刑 7 年 6 月以下 3 月以上，拘役 90 日未滿，罰金七百五十元以下。

又所謂二種以上之主刑，係指某罪之法定刑有二以上主刑而言。此二以上主刑，包括選科（如前述竊盜罪之三種主刑）及併科（如詐欺罪，法定刑為 5 年以下有期徒刑、拘役或科或併料一千元以下罰金）在內。

㈡**減輕之標準**：有二種以上之主刑者，減輕時併減輕之（刑 69）：如殺人罪之主刑爲「死刑、無期徒刑或十年以上有期徒刑」三種（刑 271 I）。若有減輕，則一併予以減輕，而其處斷刑爲「無期徒刑或 5 年以上有期徒刑」是。

三、刑罰加減之順序

㈠**二種以上刑之加減順序**：有二種以上刑之加重或減輕者，遞加或遞減之（刑 70）。

1. 有二種以上刑之加重原因者，遞加之：所謂二種以上刑之加重原因者，即犯人所犯之罪，兼有刑法規定之數種加重原因之謂。所謂遞加，即將法定刑加重後，再就加成之數加重之。以傷害罪具有累犯及被害者爲直系血親尊親屬爲例：

傷害罪處 3 年以下有期徒刑、拘役或一千元以下罰金（刑 277 I）。

累犯加重其刑二分之一：處 4 年 6 月以下有期徒刑、拘 90 日、或一千五百元以下罰金。

被害人爲直系血親尊親屬，又加重二分之一，則處 6 年 9 月以下有期徒刑、拘役 120 日（最高），二千二百五十元以下罰金，量刑則依已加刑之範圍量定之。

2. 有二種以上刑之減輕原因者，遞減之：所謂二種以上刑之減輕原因者，即犯人所犯之罪，兼有刑法規定之數種減輕之原因之謂。所謂遞減，即將法定刑減輕後再就減成之數減輕之。以竊盜罪，具有自首再因情節可憫恕爲例：

竊盜罪，處 5 年以下有期徒刑、拘役或五百元以下罰金（刑 320）。

自首減輕其刑二分之一：則處 2 年 6 月以下有期徒刑、拘役 30 日、或二百五十元以下罰金。

又因情節可憫恕，再減二分之一，應處 1 年 3 月以下有期徒刑、拘役 15 日或一百二十五元以下罰金，量刑則依已減刑之範圍量定之。

3. 有二種以上刑之減輕原因，而其減輕之數，有多少之不同時，則先依較少之數減輕之（刑 71）：即減輕之幅度有二分之一與三分之二之不

同（刑66），此兩數相較，二分之一較少，三分之二較多。若遇多次減輕，有少有多時，應先減輕二分之一，後減輕三分之二。如以殺人之中止犯而自首爲例，中止未遂得減至三分之二（刑27），自首得減至二分之一（刑62），其減輕之順序爲：

第一次減輕二分之一：即先將殺人罪之法定本刑死刑、無期徒刑或10年以上有期徒刑，按自首減輕減爲無期徒刑或5年以上有期徒刑。

第二次減輕三分之二：再將無期徒刑或5年以上有期徒刑依中止未遂減輕爲15年以下，1年8月以上有期徒刑。然後在此範圍內量定宣告刑。

㈡**加減競合之順序**：同一犯罪之刑，同時有加重及減輕原因存在者，先加後減（刑71Ⅰ）。此稱之爲「加減競合」。先加後減，較先減後加對於犯人有利，如死刑、無期徒刑依規定不得加重（刑64、65），先加後減，先加等於不加，實際上只有減而不加。反之如先減後加，則加減均可生結果，對被告極不利。如海盜而故意殺人罪，法定刑爲死刑或無期徒刑（刑334Ⅰ），其加減順序爲：

第一次先加：因死刑與無期徒刑均不得加重（刑64、65）。

第二次後減：減輕其刑爲無期徒刑或15年以上有期徒刑（刑64、65）。

四、加減後之零數

刑法第72條規定：「因刑之加重、減輕，而有不滿一日之時間或不滿一元之額數者，不算。」此指徒刑或拘役，遇有多次加重或減輕時，其結果如有不滿一日之時間，則不予計算。如罰金，遇有多次加重或減輕時，其結果如有不滿一元之額數者，亦不予計算。

第八節　累　犯

一、累犯之意義

㈠**累犯之規定**：累犯（Rückfall, reiteration）者，**累次重覆犯罪之意**，其再犯一次者稱爲再犯，因累次反覆而稱三犯、四犯，因此累犯係再犯以

上之總稱，又有認爲此係廣義之累犯。但在我國刑法上所稱之累犯須具備一定之要件，依第 47 條第 1 項規定：「受徒刑之執行完畢，或一部之執行而赦免後，五年以內故意再犯有期徒刑以上之罪者爲累犯，加重本刑至二分之一。」第 2 項規定：「第 98 條第 2 項關於因強制工作而免其刑之執行者，於受強制工作處分之執行完畢或一部之執行而免除後，五年以內故意再犯有期徒刑以上之罪者，以累犯論。」我國刑法所規定之定義，又有稱爲狹義之累犯。

累　犯

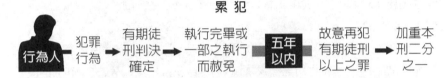

(二)**累犯之立法理由**：

　　1.累犯之加重，係因犯罪行爲人之刑罰反應力薄弱，需再延長其矯正期間，以助其重返社會，並兼顧社會防衛之效果。參之同爲大陸法系之國家所採。惟可因行爲人惡性之程度酌予量處適當之刑。

　　2.犯罪行爲人之再犯係出於故意者，固有適用累犯加重規定之必要；惟若過失再犯者因難據以確認其刑罰反應力薄弱，故宜以勸導改善等方式，促其提高注意力以避免再犯，而不宜遽行加重其刑，故第一項限制以故意再犯者爲限，方成立累犯。

　　3.保安處分本有補充或代替刑罰之功用，爲配合第 98 條第 2 項增訂強制工作處分與刑罰之執行效果得以互代，爰參採竊盜犯贓物犯保安處分條例第 7 條之立法體例，於本條第 2 項增訂擬制累犯之規定。

二、累犯之成立要件

(一)**初犯須為徒刑**：即前犯之罪須受有期徒刑以上刑之執行。本條所認爲累犯者，以徒刑爲限，死刑一經執行，便無回復之望，不可能再犯，但如死刑經赦免而改爲無期徒刑，或有期徒刑者，仍得爲累犯。至於無期徒刑監禁終身，雖無累犯問題，然其刑之一部份免除者，自仍可爲累犯，至前科之罪宣告徒刑而准易科罰金時，因易科罰金執行完畢，其所

宣告之刑以已執行論（刑 44），故仍得成立累犯。反之如受罰金之宣告，因無力完納，經易服勞役者，則不得成立累犯。

㈡**須已受刑之執行**：即須受有期徒刑之執行完畢，或一部之執行而受赦免者，如僅受徒刑之宣告，並未執行，尚不能謂為累犯。所謂已受刑之執行，不必其原所宣告之刑，為無期徒刑或有期徒刑，如原受死刑之宣告，經受赦免減刑為無期徒刑或有期徒刑者亦屬之。但犯人在監中或脫逃後所犯之罪不得謂已受一部之執行（19 北 128）。若受有期徒刑之宣告，而依法易科罰金，經繳納完畢者，以已執行論，得成立累犯，又裁判確定前羈押之日數，可折抵刑期期滿者（刑 46），以已執行論，再犯亦成立累犯。其次假釋中更犯罪，不成立累犯，但如假釋期滿未經撤銷假釋者，因以已執行論，再犯時，即成立累犯。如受緩刑之宣告，其刑罰未經執行，在緩刑期內再犯，不能以累犯論（25 非 105）。其經緩刑期滿，而緩刑之宣告未經撤銷者，因刑之宣告失其效力（刑 76），如有再犯，亦不成立累犯。

㈢**須故意再犯處有期徒刑以上之罪**：再犯之罪如為死刑、無期徒刑，依法不得加重，故累犯之加重亦僅適用於故意犯有期徒刑之罪，因過失犯難以確認其刑罰及應力薄弱，而只要其法定本刑為有期徒刑之主刑即可，不問其最輕本刑是如何。

㈣**須在 5 年以內再犯**：

　　1.徒刑執行完畢或赦免之起算：即在前犯徒刑執行完畢或赦免之次日起算（民 120II）5 年內，再犯有期徒刑以上之罪，即為累犯。如甲於 77 年 3 月 8 日受徒刑之執行完畢，自次（9）日起算，至 82 年 3 月 8 日屆滿 5 年（民 121 I ），則甲於 3 月 9 日再犯，始非累犯。

　　2.擬制累犯之規定：參採竊盜犯贓物犯保安處分條例第 7 條之立法例於第 47 條第 2 項增訂，第 98 條第 2 項關於因強制工作而免其刑之執行者，於受強制工作處分之執行完畢或一部之執行而免除後，5 年以內故意再犯有期刑以上之罪者，以累犯論。

㈤**須前犯之罪非由外國裁判**：刑法第 49 條規定：「累犯之規定，於前所犯罪，在外國法院受裁判者，不適用之」。「在外國裁判」對於本國並

無既判力，當不足爲累犯加重之基礎。

習題：

一、何謂累犯？（30、44、72普、53高）其構成要件爲何？（68普、75普檢、90特三）

二、何謂「擬制累犯」？94年刑法修正有何新的規定？（94調三）

三、試問以下情形是否構成刑法上之「累犯」？並說明理由。

　　㈠甲 1 個月前因犯傷害罪，遭法院判處有期徒刑 2 月，如易科罰金以
　　　新臺幣 1,000 元折算 1 日確定，甲辦理易科罰金執行完畢後，某日開
　　　車上路，因心神不寧，不慎撞死行人乙。

　　㈡丙因犯強盜罪入監服刑 5 年後假釋出獄，假釋中因缺錢花用，遂又
　　　持刀搶銀樓，隨即被逮。

　　㈢丁因犯恐嚇罪遭法院判刑 1 年確定，在台北監獄服刑期滿後，出獄
　　　當天至西門町散步，因不滿路人戊投以異樣眼光，竟當街對戊辱罵
　　　髒話，經戊提出公然侮辱之告訴。（98公升）

　答：㈠甲係犯過失致死罪（刑276 I），故非累犯。

　　　㈡丙係假釋中更犯罪，並非受徒刑之執行完畢，或一部之執行而赦
　　　　免後 5 年以內故意再犯，故丙非累犯。

　　　㈢丁出獄當天辱罵戊，此公然侮辱罪（刑309 I），僅處「拘役或三百
　　　　元以下罰金」，故丁非累犯。

三、累犯之處罰

　㈠**累犯之加重處罰**：凡屬累犯，不問其再犯次數多少，均加重本刑至
二分之一（刑 47）。法官只須在此二分之一範圍內斟酌犯人之惡性，爲適
當之裁量。

　㈡**裁判確定後發覺累犯之處罰**：在裁判確定前發覺爲累犯者，以上訴
程序救濟之。但如判決已經確定，即依刑法第 48 條規定：「裁判確定後，
發覺爲累犯者，依前條之規定更定其刑。但刑之執行完畢或赦免後發覺
者，不在此限」。更定其刑之程序，則由該案犯罪事實最後判決之法院之
檢察官，聲請該法院裁定之（刑訴 477）。所謂更定其刑，乃將原裁判宣告
之刑撤銷，重新改判，至於如何改判，依實務見解，就原裁判宣告之刑，
在加重其刑二分之一範圍內，酌予加重，而更定其刑即可。

　㈢**累犯不適用假釋中更犯罪**：「假釋中更犯罪，受有期徒刑以上刑之宣
告，祇得爲撤銷假釋之原因，不適用累犯之規定，被告前犯強盜案，經

判處罪刑，於假釋中，復犯竊盜罪，既非執行完畢或執行一部而赦免後
再犯罪，自與累犯不符。」(25 非 101)

　　㈣**緩刑期滿無累犯之適用**：「緩刑期滿而緩刑之宣告未經撤銷者，其刑
之宣告，失其效力，與以已執行論之效果，並不相同，嗣後縱然再犯，
不發生累犯之問題。」(75 台上 635)

　　㈤**累犯之規定，不適用於外國法院之裁判**：前犯之罪，如受外國法院
裁判者，雖於其執行完畢或執行一部分而赦免後，五年以內再犯有期徒
刑以上之罪，不得認爲累犯 (刑 49)。

習題：刑法上關於累犯之構成，其成立要件爲何？又假釋中更犯罪而受有
　　　期徒刑以上刑之宣告，或緩刑期滿而緩刑之宣告未經撤銷，嗣後再
　　　犯，究否有累犯規定之適用，其理安在？(90 司三)

四、特別法之累犯規定

　　依竊盜犯贓物犯保安處分條例第 7 條規定：「依本條例免其刑之執行
者，於受強制工作之執行完畢，或一部之執行而免予繼續執行後，五年
以內故意再犯有期徒刑以上之罪者，以累犯論」。此爲受強制工作之執行
完畢後，5 年以內，再犯有期徒刑以上之罪，亦成立累犯之特別規定。
此一規定應先於刑法第 47 條而適用之。但此以依法免其刑之執行之人犯
爲限 (54 台上 2859)。

習題：
一、累犯應如何處罰？其立法理由何在？試申論之。(53 高)
二、易科罰金或易服勞役執行完畢後五年以內再犯者，有無累犯加重規定
　　之適用？試析述之。(72 高)

第九節　自　首

一、意義

　　自首者，犯人在其犯罪未發覺前，自行向該管偵查機關報告自己犯
罪之事實，而接受裁判之謂。刑法第 62 條規定：「對於未發覺之罪自首
而受裁判者，得減輕其刑，但有特別規定者，依其規定。」在犯罪未被

發覺前，自行報告，而接受裁判，足見犯人已有悔悟遷善之意向，且可免偵查犯罪之勞費，依主觀主義之立法原則，自應予以鼓勵，故 62 條規定，自首而受裁判者，得減輕其刑。茲分述自首成立要件：

二、自首之成立要件

㈠**自首須對於未發覺之罪**：所謂未發覺之罪，指有搜查權之官吏不知有犯罪之事實，或雖知有犯罪事實，而不知犯罪人為何人者均屬之（26 渝上 1839）。至於是否同受他案訊問一併供出，與其自首之效力，並不生何影響（30 上 140）。何人為有偵查權之官吏，解釋上當指檢察官、司法警察官、司法警察（刑訴 229）。至若犯罪事實，已為被害人或其他私人知悉，但於未經偵查機關知悉以前，自首者，即與自首之要件相符（20 上 1721）。惟所謂知悉者，以知有嫌疑為已足，不必確認其毫無錯誤。如於犯罪已發覺後到案陳明者，則為自白，而非自首。

㈡**須自動報告自己之犯罪**：被害人告知他人犯罪為告訴，第三人告知他人犯罪為告發，均非自首。因此須自動報告自己之犯罪，始可，其方式係用言詞或書面，以及係自行投案或託人代行，係直接向偵查機關為之，抑向非偵查機關請其轉送，均無限制（24 上 1162）。惟須告知其真實姓名及住所，以待傳喚，否則，如仍隱秘其姓名，使該管公務員不知自首者為何人，仍非自首。

「又按裁判上一罪關係之案件，如其犯罪事實之一部已被發覺，雖在警訊時或檢察官偵查中自白其餘未發覺之犯罪事實，固不符合刑法第六十二條自首之規定。惟如屬於數罪關係，雖已被發覺其中一罪，於偵查中，自行供出他罪之犯行，該他罪是否符合自首之規定，應以自白他罪之前，有偵查權之公務員是否已發覺該他罪為斷。」（92 台上 74）如甲連續竊盜三次，僅就第一次竊盜事實，向檢察官自首。在偵查中，經檢察官發覺其第二、三次竊盜事實，蓋連續犯為裁判上一罪，不可分割，甲既已就第一次竊盜事實自首，基於無法分割裁判之關係，仍應依自首規定減刑（參照花蓮高分檢 68）。

此外，自首以自動陳述其犯罪為要件，如於犯罪前預立自首之計劃，

以達變更法定刑之目的者，此目的既為犯罪計劃之一部，其自首則欠缺
自動報告之意義，在理論上應不生自首之效力。否則將使狡黠之徒，每
有預謀殺人，而利用自首，冀免一死，使自首失去立法之原意。再如因
受審訊時始告知其犯罪，因欠缺自動只可稱為自白，而非自首（4 上 180）。

　　㈢**須向偵查權之公務員為之**：依刑事訴訟法規定，自首應向檢察官或
司法警察官為之，然亦不以此為限，如未向偵查機關自首，而向其他機
關自首者，以移送至偵查機關之時認為向偵查機關自首。如委託他人自
首亦認有自首之效力，至於親告罪向被害人自首者無效（24.7 最高法院決議）。

　　㈣**須接受裁判**：須在自首後，接受該管公務員之裁判，以表示其守法
負責之誠。此應包括自偵查開始至審判之言詞辯論終結止，凡有傳訊，
皆不得無故規避。否則不得謂為自首，自無法享自首減輕之利益。

三、自首之效力

　　自首之效力，僅及於所自首之罪得減輕其刑，但有特別規定者，依
其規定（刑 62）。茲分述之：

　　㈠**依一般規定得減輕其刑**：自首之效力，依刑法總則減輕其刑，係採
得減主義，至於減輕之法，依本法第 64 條至 66 條之規定，死刑減輕者，
為無期徒刑。無期徒刑減輕者，為 20 年以下 15 年以上有期徒刑。有期
徒刑、拘役、罰金減輕者，減輕其刑至二分之一。惟須注意者：

　　　1.實質一罪：如結合犯，因其本質為一罪，故如自首其一部，其效
力自及於全部。如強姦而故意殺被害人（結合犯），只自首強姦是，此
因實質一罪，難以割裂之故。

　　　2.僅有一行為之裁判上一罪：如想像競合犯（一槍同時發生殺人與
毀物之結果），祇自首其中一罪者，其效力及於他罪。

　　㈡**依特別規定自首之減輕**：即刑法分則及其他特別刑法有自首減輕之
規定時，應優先適用該特別規定，而不適用刑法總則之規定。

　　　1.刑法分則之特別規定：如刑法分則第 102 條規定預備犯內亂罪而
自首者，減輕或免除其刑。第 122 條第 3 項規定違背職務行賄罪自首者，
減輕或免除其刑，在偵查或審判中自白者得減輕其刑。刑法第 154 條第

2 項規定，參與犯罪結社罪而自首者，減輕或免除其刑。此均爲刑法之特別規定。

　　2.特別刑法方面：此等特別規定均爲鼓勵犯人自首而設，均較刑法總則之規定，對自首人有利，自應優先適用。

　　　(1)貪污治罪條例：

　　　　①犯貪污罪而自首者，減輕或免除其刑：依第 8 條規定：「犯第四條至第六條之罪，於犯罪後自首，如有所得並自動繳交全部所得財物者，減輕或免除其刑；因而查獲其他共犯者，免除其刑。犯第四條至第六條之罪，在偵查中自白，如有所得並自動繳交全部所得財物者，減輕其刑；因而查獲其他共犯者，減輕或免除其刑。」第 9 條：「本條例修正施行前，犯第四條至第六條之罪，於修正施行後一年內自首者，準用前條第一項之規定。」

　　　　②犯行賄罪而自首者，免除其刑：第 11 條第 4 項規定：「犯前三項之罪而自首者，免除其刑；在偵查或審判中自白者，減輕或免除其刑。」

　　　(2)其他：如槍砲彈藥刀械管制條例對自首與自白之減免其刑之規定（槍 18）；公職人員選罷法第 99 條第 4 項，陸海空軍刑法第 25 條，洗錢防制法第 11 條第 5 項規定均有自首減免其刑之規定。而證券交易法第 173 條第 2 項，期貨交易法第 114 條第 2 項則對自首者，得免除其刑之規定。

習題：

一、何謂自首？成立要件為何？（89 交升、91 基三）

二、試說明自首之要件及效力。（53 普、51 特退甲、34、52 高、74 律師、77 司法特）

三、自首減輕之立法理由何在？試就現行刑法之規定，評論其得失。（54 特）

四、犯罪嫌疑人甲被警方發覺較輕之罪行（例如持有毒品），嗣於警詢中自動供出自己所犯較重之犯罪事實（例如製造毒品），甲所犯較重之罪是否符合刑法第 62 條所稱之「未發覺之罪」而有自首規定之適用？（98 特四）

第四章　刑罰之執行

第一節　易刑處分

一、意義

易刑處分（Ersatzstrafe）者，即因具備某種法定事由，不執行其宣告刑，准以其他刑罰或處分代替執行之謂。又稱換刑處分。刑法中准予易刑處分者，須具備一定之要件，其方式共有四種：易科罰金、易服勞役、易服社會勞動與易以訓誡（刑41-43）。茲說明之：

二、易刑處分之種類

我國刑罰基於刑事政策的考慮，不執行宣告刑而以他種方式代替執行之換刑處分，謂之易刑處分。即規定在刑法第 41 條至第 43 條共有四種；

(一) 易科罰金	罰金制度旨在救濟短期自由刑之流弊，准以罰金刑代替自由刑之制度（刑41）。
(二) 易服勞役	被科罰金之受刑人，逾法定 2 個月期限而未完納，經強制執行而無效，則易服無酬的勞役（刑42）。
(三) 易服社會勞動	受短期自由刑之宣告者，而未聲請易科罰金，或罰金易服勞役，均得以六小時折算 1 日，易服社會勞動（刑41 II、42 之 1 I）。
(四) 易以訓誡	受拘役或罰金之宣告，而以告誡其犯罪之過錯，訓誨其將來不再犯之謂（刑43）。

三、易刑處分之效力

關於易刑處分之效力，依刑法第 44 條規定：「易科罰金、易服勞役或易以訓誡執行完畢者，其所受宣告之刑，以已執行論。」因此其原所宣告之刑並未變更或消滅，如前科之罪宣告徒刑而准易科罰金者，如其已執行完畢，而日後再犯有期徒刑以上之罪時，得成立累犯。反之，如

受罰金之宣告，因無力完納，經易服勞役者，不能視爲徒刑之執行，自不得成立累犯。

四、易刑處分與累犯

易科罰金、易服社會勞動、易服勞役或易以訓誡執行完畢者，其所受宣告之刑，以已執行論（刑44）。因此依上述規定，受 6 月以下有期徒刑或拘役之宣告，而爲易刑處分者，於完納罰金或服社會勞動執行完畢以後，其所受宣告之刑，以已執行論，故如行爲人於 5 年內故意再犯有期徒刑以上之罪者，符合刑法第 47 條規定之累犯的條件，當然得構成累犯。

習題：
一、何謂易刑？（56 高檢）
二、易刑處分有那些種類？易刑處分的效力為何？又易刑處分執行完畢後，於三年內再犯有期徒刑以上之罪者，可否構成累犯？（88 特改寫）

第二節　易刑處分之類別分析

一、易科罰金

㈠**意義**：**易科罰金者，係受短期自由刑之宣告，因執行顯有困難，准以罰金代替自由刑之執行之謂**。依刑法第 41 條第 1 項規定：「犯最重本刑爲五年以下有期徒刑以下之刑之罪，而受六月以下有期徒刑或拘役之宣告者，得以新台幣一千元、二千元或三千元折算一日，易科罰金。但易科罰金，難收矯正之效，或難以維持法秩序者，不在此限」。

㈡**易科罰金之要件**：依此自由刑之易科罰金，須具備下列要件：

1.犯最重本刑爲 5 年以下有期徒刑以下之刑之罪：所謂最重本刑是指法定本刑之最高度刑。如超過 5 年法定最重本刑，則雖諭知 6 月以下有期徒刑，仍不得易科。

此外，凡依刑法總則加重或減輕情形，均不影響本條之易科罰金，如加重搶奪罪最重本刑爲 7 年以下有期徒刑（刑326），雖因中止犯而減輕至 5 年以下（刑27），但仍不能謂最重本刑現已在 5 年以下。又如普通搶

奪罪之最重本刑為 5 年以下有期徒刑（刑 325），雖因累犯加重（刑 47），仍不能謂其最重本刑已超此範圍。

但如依刑法分則或其他特別法之加重規定，而其最高刑度超過 5 年以上者，則不得易科罰金，如遺棄直系血親尊親屬罪者，加重其刑至二分之一（刑 295），此項加重之結果，其法定刑已由 5 年增為 7 年 6 個月以下有期徒刑，此係明示必應加重處罰，非得由法院自由裁量，具有法定刑之性質，如此其最重本刑已逾 5 年，自不得易科罰金。

2.須受 6 月以下有期徒刑或拘役之宣告：即限制宣告刑，須為 6 月以下有期徒刑或拘役，蓋以罪既輕，而刑期又短，為補救短期自由刑之弊而設，故如超過 6 月，即不得易科罰金。

3.確因不執行所宣告之刑，難收矯正之效或難以維持法秩序者，則個別受刑人如有不宜易科罰金之情形，在刑事執行程序中，檢察官得依第 1 項但書之規定，審酌受刑人是否具有「確因不執行所宣告之刑，難收矯正之效或難以維持法秩序」等事由，而為准許或駁回受刑人易科罰金之聲請，更符合易科罰金制度之意旨。

㈢**易科罰金之宣告**：易科罰金之折算標準為一千元、二千元或三千元折算 1 日。則法官於判決主文，除記載宣告刑外，並應記載易科罰金之折算標準（刑訴 309 I ②）。即以一千元、二千元或三千元折算 1 日。如漏未記載，被告及檢察官，均得聲請法院，以裁定補行為易科罰金折算標準之宣告。惟是否准許易科罰金，應由檢察官依職權決定之。若被告無力交繳所易科之全部罰金，而祇能交繳其一部者，則依折算標準，扣除已交繳部分之相當日數後，就其餘部分執行原來宣告之刑。

㈣**不易科罰金之原因**：則法院認為確因不執行所宣告之刑，則對被告難收矯正之效，或難以維持法律秩序者，則不得易科罰金（刑 41 I 後段）。

習題：
一、何謂易刑？（56 高檢）
二、現行刑法有關易科罰金之規定，其理論及應具備之要件如何？試說明之。（70 高檢、72 普、51、72、74 高）
三、試說明易科罰金的條件。（82 司特）

二、易服勞役

㈠**意義：即被科處罰金之受刑人，逾法定期限因無力完納，經強制執行而無效者，准予以勞役代替罰金之執行**。我刑法第 42 條第 1 項規定：「罰金於裁判確定後二個月內完納，期滿而不完納者，強制執行，其無力完納者，易服勞役。但依其經濟或信用狀況，不能於二個月內完納者，得許期滿後一年內分期繳納。遲延一期不繳或未繳足者，其餘未完納之罰金，強制執行或易服勞役。」

第 2 項規定：「依前項規定應強制執行者，如已查明確無財產可供執行時，得逕予易服勞役。」

㈡**易服勞役之要件**：茲分析其易服勞役之要件如下：

1. 宣告刑須為罰金：即被宣告之主刑須為罰金，但不包括「易科罰金」之罰金與行政罰之罰鍰。

2. 須 2 個月之完納期限屆滿而不完納：此 2 個月期間為繳納猶豫期間，即非逾此期間，檢察官不得強制執行，更不得易服勞役。使受刑人有籌款之機會，以貫徹罰金刑之本旨。

3. 分期繳納：罰金受刑人中，無力一次完納或一時無力完納者，在實務上，時有所見。我國關於罰金執行，准許分期繳納，試行有年，頗有績效，惟尚乏明文依據，爰參酌德、瑞立法例（德刑 42、瑞刑 49），於本條第 1 項增設但書規定，予以明文化。

　　⑴分期繳納，必須依受判決人經濟或信用之狀況，2 個月內無繳
　　　納之可能時，始准分期，故將之列為准許分期繳納之要件。

　　⑵稱「不能於二個月內完納者，得許期滿後一年內分期繳納」者，
　　　乃用以表示，分期之始期，在 2 個月完納期間屆滿之後。

　　⑶有關罰金准否分期繳納之決定權，歸屬於執行檢察官，故用「得
　　　許」二字，以為配合。

4. 逕予易服勞役：准許分期繳納罰金後，受判決人，如有遲延一期不繳或未繳足之情事，即喪失分期繳納之待遇，故規定遲延一期不繳或未足者，其未完納之罰金（如第一期即遲延不繳時，其未繳者為罰金全部，第二期以後遲延不繳時，其未繳者為罰金之一部）強制執行或易服

勞役。

　　5.須經強制執行仍無力完納者：受刑人如逾 2 個月期限仍不能完納，分期繳納又無力完納時，準用民事執行程序，強制其完納。如已查明確無財產可供執行時，得逕予易服勞役（刑42Ⅱ）。

　㈢**易服勞役之折算標準**：

　　1.原則標準：易服勞役以新台幣一千元、二千元或三千元折算一日。但勞役期限不得逾一年（刑42Ⅲ），易服勞役，不滿一日之零數，不算（刑42Ⅵ）。

　　2.例外標準：罰金總額折算逾 1 年之日數者，以罰金總額與 1 年之日數比例折算（刑42Ⅴ）。按目前國民所得較諸過去為高，且犯罪所得之利益，亦顯然增加，此觀諸特別刑法所定併科或科罰金之金額，較諸刑法為高，而依現行法規定易服勞役之期限僅 1 年，即便以最高額度三千元折算 1 日，6 個月亦不過 54 萬元（亦即宣告罰金超過 54 萬元，受刑人僅須服刑 6 個月即可免繳罰金），罰金超出此數額者，即以罰金總額與 1 年之日數比例折算，殊有不公平。況現行特別法所定之罰金刑，有數十萬元，甚至數百萬元、數千萬元之數額，如仍依現行規定，則宣告再高額之罰金刑，受刑人亦僅執行 1 年，實無法嚇阻犯罪，與高額罰金刑之處罰意旨有悖，於是將原定易服勞役之期間 6 個月提高為 1 年。另罰金總額折算逾第 4 項之期限，以罰金總額與該項所定期限之日數比例折算。

　㈣**易服勞役之計算**：

　　1.易服勞役不滿 1 日之零數不算（刑42Ⅶ）。

　　2.易服勞役期內繳納罰金者，以所納之數，依裁判所定之標準折算，扣除勞役之日期（刑42Ⅷ）：因裁判為罰金，應以繳納罰金為主，但如於易服勞役中籌款繳納罰金時，自應允許之。

　㈤**易服勞役之諭知與執行**：

　　1.諭知：諭知罰金者，應將所科罰金之額數與易服勞役之折算標準一併記載（刑訴309Ⅰ③）。科罰金之裁判，應依前三項之規定，載明折算 1 日之額數（刑42Ⅵ）。

　　2.執行：罰金應易服勞役者，由指揮執行之檢察官命令之（刑訴 479）。易服勞役期內繳納罰金者，即以所納之數，依裁判所定之標準折算，扣除勞役之日期（刑 42Ⅷ）。罰金易服勞役者，應與處徒刑或拘役之人犯，分別執行（刑訴 480 I）。

習題：何謂易服勞役？（30、31、72 普、73 高）其要件若何？（31 普、62、74 高）

三、易服社會勞動

㈠**意義**：即得易科罰金而未聲請易科罰金之受刑人，或不符易科罰金之規定者，得以提供社會勞動以代替罰金之執行之謂。

㈡**易服社會勞動之依據**：

　　1.依刑法第 41 條第 2 項規定：犯最重本刑為 5 年以下有期徒刑以下之刑之罪，而受 6 月以下有期徒刑或拘役之宣告，得易科罰金而未聲請易科罰金者，得以提供社會勞動六小時折算 1 日，易服社會勞動。

　　2.依刑法第 41 條第 3 項規定：受 6 月以下有期徒刑或拘役之宣告，不符第 1 項易科罰金之規定者，得以提供社會勞動六小時折算 1 日，易服社會勞動。

　　3.依刑法第 42 條之 1 規定：罰金易服勞役，除有特定情形外（如易服勞役期間逾 1 年、入監執行逾 6 月有期徒刑併科或併執行之罰金、或因身心健康之關係，執行社會勞動顯有困難），得以提供社會勞動六小時折算 1 日，以代易服勞役。此項社會勞動之履行期間不得逾 2 年（刑 42 之 1Ⅲ）。

㈢**易服社會勞動之目的**：罰金為一種財產刑。至如無財產可繳納或供強制執行，原規定雖有易服勞役制度，惟須入監服刑，屬於機構內處遇方式，為避免機構內處遇之缺陷，乃將社會勞動作為罰金易服勞役後之再易刑處分，使無法繳納罰金者，得以提供社會勞動方式，免於入監執行罰金所易服之勞役。

㈣**易服社會勞動之要件**：

1. **短期刑易服社會**	⑴須未聲請易科罰金者：須受 6 月以下有期徒刑或拘役之宣告，得易科罰金而未聲請者（刑 41Ⅱ），或不符易科罰金

勞動（刑41）	之規定者（刑41Ⅲ）。 (2)須非健康致難執行者：須非因身心健康之關係，執行顯有困難者（刑41Ⅳ前段）。 (3)須非易服社會勞動無效者：須非易服社會勞動，難收矯正之效或難以維持法秩序者（刑41Ⅳ後段）。
2. 易服勞役再易服社會勞動 （刑42之1ⅠⅡ）	(1)須爲罰金易服勞役者（刑42之1Ⅰ前段）。 (2)須無下列情形者（刑42之1後段）。 　①易服勞役期間逾1年。 　②入監執行逾6月有期徒刑併科或併執行之罰金。 　③因身心健康之關係，執行社會勞動顯有困難。 (3)此項社會勞動之履行期間不得逾2年（刑42之1Ⅱ）。

㈤**易服社會勞動之效力：**

　　1.無正當理由不履行社會勞動，情節重大，或履行期間屆滿仍未履行完畢者，執行勞役（刑42之1Ⅲ）。

　　2.易服社會勞動執行完畢者，其所受宣告之刑，以已執行論（刑44）。

㈥**易服社會勞動與緩刑附帶義務勞動之不同：**

區分基準	易服社會勞動	緩刑附帶義務勞動
1 意義不同	即得易科罰金而未聲請易科罰金之受刑人（刑41Ⅱ），或不符易科罰金之規定者（刑41Ⅲ），或罰金易服勞役因特殊情形（刑42之1Ⅰ），得以提供社會勞動以代替罰金之執行。	即法院依刑法第74條第1項爲緩刑之宣告，得斟酌情形，命犯罪行爲人向指定之政府機關、行政法人、社區或其他符合公益目的之機構或團體，提供四十小時以上二百四十小時以下之義務勞動（刑74Ⅰ⑤）。
2 法律依據不同	依刑法第41條第2、3項、第42條之1規定命受刑人提供無酬之勞動服務。	法院依刑法第74條第1項爲緩刑之宣告，得斟酌情形，命犯罪行爲人依第5款爲無酬之義務勞動。
3 性質與目的不同	爲救濟短期自由刑之弊端，故設機構外之處遇設施，爲刑罰之易刑處分之一。	對輕微的偶發犯，給予緩刑後並加予負擔，以對其不良行爲之警告，其目的不僅可提高的宣告率，並可發揮緩刑之防止再犯功能。
4 效果不同	無正當理由不履行社會勞動，情節重大，或履行期間屆滿仍未履	違反緩刑附帶「義務勞動」情節重大者，足認原宣告之緩刑難收

行完畢者，於第 2 項之情形應執行原宣告刑或易科罰金；於第 3 項之情形應執行原宣告刑（刑 41 VI）。無正當理由不履行社會勞動，情節重大，或履行期間屆滿仍未履行完畢者，執行勞役（刑 42 之 1III）。易服社會勞動執行完畢者，其所宣告之刑，以已執行論（刑 44）。	其預期效果，而有執行刑罰必要者，得撤銷其宣告（刑 75 之 1 I）。

習題：刑法「社會勞動」制度的立法目的為何？於何種情形下被告所處之刑得易服社會勞動？「社會勞動」與緩刑附帶「義務勞務」有何不同？（98 調三）

四、易以訓誡

㈠**意義**：即受拘役或罰金之宣告，而犯罪動機在公益上或道義上顯可宥恕，得易以訓誡，以代拘役或罰金之執行（刑 43）。所謂訓誡，即訓其知道，誡勿再犯之意，應屬於精神制裁之一。

㈡**易以訓誡之要件**：易以訓誡之要件如下：

　1.須受拘役或罰金之宣告：須法定刑有拘役或罰金之選科，始有可能受拘役或罰金之宣告，而在刑法分則中，此類犯罪，當亦屬於較為輕微之案件。

　2.須犯罪動機在公益上或道義上顯可宥恕者：犯罪之動機必須是為公益或道義之立場，並且犯罪之情節輕微，其可宥恕之情形顯著，為一般人認為當然者始可。

㈢**易以訓誡之諭知**：易以訓誡應於有罪判決中，由法官斟酌案情，自由裁量，予以諭知（刑訴 309 I ④）。此與易科罰金之條件，即執行是否顯有困難應由檢察官認定者不同。故若原確定判決未為易以訓誡之諭知，檢察官應依判決執行，不得易以訓誡，或聲請為易以訓誡之裁定。

㈣**易以訓誡之執行**：法官諭知易以訓誡者，由檢察官執行之（刑訴 482）。至執行之方式，由檢察官斟酌情形，以言詞或書面行之。

習題：何謂易以訓誡？其要件若何？（74 高）

第三節　刑期之計算

一、刑期之意義

刑罰之主刑除死刑與罰金外，均有刑期。因死刑係剝奪生命，而罰金爲財產刑，兩者均無刑期可言。無期徒刑雖爲終身監禁，但有假釋之規定，自應計算刑期，而有期徒刑與拘役，如未確定其刑期，何能保障受刑人之權益，因此刑期之計算殊有明確規定之必要。

二、刑期之起算

刑法第 45 條第 1 項規定：「刑期自裁判確定之日起算。」所謂裁判之確定，指當事人捨棄上訴權、撤回上訴及經終審判決而確定之裁判，唯有無再審或非常上訴，均非所問。故刑期之起算，有下列情形：

㈠因終審判決而確定者，其刑期之起算，自裁判之宣示或送達之日起算。

㈡因上訴期滿或抗告逾期而確定之裁判，以期滿之次日午前起算。

㈢因捨棄上訴或撤回上訴而確定者，以捨棄或撤回之日起算。

㈣因不合法之上訴或抗告被駁回者，以原審判決確定之日起算。

三、刑期之計算方法

刑法第 45 條第 2 項規定：「裁判雖經確定，其尙未受拘禁之日數，不算入刑期內。」在裁判確定前，有人犯已在羈押中者，亦有未經羈押者。其在羈押中之人犯，其刑期當應自裁判確定之日起算。但其未經羈押者，尙須傳案執行，其尙未受拘禁之日數，自不算入刑期內。

至於刑期之計算方法，依民法之規定（刑訴 65）。故刑期自起算日至刑滿之日，應依曆計算，但以稱月或年者爲限（民 123 I）。如稱日，即按日計算。至於刑期執行期滿者，應於其刑期終了之次日午前釋放之（行刑 83 I）。

習題：刑期如何起算？（46 高檢）

第四節 羈押日數之折抵

一、羈押折抵之立法理由

羈押者，即在裁判確定前，對於犯罪嫌疑人，拘束其身體自由之謂。依刑事訴訟法第 101 條之規定：「被告經法官訊問後，認為犯罪嫌疑重大，而有左列情形之一，非予羈押，顯難進行追訴、審判或執行者，得羈押之。」此項處分，從拘束被告之自由上言，固與拘提相似，惟羈押之目的，在保全證據及刑罰之執行，俾便偵查與審判程序之進行。由於偵查或審理上之必要，羈押期間往往歷時甚久，此種拘束身體之自由雖非刑之執行，但在實質上，則與執行刑罰無異，如置諸不問，無異延長刑期，故有羈押折抵之辦法。

二、羈押折抵之方法

依刑法第 46 條第 1 條規定：「裁判確定前羈押之日數，以一日抵有期徒刑或拘役一日，或第四十二條第六項裁判所定之罰金額數。」第 2 項規定：「羈押之日數，無前項刑罰可抵，如經宣告拘束人身自由之保安處分者，得以一日抵保安處分一日。」茲分析其折抵之方法：

㈠**有期徒刑與拘役之折抵**：以羈押 1 日抵有期徒刑或拘役 1 日。其標準為：

1.刑期之折抵限於因本案所受之羈押之日數，若因另案而受羈押，原則上不能扣抵本案之刑期。

2.同時有數類刑罰之宣告時，如同時受有期徒刑、拘役或罰金之宣告，則應先折抵有期徒刑，仍有餘數時，則折抵拘役，再有餘數始折抵罰金。

3.不起訴處分確定後因刑事訴訟法第 260 條再行起訴而被判罪刑確定者，其原在不起訴處分前之羈押，應准予折抵。

4.犯人引渡前在外國所受羈押之期間，不得折抵刑期。

5.死刑與無期徒刑，羈押之日數均不得折抵。縱無期徒刑獲有假釋，其裁判確定前羈押之日數，亦不能算入刑期內。又無期徒刑，因赦免而

受減刑者，其減刑前已執行之日數應算入減刑後之刑期，惟其裁判確定前羈押日數不得抵爲已執行之日數（37院解3972）。

㈡**罰金之折抵**：如被告受罰金之宣告，而在裁判確定前曾受羈押時，即以一日抵第42條第4項裁判所定之罰金額數（刑46後段）。亦即以裁判主文所宣告之罰金易服勞役之折算標準，作爲羈押日數折抵罰金之標準。

㈢**保安處分之折抵**：經宣告拘束人身自由之保安處分者（例如強制工作），受處分人亦失去其自由，在性質上與刑罰相近，如於執行前曾受羈押，而無刑罰可抵者，顯於受處分人不利，特增訂第46條第2項，俾使羈押之日數亦得折抵保安處分之日數，以保障受處分人之權益，並解決實務上之困擾。

習題：
一、在計算刑期時，如有羈押日數抵充刑期者，應否算入執行期之內？立法理由何在？（46高檢）
二、另案羈押日數及引渡前在外國羈禁之日數是否可併入本案刑期，試以現行實際採取之方式以對。

第五節　緩　刑

一、緩刑之意義

緩刑（bedingte Strafaussetzung）者，法院宣告罪刑之際，基於法定條件，於一定期間內對於犯人暫緩刑之執行，若於期間內不再犯罪，其刑之宣告，失其效力之謂。

二、緩刑之立法理由

採用緩刑之理由，依一般通說，可歸納爲消極與積極兩種作用：

㈠**消極作用**：即緩刑之實施，可避免刑罰所生之弊害。蓋自由刑之刑期有長短，對窮兇惡極之罪犯，科以長期之重刑，固可收一般及特別預防之效，對於輕微犯罪者，執行短期自由刑，則又恆得其反。緣此等犯人，類多惡性不深，一旦羈身囹圄，不僅其個人名譽與社會地位一落千丈，增加日後復歸社會之困難，且日與囚人爲伍，易受犯罪惡習之感染，

改善之效未著，流弊已生。因之各國刑法乃設緩刑制度，以救濟此弊，使法官對輕微犯罪之偶發犯，詳加考察，如認爲該犯人惡性不大，不必執行刑罰，而仍能達防衛社會之目的時，則於宣告刑罰時，同時宣告一定期間之緩刑。此一論點不僅爲大陸法系刑事政策學家所主張，並爲國際刑事學協會所公認之觀點，且亦正支配我國刑事理論之中心。

　　㈡**積極作用**：即刑執行之威嚇的特別預防，其要點在於短期自由刑因未具一般預防之效，且在特別預防上因其執行附隨各種弊害，乃藉緩刑之實施對未保持善行者，以撤銷緩刑相威嚇，俾由心理強制而達特別預防之效。亦可由此給予被告由自行改善其行爲，而步上合法之生活的機會。

三、緩刑之要件

　　依我國刑法第 74 條規定：「受二年以下有期徒刑、拘役或罰金之宣告，而有下列情形之一，認爲以暫不執行爲適當者，得宣告二年以上五年以下之緩刑，其期間自裁判確定之日起算。

　　一、未曾因故意犯罪受有期徒刑以上刑之宣告者。

　　二、前因故意犯罪受有期徒刑以上刑之宣告，執行完畢或赦免後，五年以內未曾因故意犯罪受有期徒刑以上刑之宣告者。」依此，得宣告緩刑之要件有二：一爲關於現在事實方面；一爲關於過去經歷方面。茲分述之：

　　㈠**現在事實方面**：

　　1.受 2 年以下有期徒刑、拘役或罰金之宣告：若被告所犯之罪較重於 2 年徒刑時，當無適用緩刑之餘地，亦即對於犯死刑、無期徒刑或較重於 2 年有期徒刑之罪，以其惡性重大，正須藉刑罰予以淘汰、矯正與改善，當不可適用緩刑。

　　2.以暫不執行爲適當：所謂暫不執行爲適當，在現行刑法並無明確之標準，法官於裁量之際，須審酌實際情形，並參照刑法第 57 條之規定及國家刑事政策而定。惟 1987 年 6 月 2 日司法院曾頒布《加強緩刑及易科罰金制度實施要點》，依第二點，有下列各款情形之一者，宜認爲以

暫不執行為適當；⑴偶發初犯，情節輕微，無再犯之虞者。⑵身患疾病，不適於執行刑罰者。⑶激於義憤而犯罪者。⑷因過失犯罪，認為不執行刑罰，已足收矯治之效者。⑸非為個人利益而犯罪，無再犯之虞者。⑹犯罪後自首，由其犯罪後之態度，足信無再犯之虞者。⑺現在就學中，犯罪情節尚非重大者。⑻被害人或其家屬因和解獲民事賠償，而請求不予追究或免罰（如過失致死案件）者。⑼負擔家庭生計，如執行刑罰，將影響其全家生活者。⑽犯罪後入營服役，無再犯之虞者。⑾外國人或居住國外之華僑旅行過境或因特定目的暫時居留而犯罪，情節尚非重大者。⑿犯罪情狀依法得免除其刑。但以宣告刑罰為適當者。其第三點：犯刑法第 61 條各罪之案件，已與被害人民事和解且合於緩刑要件者，宜以宣告緩刑為原則。其第四點：宣告緩刑，應特別注意被告之性格、生活經歷、犯罪狀況、事後態度、及因緩刑對其可期待之影響作用，尤應體認國家當前刑事政策，如所犯之罪危害國家利益或於社會治安有重大影響者，仍應審慎處理。

　㈡**過去經歷方面：**

　　1.須犯人未曾因故意犯罪受有期徒刑以上刑之宣告者：若犯罪人曾受死刑、無期徒刑或有期徒刑之宣告，今又犯罪，足徵其不知痛改前非，對此惡性已深之犯人，宣告緩刑，實有背於刑罰防衛社會之本旨。是故祇須其人曾受徒刑以上刑之宣告，無論其此次犯罪如何輕微，均不適用緩刑之規定，惟前受拘役或罰金之宣告者則非如此。何以曾受拘役或罰金之宣告者，可以宣告緩刑？蓋此一犯人僅曾受拘役或罰金之宣告，以其惡性不深，即使現受 2 年以下有期徒刑、拘役或罰金之宣告，仍可宣告緩刑。

　　2.前因故意犯罪受有期徒刑以上刑之宣告，執行完畢或赦免後，5 年以內，未曾因故意犯罪受有期徒刑以上刑之宣告者：若犯人前受有期徒刑以上刑之執行，不知悛悔，出獄後 5 年以內又犯罪，或以赦免後，猶不知警戒，於 5 年內重行犯罪，而再受有期徒刑以上刑之宣告者，均無緩刑之適用。若犯罪人雖前受刑之宣告，而執行完畢或赦免後，有 5 年之久，保持善行，未曾受刑之宣告者，則尚知悔過，或可與最初未犯

罪者，同一視之，故不妨予以緩刑也。

　　3.須未因故意犯罪而再受有期徒刑以上刑之宣告：刑法第 74 條第 1 款及第 2 款所謂未曾受或前受徒刑以上刑之宣告者，係包括故意或過失犯罪之情形在內。惟過失犯，惡性較之故意犯輕微，且以偶蹈法網者居多，而緩刑制度，既為促使惡性輕微之被告或偶發犯、初犯改過自新而設，自應擴大其適用範圍，使其及於曾因過失犯罪受徒刑以上刑之宣告者。故分別於第 1 款及第 2 款增列「因故意犯罪」字樣，使曾因過失犯罪，受徒刑以上刑之宣告及曾因故意犯罪，受徒刑以上刑之宣告，執行完畢或赦免後，5 年以內，再因過失犯罪，受徒刑以上之宣告者，均屬於得適用緩刑規定之範圍。

四、確保緩刑制度之有效要件

　　㈠得命犯罪行為人為下列事項：

　　　1.向被害人道歉。

　　　2.立悔過書過。

　　　3.向被害人支付相當數額之財產或非財產上之損害賠償。

　　　4.向公庫支付一定之金額。

　　　5.向指定之公益團體、地方自治團體或社區提供四十小時以上二百四十小時以下之義務勞務。

　　　6.完成戒癮治療、精神治療、心理輔導或其他適當之處遇措施。

　　　7.保護被害人安全之必要命令。

　　　8.預防再犯所為之必要命令。

　　第 2 項係仿刑事訴訟法第 253 條之 2 緩起訴應遵守事項之體例而設，明定法官宣告緩刑時，得斟酌情形，命犯罪行為人向被害人道歉、立悔過書、向被害人支付一定之金額、提供四十小時以上二百四十小時以下之義務勞務、完成戒癮治療、精神治療、心理輔導等處遇措施、其他保護被害人安全或預防再犯之必要命令，以相呼應。

　　㈡緩刑之記載及向被害人支付損害賠償及向公庫支付一定金額之強制執行（刑 74Ⅲ、Ⅳ）：緩起訴有關緩起訴處分書附記事項及得為民事強制執

行名義之規定，應有一併規定緩刑宣告之必要，即明定第 2 項情形應附記於判決書內，其中第 74 條第 2 項第 3 款、第 4 款並得爲民事強制行名義。

　　㈢**緩刑之效力不及於從刑與保安處分之宣告**（刑 74V）：

　　　1.按沒收雖爲從刑，但與主刑並非有必然牽連關係，其依法宣告沒收之物，或係法定必予沒收者，或係得予沒收而經認定有沒收必要者，自與本條所稱以暫不執行爲適當之緩刑本旨不合，均應不受緩刑宣告之影響，亦經司法院釋字第 45 號解釋在案。

　　　2.褫奪公權係對犯罪行爲人一定資格之剝奪與限制，以減少其再犯罪機會（例如對犯瀆職罪者，限制其於一定期間內再服公職），其性質上兼有預防犯罪與社會防衛之目的，故於緩刑內執行褫奪公權，並未悖於緩刑之本旨，爰配合前開五（沒收）之說明，於第 5 項增定「緩刑之效力不及於從刑」之規定，以資適用，至於緩刑期內褫奪公權期間之起算，另於第 37 條第 5 項規定，自主刑執行完畢或赦免之日起算。

　　　3.保安處分兼有社會防衛及改善教育之功能，如法官依各項情形綜合判斷，就主刑部分爲緩刑宣告，惟基於社會防衛及改善教育之目的，同時爲保安處分之宣告時，則保安處分之宣告與本條暫不執行爲適當之緩刑本旨不合，故與從刑合併於第 5 項規定，緩刑之效力不及於保安處分之宣告。

習題：

一、何謂緩刑？（29、46、56、78 普、47、54、55、63 高、56 高檢、66 特、90 交升）試言其要件。（79 特丙、90 交升、94 委升）

二、緩刑制度的立法理由（作用）爲何？試說明之。（31、51、56 普、48、55、63 高、50 特甲、66 特）

三、緩刑應具備那些要件？試詳述之。（29、31、39、46、57、70、77 普、54、70 高、76 高檢、77 司特）

四、緩刑宣告得命犯罪行爲人爲何種事項？試說明之。（96 交）

五、緩刑宣告之撤銷

　　宣告緩刑之所以附有一定期間者，原欲在此期間內察看受緩刑人能否改過自新，若不能改過自新，更犯他罪，當應撤銷其宣告。撤銷之法有二：

㈠**應撤銷**：若緩刑期內因故意犯他罪或緩刑前已犯他罪，而被科刑者，原不應予以緩刑，自應撤銷其緩刑，而執行原宣告之刑。我刑法第 75 條規定：「受緩刑之宣告而有下列情形之一者，撤銷其宣告：一、緩刑期內因故意犯他罪，而在緩刑期內受不得易科罰金之有期徒刑以上刑之宣告確定者。二、緩刑前因故意犯他罪，而在緩刑期內受不得易科罰金之有期徒刑以上刑之宣告確定者。」

按緩刑制度係為促使惡性輕微之被告或偶發犯、初犯改過自新而設，如於緩刑期間、緩刑前故意犯罪，且受不得易科罰金之有期徒刑以上刑之宣告確定者（意即應入監服刑），足見行為人並未因此而有改過遷善之意，此等故意犯罪之情節較諸增訂第 75 條之 1「得」撤銷之原因為重，不宜給予緩刑之寬典，而有「應」撤銷緩刑宣告之必要。

㈡**得撤銷**：至於有上開情形，而受可易科罰金之有期徒刑刑之宣告者，因犯罪情節較輕，以此列為「應撤銷」緩刑之事由，似嫌過苛，爰改列為第 75 條之 1「得撤銷」緩刑之事由，以資衡平。又我刑法第 75 條之 1 規定：

受緩刑之宣告而有下列情形之一，足認原宣告之緩刑難收其預期效果，而有執行刑罰之必要者，得撤銷其宣告：

一、緩刑前因故意犯他罪，而緩刑期內受得易科罰金之有期徒刑、拘役或罰金之宣告確定者。

二、緩刑期內因故意犯他罪，而在緩刑期內受得易科罰金之有期徒刑、拘役或罰金之宣告確定者。

三、緩刑期內因過失更犯罪，而在緩刑期內受有期徒刑之宣告確定者。

四、違反第 74 條第 2 項第 1 款至第 8 款所定負擔情節重大者。

前條第 2 項之規定，於前項第 1 款至第 3 款情形亦適用之。故撤銷緩刑宣告之原因有二：

㈠**應撤銷之原因**：

1.緩刑期內更犯罪，受有期徒刑以上刑之宣告者：受緩刑人，未能保持善行，復行犯罪，自應撤銷宣告，惟撤銷宣告，有一定條件：第一、

以受緩刑人在緩刑期內更犯罪為必要。所謂緩刑期內，即指法官在刑法第 74 條之法定期間內所定期間而言，係自裁判確定之日起算，至所宣告之緩刑期間屆滿為止。因之緩刑期間經過後之犯罪，不得為撤銷緩刑之原因。第二、以受緩刑人，在緩刑期內，更犯罪，依確定判決，受有期徒刑以上之宣告為必要，若於此期間內，更犯罪，而此項犯罪應科拘役或罰金者，亦不得為撤銷緩刑之原因。

　　2.緩刑前犯他罪，而在緩刑期內受有期徒刑以上刑之宣告者：緩刑原為改善短期自由刑，維持偶發犯人在社會上原有之地位，並鼓勵犯人自新為目的，受緩刑人，在緩刑宣告前犯他罪，而在緩刑期內受有期徒刑以上刑之宣告者，是其人既非偶發犯亦可見其過去品行不端，非易於改過遷善者，自無適用緩刑之餘地。故應撤銷其宣告。至於因過失犯罪者，非出於行為人之本心，未能據以觀察其品行之良否，因此法律特別規定，因過失犯罪者，不適用撤銷緩刑之規定。

　　3.緩刑期內故意更犯罪：應撤銷緩刑之原因：

　　　⑴既限定為故意犯罪，而受有期徒刑之宣告者，爰在第 1 項第 1 款及第 2 款內明定「因故意犯他罪」之文字，並刪除現行第 2 項規定，俾與第 74 條第 1 項之體例配合。

　　　⑵依現行法規定及實務上見解，㈠緩刑期內，因故意犯他罪，受徒刑以上刑之宣告確定者；㈡緩刑前因故意犯他罪，在緩刑期內受徒刑以上刑之宣告確定者，均須在緩刑期滿前，後案之裁判已「確定」，始得撤銷緩刑之宣告（參照刑法第 76 條、司法院院字第 387 號解釋），爰分別於第 1 項第 1 款、第 2 款增列「於緩刑期內」、「確定」之用語，以資明確。

　　4.撤銷之聲請於 6 月內為之：為督促主管機關注意即時行使撤銷緩刑之責，增訂「判決確定後六月以內為之」之要件，俾使撤銷緩刑之法律關係早日確定。

　　㈡得撤銷之原因：關於緩刑之撤銷，現行法第 75 條第 1 項固已設有兩款應撤銷緩刑之原因；至得撤銷緩刑之原因，則僅於保安處分章內第 93 條第 3 項與撤銷假釋合併加以規定，體例上不相連貫，實用上亦欠彈性。

外國立法例，德國現行刑法第 56 條 f 及奧地利現行刑法第 53 條，均有
「撤銷」與「得撤銷」兩種原因，爰參酌上開立法例增訂本條，於第 1
項分設四款裁量撤銷之原因，其理由如次：

　　1.現行關於緩刑前或緩刑期間故意犯他罪，而在緩刑期內受得易科
罰金之有期徒刑之宣告者，列為應撤銷緩刑之事由，因認過於嚴苛，而
排除第 75 條應撤銷緩刑之事由，移列至得撤銷緩刑事由，俾使法官依被
告再犯情節，而裁量是否撤銷先前緩刑之宣告；其次，如有前開事由，
但判決宣告拘役、罰金時，可見行為人仍未見悔悟，有列為得撤銷緩刑
之事由，以資彈性適用，爰於第 1 項第 1 款、第 1 款增訂之。

　　2.緩刑期內，因過失犯罪其情節較重，受有期徒刑之宣告確定者，
乃係未能澈底悔悟自新之表徵，足見其人一再危害社會，均有由法院斟
酌決定撤銷緩刑之必要，爰增列為第 3 款得撤銷緩刑之事由。

　　3.修正條文第 74 條第 2 項增列法院於緩刑期間內，得命犯罪行為人
於緩刑期內應遵守之事項（例如向被害人支付相當數額、向公庫支付一
定之金額、接受精神、心理輔導、提供義務勞務或其他為預防再犯之事
項），明定違反該條所定事項情節重大者，得撤銷其緩刑宣告，以期週
延。至於所謂「情節重大」，係指：受判決人顯有履行負擔之可能，而
隱匿或處分其財產、故意不履行、無正當事由拒絕履行或顯有逃匿之虞
等情事而言。

　　4.本條採用裁量撤銷主義，賦與法院撤銷與否之權限，特於第 1 項
規定實質要件為「足認原宣告之緩刑難收其預期效果，而有執行刑罰之
必要」，供作審認之標準。

　　5.為貫徹緩刑期內未能改悔自新而更犯罪者，不宜繼續許其緩刑之
旨意，並配合第 75 條第 2 項撤銷緩刑期限之規定，於第 2 項規定「前條
第二項之規定，於前項第一款至第三款情形亦適用之。」換言之，主管
機關欲行使裁量撤銷緩刑之期限亦應在判決確定後六個月內為之。

習題：刑法第七十五條規定，緩刑期內更犯罪，受有期徒刑以上刑之宣告
　　　者，撤銷其緩刑，但因過失犯罪者，不適用之。其理由何在？試說
　　　明之。（72 高、76 高檢、77 司特）

六、緩刑之效力

緩刑期滿而緩刑之宣告未經撤銷，其在法律上之效果如何，各國立法例有不同之規定：有規定祇喪失刑罰執行之效力，但刑罰之宣告依然存在者；亦有規定不但所宣告之刑罰不再付之執行，即刑罰之宣告亦失去效力。從足以充分鼓勵犯人改善其惡性言，當以後者較為適當，此即附條件罪刑宣告主義。我刑法採之，即第 76 條所規定：「緩刑期滿，而緩刑之宣告未經撤銷者，其刑之宣告失其效力。但依第七十五條第二項、第七十五條之一第二項撤銷緩刑宣告者，不在此限。」

對於緩刑期內更犯罪或緩刑前犯他罪，縱於緩刑期間內開始刑事追訴或為有罪判決之宣告，如其判決確定於緩刑期滿後者，不得撤銷其緩刑。又為督促主管機關注意即時行使撤銷緩刑之責，修正條文第 75 條第 2 項、第 75 條之 1 第 2 項已增訂「判決確定後六月以內，聲請撤銷緩刑」之規定，為配合此項修正，並重申其條正原旨，爰增設但書規定，凡依第 75 條第 2 項、第 75 條之 1 第 2 項之規定聲請撤銷者，即便撤銷緩刑之裁定在緩刑期滿後，其刑之宣告，並不失其效力。

習題：緩刑期滿而緩刑之宣告未經撤銷，其法律上之效力如何？試說明之。
（44 高檢、46、70 普、55 高、90 特三）

第六節　假　釋

一、意義

所謂假釋（Parole, vorlaeufige Entlassung; liberation conditionelle），**是受徒刑執行之人，經過一定刑期，有悛悔實據，如附以條件許其暫行釋放出獄，在釋放出獄後，保持善行，其出獄日數，即算入刑期內之制度也。**又稱為假出獄。依此它須包含下列四要件：1.假釋係以獎勵受刑人悛悔為目的；2.須受刑人在監獄服刑中行狀善良有悛悔之實據；3.受刑人出獄後須就正業，守法守分；4.出獄後有無悛改，在一定期間內，仍受監獄之管束與監視。

二、假釋之本質

　　假釋係基於主觀主義之刑罰思想，爲達特別預防之目的而產生，其本質可分四點說明：

　　㈠**假釋是一種恩赦或一種權利**：在恩赦說謂假釋是否賦予，概視受刑人在刑期執行中所表現之行爲而定。此說在假釋制度初創之期，由澳洲新南威爾士州（New South Wales）州長斐利浦（Lommodore Philip）對受刑人給予附條件赦免（Conditional Pardon）時，實帶有恩赦之性質。其後因刑罰思想之演變，基於行刑目的主義，自由刑之彈性運用乃更爲普遍，在理論上因此說未能與之配合，且赦免後如罪犯未能保持善行，對於前科未執行之刑，即無法續予執行。權利說謂，假釋正因受刑人自己在刑期執行中努力表現而獲得成果，故爲權利而非國家賦予之恩典，受刑人對於國家雖負有服從之義務，因累進處遇之制度化，承認受刑人之復歸社會權，如其獲取一定之分數，當然進級，在此情況下，假釋與累進處遇之性質相同，均爲受刑人權利之一，而非恩典。一般謂此說較合今日刑事政策之思潮。

　　㈡**改善思想說**：刑罰之實施，係以具有犯罪惡性之犯人爲對象，刑罰之目的在促使受刑人之改悔向上，適於社會生活，如犯人已獲改善，無再犯之虞時，即目的已達，當無再繼續執行刑罰之必要。此爲自由刑具有彈性之當然結果，乃今日刑政之思潮，我國刑法採之。

　　㈢**累進處遇最終階段說**：謂假釋者，指受刑人經累進處遇進級至某一階段而許其在自由監禁之狀態下時，因其執行表示善良而有悛悔實據，就是解除其監禁亦無覆蹈犯罪之虞時，乃附上一定條件而暫許假釋出獄之謂。在此意義上，假釋制度，實具有累進處遇之最終階段的性質。

　　㈣**假釋寓有不定期刑性質**：不定期刑係於裁判時不宣告其刑期，只宣告其罪名，而後視受刑人監禁中之悛悔情形決定其釋放日期之制度。此制在理論上雖極吻合今日特別預防之行刑理論，但如決定出獄與否之監獄行刑官，不得其人，則反被其害，人權保障將蕩然無存，故多數國家乃以假釋代之。即令法院對於受刑人依法裁判一定之刑期，若在監禁中，有悛悔實據，又符合法定條件時，儘可於行刑中途，准其假釋出獄，不

必等待刑期之屆滿，雖無不定期刑之名，卻有不定期刑之實，故假釋制度實具有不定期刑之性質。

習題：何謂假釋？（38 高檢、53、54、63 普、70 特、90 高三、93 原住民），其本質為何？

三、假釋之存廢論

㈠**假釋之作用**：自由刑除了具有適當之報應性格外，其主要目的，在於改善犯人，培養其社會適應性，以促其再社會化。凡此除實施累進處遇制度外，如配合假釋制度之採用，當可積極鼓勵犯人自新，改悔向上，故就刑事政策之觀點言，實不啻為一極具價值之制度，其存在理由可分析為如下五點：

1.可救濟長期自由刑之缺失，鼓勵受刑人自新：長期自由刑，受刑人身羈監獄，長期與社會隔離，雖具改悔之心，難有出獄之望，不易收感化之效，如輔以假釋制度，對行狀善良之受刑人，則能縮短刑期提早出獄，當能促使受刑人恪守獄律，勤勉作業，從而日久成習，逐漸陶冶其心意，促使其改過遷善，乃至使其真心悔悟，重新做人。

2.救濟量刑之失當：法官審理案件，宣告刑罰，原應權衡犯罪之惡性與刑事責任之大小，以定刑罰之重輕，惟在此最短時間內，卻求其考察無誤，殊屬非易。犯人入獄，監獄官隨時觀察其個性，認為該受刑人惡性不大，法官宣告刑罰失之過重，可於執行一定刑期，依法許其假釋出獄，是假釋有匡正量刑不當之效。

3.能發揮中間監獄之特徵：受刑人由極端限制自由之監獄內，而入於放縱不羈之社會，其失足必易，若於釋放前設有一種過渡生活階段，俾犯罪人循級而登；蓋假釋為假的釋放，雖經出獄，然仍與在監執行類似，並受相當時間之監視與保護管束，促其逐漸適應社會生活，則失足之虞，庶可減少，是假釋出獄具有教育犯人及防止累犯之效。

4.可疏通監獄，貫徹刑罰經濟原則：犯人一旦被判刑收容於監獄，則不僅國家損失人力，且監獄開支，耗費公帑。以當前刑事政策在達成特別預防之目的，如受刑人服刑至一定期間，有悛悔之實據，能改過遷

善，自無繼續監禁之必要。如此不僅可達成疏通監獄之效，且可減少國庫負擔，貫徹刑罰經濟之目的。

　　5.可配合累進處遇措施，以達改善犯人之目的：近代行刑措施均採累進處遇方式，以積極鼓勵犯人改悔遷善，即凡累進處遇晉至二級以上，合於刑法假釋之規定者，得由監獄呈報假釋，如無假釋制度，受刑人雖已改過遷善，但仍需刑滿始能出獄，累進處遇之精神難以伸張，故將假釋與累進處遇條例配合實施，當更能收預期之效。

　　㈡**假釋之反對論**：假釋之存在有如前述，持反對論者，亦不乏其人，大致從贊同舊派刑罰理論爲起點，茲略舉其要如下：

　　1.違背法治國罪刑法定主義之原理：依罪刑法定主義「無法律即無犯罪亦無刑罰」；凡法無明文者，固不能科以刑罰，法有明文者，亦不容輕予赦免，如創設假釋制度，在刑罰執行中予以減免，其有背罪刑法定主義之原則，當爲法治國所不許。

　　2.有悖報應之原理與一般預防之目的：由報應刑論之立場而言，責任與刑罰恒成正比，假釋不啻縮短刑期，破壞責任刑罰之關係，有悖報應之原理，並無採用之價值。再就一般預防之目的而論，假釋足以減弱刑罰對於社會一般人之威嚇與警戒作用，此制亦不可採。

　　3.影響受刑人之情緒：摘錄受刑人對假釋之心聲曰：「在監獄中可謂假釋制度最爲惡劣，當受刑人聞悉同樣罪刑之其他受刑人即將假釋出獄；將懷疑紅包或政治壓力致有此不公平現象，而至怨恨整個制度，以爲假釋只是僞裝而已。」故假釋應予廢止，以示刑罰之公平。

　　4.假釋以悛悔與否爲前提，悛悔不易考察，故出獄後弊端叢生。

　　5.短期自由刑既應廢止，盡量擴張罰金之效果，自無假釋之救濟適用問題。又因不定期刑之理論及其條件與假釋相同，既有不定期刑，自無疊床架屋，再予規定假釋之必要。

四、假釋要件修正之立法理由

　　㈠2005 年公布之刑法修正案：

　　1.假釋制度係發軔於英國，固已爲目前大多數國家刑事立法例所採

行，惟對於受刑人應服刑多久，始得許其假釋，各國立法規定不一。尤其對於重刑犯及累犯是否准予假釋，尤有爭執。鑒於晚近之犯罪學研究發現，重刑犯罪者，易有累犯之傾向，且矯正不易，再犯率比一般犯罪者高，因此在立法上為達到防衛社會之目的，漸有將假釋條件趨於嚴格之傾向。如美國所採之「三振法案」，對於三犯之重刑犯罪者（FELONY）更採取終身監禁不得假釋（LIFE SENTENCE WITHOUT PAROLE）之立法例。我國現行對於重大暴力犯罪被判處無期徒刑者，於服刑滿 15 年或 20 年後即有獲得假釋之機會，然其再犯之危險性較之一般犯罪仍屬偏高，一旦給予假釋，其對社會仍有潛在之侵害性及危險性。近年來多起震撼社會之重大暴力犯罪，均屬此類情形。因此目前之無期徒刑無法發揮其應有之功能，實際上變成較長期之有期徒刑，故應提高無期徒刑，以達到防衛社會之目的有其必要性，爰將無期徒刑得假釋之條件提高至執行逾 25 年，始得許假釋。

　　2.無期徒刑累犯部分，因修正後之無期徒刑假釋至少需執行 25 年，對被告已有相當之嚇阻效果，而人之壽命有限，累犯如再加重 5 年或 10 年，似無實益，如其仍無悛悔實據，儘可不准其假釋，且為避免我國刑罰過苛之感，爰刪除無期徒刑累犯之假釋條件。

習題：
一、假釋之立法理由何在？（31、40、42、51、63 普、48、54、55、56 高、53 特）
二、設立假釋制度的目的何在？（94 特三）

五、假釋之要件

　　刑法第 77 條第 1 項規定：「受徒刑之執行而有悛悔實據者，無期徒刑逾二十五年，有期徒刑逾二分之一，累犯逾三分之二，由監獄報請法務部，得許假釋出獄。」第 2 項規定：「前項關於有期徒刑假釋之規定，於下列情形，不適用之：

　　一、有期徒刑執行未滿六個月者。

　　二、犯最輕本刑五年以上有期徒刑之罪之累犯，於假釋期間、受徒刑之執行完畢，或一部之執行而赦免後，五年以內故意再犯最輕本刑為

五年以上有期徒刑之罪者。

　　三、犯本法第九十一條之一所列之罪，於徒刑執行期間接受輔導或治療後，經鑑定、評估其再犯危險未顯著降低者。

　　無期徒刑裁判確定前逾一年部分之羈押日數算入第一項已執行之期間內。」

　　依此規定假釋之要件如下：

　　㈠**須受徒刑之執行**：假釋以受徒刑之執行為前提要件，徒刑包括無期徒刑與有期徒刑兩種，死刑係剝奪犯人之生命與自由刑不同，不適於假釋之適用。拘役刑期甚短，不能得悛悔之實效，故無假釋之必要。受罰金刑之宣告者，無須入獄執行，自無假釋之可言。惟死刑經減輕為徒刑後，如合於假釋之規定，仍得適用假釋。

　　㈡**徒刑之執行，須逾法定期限**：

　　1.一般之法定期限：欲知受刑人在執行期間有無悛悔實據，當須經過相當之期間。立法例有「無期間限制」、或「明定其期限」、或「規定執行刑期之百分比」、或「兩者混合」等規定。我國刑法採有限制之混合制方式，規定無期徒刑已逾 25 年，有期刑須逾二分之一，累犯逾三分之二，始可假釋。茲說明之：

　　　　⑴受無期徒刑之執行，已逾 25 年，得許假釋出獄。

　　　　⑵受有期徒刑非累犯之執行，已執行滿 6 個月，且逾二分之一，
　　　　　得許假釋出獄。

　　　　⑶受有期徒刑而累犯之執行，已執行滿 6 個月，且逾三分之二，
　　　　　得許假釋出獄。

　　2.二以上徒刑合併執行之假釋之計算：依第 79 條之 1 第 1 項規定：「二以上徒刑併執行者，第七十七條所定最低應執行之期間，合併計算之。」

　　第 2 項：「前項情形，併執行無期徒刑者，適用無期徒刑假釋之規定；二以上有期徒刑合併刑期逾四十年，而接續執行逾二十年者，亦得許假釋。但有第七十七條第二項第二款之情形者，不在此限。」

　　第 3 項：「依第一項規定合併計算執行期間而假釋者，前條第一項規

定之期間，亦合併計算之。」

　　第 4 項：「前項合併計算後之期間逾二十年者，準用前條第一項無期徒刑假釋之規定。」依此可說明如下：

　　　　(1)按本條意旨，在使二以上徒刑合併執行或單一有期徒刑或數罪併罰者，無論在何種情況下，均不超過無期徒刑之情形，即假釋所需最低執行期間及假釋期間（亦爲保護管束期間）均不超過 20 年（無期徒刑受刑人假釋所需最低執行期間爲 25 年，假釋後滿 20 年未經撤銷假釋者，其未執行之刑，以已執行論）。

　　　　(2)數罪併罰之案件：

　　　　　①二以上徒刑併執行者，其最低應執行之期間合併計算之（刑79 之 1 I）：

　　　　　　A受有期徒刑非累犯之併執行案件，執行已滿 6 個月，並逾剩餘合併刑期二分之一，得許假釋出獄。

　　　　　　B受有期徒刑而累犯之併執行案件，執行已滿 6 個月，並逾剩餘合併刑期三分之二，得許假釋出獄。

　　　　　②二以上徒刑併執行無期徒刑者，適用無期徒刑假釋之規定（刑79 之 1 II 前段），其假釋期間亦準用第 79 條第 1 項前段規定，均爲假釋出獄後滿 20 年（刑 79 之 1 III IV）。

　　　　　③二以上徒刑併執行之者，其合併刑期已逾 40 年而接續執行已逾 20 年，亦得許假釋出獄。但有第 77 條第 2 項第 2 款之情形者，不在此限（刑 79 之 1 II 後段）。

　　　　　④二以上徒刑合併執行經接續執行而假釋者，其假釋期間亦合併計算之（刑 79 之 1 III）。即合併計算之期間逾 20 年者，準用第 79 條第 1 項無期徒刑假釋之規定（刑 79 之 1 IV）。

　　3.惟少年事件處理法第 81 條規定：「少年受徒刑之執行，而有悛悔實據者，無期徒刑逾七年後，有期徒刑逾執行期三分之一後，得予假釋。」其條件較成年犯爲寬，其目的無非體恤少年，鼓勵改悔自新。

　　㈢**沒有不得假釋之情形**：刑法第 77 條 2 項規定列舉不得假釋之情形：

　　1.現行規定不得假釋者，僅有第 1 款規定之「有期徒刑之執行未滿

六月者」係因此類犯罪之惡性，並不嚴重，且刑期僅 6 個月，假釋對於受刑人並無實質利益可言，故仍維持之。而此次不得假釋之修正另增訂二種情形，爲使條文清晰，爰將不得假釋之規定，單獨於第 2 項中規定。

　　2.對於屢犯重罪之受刑人，因其對刑罰痛苦之感受度低，尤其犯最輕本刑 5 年以上重罪累犯之受刑人，其已依第 1 項規定（執行逾三分之二）獲假釋之待遇，猶不知悔悟，於一、假釋期間、二、徒刑執行完畢或赦免後五年內再犯最輕本刑五年以上之罪，顯見刑罰教化功能對其已無效益，爲社會之安全，酌採前開美國「三振法案」之精神，限制此類受刑人假釋之機會應有其必要性，爰於第 2 項第 2 款增訂之。

　　3.(1)依監獄行刑法第 81 條第 2 項、第 3 項分別規定：「犯刑法第二二一條至第二三〇條及其特別法之罪，而患有精神疾病之受刑人，於假釋前，應經輔導或治療。」、「報請假釋時，應附具足資證明受刑人確有悛悔情形之紀錄及假釋審查委員會之決議。前項受刑人之假釋並應附具曾受輔導或治療之紀錄。」再配合本法第 91 條之 1 之修正，則性侵害犯罪之加害人進入強制治療之程序，理應依監獄行刑法接受輔導或治療後，經評估、鑑定其再犯危險並未顯著降低者，始有接受刑法強制治療之必要；反之，如受刑人依前開規定接受輔導或治療後，其再犯危險顯著降低，即可依假釋程序審核是否有悛悔實據，而准予假釋。從而，監獄中之治療評估小組作整體評估、鑑定時，似無一方面認受刑人接受輔導或治療，其再犯危險顯著降低而准其假釋；另一方又評估其應繼續接受強制治療之矛盾情形。故刑法之強制治療應是刑期內之輔導或治療不具成效，其再犯危險仍未顯著降低時，始有進一步施以強制治療之必要。

　　(2) 86 年第 77 條修正前之規定：「犯刑法第十六章妨害風化各條之罪者，非經強制診療，不得假釋。」亦以接受強制診療作爲犯性侵害犯罪加害人假釋之要件，爲避免強制治療由刑前治療改爲刑後治療，與假釋規定發生適用法律之疑議，爰於第 2 項第 3 款增訂不得假釋之規定，以杜爭議。

㈣**須有悛悔實據**：所謂悛悔實據，係指受刑人在刑期執行中已悛改悔悟前非，確有實據而言。不像消極的遵守監獄之各項規定，且須積極的在作業中有優異表現始可。此外，監獄對於刑期 1 年以上之受刑人，爲促其改悔向上，適於社會生活，分爲數個階段，以累進方法處遇之（行刑 20）。如受刑人經累進處遇進至二級以上，悛悔向上，而與應許假釋情形相符合者，經假釋審查委員會決議，由監獄報請法務部核准後，假釋出獄（行刑 81）。而第一級受刑人合於法定假釋之規定者，亦應速報請假釋（累進 75）。

㈤**須由監獄長官報請法務部核准**：如核與假釋之情形相符，經假釋審查委員會決議，以典獄長之名義呈由監督機關之高等法院轉呈法務部核准。呈請時應附具足資證明受刑人確有悛悔情形之紀錄，及假釋審查委員會之決議錄。因此，受刑人或其關係人不得自行請求假釋。核准假釋者，應由監獄長官依定式告知出獄，給予假釋證書，並移送保護管束之監督機關。如能在告知時，將假釋出獄應遵守事項詳予說明，使受刑人瞭解，於出獄後切實遵守，對防止再犯，當能發揮效力。

習題：
一、假釋應具備那些要件？試說明之。（30、31、40、43、44、46、51、53、63 普、46 高檢、20、47、48、54 高、89 高檢、90 高三）
二、受刑人得准予假釋之要件爲何？（89 特司四、94 特三）

六、假釋之撤銷

受刑人之所以許其假釋出獄，原以其徒刑執行中有悛悔實據，不料經假釋後，故態復萌，更犯他罪，受有期徒刑以上刑之宣告，或違反保護管束有關規定，足見該犯人顯未眞正改善，自當撤銷其假釋，此爲各國刑法共同之規定。我國刑法第 78 條規定：「假釋中因故意更犯罪，受有期徒刑以上刑之宣告者，於判決確定後六月以內，撤銷其假釋。但假釋期滿逾三年者，不在此限。」

因此，撤銷假釋，須具備下列要件：

㈠**假釋中因故意更犯罪**：即在假釋期間內，更犯罪之謂。此指依刑法第 79 條第 1 項規定，指無期徒刑假釋後滿 20 年、或在有期徒刑所餘之刑期內，更犯罪而言。如不在假釋期間內所犯之罪，而是在假釋前，不

論其在執行中或執行前犯罪，或在假釋期滿後，更行犯罪者，均不構成撤銷假釋之原因。如在假釋前犯罪，於假釋中受徒刑之宣告並受刑之執行、羈押或其他依法拘束人身自由之期間不算入假釋期內。但不起訴處分或無罪判決確定前曾受羈押或其他依法拘束人身自由之期間，不在此限（刑 79 II）。

㈡**受有期徒刑以上刑之宣告**：即假釋中更犯罪者必須受有期徒刑以上刑之宣告者，始得撤銷假釋。如宣告刑為徒刑，而有易科罰金者，因其宣告刑之本質為徒刑，仍得為撤銷之原因。如所宣告之刑為拘役或罰金，因其犯性不重，不得撤銷其假釋。

㈢**須因故意而更犯罪**：在假釋中如因故意而更犯罪，足證其惡性未改，對社會仍有危險性，自應撤銷其假釋。如係基於過失而犯罪，則其本身尚無惡性，與因過失犯罪不得緩刑宣告之法意相同。

㈣**須於更犯罪受徒刑宣告判決確定後 6 月以內撤銷之**：現行條文第 2 項之規定，對於實務運用，固甚便利，惟依本項規定，假釋中再犯罪，假釋期滿而未及起訴之案件，受限法條之規定，不能再撤銷假釋，似有鼓勵受刑人於假釋期滿前再犯罪之嫌，應有未妥，爰將撤銷之期限修正於「判決確定後六月以內」為之。

㈤**假釋期滿逾 3 年者，不得撤銷假釋**：現行條文規定假釋中更故意**犯罪**，其判決確定在假釋期滿後者，於確定後 6 月以內撤銷之，則受刑人將長期處於是否撤銷之不確定狀態，蓋案件非可歸責於受刑人延滯，亦可能一再發回更審，致使訴訟程序遲遲未能終結，如未設一定期間限制假釋撤銷之行使，則受刑人形同未定期限之處於假釋得被撤銷之狀態，對於法律安定效果，實屬不當，亦對受刑人不公，爰設假釋期滿逾 3 年未撤銷者，不得撤銷假釋之規定，以期公允。

㈥**撤銷假釋之效力**：假釋經撤銷之後，其因假釋出獄之日數，不算入刑期內（刑 78 III）。即在假釋出獄者，如係無期徒刑，應終身監禁，如係有期徒刑，即應執行所殘餘之刑期。蓋以受保護管束人未能遵守保護管束規則，而又情節重大，足見其惡性尚在，仍未改善，還不如以執行其原所宣告之刑罰為妥，故有此規定。

習題：假釋出獄者，有何種情形，得撤銷其假釋？（89高檢、90高三）撤銷假釋後之效力如何？（23普、76特乙、93原住民）

七、假釋之效力

㈠**假釋期滿，未經撤銷假釋者，餘刑以已執行論**：現行刑法第79條第1項規定：「在無期徒刑假釋後滿二十年，或在有期徒刑所餘刑期內未經撤銷假釋者，其未執行之刑，以已執行論。但依第七十八條第一項撤銷其假釋者，不在此限。」因此無期徒刑假釋後滿20年，或有期徒刑自假釋出獄之日起算，其所餘之刑期即為假釋期間。假釋期滿，而其假釋未經撤銷者，其未執行之刑期，以已執行論。即其未執行之刑等於業已執行。雖此只是未執行之刑不再繼續執行，其刑罰之宣告依然存在。此與緩刑宣告未經撤銷時，其刑之宣告失其效力之法律效果不同。故假釋期滿，如5年內更犯罪而合於刑法第47條規定者，則生累犯問題。但依第78條第1項撤銷其假釋者，則不在此限。

㈡**假釋中另受刑之執行者，其期間不算入假釋期內**：刑法第79條第2項規定：「假釋中另受刑之執行、羈押或其他依法拘束人身自由之期間，不算入假釋期內。但不起訴處分或無罪判決確定前曾受羈押或其他依法拘束人身自由之期間，不在此限。」

　　1.此一規定有兩種情形，其一為假釋中因犯他罪受拘役之執行或宣告罰金而易服勞役，抑因過失犯罪而宣告有期徒刑者而言。另一種情形是在假釋以前犯有他罪，其刑之執行或羈押或其他依法拘束自由在假釋中者。至何以有此規定？蓋如將其刑期算入假釋期內，無非將假釋期間縮短，使受刑人反因此獲得法外利益，此當非刑法規定假釋之立法原意。

　　2.惟現行條文第2項不算入假釋期內之規定，其範圍包含受刑人因不起訴處分或無罪判決確定之前審理過程中之羈押等拘束人身自由之情形，致使受刑人之權益受損，實有不當。蓋受刑人於假釋期間內，既已獲不起訴分或無罪判決確定，其所曾受之羈押或其他拘束人身自由之期間，自無排除於假釋期內之理。爰參酌冤獄賠償法第1條之法理，明定不起訴處分無罪判決確定前曾受之羈押或其他依法拘束人身自由之期間，仍算入假釋期內。

㈢**褫奪公權自假釋期滿之日起算**：依刑法第 77 條之假釋，係對無期徒刑或有期徒刑之執行者而規定，與從刑之褫奪公權無關，且假釋期滿，未執行之刑，以已執行論。故對褫奪公權之起算依下列規定：

　　1.應自主刑執行完畢或赦免之日起算：依刑法第 37 條第 5 項規定：宣告一年以上有期徒刑，並宣告褫奪公權者，其期間自主刑執行完畢或赦免之日起算。故假釋期滿未被撤銷者，應自假釋期滿之日起算其褫奪公權之期間。

　　2.無期徒刑應褫奪公權終身：依刑法第 37 條第 1 項及第 4 項規定：宣告死刑或無期徒刑者，宣告褫奪公權終身。並自裁判確定時發生效力。因此，無論死刑被赦免或無期徒刑，均因宣告褫奪公權終身，除非經總統頒布復權，否則，仍應褫奪公權終身。

習題：假釋未撤銷之效力如何？試說明之。（43、44、46 普、44 高檢、55 高、76 特乙、90 特三）

八、假釋與緩刑之不同

　　假釋與緩刑依其作用同為救濟自由刑之弊，並以獎勵犯人促使改悔向上，達到犯人再社會化之目的。如運用得宜，大有助於犯罪預防之效，故各國立法例均相互併用，績效卓著，惟詳加細究兩者仍有相異之處：

　　㈠假釋與緩刑在刑之執行猶予的性質上，前者為一部的，後者為全部的。

　　㈡由刑事政策之觀點言，假釋係針對長期自由刑之缺陷而設；緩刑則針對短期自由刑之缺點而設。

　　㈢假釋以刑之執行以後有悛悔實據為前提；而緩刑則自始在避免刑之執行。

　　㈣假釋之決定權委之於司法行政最高官署之法務部，故屬司法行政處分之一；緩刑為裁判上審酌之事項，須以判決宣告之。

　　㈤無論緩刑與假釋是否須付保護管束，原無一定標準，惟依我國刑事立法，假釋出獄者，在假釋中須付保護管束，緩刑則得付保護管束（刑93）。

㈥假釋對象之宣告刑最低在 1 年以上；緩刑對象之宣告刑則為 2 年以下有期徒刑、拘役或罰金。

㈦假釋之期間屆滿，未經撤銷假釋者，其殘餘刑期，以已執行論，惟仍保留累犯之前科。至緩刑期滿，而緩刑之宣告未經撤銷者，其刑之宣告，失其效力，再犯時不適用累犯之規定。

習題：假釋與緩刑有何不同？試說明之。（55、61 高）

九、假釋與減刑、赦免、保釋之不同

假釋與減刑、赦免、保釋等措施在未屆刑期而出獄之方法上，雖有雷同之處，但在性質上亦互不相同如：

㈠減刑係對已受刑之宣告或已執行其刑之特定人犯，減輕其刑，一般因新證據、新事實之發生或慶典而有減刑措施。

㈡特赦係對特定刑事犯，於判決確定後，免其刑之執行，其情節特殊者，得以其刑之宣告為無效。

㈢保釋係因病在監獄，不能獲適當治療，或有傳染危險而保釋出外就醫或停止執行。凡此皆另有法律規定，非假釋也。

第五章　刑罰之消滅

第一節　刑罰之消滅事由

一、意義

現實刑罰，因刑之宣告與裁判之確定而成立。刑罰之消滅者，係將上述具體之刑罰權歸於消滅之謂。就刑罰消滅之原因而言，有廣狹兩義：

(一) 狹義	專指刑罰執行權之消滅而言。
(二) 廣義	即包括刑罰執行權與刑罰請求權之消滅。我國刑法採廣義說，蓋刑罰請求權一旦消滅，勢必引起刑罰執行之消滅，且我國刑法總則第十一章「時效」中，規定追訴權與行刑權消滅之原因，即採此說。

二、刑罰消滅事由

刑罰消滅之事由，可分為刑罰請求權之消滅，與刑罰執行權之消滅二種情形說明之：

(一)刑罰請求權之消滅：

1.大赦：大赦時未受罪刑之宣告者，其追訴權消滅（赦2II）。

2.追訴權時效完成：追訴權因罹於時效完成而消滅（刑80 I）。

3.法律變更廢止刑罰：犯罪後之法律已廢止其刑罰者，在偵查中應為不起訴處分；在審判中應諭知免訴之判決（刑訴252IV、302IV）。

4.告訴或請求乃論之罪已撤回其告訴或請求：告訴或請求乃論之罪，其告訴或請求已經撤回告訴或已逾告訴期間者，在偵查中應為不起訴處分；在審判中應諭知不受理之判決（刑訴252V、303III）。

5.犯人死亡：犯人死亡者，在偵查中應處分不起訴（刑訴252），在審判中應諭知不受理之判決（刑訴303V）。

(二)刑罰執行權之消滅：

1.緩刑期間之經過：緩刑期滿，刑之宣告失其效力，刑罰執行權亦

歸於消滅。

　　2.赦免：

　　　⑴大赦時已受刑之宣告者，其宣告爲無效，刑罰之執行權亦消滅
　　　　（赦2）。

　　　⑵特赦：

　　　　①罪刑宣告無效者：受罪刑宣告之人經特赦者，免除其刑之執
　　　　　行，而其情節特殊者，以其罪刑之宣告爲無效（赦3）。

　　　　②減刑：受罪刑宣告之人經減刑者，減輕其所宣告之刑（赦4）。

　　　　③復權：受褫奪公權宣告之人經復權者，回復其所褫奪之公權
　　　　　（赦5）。

　　3.行刑權時效完成：行刑權因罹於時效完成而消滅（刑84Ⅰ）。

　　4.法律變更廢止刑罰：處罰或保安處分之裁判確定後，未執行或執
行未完畢，而法律有變更不處罰其行爲或不施以保安處分者，免其刑或
保安處分之執行（刑2Ⅲ）。

　　5.執行完畢或假釋：刑罰執行完畢者，刑罰權當然消滅。假釋期間
經過以後，即視爲刑罰執行完畢（刑79Ⅰ）。

　　6.裁判免刑：刑法中常見之「免除其刑」之規定（如刑61），或「免
其刑之執行」（如刑9）等情形而言。

　　7.犯人之死亡：犯人在裁判確定後死亡者，消滅其刑罰請求權。但
財產刑仍得就受刑人之遺產執行（刑訴470Ⅲ）。

第二節　時　效

一、意義

　　時效（Verjaehrung）**者，指依法律之規定，因一定時間之經過，發生
一定法律效果之謂**。在民法上時效，有因時效完成而取得權利者，稱爲
「取得時效」，或喪失權利者稱爲「消滅時效」。但在刑法上只有消滅時
效，而無取得時效，即僅爲追訴權及刑罰權消滅之原因。

二、刑法上時效分類

刑法上時效之分類有二：

(一) **追訴權時效**	犯罪發生後，依法律之規定，經過一定期間不提起公訴或自訴者，即喪失其刑罰請求權之謂。
(二) **行刑權時效**	即犯人於裁判確定後，基於一定原因，不能執行刑罰，於法定期間經過後，國家刑罰執行權即告喪失之謂。

三、時效之論據

(一)**改善推測說**：因期間之經過，推測犯人已悛悔而改善。

(二)**證據散失說**：因期間之經過，犯罪之證據多已散失，證據之蒐集困難，不易獲得正確之裁判。

(三)**痛苦代刑說**：犯人為免於追訴或執行，經長時間之逃避，其心神之痛苦，亦不啻於身受刑罰之制裁。

(四)**社會遺忘說**：因期間之經過，其犯罪已為社會所遺忘，殊無再予追訴處罰之必要。

(五)**權責確定說**：個人之刑事責任，如久未確定，將使與犯人有生計關係之人均受影響，有害於社會生活，有刑事時效制度，當可使權責關係早日確定。

四、追訴權時效與行刑權時效之異同

		追訴權時效		行刑權時效
	意義	追訴權之經過一定期間而消滅		已判決確定刑罰之經過一定期間而消滅
	性質	刑罰確定前之時間的經過		刑罰確定後之時間的經過
	效果	使觀念的刑罰權歸於消滅		使現實的刑罰權歸於消滅
不同點		犯最重本刑為死刑	30 年	40 年
		無期徒刑		
		10 年以上有期徒刑		
		3 年以上 10 年未滿有期期刑	20 年	30 年
		1 年以上 3 年未滿	10 年	15 年

	1年未滿、拘役、罰金	5 年	7 年
	專科沒收		
時效 起算 日	自犯罪成立之日起算。但犯罪 行為有繼續之狀態者，自行為 終了之日起算。		自裁判確定之日起算。但因保安處 分先於刑罰執行者，自保安處分執 行完畢之日起算。
共同點	使實體法的刑罰權歸於消滅。		

習題：

一、刑罰權消滅的原因除時效外，尚有幾種？試列舉以對。（74 特）

二、追訴時效與行刑時效經過的法律效果有何不同？（93 高三）

第三節　追訴權時效

一、追訴權時效期間

刑法第 80 條第 1 項規定：「追訴權因下列期間內未起訴而消滅」，其期間為：

犯 最 重 本 刑 為	追訴權
死刑、無期徒刑或 10 年以上有期徒刑	30 年
3 年以上 10 年未滿有期徒刑	20 年
1 年以上 3 年未滿有期徒刑	10 年
1 年未滿有期徒刑、拘役或罰金	5 年

以上期間均以法定本刑最高度為準。逾此期間者，追訴權即因罹時效而消滅。如遇有告訴或告發，檢察官應為不起訴之處分（刑訴 252 II）。法院對此公訴或自訴之案件，應諭知免訴之判決（刑訴 302 II）。

二、追訴權時效期間之起算

刑法第 80 條第 2 項規定：「前項期間，自犯罪成立之日起算。但犯罪行為有繼續之狀態者，自行為終了之日起算。」茲詳述之：

(一) 即成犯	自犯罪成立之日起算。
(二)	專指行為繼續而言，自其繼續行為終了之日起算。如將人繼續

繼續犯	拘禁一處所，則屬行為繼續，其追訴權應自最後拘禁之日起算。
(三) 結合犯	係結合數罪，另成一罪，應自結合之罪成立之日起算。
(四) 加重結果犯	自結果發生之日起算。
(五) 共同正犯	以共犯中之最後犯行完成之日起算。
(六) 教唆犯	以教唆行為完成之日起算。
(七) 幫助犯	與正犯同一日起算。
(八) 間接正犯	以被利用人犯罪成立之日起算。
(九) 告訴乃論之罪	其告訴應自得為告訴之人知悉犯人之時起，於 6 個月內為之。如有告訴權人逾此期間不為告訴，雖其追訴權時效尚未完成，亦不得提出告訴。反之，如追訴權時效已經完成，而告訴權人知悉犯人雖未滿 6 個月，仍不得提出告訴。

三、追訴權時效計算標準

依刑法第 80 條規定：以「最重本刑」為計算標準。

依第 82 條規定：「本刑應加重或減輕者，追訴權之時效期間，仍依本刑計算。」茲分述之：

㈠**法定本刑只有一種主刑者，依分則各本條法定刑最高度計算：**

1.僅規定最高度刑：如偽造公印或公印文者，處 5 年以下有期徒刑（刑 218），即以 5 年為計算標準。

2.有規定最高度及最低度刑：如對於未滿 14 歲之男女為性交者，處 3 年以上 10 年以下有期徒刑（刑 227），即以 10 年為計算標準。

3.僅規定最低度刑：如強制性交致重傷罪處 10 年以上有期徒刑（刑 226），即依刑法第 33 條第 3 款規定，有期徒刑最高度刑為 15 年，應以 15 年為計算標準。

㈡**法定本刑有二種以上主刑者，依最重之刑，或最重主刑之最高度計算**：所謂二種以上之主刑，即法定刑為有期徒刑與其他徒刑選科或併科

之謂。其計算標準爲：

　　1.依最重主刑計算：如暴動內亂罪，處無期徒刑或 7 年以上有期徒刑（刑 101），應依最重主刑之無期徒刑計算。

　　2.依最重主刑之最高度計算：如公然猥褻罪，處 1 年以下有期徒刑，拘役或三千元以下罰金（刑 234），則依 1 年有期徒刑計算。

　㈢**本刑應加重或減輕者，追訴權之時效期間，仍依本刑計算**（刑 82）：即不以加重或減輕後之刑罰爲計算時效之標準，而就本刑之規定，依刑法第 80 條之規定計算。而不應依審判上之加重或減輕，致本刑之時效受其影響。

習題：追訴權時效期間之計算標準如何？（45 高檢）

四、追訴權時效之停止

　　時效之停止者，指時效期間開始起算後，在時效之進行中，遇有法定原因之發生，暫時停止其時效之進行之謂。

　㈠**時效停止之原因**：我刑法第 83 條第 1 項規定：「追訴權之時效，因起訴而停止進行，依法應停止偵查或因犯罪行爲人逃匿而通緝者，亦同。

　　前項時效之停止進行，有下列情形之一者，其止原因視爲消滅：

　　一、諭知公訴不受理判決確定，或因程序上理由終結自訴確定者。

　　二、審判程序依法律之規定或因被告逃匿而通緝，不能開始或繼續，而其期間已達第八十條第一項各款所定期間四分之一者。

　　三、依第一項後段規定停止偵查或通緝，而其期間已達第八十條第一項各款所定期間四分之一者。

　　前二項之時效，自停止原因消滅之日起，與停止前已經過之期間，一併計算。」

　㈡**時效之合併計算**：依刑法第 83 條第 2 項規定：「前二項之時效，自停止原因消滅之日起，與停止前已經過之期間，一併計算。」即時效之停止僅在停止原因存在期間，暫停時效之進行，停止原因消滅後，前所進行之期間，與停止後繼續進行之期間，合併計算。如某甲犯殺人罪，因心神喪失停止審判 3 年，則自犯罪成立之日起算屆滿 33 年之日，時效

即屬完成。

此種「時效停止」與「時效中斷」不同,「時效中斷」者,即自中斷原因消滅後,重行起算時效時間,即中斷以前所經過之時效期間,一概不計入,對被告極為不利,因此為我國刑法所不採。

㈢**時效之回復進行**:時效制度原為使追訴權經過一定期間,歸於消滅,如時效停止之原因長期存在,將因長期停止進行,使時效期間永遠不能完成,刑罰權亦永遠陷於不確定之狀態,自與設立時效制度之原旨相違。故刑法第 83 條第 2 項第 3 款規定:「依第一項後段規定停止偵查或通緝,而其期間已達第八十條第一項各款所定期間四分之一者,即;

	追訴權時效	四分之一（刑 83 Ⅱ ③）
第一款	30 年	7 年 6 月
第二款	20 年	5 年
第三款	10 年	2 年 6 月
第四款	5 年	1 年 3 月

依此,「停止原因視為消滅」後,即與無停止原因相同,時效期間自此時起繼續進行,與停止以前經過之期間,合併計算。如殺人罪之追訴時效期間為 30 年（刑 80 Ⅰ）,某甲犯殺人罪後,因心神喪失停止審判（刑訴 294）。已滿 7 年 6 月,縱某甲心神喪失仍在繼續中,但時效期間自該停止審判滿 7 年 6 月之次日起繼續進行,並與停止前已經過之期間一併計算。此時應合計經過 27 年 6 月後,時效始為完成。

習題:試述追訴權時效之停止原因?設停止原因長期繼續存在,追訴權有完成之可能否?（45 高檢、56 普、98 特四）

五、追訴權時效之法律效果

追訴權時效之期間經過者,追訴權因而消滅,其公訴或自訴即欠缺實體關係的訴訟條件,檢察官對該行為人就不得提起公訴,被害人亦不得提起自訴,檢察官因告訴等情事經偵查者,應為不起訴之處分（刑訴 252 ②）,審判中法院應諭知免訴之判決（刑訴 302 Ⅰ ②、343）,如已判決,尚未確定而發現者,得為上訴之理由,如判決已確定,則得為再審之理由（刑

訴 420 I ⑥)。

第四節　行刑權時效

一、行刑權時效期間

刑法第 84 條第 1 項規定，行刑權因下列期間內未執行而消滅：

行刑權時效	時效期間
㈠宣告死刑、無期徒刑或 10 年以上有期徒刑者。	40 年
㈡ 3 年以上 10 年未滿有期徒刑者。	30 年
㈢ 1 年以上 3 年未滿有期徒刑者。	15 年
㈣ 1 年未滿有期徒刑、拘役、罰金或專科沒收者。	7 年

二、行刑權時效期間之起算

刑法第 84 條第 2 項規定，行刑權期間，自裁判確定之日起算。但因保安處分先於刑罰執行者，自保安處分執行完畢之日起算。因刑之宣告，必待裁判確定後，始能執行（刑訴 456）。其情形為：

㈠前受緩刑之宣告後經撤銷者，應自撤銷緩刑之裁判確定之日起算。

㈡假釋經撤銷者，其殘餘刑期行刑權時效如何起算？一般認為仍應自原罪刑裁判確定之日起算，並扣除其執行之期間。

㈢宣告徒刑併科罰金之案件，其罰金行刑權之時效與徒刑行刑權之時效，分別進行（36.4.4 決議）。

㈣保安處分先於刑罰執行者，自保安處分執行完畢之日起算。

三、行刑權時效之停止

㈠**時效停止之原因**：刑法第 85 條第 1 項規定：「行刑權之時效，因刑之執行而停止進行。有下列情形之一而不能開始或繼續執行時，亦同：一依法應停止執行者。二因受刑人逃匿而通緝或執行期間脫逃未能繼續執行者。三受刑人依法另受拘束自由者。」茲分述之：

立法說明：

1.依現行本法第 84 條第 1 項規定，行刑權時效之消滅係以法定期間

內不行使爲要件，如在法定期間內已有行使之行爲，並不發生時效進行之問題，且爲配合第 83 條第 1 項立法體例，爰於本條第 1 項明文規定。

2.關於妨礙行刑權時效完成之事由，仍維持現行時效停止制，僅就不能開始或繼續執行之情形，詳加列舉規定，以資適用。

3.執行程序亦有依法停止執行者，如：刑事訴訟法第 430 條但書、第 435 條第 2 項、第 465 條、第 467 條、監獄行刑法第 11 條第 1 項及第 58 條等。爰列爲第 1 項第 1 款，如有上述情形致不能開始或繼續執行者，行刑權時效應停止進行。

4.因受刑人逃亡或藏匿而通緝，不能開始或繼續執行者，依司法院釋字第 123 號解釋意旨，認爲行刑權時效應停止進行。另受刑人執行中脫逃，雖處於未執行狀況，然行刑權時效究不宜繼續進行。爰予明文化，列爲第 1 項第 2 款，爲行刑權時效停止進行之原因。

5.又受刑人因依法另受拘束自由者，例如，受拘束自由保安處分之執行、流氓感訓處分、少年感化教育、及民事管收等，致不能開始或繼續執行時，亦有列爲行刑權時效停止進行原因之必要。爰併予增列爲第 1 項第 3 款，以資適用。

(二)**時效之回復進行**：刑法第 85 條第 2 項規定：「停止原因繼續存在之期間，如達於第八十四條第一項各款所定期間四分之一者，其停止原因視爲消滅。」

刑 84 I	追訴權時效	四分之一（刑 85 II）
第一款	40 年	10 年
第二款	30 年	7 年 6 月
第三款	15 年	3 年 9 月
第四款	7 年	1 年 9 月

行刑權時效經停止後，如停止之原因繼續存在，使時效期間永遠不能進行，行刑權亦永無消滅之可能，與設立時效制度之原旨相違，故有此規定。如：

男子張某因毒品案，於 83 年被判刑 3 年又 50 天徒刑確定，服刑前夕，他竟搭機潛逃到中國，83 年 7 月遭法院通緝，躲在中國長達 15 年，日子混不

下去，又思念台灣味的滷肉飯，盤算通緝時效已滿 15 年，乃於 99 年 1 月 9 日大剌剌地搭機返台，不料返抵國門即被警方逮捕。張某呆住了，一問才知行刑權時效除了 15 年，還要加上 4 分之 1 的停止進行時間；也就是 3 年 9 個月，而通緝書也載明直到 102 年 3 月 29 日時效才消滅。(見 2010 年 1 月 10 日，自由時報，B1。)

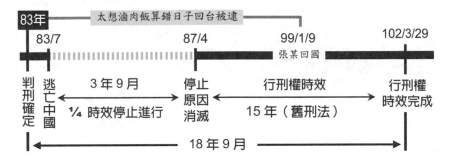

㈢**時效之合併計算**：刑法第 85 條第 3 項規定：「第 1 項之時效，自停止原因消滅之日起，與停止前已經過之期間一併計算。」所謂「停止原因消滅」，指心神喪失已痊癒，懷胎之犯人已生產滿 2 月，病犯已痊癒，再審之裁判已經確定，通緝犯已被逮捕，或其他阻礙行刑之因素已不存在等均是。時效回復進行後，與前所進行之期間，合併計算。其結果如已屆滿行刑權之時效期間者，即不得再行執行。

習題：行刑權時效停止進行之原因如何？試列舉說明之。(45 高檢、56 普、98 特四)

四、行刑權時效之法律效果

行刑權在時效期間內如未執行，行刑權即因罹於時效完成而消滅，對於裁判所宣告之刑，不得執行，罰金之行刑權如經時效完成而消滅，該受刑人如有繳納罰金均應退還(司法行政 60 令刑(四)字 2202)。至於從刑方面，依第 34 條規定，從刑有褫奪公權及沒收二種，關於褫奪公權，宣告

死刑或無期徒刑之褫奪公權終身者，自裁判確定時發生效力（刑 37Ⅳ），其他宣告褫奪公權者，自主刑執行完畢或赦免之日起算（刑 37Ⅴ），故皆不生行刑權時效問題。至於沒收即有行刑時效之問題。惟行刑時效雖已消滅，其有罪之宣告依然存在不受影響。

習題：追訴權時效與行刑權時效經過的法律效果有何不同？（93 高、97 身障）

第五節　刑法之時效及加減例一覽表

刑法之時效及加減例一覽表							
犯最重本刑為	追訴權	行刑權	假　釋	緩　刑		加　減	
死刑	30 年	40 年	逾 25 年後			不加重	未滿 18 歲或滿 80 歲人不處死刑。
無期徒刑						不加重	死刑減輕者，為無期徒刑。
10 年以上有期徒刑			有期徒刑之執行逾二分之一後，累犯逾三分之二後	宣　告	撤　銷	無期徒刑減輕者，為20 年以上 15 年以下有期徒刑。	
3 年以上10 年未滿有期徒刑	20 年	30 年		第 74 條：受 2 年以下有期徒刑、拘役或罰金之宣告，而有下列情形之一，認為以暫不執行為適當者，得宣告 2 年以上 5 年以下之緩刑，其期間自裁判確定之日起算：一 未曾因故意犯罪受有期徒刑以上刑之宣告者。二 前因故意犯罪受有期徒刑以上刑之宣告，執行完畢或赦免後，五年以內未曾因故意犯罪受有期徒刑以上刑之宣告者。	第 75 條：受緩刑之宣告，而有下列情形之一者，撤銷其宣告：一 緩刑期內因故意犯他罪，受有期徒刑以上刑之宣告確定者。二 緩刑前因故意犯他罪，而在緩刑期內受不得易科罰金之有期徒刑以上刑之宣告確定者。	一 有期徒刑或罰金加減者，其最高及最低度同加減之（刑 67）。二 拘役加減者，僅加減其最高度（刑 68）。三 有二種以上之主刑者，加減時併加減之（刑 69）。四 二以上之加重或減輕者遞加或遞減之（刑 70）。五 有加重及減輕者，先加後減，二以上之減輕者先依較少之數減輕之（刑 71）。六 因刑之加重、減輕，而有不滿 1 日之時間或不滿 1 元之額數者，不算（刑 72）。七 酌量減輕其刑者、準用減輕其刑之規定（刑 73）。	
1 年以上3 年未滿	10 年	15 年					
1 年未滿有期徒刑	5 年	7 年	（執行未滿 6 月不在此限）				
拘役	5 年	7 年	假釋後餘刑已執行論、期中更犯罪撤銷假釋。				
罰金							
專科沒收							
時效起算日	自犯罪成立起算，但犯罪行為有繼續之狀態者，自行為終了之日起算。	自裁判確定之日起算。但因保安處分先於刑罰執行者，自保安處分執行完畢之日起算。					

第四編　保安處分論

第一章　保安處分之概念

第一節　保安處分之意義與立法理由

一、意義

保安處分（Sicherungsmassnahme, mesuure de sûreté）之語義，至今尚無統一之說法，依行政機關所裁決或法院依據法律審判之不同，有行政法上保安處分與刑法上保安處分之別。而在刑法上有拘束人身自由之保安處分，與矯正處分等兩種：

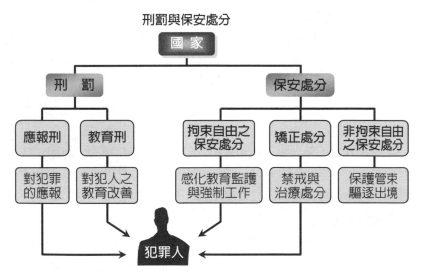

刑罰與保安處分

㈠**拘束人身自由之保安處分**：此如強制工作。此係以剝奪受處分人之人身自由為其內容，在性質上帶有濃厚自由刑之色彩，故有罪刑法定主義衍生之不溯及既往原則之適用，故於刑法第 1 條明文規定，以求允當。

㈡**矯正處分**：對於應施以矯正處分之病態行爲人，如刑法第 91 條之 1 強制治療處分，爲防止其病態行爲惡化，坐視其繼續害社會之安全，以免違背保安處分防衛社會之宗旨。因此不當然適用罪刑法定主義。

二、設置保安處分之目的

若依古典學派，刑罰係對於行爲者過去犯罪行爲之報應，乃以行爲者行爲中所顯示之道義責任爲比例科刑之基礎，因此不一定忠實地反映犯人之危險性。對於不能改善之犯罪人，因係依據各個行爲而量刑，不論其危險性在出獄後是否仍舊存在，到達一定時間，則因刑期之屆滿，非將其釋放不可。尚且如限制責任能力者之危險性雖與一般成人犯罪相同，祇因其爲限制責任能力者，以致受到減輕其刑之優遇。甚且具有犯罪習慣之責任能力者，如常習犯、有特殊癖好之酗酒泥醉人、吸食煙毒者等，亦皆非單純科刑所能矯正其惡習。是故爲抑制該犯罪之危險性，今日之刑政已不如道義責任論之時代將無責任能力者放置不問，反之應在其被判無罪之同時，或對於限制責任能力者，在其刑期屆滿時，收容於一定處所，加以感化教育。至於習慣之酗酒泥醉人或有特定不良習慣者，在刑罰執行期間施以強制治療處分或予以隔離禁戒之。再者，對於具有相當危險之習慣犯，亦於刑之執行後，有命其於一定處所施以不定期之保安處分之必要，因此基於教育與改善之社會防衛政策，保安處分誠爲補救或代替刑罰最有效之制度也。今再說明其**立法理由**如次：

㈠基於道義責任論之報應刑，雖犯人犯罪之危險性極高，但因其爲無責任能力者，致無法科以刑罰。或因其爲限制責任能力者，乃不得不科以較輕之刑罰。因之，如能導入保安處分，當可彌補此一缺陷。

㈡欲徹底防止累犯，徒賴刑法不能奏功，再犯即其明徵，故有研究其他對策如保安處分，以補刑罰之不足。

㈢如按報應刑之理論，則犯人服刑期滿，應即復歸社會，但對累犯或常習犯之特殊犯人就是刑滿，因其犯罪及反社會性之危險仍在，因此吾人必須講求方策以對之。

㈣對有責任能力者，因其有懶惰或酗酒之惡習，就是施以刑罰之威嚇，

因其成性不良，到底無法規範其行為，故應講求其他方策以資矯正。

㈤於精神障礙之犯人，不能單純的施以監禁，而應講求治療與改善之方式以矯治其行為。此當非如刑罰之一定期間所可奏效。而應依各個犯人之特性，在相當之彈性時間內，作適切之運用。凡此如有保安處分制度，當較易達成預期之目的。

㈥對少年犯罪者，與其使用刑罰，倒不如以感化或改善之方式，予以特別之處遇，更能收到預期之效。

㈦因短期自由刑有害無益，為補其缺陷，施以保安處分將更適當。

㈧刑罰與保安處分雖皆以犯罪行為之發生為前提，但只有保安處分始能貫徹隔離之效。

習題：
一、我國刑法為何在規定主刑之外，又規定保安處分？（93 高三）
二、何謂保安處分？（24、47、50、54 高、45、71 普、85 書記）並說明保安處分之立法理由。（28 普、52 高）

第二節　保安處分之性質

一、保安處分之法律性質

保安處分之定義係以特定犯人之犯罪為前提，為防止將來犯罪危險性之發生，由法院宣告，施以與刑罰相異之隔離、監禁或教化改善等處分。基此定義分析其法律性質如下：

㈠**保安處分係以特定犯人為對象之處分**：此種處分與以一般人為對象之犯罪預防處分（Preventive measure）不同。在一般行政法上有排除社會危險性為手段之警察處分，此雖有部分屬廣義之保安處分，但此因以社會一般大眾為防犯之對象，仍非刑事法上所指之保安處分。如保安處分所使用之隔離、感化與改善矯治等雖其終極之目標在防衛社會，但因以個個特定犯人為對象，故與一般行政處分不同。

㈡**保安處分以有犯罪之存在為前提**：刑法第 1 條上罪刑法定主義，對於拘束人身自由之保安處分，亦應同樣適用。此種以犯罪為前提之概念，

與刑罰同其性質。蓋刑罰係建築在刑事責任之下層構造上，即所謂「無責任則無犯罪」；而保安處分雖以犯人未來犯罪行為之危險性為準。但仍須堅守「如無犯罪或無再犯行為，則無保安處分（No measure of safety without a committed" or repeated" act）之原則」。又關於非拘束人身自由之保安處分之適用，仍採用裁判時之法律（刑 2 II ），以維持保安處分之功能與目的。

㈢**保安處分係以犯人將來具有犯罪之危險性為要件**：所謂危險性者，指因犯罪或反復之犯罪行為致侵害法律秩序之可能性的性質之謂。此種性質之認定不能僅囿於抽象性，尚須客觀而具體的條件為基礎始稱合法。亦即基於各種客觀條件而發生一定之有害事象之可能性或蓋然性，而此非由特定行為所表示之危險性不可。由於保安處分在實質上會產生刑之加重與減輕之兩種結果，前者當然有相當之危險性始有加重之可能。至於後者亦非全無危險性，只是為避免自由刑之執行，又因其有危險性之存在，始付之保安處分；如緩刑或假釋後付之保護管束等是。

㈣**保安處分係剝奪或限制犯人自由之隔離或改善處分**：如推究近代刑罰之原理，自由刑亦以此為目的，我國監獄行刑法第 1 條雖亦規定徒刑拘役之執行，以使受刑人改悔向上，適於社會生活為目的。然而我國亦設有保安處分，而兩者並有顯著之區分。祇是剝奪犯人之自由係屬刑罰之基本原則；在此原則下附隨有隔離與改善處分而已。反之，保安處分則以隔離與改善兩種處分，而拘束人身自由之保安處分如強制工作，改善處分，如強制治療處分等是。

㈤**保安處分由法院宣告之**：保安處分雖亦有委由行政機關執行，但其宣告應由法院為之。保安處分之法律性質有謂應屬刑事處分，亦有謂屬於行政處分。惟依據法理，保安處分係為防遏犯罪，擴大刑事裁判之範圍所得之結果，因此與刑罰在其法律基礎上應同其性質。保安處分之應由法院宣告亦因其所具有之刑事處分的性質，為保障人權而設立。此外保安處分又因關係於犯人犯罪危險性之認定，故有逾越形式之法律實證主義，而在刑事手續上有採取特殊手續之必要。如少年事件處理法上所採之審理前調查（Pre-sentence examination）等是。

習題：保安處分之性質如何？（24 高）

二、保安處分與刑罰之異同

如依社會責任論，犯罪因由各種原因所形成，社會為維持其安寧秩序，採取防衛之手段，無論對於有責任能力者或無責任能力者均科以一定之處遇，只是其所科之處遇因人不同：如對於精神正常之人科以刑罰，而對於精神不正常者，科以保安處分，因此在社會責任論之觀點下，刑罰與保安處分名稱雖異，在本質上，仍無區分也。

如依道義責任論之主張，則欠缺自由意思之犯罪行為因無犯行之責任，而不能據此科以刑罰。但如將其放置不聞不問，又有危及社會之安全，因此為防衛社會，乃對其施以保安處分或收容於一定之處所予以改善矯治。只是刑罰係對於犯罪行為科以痛苦之一種手段，是以犯人之責任為基準，保安處分係以矯正行為人之惡性為主，並以犯人之危險性為根據。今分述其區分內容如下：

	刑　　罰	保安處分
本質上不同	以一般預防為首要目的，同時以達到特別預防。	有特別預防的作用，採個別處遇方式，對行為人課以社會責任。
	以犯行與責任為根據，且具有道德之懲罰性。	以行為人之危險性為衡量標準。
	刑罰則不問犯人有無危險性刑滿就須釋放。	可以貫徹犯人社會隔離與改善之效。
	主要在剝奪自由，改善只是附帶作用。	主要作用在限制自由作用之隔離與改善處分。
對象不同	犯罪行為人。	具有社會危險性之行為人。
內容不同	刑罰有主刑及從刑（刑 32）。	有感化教育、監護、禁戒、強制工作、強制治療、保護管束及驅逐出境等處分。
目的不同	刑罰是對於不法行為的報應，使犯人感覺痛苦，達到威嚇大眾為目的。	保安處分是在防衛社會，以達到改善犯人預防再犯為目的。
法律變更	從舊從輕原則（刑 2 I）。	拘束人身自由之保安處分，適用

| 之適用 | 從舊從輕原則。
非拘束人身自由之保安處分，適用裁判時之法律（刑 2II）。 |

習題：
一、保安處分與刑罰有何不同？試說明之。（40、45、54 高、77 司特）
二、刑罰與保安處分之本質、對象、內容、目的各有何不同？其所適用之法律於行為後有所變更時，各應如何適用？試說明之。

三、保安處分與行政處分之異同

　　保安處分因以防止未來違法行為之再生所為之處置，故與行政處分相類似。當然在行政處分之中亦有不少追懲之要素；諸如行政上之罰鍰，或基於特別權力關係所為之撤職或訓誡等懲戒處分，但毫無追懲性質，而完全具有預防要素者，亦復不少；如傳染病發生時，地方主管機關應視實際需要，會同有關機關管制特定區域之強制隔離處分（傳 35），或行政上直接強制處分之對人的管束（行執 36）等均是。斯種為防衛社會，對於有侵害社會危險性者，予以適切處分之預防性質，當與保安處分無任何區分之可言。尚且因行政處分之種類繁多，其中必有與保安處分之性質相雷同者，再就廣義之保安處分制度分析，則保安處分亦含有行政處分之性質，因此保安處分與行政處分兩者之區分，若只求之於處分之實質似無可能。祇有因保安處分係法院裁判之介入，致成為司法處分之形式上的追求，始能斷然使兩者明晰的區分。當然亦有不少學者逾此範圍，作進一步之實質上區分，惟其重點祇有追問何以保安處分不可由行政機關為之，而應歸屬於法院之司法管制下，藉防基本人權之侵害等結論，始能了解其內容。

習題：保安處分與行政處分有何異同？試說明之。（71 特乙、94 警四）

第二章　保安處分之種類

第一節　保安處分之種類概說

　　我國刑法關於保安處可分為兩大類，依其性質可分為拘束人身自由之保安處分與非拘束人身自由之保安處分兩大類。拘束人身自由之保安處分（如強制工作），係以剝奪受處分之人身為其內容，在性質上帶有濃厚自由刑之色彩，亦應有罪刑法定主義衍生之不溯及既往原則之適用，故第 1條後段規定「拘束人身自由之保安處分」亦有罪刑法定主義之適用。

一、拘束自由的保安處分

(一) 感化教育 處分	1.因未滿 14 歲而不罰者，得令入感化教育處所施以感化教育。 2.因未滿 18 歲而減輕其刑者，得於刑之執行完畢或赦免後，令入感化教育處所施以感化教育。感化教育時間為 3 年以下，但執行已逾 6 月，認無繼續執行刑之必要者，法院得免其處分之執行（刑86）。
(二) 監護處分	因第 19 條第 1 項之原因而不罰者，其情狀足認有再犯或危害公共安全之虞時，令入相當處所，施以監護。 有第 19 條第 2 項及第 20 條之原因，其情狀足認有再犯或有危害公共安全之虞時，於刑之執行完畢或赦免後，令入相當處所，施以監護。但必要時，得於刑之執行前為之。 前 2 項之期間為 5 年以下，但執行中認無繼續執行之必要者，法院得免其處分之執行。
(三) 禁戒處分	1.煙毒犯：施用毒品成癮者，於刑之執行前令入相當處所，施以禁戒。前項禁戒期間為 1 年以下。但執行中認無繼續執行之必要者，法院得免其處分之執行（刑88）。 2.酗酒犯：因酗酒而犯罪足認其已酗酒成癮並有再犯之虞者，得於刑之執行前，令入相當處所，施以禁戒，其期間為 1 年以下。但執行中認無繼續執行之必要者，法院得免其處分之執行（刑89）。
(四) 強制工作 處分	有犯罪之習慣或因遊蕩或懶惰成習而犯罪者，於刑之執行前，令入勞動場所，強制工作。前項之處分期間為 3 年。但執行滿 1 年 6 月後，認無繼續執行之必要者，法院得免其處分之執行。執行期

	間屆滿前，認爲有延長之必要者，法院得許可延長之，其延長之期間不得逾 1 年 6 月，並以一次爲限（刑 90）。
（五） 強制治療 處分	1.花柳病或痲瘋之治療：對於明知自己患有花柳病或痲瘋，隱瞞而與他人爲猥褻之行爲或姦淫，致傳染於他人者，得令入相當處所，強制治療，其期間至治癒時爲止（刑 91）。 2.犯妨害性自主或強制性交罪之治療：犯妨害性自主罪（刑 221-227、228、229）及妨害風化罪（刑 230、234）、犯強盜罪而強制性交（刑 332 II ②）、海盜而強制性交（刑 334 II ②），擄人勒贖而強制性交罪（刑 348 II ①）及特別刑法之罪，而有下列情形之一者，得令入相當處所施以治療（刑 91 之 1）。 (1)徒刑執行期滿前，於接受輔導或治療後，經鑑定、評估，認有再犯之危險者。 (2)依其他法律規定，於接受身心治療或輔導教育後，經鑑定、評估，認有再犯之危險者。 前項處分期間至其再犯危險顯著降低爲止，執行期間應每年鑑定、評估有無停止治療之必要。

二、非拘束自由之保安處分

（一） 保護管束處分	1.代替保安處分之保護管束：凡受感化教育、監護、禁戒、強制工作等處分，均按其情形，得以保護管束代之。其期間爲 3 年以下（刑 92）。 2.緩刑與假釋之保護管束：受緩刑之宣告者，除有下列情形之一，應於緩刑期間付保護管束外，得於緩刑期間付保護管束： (1)犯第 91 條之 1 所列之罪者。 (2)執行第 74 條第 2 項第 5 款至第 8 款所定之事項者。 　假釋出獄者，在假釋中付保護管束。
（二） 驅逐出境處分	外國人受有期徒刑以上刑之宣告者，得於刑之執行完畢或赦免後，驅逐出境（刑 95）。

習題：
一、保安處分之種類有幾？（53 特經、71 特乙、24、50、53、55、73 高、74 普、93 高三、94 警四）
二、試依保安處分之目的，將我國刑法所規定之七種保安處分加以分類。（85 書記）
三、強制工作之保安處分，有無罪法定主義之適用？試說明之。（96 交通）

第二節　感化教育處分

一、意義

所謂感化教育處分（Reformatory Education）乃對於具有反社會性之少年有特殊犯罪危險性者，為矯正其犯罪性或不良習性，所實施之改善處分。

二、作用

如將無責任能力人而不罰者，或限制責任能力人而減輕其刑者，放任不顧，則其危險性不因刑罰之減輕或免除而排除，仍對社會構成一種威脅，因此實有設法將其隔離的必要。何況少年人身心尚未健全，趁其惡性尚未完全定型之際，送入相當處所，以感化方式加以教誨，以矯正其個人之缺陷，改善其品格，以防止其再犯。惟在刑事政策上，感化教育之對象，不以少年為限，如在政治上誤入歧途，自首或反正來歸，而認為有感化之必要者，則交付感化，此純為政治思想之教育，自與少年感化性質不同。凡此其決定之權限委之法官之自由裁量也。至於感化教育之實施，在寬嚴並齊，教罰並重之原則，採個別化之方式，愛的教育，在自由環境下，培養少年自治之能力及習慣，以促使其早日復歸社會。

三、感化教育之對象

(一)**刑法規定**：

1.無責任能力之少年：因未滿 14 歲而不罰者，得令入感化教育處所施以感化教育（刑 86 I）。

2.限制責任能力之少年：因未滿 18 歲而減輕其刑者，得於刑之執行完畢或赦免後，令入感化教育處所，施以感化教育（刑 86II）。

(二)**少年事件處理法規定**：

1.犯罪少年：12 歲以上 18 歲未滿之少年，有觸犯刑罰法令之行為（少 3 I）。或未滿 12 歲之少年，有觸犯刑罰法令之行為者，由少年法庭適用少年保護事件之規定處理（少 85 之 1 I）。

2.虞犯少年：12 歲以上 18 歲未滿之少年有下列情形之一，而有觸

犯刑罰法律之虞者：

　　⑴經常與有犯罪習性之人交往者。

　　⑵經常出入少年不當進入之場所者。

　　⑶經常逃學或逃家者。

　　⑷參加不良組織者。

　　⑸無正當理由，經常攜帶刀械者。

　　⑹吸食或施打煙毒或麻醉以外之迷幻物品者。

　　⑺有預備犯罪或犯罪未遂而為法所不罰之行為者。

四、感化教育之期間

　㈠**刑法規定**：感化教育處分之期間為 3 年以下（刑 86Ⅲ）。

　㈡**少年事件處理法規定**：感化教育期間不得逾 3 年（少 53Ⅰ）。如受處分少年，接受感化教育已達 6 個月，無再犯之虞，認為無繼續執行之必要者，得准予免除或停止其執行（少 56）。如少年在感化教育開始前已滿 18 歲或執行中達 18 歲者，至多執行至滿 21 歲為止（少 54）。

第三節　監護處分

一、意義

　　所謂監護處分（Custody and Protective Measures）具有監禁及保護雙重意義。監禁者為社會之隔離，具有自由刑之性質，而保護則具教化與治療之作用，使受處分者，於一定期間內恢復正常，復歸社會，故後者尤重於前者。

二、作用

　　蓋心神喪失人其精神作用發生障礙，其本身已無意思能力，從而不但無責任能力，就是加以刑罰制裁，因無刑罰之感應性，亦不能達到處罰之效力，但若放任其自由，則有危害社會之虞，因之對於此種人不應予以處罰，宜斟酌情形令入相當處所施以監護。至於精神耗弱人及瘖啞人之精神狀態，雖有障礙，僅對理解之能力較為缺乏，尚未達全部喪失

之程度，不過雖無心神喪失之嚴重，但究與常人不同，爲防患未然，我刑法規定「得以刑之執行完畢或赦免後，令入相當處所，施以監護」。

三、監護之對象

㈠我刑法第 87 條第 1 項規定：「因第十九條第一項之原因（因精神障礙或其他心智缺陷），致不能辨識其行爲違法或欠缺依其辨識而行爲之能力而不罰者，其情狀足認有再犯或危害公共安全之虞時，令入相當處所，施以監護。」第 2 項規定：「有第十九條第二項及第二十條之原因，其情狀足認有再犯或有危害公共安全之虞時，於刑之執行完畢或赦免後，令入相當處所，施以監護。但必要時，得於刑之執行前爲之。」

㈡少年事件處理法第 42 條第 2 項第 2 款規定：「少年身體或精神狀態顯有缺陷者，令入相當處所實施治療。」

四、監護之期間

㈠刑法第 87 條第 3 項規定，前 2 項之期間爲 5 年以下，但執行中認無繼續執行之必要者，法院得免其處分之執行。

㈡少年事件處理法第 58 條規定，令入相當處所實施治療之處分，以治癒或至滿 20 歲爲止。

第四節　禁戒處分

一、意義

所謂禁戒處分（Compulsory Cure Measures）係指對有習慣性惡癖行爲之人，禁止其行動，並戒除其不良癮癖嗜好之保安處分。其情形有二：一爲吸用毒品者之禁戒；一爲酗酒者之禁戒。茲分述之：

二、作用

對於吸用毒品者之禁戒，在於煙毒爲害之烈，盡人皆知，尤以我國過去受鴉片之害，百年以來民心士氣一蹶不振，一旦吸食成癮；小至家破人亡，大至影響國家社會之安危，僅加以嚴刑峻罰仍不能見效，應由

審判機關先行指定相當處所，將其強制戒絕。

　　蓋酗酒人雖無吸食煙毒者之惡癖，但酗酒成性，如不加以禁絕，惟賴刑罰，仍不足維護社會之安全；我刑法乃規定在刑之執行完畢或赦免後，令入醫院或戒酒所，施以禁戒也。

三、禁戒之對象

㈠煙毒禁戒：

　　1.依我國刑法第 88 條第 1 項：「施用毒品成癮者，於刑之執行前，得令入相當處所，施以禁戒。」同法第 2 項規定：「但執行中，法院認為無繼續執行刑之必要者，法院得免其處分之執行。」

　　2.依少年事件處理法第 42 條第 2 項第 1 款規定，少年染有煙毒或吸用麻醉、迷幻物品成癮，或有酗酒習慣者，令入相當處所實施禁戒。但依少年事件處理法而宣告之禁戒處分，係附隨於少年管訓處分，因此，少年染有煙毒或吸用麻醉迷幻物品成癮者，於裁定管訓處分時，應一併諭知禁戒處分。

㈡酗酒禁戒：

　　1.依我國刑法第 89 條規定：「因酗酒而犯罪足認其已酗酒成癮並有再犯之虞者，得於刑之執行前，令入相當處所，施以禁戒。」

　　2.少年事件處理法第 42 條第 2 項第 1 款規定：少年染有煙毒或用麻醉、迷幻物品成癮，或有酗酒習慣者，令入相當處所實施禁戒。

四、禁戒之期間

㈠煙毒禁戒：

　　1.關於勒戒處分之期間，依刑法第 88 條第 2 項規定，禁戒處分於刑之執行前為之，其期間為 1 年以下。目前煙毒勒戒所之禁戒方式，係採心理及藥物治療二種同時進行，並視各煙毒犯之身體狀況及染患毒癮輕重之程度，依據「醫療施戒方法」分別採用針灸療法、迅速斷癮療法與溫和斷癮法三種。通常應不超過刑法所定之 1 年以下期間。

　　2.少年事件處理法第 42 條，少年染有煙毒或吸用麻醉、迷幻物品成癮者，令入相當處所實施禁戒，其期間依第 58 條規定，以戒絕治癒或至

滿 20 歲爲止。

　　㈡**酗酒禁戒：**

　　　1.依刑法第 89 條規定：「因酗酒而犯罪足認其已酗酒成癮並有再犯之虞者，得於刑之執行前，令入相當處所，施以禁戒」，「前項處分期間爲一年以下」。

　　　2.依少年事件處理法第 42 條規定，少年有酗酒習慣者，令入相當處所實施禁戒，其期間，依第 58 條規定，以戒絕治癒或至滿 20 歲爲止。

第五節　強制工作處分

一、意義

　　收容於勞動場所之強制工作（Unterbringung in einem Arbeitshaus）者，指爲養成犯人勤勞工作之習慣，將犯人收容於特定之勞動場所，強制其爲一定之工作，以矯正其惡習之一種矯治保安處分。依我國刑法第 90 條規定：「有犯罪之習慣，或因遊蕩或懶惰成習而犯罪者，得於刑之執行前，令入勞動場所強制工作。前項處分期間爲三年。」

二、作用

　　強制工作處分之作用在於常業犯、習慣犯，僅賴科刑無法矯正其舊習；此等人一旦出獄，故態復萌，累犯難免；至於因遊手好閒，不務正業致犯罪者，出獄對社會之危險性仍舊存在，在刑事學上所謂累犯之孵卵期（Inkubationszeit des Rueckfalls）因此非施以保安處分，令入勞動場所，一面以期養成勤勞之習慣，另一面學習謀生技能，使復歸社會後，不致覆蹈法網。

三、強制工作之對象

　　㈠刑法上所規定強制工作處分之人有四：1.習慣犯；2.常業犯；3.因遊蕩成習而犯罪者；4.因懶惰成習而犯罪者。

　　㈡又依我國竊盜犯贓物犯保安處分條例第 3 條之規定：「十八歲以上之竊盜犯、贓物犯，有左列情形之一者，得於刑之執行前，令入勞動場所

強制工作：

　　1.有犯罪之習慣者。

　　2.以犯竊盜罪或贓物罪爲常業者。」

　　因此，目前法務部所屬技能訓練所收訓之對象，共有下列二類：

　　　(1)各司法（軍法）機關宣付「保安處分」之人犯：憑各原判決機
　　　　關之判決書，及執行指揮者，發交法務部所屬技能訓練所執行。

　　　(2)各縣（市）警察機關依據「檢肅流氓條例」移送矯正處分之人
　　　　犯：惡性重大流氓足以破壞社會秩序者，由直轄市警察分局、
　　　　縣（市）警察局提出具體事證，會同其他有關治安單位審查後，
　　　　報經其直屬上級警察機關複審認定之（肅氓 2）。經認定爲流氓
　　　　而其情節重大者，直轄市警察分局、縣（市）警察局得予傳喚
　　　　檢具事證移送法院審理。經法院裁定感訓處分確定者，由法院
　　　　轉送感訓處所執行之（肅氓 18）。

四、強制工作之期間

　　㈠依刑法第 90 條第 2 項規定，強制工作處分期間爲 3 年。

　　㈡依竊盜犯贓物犯保安處分條例第 5 條之規定，其強制工作處分之執
行以 3 年爲期，必要時尙可延長 1 年 6 個月，並以一次爲限。在延長期
間內，執行機關認爲無繼續延長之必要者，得隨時檢具事證報請檢察官
聲請法院免予繼續延長執行。因該條例爲刑法之特別法，自應優先適用。
惟其執行期間之所以較刑法爲長，其立法原意以遊蕩習性之革除繫於是
否具有謀生技能爲準，而謀生技能之工作技藝的訓練又須較長期間始可
奏效，且處分期間延長亦可嚇阻頑劣者之心理。

　　㈢依檢肅流氓條例第 19 條規定，感訓處分期間爲 1 年以上 3 年以下。
但執行滿 1 年，執行機關認爲無繼續執行之必要者，得檢具事證報經原
裁定法院許可，免於繼續執行。

五、強制工作之實施

　　關於實施強制工作之處所，依保安處分執行法之規定，應斟酌當地
社會環境，分設各種工場或農場（保 52）。目前專司執行保安處分之場所

爲法務部所屬技能訓練所。且實施強制工作時，應依受處分之性別、年齡、身體健康、知識程度、家庭狀況、原有職業技能，保安處分期間等標準，分類管理，酌定課程，訓練其謀生技能及養成勞動習慣，使具有就業能力（保 53）。對於受強制工作者，應施以教化、灌輸生活知識，啓發國民責任觀念（保 55）。對於強制工作處分者教化之實施，得依類別或個別之方式行之，每日以二小時爲限，並得利用電影、音樂等爲輔導工具，及聘請有學識德望之人演講（保 56）。

習題：請由保安制度之目的與功能，評斷刑法第 91 條第 1 項：「強制工作之手段作爲保安處分之妥適性。」（94 心障）

第六節　強制治療處分

一、意義

　　強制治療處分（Compulsory Treatment Measures）者，乃對於罹有一定傳染病之犯人，基於防衛社會之立場，強制其接受治療之保安處分。

二、作用

　　蓋現在社交公開，患花柳病及痲瘋者極多，而此類疾病不但不易一時根除，傳染性極大，貽害社會及人類至鉅，較之保安處分中之酗酒者，關係尤爲重要。因此對此種人，只處以刑罰，仍不足以根治其惡症，有採用二元論之方式，於刑之執行以前，令入醫院等相當處所，施以強制治療之必要也。

三、強制治療之對象

　　㈠依我國刑法第 91 條規定，犯第 285 條之罪，即明知自己患有花柳病或痲瘋，隱瞞而與他人爲猥褻之行爲或姦淫，致傳染於他人者，得令入相當處所，強制治療，此項處分於刑之執行前爲之，其期間至治癒時爲止。

　　㈡依刑法第 91 條之 1 規定，犯第 221 條至 230 條及第 234 條、第 332 條第 2 項第 2 款、第 334 條第 2 款、第 348 條第 2 項第 1 款及特別法之罪，而有下列情形之一者，得令入相當處所，施以強制治療。

　　1.徒刑執行期滿前，於接受輔導或治療後，經鑑定、評估，認有再犯之危險者。

　　2.依其他法律規定，於接受身心治療或輔導教育後，經鑑定、評估，認有再犯之危險者。

　　前項處分期間至其再犯危險顯著降低為止，執行期間應每年鑑定、評估有無停止治療之必要。

　　㈢另依我國少年事件處理法第 42 條第 2 項第 2 款之規定，凡對少年為保護處分之諭知時，如身體或精神狀態，顯有缺陷者，令入相當處所，實施治療。在此所規定之強制治療對象，並不限於刑法第 91 條所規定之範圍，如有關精神障礙等疾病，依少年事件處理法之規定仍應予以強制治療，祇是刑法上有關精神疾病則列入監護處分之規定（刑 87）以為因應。

四、強制治療之期間

　　㈠刑法第 91 條第 2 項規定，強制治療處分於刑之執行前為之，其期間至治癒時為止。

　　㈡刑法第 91 條之 1 第 2 項規定：犯妨害性自主或強制性交經鑑定有施以治療之必要者，應於刑之執行前為之，其期間至治癒為止。其第 3 項規定，此項治療處分期間至其再犯危險顯著降低為止，執行期間應每年鑑定、評估有無停止治療之必要。以 1 日抵有期徒刑或拘役 1 日或第 42 條第 4 項裁判所定之罰金額數。

　　㈢少年事件處理法第 58 條規定，令入相當處所實施治療之處分，以戒絕治癒或至滿 20 歲為止。

五、強制治療之執行

　　關於強制治療處分之執行處所，依我保安處分執行法第 78 條之規定為花柳病院、麻瘋病院或公立醫院。執行強制治療處分之處所，應切實治療，並注意受強制治療處分人之身體健康（保 79）。是類處所，對於患麻瘋病及嚴重之花柳病者，應予以隔離並監視其行動（保 80），以免傳染貽害他人。且各該處所於治療時，應通知指揮執行之檢察官（保 81）。由此足見我法律上對於花柳病及麻瘋病之重視及杜絕該類病源之決心，實

較之他國法制有過之而無不及。

第七節　保護管束處分

一、意義

　　所謂保護管束（Protective Control Measures），指對特定的犯人，移付特設之機關，予以監督並觀察指導其行為與生活，以達改過遷善之目的。斯種保安處分，輕易簡便，對於受處分人之日常生活，無大影響，係行刑社會化最有力之表徵，有代替其他保安處分或刑罰之功能。蓋執行保護管束，不但須對受處分人善加管束，消極的預防其故態復萌，致危害社會，更應積極的對其予以保護及輔導，促其在社會上能自力更生，重作善民。因此，執行保護管束者，應與受保護管束人經常保持接觸，妥為保護，善加管束，視察其行狀，指導其生活，並就教養、醫治疾病、謀求職業及改善環境，予以輔導之。故保護管束之實施，應設置特別專業機構，其負責人員尚須具備法律、社會、教育、犯罪學及心理學方面之專業知識，並對其工作持有任勞任怨之服務精神，始收事半功倍之效。

二、作用

　　㈠保護管束合乎近代刑事政策之處遇個別化與社會化之目的，以及刑罰謙抑之原則。故為一進步之制度。

　　㈡可避免自由刑之弊端：因不拘束犯人身體之自由，使其生活於自由社會，利用正常之社會環境矯治犯人，不僅可避免自由刑之各種弊端，且可維護犯人之名譽，達到「刑法社會化」之目的。

　　㈢犯人在受保護管束期間，仍可從事正當職業，或照常接受教育，毫不受影響。

　　㈣實施保護管束，因不需特設機構收容犯人，故可節省龐大之人力物力。

三、保護管束之對象及期間

　　依我國法則，目前尚無保護管束之專法，其有關規定均散見於各種不同之法令，依據此等法令，執行保護管束處分之情形有五：

㈠**代替其他保安處分之保護管束**：凡受感化教育、監護、禁戒、強制工作等處分，均按其情形，得以保護管束代之。其期間爲 3 年以下（刑92）。負責執行保護管束者對於受保護管束人如以保護管束代感化教育，則應注意其性行生活習慣等情況；如以保護管束代監護處分，則注意其身心狀態及其行動與療養，如其爲代禁戒處分時，則應促使受管束人禁戒及治療，並隨時察看之，必要時得報請警察機關協助；對於代強制工作處分者，應輔導以適當工作並考察之（保70-73）。

㈡**緩刑期內之保護管束**，有兩種情形：

　　1.凡受緩刑之宣告者，在緩刑期內，得付保護管束（刑93 I ）。

　　2.少年在緩刑期中應付保護管束（少82）。

　　在緩刑期內交付保護管束者，其期間以緩刑之期間爲準。

　　在緩刑期內所以須付保護管束者，蓋受刑人在緩刑期內，尚無法確保其犯罪危險性之不再存在，尚須依法院之職權裁量，於宣告緩刑時，酌情宣告付以保護管束，以監督其行爲，若受保護管束人在保護管束期間內，不遵守保護管束之規定，情節重大者，檢察官得聲請撤銷緩刑之宣告，仍執行其原判決之刑期。

㈢**假釋中之保護管束**，有三種情形：

　　1.假釋出獄者，在假釋中付保護管束（刑93II）。

　　2.少年在假釋中應付保護管束（少82）。

　　3.受感化教育處分人執行 1 年以上，而達第二等以上時，停止其感化教育之執行，併付保護管束（保40）。此類保護管束與假釋出獄中之保護管束性質相同。

　　假釋出獄，雖以有悛悔實據爲條件，惟犯人之悛悔甚難絕對確保，爲防故態復萌，是以假釋出獄人，於假釋期中，應付保護管束，其期間亦按假釋所定之期間爲準，至假釋期滿，其殘餘之刑期，如未撤銷假釋，則以已執行論，亦無再爲保護管束之必要。

㈣**少年事件處理法上之保護管束**：

　　1.虞犯少年（少3 I ②）。

　　2.少年有觸犯刑罰法之行爲，得交付保護管束，並得命爲勞動服務

（少42Ⅰ②）。

　　3.檢察官參酌刑法第 57 條有關規定而爲不起訴處分之少年刑事案件（少67），少年法庭得依本法第42條之規定裁定諭知交付保護處分。

　　4.少年法庭對於少年刑事案件對於少年犯最重本刑 10 年以下有期徒刑之罪，如顯可憫恕，認爲依刑法第59條規定減輕其刑仍嫌過重，且以受保護處分爲適當者，得免除其刑，諭知第42條第1項第2款至第4款之保護處分（少74）。

　　5.處以感化教育之保護處分：對少年諭知令入感化教育處所施以感化教育之保護處分（少42Ⅰ③）。

　　6.對於諭知禁戒或治療處分之少年，得一併諭知保護處分（少42Ⅱ）。

　　㈤**感化教育處分停止執行期間之保護管束**：依保安處分執行法第40條之規定，受感化教育處分之執行1年以上，而累進處遇達第二等以上時，得停止其感化教育處分之執行，但停止期間應併付保護管束。又少年事件處理法第56條第3項規定，停止感化教育之執行者，所餘之執行期間，應由少年法庭裁定，交付保護管束。

四、保護管束之執行機關

　　㈠**保安處分執行法規定**：保護管束，應按其情形交由受保護管束人所在地或所在地以外之警察機關、自治團體、慈善團體、本人最近親屬、家屬或其他適當之人執行之。法務部得於地方法院檢察處置觀護人，專司由檢察官指揮執行之保護管束事務（保64）。

　　㈡**少年事件處理法規定**：對於少年之保護管束，由少年保護官掌理之。少年保護官應告少年以應遵守之事項，與之常保接觸。注意其行動，隨時加以指示，並就少年之教養、醫治疾病、謀求職業及改善環境，予以相當輔導。少年法院得依保護官之意見，將少年交付適當之福利或教養機構、慈善團體、少年之最近親屬或其他適當之人保護管束，受少年保護官之指導（少51）。

五、保護管束之撤銷

　　㈠**刑法規定**：感化教育、禁戒、監護、強制工作之處分，按其情形，

以保護管束代之者，如於保護管束期內，不能收效者，得隨時撤銷之，仍執行原處分（刑 92 II）。

　㈡**保安處分執行法之規定**：緩刑或假釋期內，執行保護管束者，對於受保護管束人，應注意其生活行動及交往之人（保 74）。受保護管束人在保護管束期間內應遵守下列事項（保 74 之 2 I）：

　　1.保持善良品行，不得與素行不良之人往還。

　　2.服從檢察官及執行保護管束者之命令。

　　3.不得對被害人、告訴人或告發人尋釁。

　　4.對於身體健康、生活情況及工作環境等，每月至少向執行保護管束者報告一次。

　　5.非經執行保護管束者許可，不得離開受保護管束地；離開在 10 日以上時，應經檢察官核准。如受保護管束人違反前述規定情形之一，情節重大者檢察官得聲請撤銷保護管束或緩刑之宣告。假釋中付保護管束者，如有前述情形時，典獄長得報請撤銷假釋（保 74 之 3）。又保護管束期間，執行已達十分之九，檢察官綜核各月報告表，並徵詢執行保護管束者之意見，認為有繼續執行之必要時，應聲請法院延長之（保 76）。故檢察官得視被保護管束人行為之良否，得為撤銷或為延長保護管束之執行。

　㈢**少年事件處理法規定**：

　　1.少年在保護管束執行期間，違反應遵守之事項，不服從勸導達二次以上，而有觀察之必要者，觀護人得聲請少年法庭裁定留置於少年觀護所中，予以 5 日以內之觀察。少年違反應遵守之事項，情節重大，或曾受前項觀察處分後，再違反應遵守之事項，足認為保護管束難收效果者，少年保護官得聲請少年法院裁定撤銷保護管束，將所餘之執行期間交付感化教育。但所餘之期間不滿六個月者，應執行至 6 個月（少 55）。

　　2.停止感化教育之執行者，所餘之執行期間，應由少年法院裁定，交付保護管束（少 56）。

習題：保護管束處分之性質及作用如何？依現時制度，該項處分可適用於
　　　何種條件？由何人執行之？（50 普、73 高）（答案見保護管束之意義、
　　　作用、對象及執行機關）

第八節　驅逐出境處分

一、意義

　　驅逐出境（Banishment）處分者，係對於受徒刑以上宣告之外國人，為防其再犯，強制其離開本國之處分。

二、作用

　　驅逐出境完全是一種隔離之作用，其目的在預防再犯，非為改善犯人，蓋如犯人繼續留住我國境內，危及我社會之安全，因此在社會防衛之觀點，如將其驅逐於國境以外，則可消除危害社會之危險，但如該受刑之外國人惡性不深，亦可無須強令其出境，以符人道主義也。

三、驅逐出境之對象

　　依我國刑法第 95 條之規定：「外國人受有期徒刑以上刑之宣告者，得於刑之執行完畢或赦免後，驅逐出境。」茲分述其對象如下：

　　㈠**須為外國人**：外國人指非具有中華國國籍之人，包括無國籍人在內。

　　㈡**須受有期徒刑以上刑之宣告者**：指受中華民國法院所宣告之刑而言，包括死刑及無期徒刑在內，但僅受拘役或罰金之宣告，則不在驅逐出境之列。

四、驅逐出境之執行

　　我刑法採取職權主義，由法官斟酌情節，認為有驅逐之必要者，應於裁判書內主文及理由書載明之，此項處分自應執行之日起，無論經過若干期間仍須執行，不受刑法第 99 條之限制，此均與其他處分不同。

第三章 保安處分之宣告與執行

第一節 保安處分之宣告

一、裁判時併宣告者

保安處分之宣告原則上應於裁判時併宣告之（刑96），有二種情形：

㈠附隨於刑之保安處分之宣告：凡感化教育、監護、禁戒、強制工作、強制治療、保護管束、驅逐出境等處分，均應於裁判時，一併宣告；蓋此保安處分有於刑之執行前為之者，如不與裁判同時宣告，無從於裁判確定後即付執行。並應於主文內諭知保安處分之種類及其期間，並記載其理由（刑訴309 I ⑥、310 I ⑥）。

㈡獨立保安處分之宣告：即不附隨於刑，而在無罪判決中單獨宣告者（刑訴301）。諭知保安處分時並應諭知其處分及期間是。其情形如下：

1.因未滿 14 歲而不罰者，得令入感化教育處所，施以感化教育（刑86 I ）。

2.因精神障礙或其他心智缺陷而不罰者，得令入相當處所，施以監護（刑87 I ）。

習題：試說明保安處分，應於何日宣告之。（45高）

二、由檢察官聲請裁定宣告者

保安處分除於裁判時一併宣告外，亦有由檢察官之聲請，始裁定宣告者，其情形如下：

㈠因假釋或於刑之赦免後付保安處分者，由檢察官聲請法院裁定之（刑96但、刑訴481 I ）。

㈡檢察官因被告未滿 14 歲或心神喪失而為不起訴之處分者，如認有宣告保安處分之必要，得聲請法院裁定之（刑訴481Ⅱ）。

㈢法院裁判時未併宣告保安處分，而檢察官認為有宣告之必要者，得

於裁判後 3 個月內，聲請法院裁定之（刑訴481Ⅲ）。

三、由法院緊急宣告者

㈠法院對於應付監護、禁戒、強制治療之人，認爲有緊急必要時，得於判決前，先以裁定宣告保安處分（保4Ⅱ）。

㈡檢察官對於應付監護、禁戒、強制治療之人，於偵查中認爲有先付保安處分之必要，亦得聲請法院裁定之（保4Ⅲ）。

第二節　保安處分之執行

一、執行處所及時間

保安處分執行之處所及期間，因處分之性質而不同：

㈠**感化教育**：於感化教育處所執行之，即在特殊學校實施（保 30）。其期間爲 3 年以下（刑86Ⅲ）。

㈡**監護處分**：於相當處所執行之，即在精神病院、醫院、慈善團體及其最近親屬或其他適當處所實施（保46）。其期間爲 5 年以下（刑87Ⅲ）。

㈢**禁戒處分**：於相當處所執行之，即在有醫師及適當之治療設備之處所實施（保49）。其期間爲禁戒酗酒爲 1 年以下（刑89Ⅲ），禁戒煙毒爲 1 年以下（刑88Ⅱ）。

㈣**強制工作處分**：於勞動場所執行之，即在工場或農場實施（保 52）。其期間爲 3 年，但執行滿 1 年 6 月後，認無繼續執行之必要者，法院得免其處分之執行（刑90Ⅱ）。

㈤**強制治療處分**：於相當處所執行之，即在花柳病院、痲瘋病院或公立醫院實施（保78）。至治癒時爲止（刑91）。

㈥**保護管束**：無執行之處所，但交由警察官署、自治團體、慈善團體、本人之最近親屬或其他適當之人行之（保64）。其期間爲 3 年以下（刑92Ⅱ）。

㈦**驅逐出境處分**：由檢察官交由司法警察機關執行之（保82）。

二、保安處分之執行

依刑法第 86 條第 4 項或第 88 條第 3 項免其刑之執行，第 96 條但書之付保安處分，第 98 條免其處分之執行及第 99 條許可處分之執行，由檢察官聲請法院裁定之。

檢察官因被告未滿 14 歲或心神喪失而爲不起訴之處分者，如認有宣告保安處分之必要，得聲請法院裁定之。

法院裁判時未併宣告保安處分，而檢察官認爲有宣告之必要者，得於裁判後 3 個月內，聲請法院裁定之。

三、保安處分執行之免除

㈠依刑法第 98 條規定：「依第八十六條第二項、第八十七條第二項規定宣告之保安處分，其先執行徒刑者，於刑之執行完畢或赦免後，認爲無執行之必要者，法院得免其處分之執行；其先執行保安處分者，於處分執完畢或一部執行而免除後，認爲無執行刑之必要者，法院得免其刑之全部或一部執行。

依第八十八條第一項、第八十九條第一項、第九十條第一項、第九十一條第二項規定宣告之保安處分，於處分執行完畢或一部執行而免除後，認爲無執行刑之必要者，法院得免其刑之全部或一部執行。

前二項免其刑之執行，以有期徒刑或拘役爲限。」

㈡**立法說明**：

1.保安處分中不乏拘束人身自由之處分，而有補充或代替刑罰之作用，依 86 條第 2 項、第 87 條第 2 項所宣告之保安處分，得於刑之執行前執行之，亦得於刑之執行後執行之，其係先執行刑罰，而於刑之執行完畢或赦免後，認無執行處分之必要者，得免除處分之執行；其先執行保安處分者，於處分執行完畢或一部執行而免除後，認爲無執行刑之必要者，法院得免其刑之全部或一部執行。

2.依第 88 條第 1 項所宣告之禁戒處分、第 89 條第 1 項宣告之禁戒處分、第 90 條第 1 項所宣告之強制工作、第 91 條第 2 項宣告之強制治療，其處分之執行均先於刑之執行，故處分執行完畢或一部執行而免除後，認爲無執行刑之必要者，法院得免除刑全部或一部之執行。爰將現

行法之規定，依情形而各別規定之。

　　3.刑罰之免除，應有其範圍，罰金刑無免除必要，無期徒刑免除於刑事政策上有所不宜，爰將免其刑之執行，限制在有期徒刑或拘役之範圍，以期公允。

　　4.按刑事訴訟法第 481 條第 1 項有關於現行刑法第 86 條第 4 項、第 88 條第 3 項免其刑之執行、第 97 條延長或免其處分之執行、第 98 條免其處分之執行，由檢察官聲請法院裁定之規定，因此次刑法總則之修正而有調整條次、內容之情形，應於修正本法後，配合修正刑事訴訟法第 481 條第 1 項。

四、保安處分之執行時效

㈠依刑法第 99 條規定：「保安處分自應執行之日起逾三年未開始或繼續執行者，非經法院認為原宣告保安處分之原因仍繼續存在時，不得許可執行；逾七年未開始或繼續執行者，不得執行。」

㈡**立法說明**：

　　1.現行條文所稱「經過三年未執行者」，應包括「未開始」執行，與開始執行後「未繼續」執行兩種情形。受處分人逃匿，自始即未受執行之例屬前者；受執行中脫逃，未繼續執行之例屬後者。為免爭議，爰修正為「經過三年未開始或繼續執行」，以期明確。

　　2.現行條文就保安處分經過相當期間未執行者，採許可執行制度，而不適用時效規定。至法院於如何情形，應許可執行，現行條文未規定其實質要件。按各種保安處分經修正後業已增訂其實質要件，而原來宣告各該保安處分之實質要件，應即為許可執行之實質要件，本條既仍採許可執行制度，則逾 3 年後是否繼續執行，應視原宣告保安處分之原因，是否繼續存在為斷，故仿檢肅流氓條例第 18 條第 3 項之體例，規定非經法院認為原宣告保安處分之原因仍繼續存在時，不得許可執行；逾 7 年未開始或繼續執行者，不得執行，以維護人權。

習題：試說明保安處分應如何執行。（45 高）

附錄：89～94 年高普特考測驗題

一、八十九年公務人員高等考試三級考試第一試（觀護人）簡稱（89 高三）
二、九　十年公務人員高等考試三級考試第一試（觀護人）簡稱（90 高三）
三、九十二年公務人員高等考試三級考試第一試（觀護人）簡稱（92 高三）
四、九十三年公務人員高等考試三級考試第一試（觀護人）簡稱（93 高三）
五、九十四年公務人員高等考試三級考試第一試（觀護人）簡稱（94 高三）

一、八十九年

D 1.關於刑法之適用，下列內容，何者爲正確？（89 高三）
　　A 行爲後法律有變更者，適用行爲時之法律
　　B 裁判前之法律不利於行爲人時，適用裁判前之法律
　　C 保安處分適用行爲時之法律
　　D 行爲時之法律有利於行爲人時，適用行爲時之法律

C 2.一般情形，下列何者屬於「構成要件之規範要素」？（89 高三）
　　A 第一百六十九條「放火燒毀現住建築物交通工具罪」之「放火」
　　B 第二百二十三條「僞造變造通貨罪」之「僞造、變造」
　　C 第二百二十四條「強制猥褻罪」之「猥褻」
　　D 第二百七十一條「普通殺人罪」之「人」

C 3.依我國刑法規定，於結果加重犯之適用上，基本犯與加重結果之間，以
　　存在何種關係爲必要？（89 高三）
　　A 只須存在條件關係即可
　　B 只須存在相當因果關係即可
　　C 除相當因果關係外，行爲人對於加重結果須有預見可能性
　　D 只須存在主觀之過失即可

A 4.對於下列何種犯罪人，不得宣告死刑或無期徒刑？（89 高三）
　　A 滿八十歲之人　B 間接正犯　C 普通未遂犯　D 幫助犯

C 5.關於共同正犯與從犯之區別，下列何者之說明與實務見解不同？（89 高三）
　　A 以自己犯罪之意思而參與犯罪構成要件之行爲者，爲正犯
　　B 以自己犯罪之意思而參與犯罪構成要件以外之行爲者，爲正犯
　　C 以幫助他人犯罪之意思而參與犯罪構成要件之行爲者，爲從犯
　　D 以幫助他人犯罪之意思而參與犯罪構成要件以外之行爲者，爲從犯

B 6.預備罪與未遂罪之界線在於：（89 高三）
　　A 是否已中止實行　B 是否已著手實行　C 是否已實行終了　D 是否已造成實害

C 7.下列何種情形屬於累犯？（89 高三）
　　A 受六月有期徒刑並緩刑的宣告，緩刑期滿，一年內再犯竊盜罪

B 受一年有期徒刑宣告，執行期滿，六年後再犯竊盜罪

C 受八月有期徒刑宣告，執行期滿，五年內再犯竊盜罪

D 少年受感化教育執行期滿，一年後再犯竊盜罪

C 8. 甲於裁判確定前，犯強制性交、重傷害、常業詐欺三罪，法官就三罪分別宣告八年、十年、五年有期徒刑。下列何種情形，法官所定的執行刑是正確的？（89高三）

A 五年　B 八年　C 十八年　D 二十三年

A 9. 重傷罪與傷害人致重傷，都造成被害人重傷之結果，其間之區別係以何者為斷？（89高三）

A 犯意　B 使用之兇器種類　C 用力大小　D 傷害時有無預見可能

C 10. 下列何者不是保安處分？（89高三）

A 驅逐出境　B 感化教育　C 假日生活輔導　D 禁戒處分

D 11. 下列何種情形，不屬於裁判上一罪？（89高三）

A 牽連犯　B 想像競合犯　C 連續犯　D 接續犯

C 12. 不具公務員身分之人，不能以何種犯罪人型態，觸犯公務員職務上犯罪？

（89高三）

A 間接正犯　B 幫助犯　C 單獨正犯　D 教唆犯

A 13. 利用子女酒醉，加以姦淫者，應成立何罪？（89高三）

A 乘機性交罪　B 強制性交罪　C 不為罪　D 與幼童性交罪

C 14. 法官向被告索取一定金額，而故判無罪，應成立何種罪名？（89高三）

A 成立背信罪　　　　　　　　B 成立違法執行刑罰罪

C 成立違背職務之賄賂罪及枉法裁判罪　D 僅成立枉法裁判罪

C 15. 惡作劇而在公眾飲用水中混入致命化學物品，該當何罪？（89高三）

A 危險物罪　B 惡作劇行為並不成罪　C 妨害公眾飲水罪　D 傷害罪

C 16. 偽造美金，該當何罪？（89高三）

A 偽造文書罪　B 偽造銀行券罪　C 偽造有價證券罪　D 偽造貨幣罪

D 17. 行竊行為而有下列何種情形者，應處加重竊盜罪？（89高三）

A 於日間侵入住宅　B 結夥二人　C 在車輛或船舶內　D 攜帶兇器

B 18. 下列何種情形，必須交付保護管束？（89高三）

A 受緩刑之宣告　　　　　　　B 假釋出獄期間

C 精神疾病犯罪人，被減輕處罰　D 精神疾病犯罪人，被免除處罰

B 19. 受二年以下有期徒刑的宣告，得宣告何種期間的緩刑？（89高三）

A 一年以上三年以下　B 二年以上五年以下　C 三年以上七年以下　D 五年以上

D 20. 下列何者不構成誹謗罪的免責條件？（89高三）

A 公務員因職務而報告者　B 對於可受公評之事，而為適當之評論者

C 因自衛而發表言論者　D 誹謗內容涉及私德而與公共利益無關者

二、九十年

D 1.無故侵入他人廢棄之空屋，應成立何罪？（90 高三）

　　A 竊佔罪　B 侵入住居罪　C 違法搜索罪　D 不成立犯罪

B 2.對於自己受託而持有之他人所有物，而為無權處分之行為，應成立何罪？（90 高三）

　　A 竊盜罪　B 侵占罪　C 背信罪　D 詐欺罪

C 3.甲以手勒住被害人頸部，欲強取財物，經被害人猛力撥開，甲始未得逞，甲應成立何罪？（90 高三）

　　A 強制罪　B 搶奪未遂罪　C 強盜未遂罪　D 不成立犯罪

D 4.甲以駕駛自用小貨車載貨至各處銷售為業，某日於載貨途中不慎撞斃路人，依實務見解，甲應負何罪責？（90 高三）

　　A 傷害致人於死罪　B 業務過失傷害致人於死罪

　　C 過失致人於死罪　D 業務過失致人於死罪

C 5.甲於超商購物時，將低價貨品取出後，另將高價之貨品放入低價貨品之包裝盒中，持向櫃台結帳，櫃台收銀員不察亦以低價貨品之價格收帳，待甲走出大門時，為超市安全管理員發現，報警查獲，甲應成立何罪？（90 高三）

　　A 強盜罪　B 侵占罪　C 詐欺罪　D 背信罪

C 6.下列何種犯罪，對其不法所得利益沒收之，如不得沒收時，應追徵其價額？（90 高三）

　　A 公務員違反徵收罪　B 挑唆或包攬訴訟罪　C 公務員圖利罪　D 投票行賄罪

B 7.與未滿十四歲女子為性交易者，在刑法上應論以何罪？（90 高三）

　　A 妨害幼女發育罪　　B 對未成年人為性交罪（第二百二十七條）

　　C 交易行為，不為罪　D 通姦罪

B 8.對於受該管公務員三次以上解散命令之違法集會，私下慫恿不要解散，應該當何罪？（90 高三）

　　A 妨害自由罪　　　　　B 妨害秩序罪之教唆犯

　　C 煽惑他人犯罪或違背法令罪　D 妨害公務罪

C 9.偽造銀行空白支票，應成立何罪？（90 高三）

　　A 偽造通用貨幣罪　B 偽造有價證券罪　C 偽造文書罪　D 偽造銀行券罪

C 10.使用電器不當引起電線走火，致生火災，燒毀自己房屋，並生公共危險，應論以何罪？（90 高三）

　　A 放火燒毀自己住宅罪　B 放火燒毀非供人使用建築物罪

　　C 失火燒毀自己住宅罪　D 電力公司電力供應問題，與自己無關，不為罪

A 11.下列何種情形必須宣告褫奪公權終身？（90 高三）

　　　A 受無期徒刑的宣告

　　　B 受十年以上有期徒刑的宣告

　　　C 受十年以上有期徒刑宣告，同時又被宣告保安處分

　　　D 受二十年以上有期徒刑的宣告

C 12.精神疾病犯罪人，同時受有期徒刑與監護處分的宣告。依照刑法的規定，
　　　下列何種處置是正確的？（90 高三）

　　　A 同時在精神病監執行徒刑與監護

　　　B 先執行監護處分，後執行徒刑

　　　C 先執行徒刑，後執行監護處分

　　　D 先執行監護處分，如果犯罪人的疾病已經去除，免除徒刑的執行

C 13.下列何者，不問屬於犯人與否，必須沒收？（90 高三）

　　　A 盜匪偷來預備行搶的汽車　　B 擄人勒贖所得的鉅款

　　　C 殺人所用非法持有的手槍　　D 幫派份子恐嚇商家所得的保護費

D 14.受下列何種處罰的宣告，不可以宣告緩刑？（90 高三）

　　　A 二年以下有期徒刑　B 拘役　C 罰金　D 感化教育

A 15.依刑法規定，有期徒刑執行至何時，可以假釋？（90 高三）

　　　A 逾二分之一　B 逾三分之一　C 逾四分之一　D 逾五分之一

A 16.關於正當防衛與緊急避難，下列之說明，何者並不正確？（90 高三）

　　　A 正當防衛係「正對正之關係」

　　　B 緊急避難係為避免自己或他人「生命、身體、自由、財產」之緊急危難

　　　C 正當防衛、緊急避難皆為「法定之違法性阻卻事由」

　　　D 緊急避難須符合「法益均衡性原則」

B 17.甲欲殺乙，卻誤將丙看成為乙，而將丙殺死，此種情況稱為：（90 高三）

　　　A 因果關係錯誤　B 目的物（客體）錯誤　C 方法錯誤　D 違法性錯誤

D 18.行為人認識與否不影響其故意之成立者，為下列何者？（90 高三）

　　　A 行為主體　B 行為客體　C 因果關係　D 客觀處罰條件

B 19.以下何者，一般認為非屬罪刑法定主義之內容？（90 高三）

　　　A 習慣法之禁止（罪刑成文法主義）　　B 擴張解釋之禁止

　　　C 絕對不定期刑之禁止　　　　　　　　D 溯及既往之禁止

B 20.下列何者屬於「純正身分犯（構成身分犯）」？（90 高三）

　　　A 第一百六十三條「公務員縱放或便利脫逃罪」

　　　B 第一百六十八條「偽證罪」

　　　C 第二百七十二條「殺直系血親尊親屬罪」

　　　D 第二百七十四條「生母殺嬰罪」

三、九十二年

B 1.甲於某日上午八時許殺害乙父，乙於當夜返家後，目睹父親慘死場景，
　　　聞悉係甲所為，憤慨難忍，乃持菜刀前往，將甲砍死。乙的行為成立：（92

高三）

A 義憤殺人罪　　　　　　　　　B 普通殺人罪

C 不成立犯罪，屬於正當防衛行為　D 不成立犯罪，屬於緊急避難行為

B 2. 甲竊取他人之花瓶後，發現該花瓶係贗品，一氣之下，乃重摔破該花瓶。
問甲應成立？（92 高三）

A 竊盜罪與毀損罪數罪併罰　B 只論以竊盜罪，不再論毀損罪

C 只論以毀損罪　　　　　　D 竊盜罪與毀損罪想像競合，從一重處斷

C 3. 關於緊急避難所應保全之法益，刑法第二十四條有列舉規定，下列何者
不屬於該條所列避難的原因？（92 高三）

A 身體　B 自由　C 名譽　D 財產

C 4. 刑法第十條第二項規定：「稱公務員者，謂依法令從事於公務之人員。」
下列何種人不屬於刑法上的公務員：（92 高三）

A 台北市市長　B 立法委員　C 政黨黨工人員　D 鄉鎮民代表

D 5. 甲因其就讀國中的兒子乙偷竊同學皮夾，憤而用熱水燙傷乙手掌，以示
懲戒。本例甲宜成立：（92 高三）

A 屬於父母懲戒子女的行為，可以阻卻違法

B 屬於依法令的行為，不為罪

C 屬於正當防衛行為，阻卻違法

D 因已逾越必要範圍，應負普通傷害罪之責

C 6. 甲潛入乙宅意圖行竊，被乙發現，擬逮捕之，甲為脫免逮捕而當場對乙
施以強暴、脅迫，甲應論以：（92 高三）

A 加重竊盜罪　B 恐嚇取財罪　C 準強盜罪　D 搶奪罪

A 7. 下列何者不屬於我國刑法上刑罰之種類？（92 高三）

A 沒入　B 罰金　C 有期徒刑　D 拘役

B 8. 甲於凌晨二時許，潛入乙宅行竊，翻箱倒櫃之後，未得任何財物，即行
離去，其行為成立：（92 高三）

A 普通竊盜未遂罪　　　　　B 加重竊盜未遂罪

C 只成成無故侵入住宅罪　D 普通竊盜既遂罪

B 9. 在我國刑法公共危險罪章中，其犯罪類型凡有「致生公共危險者」之構
成要件要素者，學理上稱之為：（92 高三）

A 抽象危險犯　B 具體危險犯　C 實害犯　D 繼續犯

D 10. 甲意圖行竊，乃於某日白天，潛入乙宅，竊得珍貴手飾，甲可能成立無
故侵入住宅罪與普通竊盜罪的：（92 高三）

A 想像競合犯　B 法條競合　C 連續犯　D 牽連犯

D 11. 甲乙兩人共謀行竊，由甲在外把風，乙入室內竊取財物。依目前我國實
務見解，甲宜成成竊盜罪的：（92 高三）

A 教唆犯　B 從犯　C 間接正犯　D 共同正犯

A 12.保安處分是基於社會保安的必要性，在刑罰制裁以外所採行具有司法處分性質的保安措施。依此理念，下列何者不屬於保安處分的種類？（92 高三）

　　A 褫奪公權　B 感化教育　C 保護管束　D 驅逐出境

A 13.甲持刀殺乙，僅砍一刀，見警察前來，乃棄刀倉皇逃逸，乙被路人送醫後，並無大礙，甲的行為係屬殺人罪的：（92 高三）

　　A 障礙未遂　B 中止未遂　C 不能未遂　D 準中止犯

D 14.成成人甲唆使已無責任能人之精神病患乙，持汽油到丙宅放火，甲成立放火罪的：（92 高三）

　　A 共同正犯　B 教唆犯　C 從犯　D 間接正犯

C 15.甲欲殺乙，因舉槍時手顫抖，致誤將在旁之丙擊斃，此種情形，一般稱為：（92 高三）

　　A 客體錯誤　B 因果關係錯誤　C 打擊錯（失）誤　D 違法性認識錯誤

A 16.下列何者為無罪責（責任）能力人？（92 高三）

　　A 未滿十四歲人　B 十四歲以上未滿十八歲人　C 滿八十歲人　D 精神耗弱人

C 17.公務機關的油庫管理人，以家中塑膠桶裝汽油，帶回家供私人汽車使用，係犯何罪？（92 高三）

　　A 竊盜罪　B 詐欺罪　C 侵占罪　D 賄賂罪

B 18.同一個犯罪行為普通刑法以及特別刑法都有規定處罰時，應適用何者來定刑處罰？（92 高三）

　　A 普通刑法　B 特別刑法　C 由被告任選其一　D 由法官任選其一

A 19.公務員假借職務上之權力、機會或方法，故意犯瀆職罪以外的其他犯罪，其處罰：（92 高三）

　　A 加重其刑　　　　　B 減輕其刑
　　C 與一般人的處罰相同　D 由法官依事實狀況自行決定

四、九十三年

C 1.對於遺棄罪之說明，下列何者並非正確？（93 高三）

　　A 遺棄罪屬於危險犯（屬於抽象危險犯或具體危險犯，見解分歧）

　　B 遺棄罪之行為客體限於無自救力之人

　　C 刑法第二百九十四條「違背法令契約遺棄罪」包含純正作為犯與不純正不作為犯二種犯罪性質

　　D 對於直系血親尊親屬而犯遺棄罪者，加重其刑二分之一

A 2.下列何者成立剝奪他人行動自由罪？（93 高三）

　　A 強行將人押上車，載到遠處後，才又放人下車，令其自行返回

　　B 將四肢癱瘓而尚有意識者鎖在房內

　　C 將他人剛出生二週的嬰兒鎖在房內

D　將現行犯逮捕、綑綁後，送交司法警察

D 3. 下列何者之數罪併罰係採取吸收原則定其執行刑？（93 高三）

　　A 宣告多數沒收　B 宣告多數有期徒刑　C 宣告多數罰金　D 宣告多數褫奪公權

C 4. 依刑法第百二十四條文字規定，在一定範圍內之親屬間之相竊盜，得免除其刑，而下列何者不在其中？（93 高三）

　　A 直系血親間　B 配偶間　C 三親等內之姻親間　D 同財共居之親屬間

D 5. 對於誹謗罪之說明，下列何者並非正確？（93 高三）

　　A 誹謗罪之成立須有散布於眾之意圖

　　B 原則上凡指摘或傳述足以毀損他人名譽之事即可

　　C 以文字、圖畫散布者，加重處罰

　　D 例外地對於所誹謗之事，能證明其為真實者，無論是否與私德有關，皆可不罰

D 6. 甲之養父乙罹患重病，而再三要求甲殺死自己（乙），甲最後答應其養父之要求而將其養父乙殺死，則甲構成何罪？（93 高三）

　　A 殺害直系血親尊親屬罪　　B 普通殺人罪

　　C 參與自殺罪之幫助殺人罪　D 參與自殺罪之受囑託殺人罪

C 7. 甲欲殺乙而開槍，卻因槍法不準而擊中附近丙之情況，下列何者為實務以及多數學說之見解？（93 高三）

　　A 此即所謂「客體錯誤」

　　B 甲同時構成殺人未遂罪以及過失致死罪而數罪併罰

　　C 甲應依刑法第五十五條前段想像競合之規定而從一重論以殺人未遂罪

　　D 甲構成殺人既遂罪

C 8. 刑法對於第二百二十一條強制性交罪之相關文字規定，下列何者屬於正確？（93 高三）

　　A 本罪之行為客體限於婦女

　　B 以強暴、脅迫等或為違反其意願之方法作為手段，且必須達到至使不能抗拒之程度

　　C 所謂「性交」，包含以性器以外器物進入他人之性器、肛門之行為

　　D 有處罰預備犯之規定

C 9. 偽造國民身分證在刑法上偽造文書罪章中，最後應以何罪論處？（93 高三）

　　A 偽造公文書　B 偽造私文書　C 偽造特種文書　D 偽造準文書

C 10. 甲教唆乙去殺害丙，乙接受甲的教唆，但是最後並未付諸實施，則甲構成下列何者？（93 高三）

　　A 預備殺人罪之教唆犯　B 教唆殺人既遂　C 教唆殺人未遂　D 不構成犯罪

D 11. 甲與乙共同殺害乙的父親，則甲構成何罪？（93 高三）

　　A 殺害直系血親尊親屬罪之幫助犯（從犯）　B 普通殺人罪之幫助犯（從犯）

　　C 殺害直系血親尊親屬罪之共同正犯　　　　D 普通殺人罪之共同正犯

A 12. 按照一般說法，下列何者不屬於刑法上之未遂犯？（93 高三）

　　　A 迷信犯　B 障礙（普通）未遂犯　C 中止犯　D 不能犯

D 13.下列何者屬於超法規的違法阻卻事由？（93 高三）

　　　A 依法令行為　B 業務上正當行為　C 緊急避難　D 被害人承諾

B 14.關於刑法之效力，我國刑法典係以何者為基本原則？（93 高三）

　　　A 屬人主義　B 屬地主義　C 保護主義　D 世界主義

D 15.下列之犯罪，何者屬於純正身分犯（或稱純正特別犯）？（93 高三）

　　　A 殺害直系血親尊親屬罪　　　　　B 保護者（違背法令、契約）遺棄罪
　　　C 公務員縱放人犯或便利人犯脫逃罪　　D 偽證罪

A 16.關於構成犯罪之主觀不法，下列何者敘述為正確？（93 高三）

　　　A 犯罪之構成，行為人至少必須具備過失
　　　B 故意犯罪之構成，以行為人之直接故意為要件
　　　C 不作為犯之構成，行為人對於結果之發生不需要有故意
　　　D 過失犯罪之構成以行為人違背法律規定之義務為前提

D 17.下列對於放火、失火罪之說明，何者並非正確？（93 高三）

　　　A 放火、失火罪之保護法益為公共安全
　　　B 放火、失火罪有屬於抽象危險犯與具體危險犯二種
　　　C 放火燒燬現供人使用之住宅等罪（刑法第一百七十三條）有處罰預備犯
　　　D 由於放火行為因而致人於死或重傷時，有加重處罰之規定（有結果加重犯之規定）

D 18.下列何者非屬於刑法第三百二十一條「加重竊盜罪」之加重條件？（93 高三）

　　　A 於夜間侵入住宅或有人居住之建築物等而犯之者　B 攜帶兇器而犯之者
　　　C 在車站或埠頭而犯之者　　　　　　　　　　　　D 在機場而犯之者

B 19.下列之犯罪，何者係一般認為屬於繼續犯？（93 高三）

　　　A 竊盜罪　B 私行拘禁罪　C 偽證罪　D 放火罪

C 20.下列有關責任能力之說明，何者正確？（93 高三）

　　　A 未滿十四歲人之行為，減輕其刑　　　　　B 滿八十歲人之行為，減輕其刑
　　　C 十四歲以上未滿十八歲人之行為，得減輕其刑　D 瘖啞人之行為，減輕其刑

五、九十四年

A 1.甲持用偽造之取款條，向某銀行行員取款時，被行員發現該取款條係偽
　　造者，於是立刻報警處理。試問在行使偽造私文書罪方面，甲之罪責如
　　何？（94 高三）

　　　A 成立既遂犯　B 成立未遂犯　C 成立預備犯　D 不成立犯罪

B 2.甲以一張偽造之千元新台幣，向某商店購買飲料，店員發現該張新台幣
　　係偽造者，於是立刻報警處理。試問在行使偽造貨幣罪方面，甲之罪責
　　如何？（94 高三）

　　　A 成立既遂犯　B 成立未遂犯　C 成立預備犯　D 不成立犯罪

D 3.司法警察官調查甲的犯罪案件時，證人乙對於該件案情有重要關係之事
項，而為虛偽陳述。試問乙之罪責如何？（94高三）
A 成立誣告罪　B 成立偽證罪　C 成立湮滅刑事證據罪　D 不成立犯罪

C 4.下列何者，為湮滅刑事證據罪之行為客體？（94高三）
A 關係他人被告案件之證據　　　B 關係他人犯罪之證據
C 關係他人刑事被告案件之證據　D 不成立犯罪

C 5.下列何種情形，不能適用中華民國刑法？（94高三）
A 我國人民甲，在美國紐約，將法國人乙殺死
B 越南人甲，在日本東京，偽造我國之新台幣
C 韓國人甲，在法國巴黎，將我國人民乙打成輕傷
D 德國籍之乘客甲，在中華航空公司的飛機內，竊取鄰座乘客乙之錢包。當時，
中華航空公司的飛機正停留在美國加州之機場內

B 6.甲領取公司存款 50 萬元，將該款項吞沒，然後至警局謊報被一名年約三
十歲之矮胖男子搶奪。試問甲之罪責如何？（94高三）
A 成立未指定犯人之誣告罪，但不成立業務侵占罪
B 成立未指定犯人之誣告罪與業務侵占罪
C 成立業務侵占罪，但不成立未指定犯人之誣告罪
D 不成立犯罪

D 7.依據我國刑法之規定，下列何者為錯誤之陳述？（94高三）
A 行為非出於故意或過失者，不罰
B 行為人雖非故意，但按其情節應注意，並能注意，而不注意者，為過失
C 行為人對於構成犯罪之事實，明知並有意使其發生者，為故意
D 行為人對於構成犯罪之事實，雖預見其能發生而確信其不發生者，以故意論

A 8.因犯罪致發生一定之結果，而有加重其刑之規定者，如行為人不能預見
其發生時，其法律效果如何？（94高三）
A 不適用之　B 適用之　C 得不適用之　D 得適用之

A 9.假釋出獄者，在假釋中是否付保護管束？（94高三）
A 應付保護管束　B 得付保護管束　C 不付保護管束　D 得付保護管束或監護

D 10.甲知道五歲的乙喜歡玩火，某日甲鼓助乙去燒燬丙之住宅。乙受此鼓勵，
果真放火燒燬丙之住宅。試問甲成立何罪？（94高三）
A 甲成立放火罪之直接正犯　B 甲成立放火罪之從犯
C 甲成立放火罪之教唆犯　　D 甲成立放火罪之間接正犯

C 11.依據我國刑法之規定，下列何者為正確之陳述？（94高三）
A 對於現在之侵害，而出於防衛自己或他人權利之行為，不罰。但防衛行為過當
者，得減輕或免除其刑
B 對於不法之侵害，而出於防衛自己或他人權利之行為，不罰。但防衛行為過當
者，得減輕或免除其刑
C 對於現在不法之侵害，而出於防衛自己或他人權利之行為，不罰。但防衛行為

過當者，得減輕或免除其刑

D 對於現在之侵害，而出於防衛自己或他人權利之行為，不罰。但防衛行為過當者，減輕或免除其刑

B 12. 依據我國刑法之規定，下列何者為錯誤之陳述？（94 高三）

A 未遂犯之處罰，得按既遂犯之刑減輕之

B 因身分或其他特定關係致刑有重輕或免除者，其無特定關係之人，亦同

C 對於現在不法之侵害，而出於防衛自己或他人權利之行為，不罰

D 滿八十歲人之行為，得減輕其刑

C 13. 下列何者，並非刑法所規定之保安處分？（94 高三）

A 驅逐出境外國人　B 感化教育少年犯　C 拖吊違規車輛　D 強制治療花柳病犯

B 14. 依據我國刑法之規定，下列何者為正確之陳述？（94 高三）

A 因避免自己或他人生命、身體、自由、財產之緊急危難之行為，不罰

B 因避免自己或他人生命、身體、自由、財產之緊急危難而出於不得已之行為，不罰

C 因避免自己或他人生命、身體、自由、財產之危難而出於不得已之行為，不罰

D 因避免自己或他人生命、身體、自由、財產之危難而出於不得已之行為，減輕其刑

D 15. 甲犯竊盜罪之後，立即被鄰近商店老板乙逮捕，在送警途中，甲掙脫乙之控制而逃走。試問甲除犯竊盜罪之外，尚成立何罪？（94 高三）

A 尚成立妨害公務罪　　　　B 尚成立單純脫逃罪

C 尚成立湮滅刑事證據罪　D 不成立其他犯罪

B 16. 甲幫助乙殺害乙的親生父親丙。下列何者為正確之陳述？（94 高三）

A 乙為刑法第 272 條之正犯。甲為刑法第 272 條之從犯

B 乙為刑法第 272 條之正犯。甲為刑法第 271 條之從犯

C 乙為刑法第 271 條之正犯。甲為刑法第 271 條之從犯

D 乙為刑法第 272 條之正犯。甲亦為刑法第 272 條之正犯

D 17. 某公車乘客甲，逮捕車上竊盜現行犯乙之後，因為收受乙之鑽戒，而在送警途中，將乙釋放。試問甲之罪責如何？（94 高三）

A 成立加重受賄罪　　　　　　　　B 成立縱放人犯罪

C 成立加重受賄罪與縱放人犯罪之想像競合犯　D 不成立犯罪

B 18. 下列何者，並非我國刑法所規定之刑？（94 高三）

A 徒刑　B 拘留　C 沒收　D 褫奪公權

D 19. 依據我國刑法之規定，下列何者為正確？（94 高三）

A 正當業務之行為，減輕其刑　B 業務上之正當行為，減輕其刑

C 正當業務之行為，不罰　　　D 業務上之正當行為，不罰

索引－人名部分

索引－名詞部分

本書主要參考文獻

一、中文部分

刑法總論　林錫湖著　民88　著者出版
刑法總論　蔡墩銘著　民66　三民書局
刑法總則之理論與實用　高仰止著　民72　五南
實用刑法　陳樸生著　民62　三民書局
刑法總則　陳樸生；洪福生著　民74　五南
案例刑法總論　郭君勳著　民75　著者出版
刑法總則　鄭健才著　民74　著者出版
刑法總則論　褚劍鴻著　民73　著者出版
刑法總則爭議問題研究　蔡墩銘著　民79　五南
刑法總則之比較與檢討　楊建華著　民77　著者出版
刑法通論　林山田著　民75　著者出版
刑法總則釋論　楊大器編著　民57,69　著者出版
刑法總論　梁恒昌著　民48　著者出版
刑法原理　韓忠謨撰　民71　著者出版
刑法入門　陳弘毅撰　民61,78　中央警官學校
刑法總整理　曾榮振著　民66　三民書局
刑法總則釋論　楊大器編著　民75,83　大中國圖書公司
刑法精義　黃仲夫著　民83　保成文化
刑法　高銘暄、趙秉志、鮑遂獻　民83　月旦
刑法總則新論　黃村力　民83　三民書局
刑法總則　劉清景編著　民85　學知
刑法總論　蘇俊雄　民84　自印
中國刑法論　史錫恩著　民60　大同書局
刑法總論　謝瑞智　民95　文笙書局
犯罪與刑事政策　謝瑞智　民91　文笙書局
刑法經典試題精解　金律師編著　民99　高點文化事業有限公司

二、日文部分

刑法判例百選（新版）　山本阿母里著　昭和45年　有斐閣
刑法綱要　田藤重光著　昭和50年　創文社
刑法講義　佐伯手仞編　昭和48年　有斐閣
刑法總論　莊子邦雄編　民61　立花

警察基本用語集 3.刑法　橘嶹著　昭和 57　立花
圖解刑法　土本武司著　平成 2　立花
日本刑法論　青柳文雄著　民 76　成文堂
刑法各論　平野龍一編　民 77　東京大學出版會
刑法事典　木村龜二編　昭和 56 年　青林書院新社
刑法講義總論　內藤謙著　民 72　有斐閣
醫療行爲と刑法　米田滕邦著　1985　一粒社
刑法　阿部純二、川端博編　民 81　一粒社
新版刑法　藤木英雄著　平成 3　弘文堂
刑法上の諸問題　中義勝著　平成 3　關西大學出版部
刑法要論　大塚仁著　平成 5　成文堂
刑法總論　大塚仁著　1997　有斐閣
刑法解釋學の基本問題　香川達夫著　昭和 57　立花書房
刑法講義　鈴木茂嗣編　昭和 62　成文堂
刑法演習　岡野光雄編著　平成 3　成文堂
刑法講義　香川達夫著　平成 5　成文堂
刑法總論　野村稔著　平成 2　成文堂
口述刑法總論　中山研一著　平成 2　成文堂
刑法總論　福田平著　平成 4　有斐閣
刑法總論　福田平、大塚仁著　平成 5　有斐閣
刑法總論概要　中野次雄著　平成 4　成文堂
刑法總論講義　前田雅英著　民 83　東京大學出版會
集中講義刑法總論　川端博著　平成 5　成文堂
刑法總論　根威彥著　平成 6　弘文堂
刑法演習　岡野光雄編著　平成 5　成文堂
刑法講義　佐久間修著　平成 4　成文堂
刑法講義　香川達夫著　平成 5　成文堂
刑法講義總論　大谷實著　平成 6　成文堂
刑法講義各論　大谷實著　平成 6　成文堂
刑法概論　植松正著　昭和 63　勁草書房
現代刑法學原論　刑法理論研究會　1994　三省堂
刑法總論　松村格、都築廣己、神田宏、野崎和義等著　1998
刑法之重要問題　曾根威彥著　平成 5 年　成文堂
罪與罰　岩野壽雄著　平成 4 年　新日本法規出版社
現代刑法學原論　刑法理論研究會　1997　三省堂
ドイツ刑法總論　Jescheck u. Weigend 著　西原春夫監譯　1999　成文堂
刑法判例集　福田平、大塚仁合著　1997　有斐閣
犯罪被害者與刑事司法　宮澤浩一、田口守一、高橋則夫等著　1996　成文堂

謝瑞智

維也納大學法政學博士、早稻田大學法學碩士、明治大學法學士、日本警察大學本科&律師及公務人員甲等考試及格。日本文化獎章，教育部技術名人獎章

經歷：中央警察大學校長、國民大會代表，國家安全會議及監察院諮詢委員，銓敘部政務次長，台灣師範大學公訓系主任、訓導長，台大國家發展研究所兼任講座教授，政治、中興、東吳大學教授，實踐大學講座教授

現任：中華學術文教基金會董事長、日本研究學會副理事長

著作：單行本

一百科全書：法律百科全書（10卷,2008），警察百科全書（12卷,2000）。

二辭典：世界憲法事典（2001），活用憲法大辭典（2000），警察大辭典（1976）。

三一般法學類：法學概論（2010,增修2版），日常生活與法律（2008），法學概要（2009,2版），法學入門（2007,3版），法學緒論（2006,17版），法學大意（2004），公正的審判（1995,2版），公法上之理念與現實（1982），法學論叢（1981），法律之價值考察及其界限（1972）。

四憲法類：中華民國憲法（2009），憲法概要（2010,14版），民主與法治（2010,2版），憲政體制與民主政治（2010,7版），中華民國憲法精義與立國精神（2007,25版），政治變遷與國家發展（2010,2版），理念與現實－憲政與生活（2005），憲法新視界（2001），憲法新論（2000,2版），憲政改革（1998），邁向21世紀的憲法（1996），中華民國憲法（1995），修憲春秋（1994,2版），比較憲法（1995,3版）。

五行政法類：行政法概論（2009）。

六選罷法類：民主政治與選舉罷免法（1989），我國選舉罷免法與外國法制之比較（1987），選舉罷免法論（1981），選戰標竿（1980）。

七民、商法類：民法概論（2010,增修版），商事法概論（2010），民法總則（2001,3版），民法親屬（2001,4版），自力救濟問題之探討（1989）。

八國際法類：國際法概論（2011）。

九刑法類：刑法概論（2011），刑法總論（2006,4版），醫療紛爭與法律（2005），中國歷代刑法志㈠（2002），犯罪學與刑事政策（2002），晉書刑法志（1995），漢書刑法志（1993,3版），犯罪徵候（1987,2版），中外刑事政策之比較研究（1987），刑事政策原論（1978,2版）。

十教育法類：教育法學（1996,2版），加強各級學校民主法治教育（任總主持人－五卷,1992），我國憲法上教育之規定與各國法制之比較（1991）。

圭社會類：法律與社會（2001），警政改革建議書（1999），社會變遷與法律（1990），社會人（1989），飆車處理問題之研究（1987），現代社會與法（1984,2版），社會學概要（1977）。

圭語文類：大學實用日語（2003），德語入門（1995,6版），德國童話精選（1993,2版）。

圭心靈重建類：當孔子遇上當代－為論語作見證（2010），道德經‧清靜經釋義（2009），藥師經‧觀音經釋義（2008），般若心經的澈悟（2010,5版），平凡中的睿智（2000），善惡之間（1997），少年知識手冊（1985），少女知識手冊（1985）。

臺灣商務印書館出版　（謝瑞智　博士著）

法學概論
（增修二版）
（圖表說明）

本書是介紹法學的原理，並參考歷年高普特考試題之重點而編纂，文體力求通俗化，**並配合圖表說明**，以便一目了然，並附 2009、2010 年考試院測驗題共一千餘題參考用。全書五百餘頁，25 開本，定價 320 元。

中華民國憲法
（圖表說明）

憲法為一切法律之根源。本書按實際憲法條文順序，並分析歷年來高普特考之命題內容，**依章節配合圖表論述**。書後附列 2009 年高普特考測驗題四百題，分章列述。全書三百餘頁，25 開本，定價 280 元。

行政法概論
（圖表說明）

本書是**依據行政法有關規定，並參照考試院高普特考試題及其趨勢撰寫而成**。主要除介紹一般行政法之原理原則外，並兼顧實用性，**以簡易之文體配合圖表說明**。並附 2008 年高普特考測驗題共三百餘題參考用。全書四百餘頁，25 開本，定價 340 元。

民法概論
（增修版）
（圖表說明）

本書依最新修正之民法總則、債權、物權、親屬、繼承之規定而撰寫。並**用簡易之文字配合圖表說明**，故有簡單易懂之優點。書後並收集高普特考測驗題四百題，分章列述。全書七百餘頁，25 開本，定價 480 元。

商事法概論
（圖表說明）

本書仍循筆者編纂之一系列法學概論叢書之體例，配合圖表說明，使讀者得輕易進入商事法之法學體系，內容包括公司法、票據法、海商法及保險法。全書六百餘頁，25 開本，定價 460 元。

國際法概論
（圖表說明）

本書將國際法之**多元化與複雜化配合圖表說明**。包括國際法原理、海洋法、國際環境法、國際經濟法及國際爭端法等。全書五百餘頁，25 開本，定價 420 元。

道德經　**釋義**
清靜經
初版
謝瑞智 博士注譯

《道德經》是道教的重要經典，為老子所著。本書另一經典為《清靜經》。因《清靜經》與《道德經》互有連貫，乃將兩經合編為一冊，並**以簡易之文字解釋析義**。全書二百餘頁，定價 180 元。臺灣商務印書館總經銷。

般若心經 的
澈悟
人生修養系列 1

佛教**基本教義是什麼？我們的苦惱在那裏？如何脫離苦海，創造幸福的人生？宇宙的原理是什麼？何謂萬物無常**？本書是正確人生觀最好的指引。全書二百餘頁。定價 180 元。臺灣商務印書館總經銷。

當孔子遇上當代
－為論語作見證
謝瑞智 博士注譯

《論語》係針對人們修身、齊家、交友、擇偶、待人接物、創業與從政，所應秉持的原則與方法。是一部對全民教育的聖典。值得年輕人閱讀，得以啟迪其良知良能，開創光明的人生。全書五百餘頁，定價 380 元。臺灣商務印書館總經銷。

法律叢書

刑法概論 I －刑法總則

著作者◆謝瑞智

發行人◆王學哲

總編輯◆方鵬程

主編◆葉幗英

文字編校◆黃素珠

美術設計◆吳郁婷

出版發行：臺灣商務印書館股份有限公司

臺北市重慶南路一段三十七號

電話：（02）2371-3712

讀者服務專線：0800056196

郵撥：0000165-1

網路書店：www.cptw.com.tw

E-mail：ecptw@cptw.com.tw

局版北市業字第 993 號

初版一刷：2011 年 3 月

定價：新台幣 420 元

ISBN 978-957-05-2594-6

刑法概論 I －刑法總則／謝瑞智著. --初版. --
臺北市：臺灣商務，2011. 03
面 ； 公分. --（法律叢書）

ISBN 978-957-05-2594-6（平裝）

1. 刑法總則

585.1   100000362